全国高等学校中药资源与开发、中草药栽培与鉴定、中药制药等专业
国家卫生健康委员会"十三五"规划教材

中药材商品学

主　编　周小江　郑玉光
副主编　杨瑶珺　杨红兵　肖井雷　李宝国

编　委（以姓氏笔画为序）

王柳萍（广西中医药大学）　　　　肖冰梅（湖南中医药大学）

王添敏（辽宁中医药大学）　　　　吴　梅（云南中医药大学）

李　硕（甘肃中医药大学）　　　　邹　欢（恒修堂药业有限公司）

李宝国（山东中医药大学）　　　　汪金玉（广州中医药大学）

杨书彬（黑龙江中医药大学）　　　张　琳（陕西中医药大学）

杨红兵（湖北中医药大学）　　　　周　婧（南京中医药大学）

杨青山（安徽中医药大学）　　　　周小江（湖南中医药大学）

杨晶凡（河南中医药大学）　　　　郑玉光（河北中医学院）

杨瑶珺（北京中医药大学）　　　　孟武威（亳州市京皖中药饮片厂）

连　艳（成都中医药大学）　　　　景松松（河北中医学院）

肖井雷（长春中医药大学）　　　　管家齐（浙江中医药大学）

秘　书　何雨晴（湖南中医药大学）

人民卫生出版社

图书在版编目（CIP）数据

中药材商品学 / 周小江，郑玉光主编 . 一北京：
人民卫生出版社，2020
ISBN 978-7-117-29380-8

I. ①中…　II. ①周…②郑…　III. ①中药材－商品
学－医学院校－教材　IV. ①F762.2

中国版本图书馆 CIP 数据核字（2020）第 082585 号

人卫智网　www.ipmph.com	医学教育、学术、考试、健康，购书智慧智能综合服务平台
人卫官网　www.pmph.com	人卫官方资讯发布平台

中药材商品学

主　　编：周小江　郑玉光
出版发行：人民卫生出版社（中继线 010-59780011）
地　　址：北京市朝阳区潘家园南里 19 号
邮　　编：100021
E - mail：pmph @ pmph.com
购书热线：010-59787592　010-59787584　010-65264830
印　　刷：中农印务有限公司
经　　销：新华书店
开　　本：850×1168　1/16　　印张：16
字　　数：388 千字
版　　次：2020 年 8 月第 1 版　2020 年 8 月第 1 版第 1 次印刷
标准书号：ISBN 978-7-117-29380-8
定　　价：56.00 元
打击盗版举报电话：010-59787491　E-mail：WQ @ pmph.com
质量问题联系电话：010-59787234　E-mail：zhiliang @ pmph.com

全国高等学校中药资源与开发、中草药栽培与鉴定、中药制药等专业
国家卫生健康委员会"十三五"规划教材

出版说明

高等教育发展水平是一个国家发展水平和发展潜力的重要标志。办好高等教育,事关国家发展,事关民族未来。党的十九大报告明确提出,要"加快一流大学和一流学科建设,实现高等教育内涵式发展",这是党和国家在中国特色社会主义进入新时代的关键时期对高等教育提出的新要求。近年来,《关于加快建设高水平本科教育全面提高人才培养能力的意见》《普通高等学校本科专业类教学质量国家标准》《关于高等学校加快"双一流"建设的指导意见》等一系列重要指导性文件相继出台,明确了我国高等教育应深入坚持"以本为本",推进"四个回归",建设中国特色、世界水平的一流本科教育的发展方向。中医药高等教育在党和政府的高度重视和正确指导下,已经完成了从传统教育方式向现代教育方式的转变,中药学类专业从当初的一个专业分化为中药学专业、中药资源与开发专业、中草药栽培与鉴定专业、中药制药专业等多个专业,这些专业共同成为我国高等教育体系的重要组成部分。

随着经济全球化发展,国际医药市场竞争日趋激烈,中医药产业发展迅速,社会对中药学类专业人才的需求与日俱增。《中华人民共和国中医药法》的颁布,"健康中国 2030"战略中"坚持中西医并重,传承发展中医药事业"的布局,以及《中医药发展战略规划纲要(2016—2030 年)》《中医药健康服务发展规划(2015—2020 年)》《中药材保护和发展规划(2015—2020 年)》等系列文件的出台,都系统地筹划并推进了中医药的发展。

为全面贯彻国家教育方针,跟上行业发展的步伐,实施人才强国战略,引导学生求真学问、练真本领,培养高质量、高素质、创新型人才,将现代高等教育发展理念融入教材建设全过程,人民卫生出版社组建了全国高等学校中药资源与开发、中草药栽培与鉴定、中药制药专业规划教材建设指导委员会。在指导委员会的直接指导下,经过广泛调研论证,我们全面启动了全国高等学校中药资源与开发、中草药栽培与鉴定、中药制药等专业国家卫生健康委员会"十三五"规划教材的编写出版工作。本套规划教材是"十三五"时期人民卫生出版社的重点教材建设项目,教材编写将秉承"夯实基础理论、强化专业知识、深化中医药思维、锻炼实践能力、坚定文化自信、树立创新意识"的教学理念,结合国内中药学类专业教育教学的发展趋势,紧跟行业发展的方向与需求,并充分融合新媒体技术,重点突出如下特点:

1. 适应发展需求,体现专业特色 本套教材定位于中药资源与开发专业、中草药栽培与鉴定

专业、中药制药专业,教材的顶层设计在坚持中医药理论、保持和发挥中医药特色优势的前提下,重视现代科学技术、方法论的融入,以促进中医药理论和实践的整体发展,满足培养特色中医药人才的需求。同时,我们充分考虑中医药人才的成长规律,在教材定位、体系建设、内容设计上,注重理论学习、生产实践及学术研究之间的平衡。

2. 深化中医药思维,坚定文化自信 中医药学根植于中国博大精深的传统文化,其学科具有文化和科学双重属性,这就决定了中药学类专业知识的学习,要在对中医药学深厚的人文内涵的发掘中去理解、去还原,而非简单套用照搬今天其他学科的概念内涵。本套教材在编写的相关内容中注重中医药思维的培养,尽量使学生具备用传统中医药理论和方法进行学习和研究的能力。

3. 理论联系实际,提升实践技能 本套教材遵循"三基、五性、三特定"教材建设的总体要求,做到理论知识深入浅出,难度适宜,确保学生掌握基本理论、基本知识和基本技能,满足教学的要求,同时注重理论与实践的结合,使学生在获取知识的过程中能与未来的职业实践相结合,帮助学生培养创新能力,引导学生独立思考,理清理论知识与实际工作之间的关系,并帮助学生逐渐建立分析问题、解决问题的能力,提高实践技能。

4. 优化编写形式,拓宽学生视野 本套教材在内容设计上,突出中药学类相关专业的特色,在保证学生对学习脉络系统把握的同时,针对学有余力的学生设置"学术前沿""产业聚焦"等体现专业特色的栏目,重点提示学生的科研思路,引导学生思考学科关键问题,拓宽学生的知识面,了解所学知识与行业、产业之间的关系。书后列出供查阅的主要参考书籍,兼顾学生课外拓展需求。

5. 推进纸数融合,提升学习兴趣 为了适应新教学模式的需要,本套教材同步建设了以纸质教材内容为核心的多样化的数字教学资源,从广度、深度上拓展了纸质教材的内容。通过在纸质教材中增加二维码的方式"无缝隙"地链接视频、动画、图片、PPT、音频、文档等富媒体资源,丰富纸质教材的表现形式,补充拓展性的知识内容,为多元化的人才培养提供更多的信息知识支撑,提升学生的学习兴趣。

本套教材在编写过程中,众多学术水平一流和教学经验丰富的专家教授以高度负责、严谨认真的态度为教材的编写付出了诸多心血,各参编院校对编写工作的顺利开展给予了大力支持,在此对相关单位和各位专家表示诚挚的感谢!教材出版后,各位教师、学生在使用过程中,如发现问题请反馈给我们(renweiyaoxue@163.com),以便及时更正和修订完善。

人民卫生出版社

2019 年 2 月

教材书目

序号	教材名称	主编	单位
1	无机化学	闫 静 张师愚	黑龙江中医药大学 天津中医药大学
2	物理化学	孙 波 魏泽英	长春中医药大学 云南中医药大学
3	有机化学	刘 华 杨武德	江西中医药大学 贵州中医药大学
4	生物化学与分子生物学	李 荷	广东药科大学
5	分析化学	池玉梅 范卓文	南京中医药大学 黑龙江中医药大学
6	中药拉丁语	刘 勇	北京中医药大学
7	中医学基础	战丽彬	南京中医药大学
8	中药学	崔 瑛 张一昕	河南中医药大学 河北中医学院
9	中药资源学概论	黄璐琦 段金廒	中国中医科学院中药资源中心 南京中医药大学
10	药用植物学	董诚明 马 琳	河南中医药大学 天津中医药大学
11	药用菌物学	王淑敏 郭顺星	长春中医药大学 中国医学科学院药用植物研究所
12	药用动物学	张 辉 李 峰	长春中医药大学 辽宁中医药大学
13	中药生物技术	贾景明 余伯阳	沈阳药科大学 中国药科大学
14	中药药理学	陆 茵	南京中医药大学
15	中药分析学	李 萍 张振秋	中国药科大学 辽宁中医药大学
16	中药化学	孔令义 冯卫生	中国药科大学 河南中医药大学
17	波谱解析	邱 峰 冯 锋	天津中医药大学 中国药科大学

序号	教材名称	主编	单位
18	制药设备与工艺设计	周长征 王宝华	山东中医药大学 北京中医药大学
19	中药制药工艺学	杜守颖 唐志书	北京中医药大学 陕西中医药大学
20	中药新产品开发概论	甄汉深 孟宪生	广西中医药大学 辽宁中医药大学
21	现代中药创制关键技术与方法	李范珠	浙江中医药大学
22	中药资源化学	唐于平 宿树兰	陕西中医药大学 南京中医药大学
23	中药制剂分析	刘　斌 刘丽芳	北京中医药大学 中国药科大学
24	土壤与肥料学	王光志	成都中医药大学
25	中药资源生态学	郭兰萍 谷　巍	中国中医科学院中药资源中心 南京中医药大学
26	中药材加工与养护	陈随清 李向日	河南中医药大学 北京中医药大学
27	药用植物保护学	孙海峰	黑龙江中医药大学
28	药用植物栽培学	巢建国 张永清	南京中医药大学 山东中医药大学
29	药用植物遗传育种学	俞年军 魏建和	安徽中医药大学 中国医学科学院药用植物研究所
30	中药鉴定学	吴啟南 张丽娟	南京中医药大学 天津中医药大学
31	中药药剂学	傅超美 刘　文	成都中医药大学 贵州中医药大学
32	中药材商品学	周小江 郑玉光	湖南中医药大学 河北中医学院
33	中药炮制学	李　飞 陆兔林	北京中医药大学 南京中医药大学
34	中药资源开发与利用	段金廒 曾建国	南京中医药大学 湖南农业大学
35	药事管理与法规	谢　明 田　侃	辽宁中医药大学 南京中医药大学
36	中药资源经济学	申俊龙 马云桐	南京中医药大学 成都中医药大学
37	药用植物保育学	缪剑华 黄璐琦	广西壮族自治区药用植物园 中国中医科学院中药资源中心
38	分子生药学	袁　媛 刘春生	中国中医科学院中药资源中心 北京中医药大学

全国高等学校中药资源与开发、中草药栽培与鉴定、中药制药专业规划教材建设指导委员会

成员名单

主 任 委 员　黄璐琦　中国中医科学院中药资源中心
　　　　　　　　段金廒　南京中医药大学

副主任委员（以姓氏笔画为序）

　　　　　　　　王喜军　黑龙江中医药大学
　　　　　　　　牛　阳　宁夏医科大学
　　　　　　　　孔令义　中国药科大学
　　　　　　　　石　岩　辽宁中医药大学
　　　　　　　　史正刚　甘肃中医药大学
　　　　　　　　冯卫生　河南中医药大学
　　　　　　　　毕开顺　沈阳药科大学
　　　　　　　　乔延江　北京中医药大学
　　　　　　　　刘　文　贵州中医药大学
　　　　　　　　刘红宁　江西中医药大学
　　　　　　　　杨　明　江西中医药大学
　　　　　　　　吴啟南　南京中医药大学
　　　　　　　　邱　勇　云南中医药大学
　　　　　　　　何清湖　湖南中医药大学
　　　　　　　　谷晓红　北京中医药大学
　　　　　　　　张陆勇　广东药科大学
　　　　　　　　张俊清　海南医学院
　　　　　　　　陈　勃　江西中医药大学
　　　　　　　　林文雄　福建农林大学
　　　　　　　　罗伟生　广西中医药大学
　　　　　　　　庞宇舟　广西中医药大学
　　　　　　　　宫　平　沈阳药科大学
　　　　　　　　高树中　山东中医药大学
　　　　　　　　郭兰萍　中国中医科学院中药资源中心

唐志书　陕西中医药大学
黄必胜　湖北中医药大学
梁沛华　广州中医药大学
彭　成　成都中医药大学
彭代银　安徽中医药大学
简　晖　江西中医药大学

委　　员（以姓氏笔画为序）

马　琳	马云桐	王文全	王光志	王宝华	王振月	王淑敏
申俊龙	田　侃	冯　锋	刘　华	刘　勇	刘　斌	刘合刚
刘丽芳	刘春生	闫　静	池玉梅	孙　波	孙海峰	严玉平
杜守颖	李　飞	李　荷	李　峰	李　萍	李向日	李范珠
杨武德	吴　卫	邱　峰	余伯阳	谷　巍	张　辉	张一昕
张永清	张师愚	张丽娟	张振秋	陆　茵	陆兔林	陈随清
范卓文	林　励	罗光明	周小江	周日宝	周长征	郑玉光
孟宪生	战丽彬	钟国跃	俞年军	秦民坚	袁　媛	贾景明
郭顺星	唐于平	崔　瑛	宿树兰	巢建国	董诚明	傅超美
曾建国	谢　明	甄汉深	裴妙荣	缪剑华	魏泽英	魏建和

秘　书　长　吴啟南　郭兰萍

秘　　　书　宿树兰　李有白

前　言

中药材商品是一类特殊的商品,中药材商品学是一门研究中药材商品的价值及在流通过程中实现使用价值规律的应用学科。本课程是中药资源与开发、中草药栽培与鉴定、中药制药等专业的专业基础课/专业课。《中药材商品学》教材涉及的内容包括中药材商品的品种、资源、生产、质量控制、质量管理与认证、知识产权保护、物流、市场、经营管理和国际贸易,其核心内容是中药材商品质量和经营管理。

本书内容分为上、下两篇,以简明、易读和实用性为编写原则,强调传承与创新并存,体现如下特色:①紧跟社会经济发展的需求,增加或强调中药材商品的知识产权保护、中药材商品的标准化建设(质量溯源系统)、中药材商品的市场调查与预测、中药材商品的物流等内容;②突出学生能力培养,部分章节增加了案例分析;③在内容上强化中医药理论,培养学生中医药思维。本教材适用于中药资源与开发、中草药栽培与鉴定、中药制药等中药学类专业、药学类专业及中医类专业学生使用。

本教材由全国 18 所高等中医药院校及 2 家中药材生产企业的专家组成的编写团队完成。第一章、第七章及下篇的玄参中药材由周小江编写,第二章、第八章及下篇的番泻叶、肉苁蓉中药材由杨瑶珺编写,第三章、第五章及下篇的酸枣仁中药材由郑玉光和景松松编写,第四章由邹欢编写,第六章、第十三章概述及下篇的厚朴、杜仲中药材由杨红兵编写,第九章、第十一章概述及下篇的全蝎中药材由李宝国编写,第十章及下篇的哈蟆油中药材由肖井雷编写,朱砂、枳壳、石膏、冬虫夏草、蜂蜜、穿心莲中药材由肖冰梅编写,钩藤、肉桂、山银花、鸡血藤、血竭中药材由王柳萍编写,羚羊角、大青叶、红花、人参、红参、决明子中药材由杨书彬编写,茵陈、连翘、黄芩、枸杞子、青蒿中药材由张琳编写,大黄、板蓝根、甘草、黄芪、当归、党参中药材由李硕编写,黄柏、关黄柏、五味子、冰片、鹿茸中药材由王添敏编写,西洋参、薄荷、西红花、石斛、铁皮石斛、珍珠中药材由周婧编写,牛膝、地黄、山药、金银花、山茱萸中药材由杨晶凡编写,川牛膝、川乌、附子、川芎、川贝母、黄连中药材由连艳编写,三七、茯苓、天麻、砂仁中药材由吴梅编写,浙贝母、麦冬、延胡索、泽泻中药材由管家齐编写,白芍、赤芍、葛根、大血藤、牡丹皮、菊花、淫羊藿中药材由杨青山编写,何首乌、沉香、陈皮中药材由汪金玉编写,牛黄中药材由孟武威编写。纸质教材的统稿由何雨晴完成，数字教材的统稿由肖井雷和连艳完成。在编写过程中，我们得到了湖南中医药大学中药学科及各编委所在单位的大力支持和帮助，在此表示衷心感谢！

中药材商品学涉及知识面广，学科交叉较多，故编写有一定的难度，同时，国家药品监督管理局等管理机构正处于改革之中，有些管理机构名称和权限还未完全确定。因此，在本书的编写工作中，全体编委虽已竭尽努力，但仍难免存在问题，敬请业内专家及各兄弟院校的师生提出宝贵意见，以便不断完善和提高，非常感谢！

编者

2020 年 5 月

目　录

上篇　总　论

上篇 总 论

第一章 概论

第一节 中药材商品学概念

商品(commodity)是人类社会发展到一定历史阶段的产物,是指用来交换并能满足人们某种需要的劳动生产品。当前是市场经济的社会,社会的每一处都充满了商品,人们的生活也离不开商品。商品的产生过程可以概括为:

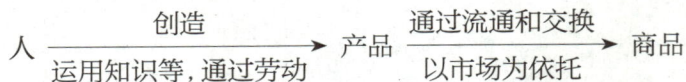

$$人 \xrightarrow[\text{运用知识等,通过劳动}]{\text{创造}} 产品 \xrightarrow[\text{以市场为依托}]{\text{通过流通和交换}} 商品$$

因此,商品具有三个方面的特性:①商品是具有使用价值的劳动产品;②商品是供他人或社会使用的劳动产品;③商品是为交换而生产的劳动产品。

随着社会的发展,商品概念的内涵和外延也在不断地丰富和拓展。现代商品的概念已包括核心商品、有形附加物和无形附加物三个层次的内容,其中:①核心商品是指商品所具有的、能满足特定用途的功能主体;②有形附加物是指商品的包装、品牌、商标、专利、使用说明书、检验合格证等;③无形附加物是指人们购买有形商品时所获得的各种服务和附加利益。

中药材商品为商品的重要组成部分,是一类特殊的商品。中药材(Chinese medicinal material)是在中医药理论指导下,用于防治疾病而未经精制的传统药物,习称"药材",是中药的三大组成部分之一,其来源包括植物、动物、矿物和少量人工制成品,是中药饮片、中药提取物、中成药和中药相关健康产品的原料。

中药材商品作为商品的组成部分,同样具有商品的属性,在上万种中药资源中,只有以市场为依托、通过流通和交换的才能成为中药材商品,因此,未进入市场进行流通和交换的民间草药不属于中药材商品。

中药材商品具有防治疾病、维护人类健康的特征,是一类特殊商品,其特点主要表现为:

1. **质量特点** 质量第一。因为医药商品的特殊性主要体现在其使用价值集中表现为质量,医药商品质量不合格就没有使用价值了。中药材商品是医药商品的一个组成部分,同样具有此特殊性,中药材商品的质量表现出不同于其他商品的两重性,即对疾病具有防治作用的同时还具有一定的毒副作用,因此,古代将"中药"又称"毒药",并有"是药三分毒"的说法。这种两重性体现为在正常使用下,质量好的中药材商品能够预防和治疗疾病,而质量差的中药材商品不仅不能起到防治疾病的目的,而且会产生毒副作用和不良反应,甚至危及生命。此外,中药材商品的使用价值具有时效性，即在一定时期内有效，贮存时间过长，会导致有效成分减少或损失，甚至产生有害物质，从而失去其使用价值。

2．品种特点　中药材商品品种复杂，规格与等级繁多。首先，中药材商品品种复杂。中药的临床应用已有几千年的历史，中药材品种也在不断地丰富，不仅有单一基源品种，也有多基源品种，如百合就有三个基源，为百合科植物卷丹 *Lilium lancifolium* Thunb.、百合 *L. brownie* F. E. Brown var. *viridulum* Baker 或细叶百合 *L. pumilum* DC. 的干燥肉质鳞叶。同时，由于各个地区药用习惯不一样，有同物异名、异物同名的现象，导致了中药材品种混乱。其次，中药材商品的规格与等级繁多。如附子分为盐附子和附片两类：盐附子分为一等、二等和三等 3 个等级；附片分为白附片、熟附片、卦附片、黑附片和黄附片 5 个规格，而白附片下又分一等、二等和三等 3 个等级。

3．产地特点　推崇"道地药材"。道地药材是指经过中医临床长期应用优选出来的，产在特定地域，与其他地区所产同种中药材相比品质和疗效更好，且质量稳定、具有较高知名度的中药材。因此，道地药材常常作为优质中药材的代名词，如"川药""关药""八大浙药""四大怀药"等。

4．生产特点　倡导标准化，建立质量溯源系统。中药材商品大部分为植物类，而植物的生长大多有适宜的生长区、生长环境、生长气候和不同的生长季节，因此，中药材商品常有"一地吃全国，全国吃一地"之说。传统的中药材商品生产方式有野生、家种和家养等，随着社会和经济的发展，中药材野生资源越来越少，当前，中药材生产主要是家种与家养。而种质、产地、生产技术和采收加工等对中药材商品的质量影响很大，因此，国家倡导中药材商品生产的标准化建设，即从中药材的优良种质资源、良种繁育、产地环境、规范化种植到规范化采收与加工各个环节进行标准化建设，建立中药材商品全产业链的质量溯源系统。

5．经营管理特点　法律为准绳，市场调节。《中华人民共和国药品管理法》是中药材商品管理的法律，一切经营活动必须以此法为依据。同时，我们处于市场经济社会，中药材商品必须依托于市场进行流通与交换，一切经营活动由市场来调节。

因此，中药材商品学（Chinese medicinal material commodity science）是一门研究中药材商品的价值及在流通过程中实现使用价值规律的应用学科。中药材商品学研究对象是中药材商品，中药材商品的质量是中药材商品使用价值的基础，而中药材商品的经营与管理是影响中药材商品实现使用价值的主要因素，因此，中药材商品学研究的核心内容是中药材商品的质量和经营管理。

第二节　中药材商品学的研究内容与任务

中药材商品的价值包括使用价值、交换价值和意义价值，其中使用价值是中药材商品的自然属性，交换价值和意义价值是中药材商品的社会属性，因此，中药材商品学作为一门应用学科，既要研究中药材商品的自然科学属性，又要研究中药材商品的社会科学属性。

一、中药材商品学的研究内容

中药材商品学的研究内容包括中药材商品的品种、资源、生产、质量控制、质量管理与认证、知识产权保护、物流、市场、经营管理、国际贸易。其核心内容是中药材商品的质量和经营管理。

在当前的社会主义市场经济环境下,中药材商品作为一类特殊的商品存在于市场中,必须满足如下三个方面的要求:①安全有效性;②质量可控性;③市场可行性。因此,随着我国经济的快速发展和人们生活水平的提高,中药材商品学的研究内容也将更加丰富,需要发展和创新地研究中药材商品的自然属性和社会属性。

二、中药材商品学的任务

1. 研究中药材商品的生产经营规律　中药材商品学通过对中药材市场的调查、分析和预测,找出其生产经营规律,为国家管理部门实施中药材商品结构调整、监督与管理、制定中药材商品的发展规划和国际贸易战略、制定中药材商品标准和政策法规等提供科学依据。同时,为中药材经营、使用单位提供有效信息,从而指导中药材商品质量的改进和新的中药材商品开发,提高经营管理水平。

2. 完善中药材商品的质量控制标准　质量可控性是中药材商品的一个基本要求,而中药材商品的特点是品种复杂,规格与等级繁多,现有的质量控制标准还很不完善,因此,只有不断吸收和发展先进的科技手段和方法,在以外观性状特征为主来控制中药材商品质量的基础上,增加内在的质量控制内容,提升和完善质量控制标准,才能保证中药材商品的安全有效和质量可控。

3. 建立中药材商品的质量溯源系统　中药材商品的质量控制应从源头上抓起。随着经济的发展和国家法律、法规的不断健全,中药材商品的多环节质量控制势在必行,这也是中药材商品学的一个主要任务。从中药材的优良种质资源、良种繁育、产地环境、规范化种植到规范化采收与加工各个环节进行标准化建设,并从中药材商品的包装、运输、贮藏、养护到市场各个环节进行质量监控,建立中药材商品全产业链的质量溯源系统。

4. 研究中药材商品的经营和销售技术　先进的中药材商品经营技术是提高经营效益的前提,可以控制和减少中药材商品在流通领域中的损失。在市场竞争日益激烈的今天,科学的销售手段是企业增强市场竞争能力的重要措施,研究如何诚实、科学地向消费者推介中药材商品,可以达到引导消费、提高经济效益的目的。

5. 促进中药材商品的知识产权保护,提升竞争力　在当前竞争激烈的市场中,一个企业要保持和提高市场竞争能力,拓展国内和国际市场占有份额,就必须不断创新。而保护知识产权是创新的前提和保障,只有加强中药材商品的知识产权保护力度,才能提升竞争力,中药材商品的企业才能持续性地发展。

第三节　中药材商品学的形成和发展

商品学是伴随商品生产和商品交换而出现的。商品学于18世纪产生于德国,于19世纪传入中国,得到了迅速发展。

中药的临床应用已有几千年的历史,中药材作为中药的原料,在市场上进行流通和交换也有几千年历史。《周礼》中记载有"五药"(草、木、虫、食、谷),《诗经》中记载了远志、菟丝子、泽泻等中药;西汉时期,在南北商品的流通中,有柑橘、龙眼、荔枝等的记载;《后汉书》记载有韦彪、张楷等有名的采药、卖药人;东汉恒帝时,霸陵人韩康(字伯休)常采药于名山,并在长安市场上卖药达30多年;三国时期的华佗既行医又售药,安徽亳州至今还保留有"有珍斋"藏药场所,可以看出当时的中药材商业活动已在逐渐发展。

到了宋代,中药材商业已相当发达,出现有官营和民营两种形式。公元1076年,北宋太医局在开封设卖药所,并且朝廷下令各地,凡有集市的地方都应设卖药机构,仅开封就有很多药铺。南宋迁都杭州后,有民营药铺20多家,并有生药铺、熟药铺和"川广生药市"之分,说明当时中药材商业活动已有明显分工,并形成了经营川、广道地药材的批发商业。

明、清时期,中药材商业不断发展,河北的祁州(今河北的安国)、河南的百泉、江西的樟树、湖南的湘潭先后发展成为中药交易市场,并且,与之紧密联系的运输、贮藏等均得到了发展。

中华人民共和国成立后,中药材商业得到了快速发展,1952年开始,中药材由全国供销系统经营,1979年成立了中药材公司。

中药材商品学是随着中药材商业的发展而发展的,大体上分为中药材知识汇集、中药材商品学产生和发展三个阶段,随着中药材商业的形成,人们将关于中药材商品的只言片语逐渐汇集成书。同时,在中药材商业的繁荣过程中,为了确保中药材商品的质量和临床用药安全,政府部门组织相关人员编写了很多本草著作。

尤其是中华人民共和国成立后,中药材商品学得到了空前的发展。不仅出版了很多以中药材商品为主要内容的著作,如《中药志》《中药材手册》《药材学》等,而且从20世纪70年代开始,我国部分高等医药院校、医药学校相继开设了药材商品学、中药材商品学、中药商品学等专业课程。

第四节　学习中药材商品学的意义

当前,我国处于具有中国特色的社会主义市场经济初级阶段,中药材商品的生产、质量控制、包装、贮藏、运输、销售等,均是在国家统一管理下,依托于市场而实现的,所以,需要我们从市场的角度来研究中药材商品。因此,学习中药材商品学这门课程就具有重大的意义。

1. 有利于确保中药材商品的质量,建立质量溯源系统　通过学习中药材商品的质量管理与控制的知识,熟悉中药材商品质量管理的相关法规,掌握其质量控制技术,并且从中药材的优良种质资源、良种繁育、产地环境、规范化种植到规范化采收与加工各个环节进行标准化建设,建立质量溯源系统,从而确保临床用药的安全有效。

2. 有利于管理和经营中药材商品的生产和营销企业　通过学习中药材商品的市场调查与预测、生产、销售、物流、知识产权保护等方面的知识,准确了解中药材商品的市场规律和消费者需求,将有助于管理和经营,提高竞争力。

3. 有利于提高经济效益和出口创汇　通过学习中药材商品的知识产权保护、市场调查与预测、质量控制、经营管理等方面的知识,了解中药材商品国际贸易的状况,有助于最佳地规划中药材商品的经营管理,追求利润最大化,从而提高经济效益,推动中药材商品进入国际市场。

4. 有利于大学生创业和就业 当前,全国各高校均面临"大学生就业难"的问题,医药高等院校也不例外。而通过学习中药材商品学,掌握中药材商品质量控制与经营管理等方面的知识,大学生能提前了解当前中药材市场和所需的知识,毕业后能更快地融入社会,从而有助于创业和就业。

第一章同步练习

第二章 中药材商品品种

中药材商品品种是为了满足临床治疗疾病的需求而在市场中流通的、具有特定功能的一类中药商品，具有四气五味、性味归经、升降沉浮和毒性等性能，是实现中药材商品使用价值的前提和必要条件，同时也体现了中药材市场的繁荣程度和监督管理水平。

第一节 中药材商品品种、演化与命名

一、中药材商品品种的意义

中药材商品品种是指中药材市场流通的中药材商品的总称，由不同品种、规格和等级的中药材构成，具有预防、治疗和保健的使用价值。中药材商品的品种不同于中药基源的品种，是在其基础上，由于物种、产地、采收、加工方法、药用部位等不同所形成的不同规格和等级的具体表现。

二、中药材商品品种的演化

中药材商品品种的变化受社会发展的政治经济水平影响，其品种的数量不是一成不变的。

古代劳动人民在与自然作斗争的过程中认识和发展了中药，而中药品种也处于一个不断发展变化的过程中。前人在从事中药的生产、经营、质量鉴别等诸多方面均积累了丰富的中药材商品知识和实践经验，这些知识和经验大部分是在"本草"中记载并遗留下来，是后世研究中医药知识的宝贵财富。我国古代的本草著作约有 400 种之多，其中对中药材商品发展贡献较大的主要有下列几种。

《五十二病方》是迄今为止我国最早发现的医学方书（据专家推论），记载药物 247 种，为研究先秦时期医药学的发展状况提供了珍贵的史料。

《神农本草经》是我国已知最早的药物学专著，总结了汉代以前的药物知识，载药 365 种，按医疗作用分为上、中、下三品，其中植物药 252 种、动物药 67 种、矿物药 46 种，为后世我国药学的发展奠定了基础。

《本草经集注》是梁代陶弘景以《神农本草经》和《名医别录》为基础编著而成，载药 730 种，按药材自然属性分为玉石、草木、虫兽、果、菜、米食、有名未用等七类。

唐代的《新修本草》（又称《唐本草》）载药850种，该书由政府颁布，是我国也是世界上第一部由国家颁行的药典。在《本草经集注》的基础上，新增了豆蔻、丁香、青黛、茉莉、仙茅、马钱子、木香、槟榔、没药等药物，并首创了图文对照体例。

宋代的《经史证类备急本草》载药1 746种，图文并茂，内容丰富，新增药物500余种，成为我国现存最完整的本草，为研究古代药物发展提供了珍贵的史料。

明代的本草著作中，以《本草纲目》对药学的贡献最为突出。李时珍在总结前人本草著作和用药经验的基础上编撰出《本草纲目》，编写成52卷，载药1 892种。全书按药物的自然属性分类，对世界医药的发展做出了重要贡献。

清代赵学敏编撰的《本草纲目拾遗》，载药材921种。该书补充了《本草纲目》的内容，书中有716种药材是《本草纲目》中未记载的，包括冬虫夏草、西洋参、鸦胆子、银柴胡、浙贝母等都是首次记载，是清代新增中药材品种最多的一部本草著作。

中华人民共和国成立后，党和政府十分重视中医药事业的发展，先后进行了四次中药资源普查。第三次资源普查结果表明我国现有中药资源品种达12 807种，其中植物药11 146种，占87%，动物药1 581种，占12%，矿物药80种，不足1%。第四次全国中药资源普查自2011年开始试点，已在全国31个省、直辖市、自治区2 000多个县开展，计划于2020年完成以县域为基本单元的中药资源普查工作。截至2019年10月，有近1.3万种野生药用资源的分布信息，总记录数2 000万条。同时，还初步建成了由1个国家级中心平台、28个省级中心、66个监测站组成的中药资源动态监测和技术服务体系，28个中药材种子、种苗繁育基地和2个中药材种质资源库，基本摸清了调查区域的中药资源情况，形成了我国中药资源保护和可持续利用的长效发展机制。此外，一些大型的工具书也对中药品种进行了系统整理，如《中华本草》收载药物达8 980种，《中药大辞典》收载药物达6 008种，《全国中草药汇编》收载中草药2 200种左右。

由于一些客观原因，有些品种在使用和流通过程中出现了变化，其中包括涉及珍稀濒危野生动物保护，如虎骨、犀角等贵重中药商品品种被禁止使用；涉及临床不良反应的，如具有肾毒性的广防己、关木通等被禁止使用。

中药商品品种的来源也是不断变化的，《中华人民共和国药典》（以下简称《中国药典》）收载中药的品种也在不断变化，如1995年版《中国药典》收载的金银花为忍冬科植物忍冬 *Lonicera japonica* Thunb.、红腺忍冬 *Lonicera hypoglauca* Miq.、山银花 *Lonicera confusa* DC. 或毛花柱忍冬 *Lonicera dasystyla* Rehd. 的干燥花蕾或初开的花，2005年版后的《中国药典》只收载了忍冬科植物忍冬 *Lonicera japonica* Thunb. 一种植物，其他几种植物作为山银花的来源。

《中国药典》中的多基源品种，经过科学研究后，有的分为一物一名的单一来源中药材。如2005年版《中国药典》将原来黄柏的两个基源植物分为黄柏和关黄柏两个药的来源，黄柏为芸香科植物黄皮树 *Phellodendron chinese* Schneid 的干燥树皮，关黄柏为芸香科植物黄檗 *Phellodendron amurense* Rupr. 的干燥树皮。葛根分为葛根和粉葛两个药，葛根为豆科植物野葛 *Pueraria lobate*（Willd）Ohwi 的干燥根，粉葛为豆科植物甘葛藤 *Pueraria thomsonii* Benth. 的干燥根。

此外，在中药材市场上流通的中药材商品品种，以《中国药典》收载的品种为主，但有时也有混淆品出现，如柴胡、石斛和防风等。柴胡为常用大宗中药材，2020年版《中国药典》收载的柴胡为伞形科植物柴胡 *Bupleurun chinense* DC. 及狭叶柴胡 *Bupleurun scorzonerifolium* Willd. 的干燥根,但我国柴胡属植物分布广泛,很多地区的柴胡属植物在当地都做药用柴胡使用,质量参差不齐,严重地影响了临床疗效,特别是有毒的大叶柴胡 *Bupleurun longiradiatum* Turcz. 仍在少数地区流通。

三、中药材商品品种的命名

由于我国幅员辽阔,地域广大,地方用药、民族用药习惯以及地方性方言等多种因素,在中药的使用过程中,常出现同名异物和同物异名的现象,造成市场品种的混乱,给中药的生产、管理和使用带来了一定的困难。因此,规范中药名称对于临床应用、商品贸易和市场的经营管理,具有十分重要的意义。

(一)中文名称

1. 根据药材的产地或集散地命名　如川乌、川芎、川木通产于四川,党参产于山西上党(今长治地区),秦艽产于古代秦国(今陕西、甘肃),皆因产地而得名。

2. 根据药材的形状命名　如人参因其形似人形、乌头因其形如乌鸦头、钩藤因其茎枝上有弯钩而得名。

3. 根据药材的颜色命名　如玄参因其色黑、紫草因其色紫、黄连因其色黄、丹参因其色红而得名。

4. 根据药材的气味命名　苦参因其味极苦、甘草因其味甜、鱼腥草因其揉搓后有鱼的腥臭气而得名。

5. 根据药用植物的生长特性命名　半夏因其在立夏至夏至之间完成生长周期、夏枯草因生长到夏至枯萎而得名。

6. 根据药用部位命名　如板蓝根药用其根、大青叶药用其叶片、桑白皮药用其根皮、菊花药用其头状花序而得名。

7. 根据功效命名　如益母草能活血调经、番泻叶能泻下通便、伸筋草能舒筋通络而得名。

8. 根据进口药材名的译音命名　如诃子原名"诃黎勒",产自印度、缅甸,音译而来。胡黄连、胡椒均原产印度、尼泊尔等国,其胡字是印度番语之意。

9. 根据人名命名　如何首乌、刘寄奴、杜仲、徐长卿、使君子等都是因纪念最早发现此药的人而得名。

10. 根据传说故事而命名　如女贞子、相思子、牵牛子等。

(二)拉丁文名称

为了使中药材商品的名称统一化、标准化,有利于国际贸易和交流,可使用拉丁文名称。

1. 命名的基本规则　2020 年版《中国药典》将药材名置于前,药用部位名置于后,如有形容词,则列于最后,如天麻 GASTRODIAE RHIZOMA、制川乌 ACONITI RADIX COCTA。如有两个不同的药用部位时,用"ET"连接,将商品流通中习用的药用部位列于前面,如丹参 SALVIAE MILTIORRHIZAE RADIX ET RHIZOMA。

2. 命名的方法

（1）植物类药材的命名：植物类药材命名的方法较多，主要有以下几种类型。

1）植物属名加药用部位名：一个属中只有一个品种作药用，或一个属中有几个种作同一药材使用时，用此种方法。例如：杜仲 EUCOMMIAE CORTEX、麻黄 EPHEDRAE HERBA。

2）植物学名的种加词加药用部位名：此种方法多属于习惯用法。例如：人参 GINSEGN RADIX ET RHIZAOMA。

3）植物的学名（属名＋种名）加药用部位名：同一属中有几个种，分别作不同药材使用时，用此种方法。例如：当归 ANGELICAE SINENSIS RADIX，白芷 ANGELICAE DAHURICAE RADIX 等。

4）植物学名的属名或种名加药用部位名，再加形容词：形容词置于后，与所修饰的药用部位名保持性、数、格一致，例如：豆蔻 AMOMI FRUCTUS ROTUMDUS（近圆形的）、附子 ACONITI LATERALIS（侧生的）RADIX PRAEPARATA（制备的）。

5）植物属名、前置词短语加药用部位名：此种方法也用来说明药材的特征、性质。其中前置词 in（在……内，呈……状）和 cum（含，带，同）所组成的前置词短语置于后。例如：竹茹 BAMBUSAE CAULIS IN TAENIAS（呈带状）、胆南星 ARISAEMA CUM BILE（含胆汁）。

6）少数中药的拉丁名不加药用部位：一般遵循的是习惯用法，有些是国际通用名称，仅用植物的属名或种名，或俗名直接命名。例如茯苓 PORIA、芦荟 ALOE、冬虫夏草 CORDYCEPS。

（2）动物类药材的命名

1）药用动物属名或种名加药用部位：例如牛黄 BOVIS CALCULUS。

2）以药用动物全体入药者，用属名表示其拉丁名：例如斑蝥 MYLABRIS、蜈蚣 SCOLOPENDRA。

3）有些动物拉丁名沿用习惯用法：例如全蝎 SCORPIO、蜂蜜 MEL。

（3）矿物类药材的命名：矿物类药材的命名主要有两种形式，一种是用矿物所含的主要化学成分的拉丁名或化学成分拉丁名加形容词，例如芒硝 NATRII SULFAS、玄明粉 NATRII SULFAS EXSICCATUS（干燥的）。另一种是用原矿物的拉丁名，如炉甘石 CALAMINA。

（三）别名

别名是除正名以外的名称，又称为"副名"和"异名"。一种中药常常有多个别名。正名和别名不是固定不变的，如龟板在1985年版《中国药典》中为正名，而1990年版《中国药典》则改用"龟甲"作正名，"龟板"就成了别名。中药别名可依其使用范围大致分为若干类型。

（1）处方名：处方名是医生开药方时经常使用的别名，它的主要特点是体现了医生对用药质量的要求。如"熟地黄"是对炮制加工的要求；"霜桑叶""鲜石斛"是对采收、贮藏的要求；"广陈皮""绿升麻"是对药材品种、产地、性状诸方面的要求等。处方别名常因地而异，如"山茱萸"，北方医生习惯写成"萸肉"，南方医生则习用"枣肉"。有的医生常把几个药名并成一个，如"乳没"（指乳香和没药）、"二冬"（指天冬和麦冬）、"三仙"（指神曲、麦芽和山楂）等。有时处方中还会出现一些很少见的古药名，如"安南子"（胖大海）、"红蓝花"（红花）等。

（2）地方名：地方名是各地民间流传的药材别名，又称"土名"或"俗名"。它的特点是数量多、地方性强、使用范围小。有的流传于某一地区，如人参在东北地区有"棒槌"之名。目前，出版的中药文献虽收载了不少地方名,但流传于民间未见文字记载的仍有相当多。地方名称在中医处方中及中药商业单位内部一般不用,但从事中药材收购工作的人员则必须了解当地的土名,因为不少边远地区的群众只知某些地产药材的土名而不知其正名。

（3）商品规格名:商品规格名是在中药商业行业内部使用的别名,是全国通用的"行话"。如"冬麻"（天麻商品的一种规格）、"二杠"（鹿茸商品的一种规格）、"蛋吉"（大黄商品的一种规格）等。他们的特点是能够体现同一中药在质量、价格等方面的差异。在中药营销工作中,常用规格名代替正品名,故可视为别名。

（4）植物栽培品种名:它是中药材进入商品流通领域之前的别名,仅在药材生产者之间使用。如"大马牙"（人参）、"金状元"（地黄）、"红叶臭头"（苏薄荷）等都是种植药材的栽培品种名。栽培品种名不同的药材在质量、商品鉴别特征等方面都存在着明显的差异。因此,了解此类名称对从事中药经营管理、质量鉴定、物价等工作均有益处。

（5）古名:指古代文献有记载而现在已经不使用的药名,如"地精"（人参）、"鬼督邮"（天麻）等。这些名称主要记载在古代本草中,可供中药本草考证之用。

第二节 中药材商品的规格与等级

中药材商品的规格与等级,是衡量中药材商品质量优劣的准则。中药材既有药用性,又有商品性。为了适应商品性的要求和临床用药,必须按照质量的优劣来划分规格与等级,以制定相应的销售价格,在市场上进行商品交换。中药材的规格、等级是传统习惯和现代标准分别制定的品质外观标志,但由于绝大多数中药材有效成分等现代的质量控制方法还没确定,在制定中药材商品规格、等级标准时,仍以传统的外观质量和性状特征为主。

一、制定中药材商品规格等级的一般原则

中药材商品规格与等级制定的基本原则为:以国家标准和地方标准为依据制定,要体现按质论价的特点,有利于促进优质药材的生产,不断改进加工技术和提高生产效益,在质量稳定的条件下力求简化标准,标准要便于量化。

1. 按质论价的原则 是制定中药材商品规范等级的基本原则,体现了公平交易、优质优价,充分保证中药材商品的质量,为临床医疗提供质优效佳的中药材商品。

2. 利于发展生产的原则 为满足临床用药需求,保证市场供应,必须发展优质中药材商品的生产,采用划分中药材商品的规格等级的手段,以优价收购优质药材的方法,促进高质量中药材商品生产的发展。

3. 与时俱进的原则 在不影响中药材商品质量和"产、供、销、用"的前提下,对一些不合理或过于繁杂不易掌握的规格等级标准及其相应的加工方法进行研究,以减少加工环节,降低成本,提高经济效益。

4. 力求简化的原则 对于质量较稳定或不同产地生产的同种中药材商品,在质量相近的情

况下,应统一规格,可不再划分等级,统货即可,以简化中药材商品的规格和等级,有利于市场流通。

5. 便于量化原则 同种中药材商品,因产地、采收期、加工方法的不同,质量和临床疗效有明显的差异,应划分其规格、等级,并且等级之间应有明确的量化指标,如大小(长短、厚薄、直径等)、质量,便于指导市场流通。

对新制定的规格等级,要通过一段时间的试用,考察其在试用期使用情况,针对市场的反馈意见加以总结完善,使之更适于指导中药材市场的流通。

二、中药材商品规格等级制定的依据和方法

中药材商品规格等级标准通常按下列方法制定:即根据药材基源、产地、生产方式、采收时间、成熟程度、加工方法和药用部位的不同等来划分。

1. 中药材商品规格等级的划分,目前常用的方法有:

(1)按药材的基源划分:一些中药材商品为多基源品种,不同来源的药材在质量上存在一定的差异,临床疗效亦有所差别。如黄连的基源为黄连 Coptis chinensis Franch、三角叶黄连 Coptis deltoidea C. Y. Cheng et Hsiao 和云连 Coptis teeta Wall.,商品上习称"味连""雅连"和"云连"。鹿茸的基源为鹿科动物梅花鹿 Cervus nippon Temminck 或马鹿 Cervus elaphus Linnaeus 的雄性未骨化密生茸毛的幼角。商品上前者称"花鹿茸",后者称"马鹿茸"。

(2)按药材的生产方式(野生或人工)划分:如人参按不同的生长方式分为"山参"和"园参",牛黄分为"天然牛黄"和"人工牛黄"。

(3)按药材的产地划分:如白芍产于浙江者称"杭白芍",产于安徽者称"亳白芍",产于四川者称"川白芍";泽泻产于福建者称"建泽泻",产于四川者称"川泽泻"。

(4)按药材的采收季节划分:如茵陈春季采收者称"绵茵陈",秋季采收者称"花茵陈";天麻冬季采收者称"冬麻",春季采收者称"春麻"。

(5)按药材的药用部位划分:如三七的主根称"三七",支根称"筋条",茎基称"剪口";如当归根上端称"归头",主根称"归身",支根称"归尾",全体称"全当归"。

(6)按药材的加工方法划分:如山药带外皮者称为"毛山药",除去外皮、搓光揉直等加工后为"光山药";附子根据加工方法不同分为"盐附子""黑顺片"和"白附片"等多种规格。

(7)按药材的成熟程度划分:如连翘秋季果实初熟尚带绿色时采收称为"青翘",果实熟透色黄时采收称为"老翘"。又如梅花鹿和马鹿雄性的幼角称"鹿茸",已骨化的角称"鹿角"。

(8)按药材的外部形态划分:如浙贝母完整不摘除心芽者称"珠贝",大者摘除心芽称"大贝"。

2. 中药材商品等级的划分 中药材的等级,是指同种规格或同一品名的药材按加工部位形状、色泽、大小、质量等性质要求,制定出若干标准。每一个标准即为一个等级。通常以品质最佳者为一等,较佳者为二等,最次者为末等。在商品药材中,对品质基本一致或部分经济价值低、优劣差异不大、既无规格也无等级的药材均称为"统货"。

中药材的等级标准较规格标准更为具体。分等级的依据各有不同,主要有如下几种。

（1）依单个药材的大小和质量分等。如川朴的筒朴一等品：干货。卷成单筒或双筒，两端平齐。表面黄棕色，有细密纵皱纹，内面紫棕色，平滑，划之显油痕，质坚硬。断面外侧黄棕色，内侧紫棕色，显油润，纤维少。气香、味苦辛。筒长40cm，不超过43cm，500g以上。无青苔、杂质、霉变。

（2）依单个药材的质量分等。如雅黄一等品：干货。切成不规则块状，似马蹄形，去净粗皮，表面黄色或棕褐色，体重质坚，断面黄色或棕褐色。气微香，味苦，每只150～250g，无枯糖、焦煳、水根、杂质、虫蛀、霉变。

（3）以单位质量中所含的药材个数分等。在三七等级的划分时，以"头"作为表示其大小，特指500g中三七的个数。如质优春三七一等品（20头）：干货。呈圆锥形或类圆柱形。表面灰黄色或黄褐色。质坚实、体重。断面灰褐色或灰绿色。味苦微甜。每500g 20头以内。长不超过6cm。无杂质、虫蛀、霉变。

（4）以表面色泽和饱满程度分等。如五味子一等品：干货。呈不规则球形或椭圆形。表面紫红色或红褐色，皱缩，肉厚，质柔润。内有肾形种子1～2粒。果肉味酸，种子有香气，味辛微苦。干瘪粒不超过2%，无枝梗、杂质、虫蛀、霉变。

（5）以纯净程度分等。如金银花（密银花）一等品：干货。花蕾呈棒状，上粗下细，略弯曲。表面绿白色，花冠厚质稍硬，握之有顶手感。气清香，味甘微苦。无开放花朵，破裂花蕾及黄条不超过5%。无黑条、黑头、枝叶、杂质、虫蛀、霉变。

1984年3月，国家中医药管理局与卫生部制定了《七十六种药材商品规格标准》，为限定中药材商品流通领域的中药材商品规格等级的使用标准。此标准选用产销量大、流通面广、价值较高、具有统一管理条件的76种中药材商品，作为全国统一的中药材商品规格等级标准。每一种药材分别记载其名称、来源、品别、规格、等级，以及各规格等级的性状指标和质量要求。此标准是在传统习惯的基础上，结合产地现状制定的，其中也有不甚合理之处，有待以后逐步修订。

随着对中药材商品质量研究的深入，学者应更多关注中药材商品的外在指标（如形状、大小等）与内在指标（化学成分指标）的关联研究，期待能实现主观判断与客观检测相统一的中药材规格等级标准，更好地服务于中药材商品流通领域和中医临床用药。

第三节　中药材商品的分类与编码

中药材商品的品种繁多，为了便于学习、研究、管理和应用，必须根据不同的使用目的对中药加以科学分类。分类方法随着时代的前进和新药的发现不断改进。

一、中药材商品的分类

（一）古代分类法

1. 按药物的性能分类　如《神农本草经》载药365种，分为上、中、下三品。上品有120种，多为无毒的滋补药；中品有120种，有的有毒，有的无毒，对疾病的治疗作用较广泛；下品有125

种,多为有毒、药性猛烈的药物。

2. 按药物的来源和自然属性分类　如《本草经集注》按药物的自然属性分为玉石、草木、虫兽、果、菜、米食、有名未用七类。《本草纲目》则将药物分为水、火、土、金、石、草、谷菜、果、木等16部,每部下又分60类,如草部又分为山草、芳草、隰草、毒草、蔓草、水草、石草、苔草、杂草9类。

（二）现代分类法

1. 按来源和药用部位分类　这种分类方法便于对中药材商品的鉴定、经营管理和贸易,一般归纳为植物药类、动物药类和矿物药类。植物药又可分为根及根茎类、茎木类、皮类、叶类、花类、果实及种子类、全草类、藻菌和地衣类、树脂类等,动物药可分为骨骼类、昆虫类、贝壳类、分泌物类、角类、排泄物类等,矿物药一般不再分类。

2. 按药材基源(原植物、原动物或矿物)的自然分类系统分类　采用这种分类方法,便于对药材的品种鉴定,也利于根据植物、动物的亲缘关系去开发和研制新药。如植物药和动物药按照科属分类,矿物药按照晶系分类。

3. 按药材的性味或功效分类　这种分类方法便于临床用药,如分为辛味药、酸味药,或寒性药、热性药,或解表药、清热药等。

4. 按药材所含的主要化学成分分类　这种分类方法便于研究中药的活性成分及其药理作用,便于通过对中药所含化学成分的研究去寻找生物合成的途径和理化分析方法。动、植物药可分为含生物碱类、苷类、蛋白质类药物等。矿物药可按所含的阳离子或阴离子的类型分类。

5. 以药名汉字首字笔画或汉语拼音字母顺序分类　此种分类方法多在中药的书籍中采用,便于学习和查阅。

此外,为了适应中药材商品的储运工作,也可按照道地产区将药材分为川汉类、西怀类、山浙类、南广类等。有时按照管理要求分为贵细药、毒麻药、常规药。按照销售的要求可分为大路货和备路货、长线商品和短线商品。为了对中药材商品进行数字化管理,也有使用商品分类代码的,如国家标准局曾颁布了《全国工农业产品(商品、物资)分类与代码》的国家标准。

二、中药材商品的编码

（一）编码的概念和意义

商品编码是编制商品代码,根据一定规则赋予某种或某类商品以相应的商品代码的过程。对某一类商品赋予统一的符号,称为商品编码化或商品代码化。符号系列可由字母、数字和特殊标记组成。

商品代码是指某种或某类商品的一个或一组有序的符号排列,目的是便于人或计算机识别与处理。依据代码所表示的信息内容与用途的不同,可分为商品分类代码和商品识别代码两类。依据其所用符号组成的不同,又可分为全数字型、全字母型和数字 - 字母混合型三种,目前较常用的是全数字型商品代码。

（二）商品编码的原则

商品编码应简单、便于记忆，提高工作效率，方便计算机管理。

1. 商品分类代码的编制原则

（1）唯一性：商品分类代码必须保证一个代码与一个指定的项目意义对应。

（2）可扩展性：在代码结构体系中应留有足够的备用码，以适应新类目增加和旧类目删减的需要，以满足分类和编码进行必要的修订和补充。

（3）简明性：代码的长度尽量短，既方便手工处理，也可减少计算机处理的时间和存储空间。

（4）稳定性：代码一旦确定后就不应随意变更，以减少人力、财力、物力的变化而造成管理成本增加。

（5）层次性：代码编制是要注意层次的清晰，反映出商品分类系统和分类目录中相互之间的逻辑关系。

（6）统一性和协调性：代码的编制应与国家商品分类编码标准相一致，并与国际通用商品分类编码制度相协调，以利于实现信息的交流与共享。

（7）自检能力：代码的编制具有自我检测的能力，以适应计算机处理的要求。

2. 商品标识代码的编制原则

（1）唯一性原则：编制商品标识代码时要严格区分不同项目的商品类，做到一个项目的商品与代码一一对应，避免出现一物多码或一码多物的情况。

（2）无含义原则：商品标识代码中的每一位数字不表示任何与商品有关的特定信息，即与厂商性质、所在区域、生产规模等信息无关。因此，厂商在编制商品标识代码时尽量使用无含义的流水号，如连续号，这样可以最大限度地利用商品项目代码的编码容量。

（3）稳定性原则：商品标识代码一旦确立，就应保持不变。若商品项目的基本特征发生了明显重大的变化，则应重新分配一个新的识别代码。但对于一些行业，如医药流通领域，由于医药商品的特殊性，只要医药商品的特征发生了较小变化，影响质量的情况下，就必须重新分配一个商品标识代码，以示区别。

（三）商品的编码方法

1. 商品分类代码的编制方法　商品分类代码本身具有实际含义，它不仅作为编码对象的唯一标识，起到代替编码对象名称的作用，还能提供编码对象的分类、排序等相关信息，在全部商品代码中占有重要的地位。常用的编码方法有顺序编码法、系列编码法、层次编码法、平行编码法等。

2. 商品标识代码的编制方法　商品标识代码是指由国际物品编码组织（GS1）的全球统一标识系统所规定并用于标识商品的数字型代码。其编码体系是 GS1 全球统一标识系统（亦称 EAN·UGG）的核心，包括流通领域中所有的产品与服务的标识代码及附加属代码。为了便于快速识别和处理，商品标识代码常用条、空模块组合的条码符号来表示。商品条码有条码符号及其对应的标识代码组成，其中条码符号供条码扫描设备识读，而标识代码则供人直接识读或通过键盘向计算机输入数据使用。

3．中药编码规则及编码　2015 年 5 月 29 日，国家质量监督检验检疫总局、国家标准化管理委员会批准发布《中药方剂编码规则及编码》《中药编码规则及编码》《中药在供应链管理中的编码与表示》等系列中医药国家标准，并于同年 12 月 1 日开始实施。此项标准的颁布和实施，将推动全国实现中药方剂、中药名称、品种及其规格"一名、一方、一物、一码"，可有效避免"同方异名""异方同名"等混淆现象，防止中药材和中药饮片以假充真、以劣充优，净化中医药市场。

中药编码结构：它由中药编码规则和编码构成，分为国际代码、自然属性、药品标准、校验码等 4 个编码段，编码结构分为 10 层 17 位编码（表 2-1）。具体编码结构见图 2-1。

表 2-1　中药编码结构

分段	国际代码		自然属性					药品标准		校验码
数字	0	6	×	×××	×	××	×××	××	××	×
分层	1	2	3	4	5	6	7	8	9	10

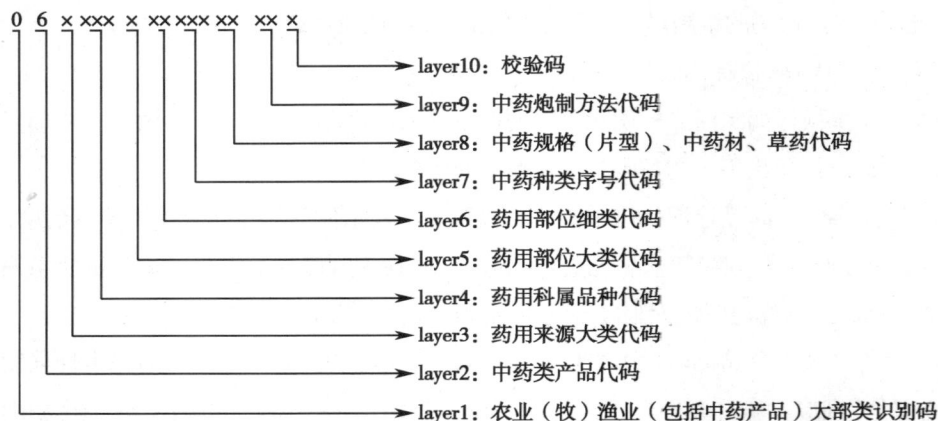

● 图 2-1　编码结构图

如中药材麻黄的编码为：0　6　1　410　5　01　001　99　00（加校验码）。

（四）商品条码

1．商品条形码的概念与种类　商品条码是由国际物品编码组织（GS1）规定的，用于表示零售商品、非零售商品、物流单元、参与方位置等代码的条码标识。具体地说，条码是由一组规则排列的条、空组合及其对应的供人识别字符组成的标记。商品条码中，其条、空组合部分称为条码符号，其对应的供人识别字符也就是该条码符号所表示的商品标识代码。

世界上常用的码制有 EAN 条形码、UPC 条形码、二五条形码、交叉二五条形码、库德巴条形码、三九条形码和 128 条形码等，而商品上最常使用的就是 EAN 商品条形码。

2．一维码与二维码　条形码的名称来源于一维码，其形状是由很多黑、白条组成的，在一个方向（一般是水平方向）表达信息，而在垂直方向则不表达任何信息，其一定的高度通常是为了便于阅读器的对准。一维条形码的应用可以提高信息录入的速度，减少差错率，但是一维条形码也存在一些不足之处，如容量小，表示的信息有限。

二维码又称二维条码,是在一维条码的基础上扩展出的一种具有可读性的条码。为了能表示更多的信息,人们尝试把多个一维码层叠起来,每一层都可以表示一定的信息,这就是最初的二维码。后来人们利用信息编码技术发明了矩阵式二维码,这种二维码具有更大的容量,但外观上不同于一维条码了,只是仍然沿用了条形码的名称。因此,从形态上条形码分为一维条形码和二维条形码,即二维码是条形码的一个类型。

3．中药材商品的二维码　中药材商品的生产是多环节的复杂过程。历经种植、采集、仓储、物流、加工等多个环节,其中某一个环节控制的失误都会引起中药材商品质量的变化,进而影响临床疗效。我国幅员辽阔,南北气候各异,土壤差异也大,同一种药材,生产于不同地区,其质量也有差异。由于我国中药生产长期处于粗放式经营管理状态,尤其是中药材的生产和流通缺乏有效的跟踪监管手段,一旦发生质量事件无法真正快速准确地找到问题源头,难以采取及时有效的纠正措施,影响了消费者的权益。因此,需要建立中药的质量溯源体系以保证临床用药的安全有效。

二维码被誉为"小型纸面数据库",因其便捷、便宜、安全等特点,被广泛应用于中药的各个行业,同时也在中药材 GAP 生产流程、饮片药库物流管理、中药材 DNA 条形码数据库等方面得到了应用。随着智能手机的流行,使得二维码溯源技术不再依赖特定的条形码设备,应用更加广泛。

（1）中药质量二维码的特点

1）兼容了传统行业一维码的设计思想:在企业内部物料生产过程中应用非常广泛,同时产品面向市场时,绝大多数商品包装上都印有一维条码作为"身份证",便于在运输、存储、管理、追溯时查询。

2）内置中药质量信息:通过植入当前环节的化学指纹图谱,为当前环节质量跟踪与质量检测提供了支撑信息。

3）继承了当前二维码的优势:由于二维条码具有成本低、信息容量大、编码范围广、保密、防伪性能好、译码可靠性高、修正错误能力强等特点,在各行各业得到广泛的应用。特别在"微信"年代,年轻人已经习惯扫描二维码,这种习惯对推行中药质量二维码的质量追溯系统提供了前所未有的便利。

（2）中药质量二维码追溯系统的设计:为实现通过中药质量二维码进行中药质量全程追溯,需要将中药生产过程分解为一系列有序的生产过程,而最小的不可以分割的生产过程定义为"生产单元",多个"生产单元"构成一个"生产环节","生产环节"则定义为一个能产生市场附加值的生产过程,如从一种商品形态流入,而以另外一种商品形态流出。一般一个"生产环节"包括多个"生产单元",提供给每个"生产环节"的原材料是具有商品属性的市场流通产品,通过该"生产环节"所生产出来的产品同样也是具有商品属性的,为下一个"生产环节"提供原材料或者直接面向消费市场。根据每种中药的特性,可以指定"关键质量单元",以中药质量二维码为载体记录该单元的质量快照。如中药材质量二维码包括选种单元、施肥单元及采摘单元等,而种植环节可以追溯土壤、水文、空气等因素。

中药质量二维码追溯系统以质量快照为基础，贯穿整个中药质量生命阶段，为中药产品溯源和召回机制实施提供了理论支撑。目前，国家商务部已在全国范围内进行了试点，如四川、湖南等省，并在多个中药材相关企业开始实施，实现了中药材"来源可知、去向可追、质量可查、责任可究"。

第二章同步练习

第三章　中药材商品资源

　　中药材商品资源分为两类，一部分为天然资源，即来源于野生动植物和天然矿物的中药材；另一部分为生产资源，即来源于人工种植的植物类药材、人工驯养的动物类药材和合成的矿物加工品。

　　我国天然药材资源的中药资源丰富，应用范围广。根据第三次全国性中药资源普查的结果，我国中药资源种类 12 807 种，其中植物来源 11 146 种，动物来源 1 581 种，矿物来源 80 种。目前，我国正在开展第四次全国中药资源普查工作。第四次全国中药资源普查着力调查清楚全国中药材资源的种类、分布与蕴藏量，以建设全国中药资源动态监测网络为支撑，以构建全国中药种质资源保护体系为重点，切实加强对全国中药材主要产区的资源监测与保护，提升中药材资源保护的能力和水平。第四次全国中药资源普查完成后，对中药资源分布、蕴藏量的掌握将会达到新的高度。

第一节　中药材野生资源

　　第四次全国中药资源普查自 2011 年开始试点，已在全国 31 个省、直辖市、自治区的 2 000 多个县开展，计划于 2020 年完成以县域为基本单元的中药资源普查工作。截至 2019 年 10 月，全国汇总，有近 1.3 万种野生药用资源、736 种栽培药材、1 888 种市场流通药材的种类与分布信息。基于 100 多万个样方的调查数据，可估算《中国药典》收载的 616 种药材的蕴藏量。同时，还初步建成了由 1 个国家级中心平台、28 个省级中心、66 个监测站组成的中药资源动态监测和技术服务体系，28 个中药材种子、种苗繁育基地和 2 个中药材种质资源库，基本摸清了调查区域的中药资源情况，形成了我国中药资源保护和可持续利用的长效发展机制。

　　第三次全国中药资源普查调查了 362 种常用药材，其中 320 种大宗植物中药材和 29 种动物药材，其野生资源总蕴藏量约为 850 万吨。按蕴藏量大小排列为：40 万吨以上的有甘草、麻黄、刺五加、罗布麻叶 4 种；10 万～40 万吨的有黄芩、苍术、地榆、赤芍、苦参、狼毒、仙鹤草、绵马贯众 8 种；5 万～10 万吨的有益母草、茵陈、山豆根、葛根、升麻、萹蓄、艾叶、柴胡、防风、黄柏、秦皮、拳参、玉竹、续断、苍耳子、五味子、威灵仙、桔梗、木贼、老鹳草等 23 种；1 万～5 万吨的有 42 种；1 万吨以下的有 243 种。

　　一些重要的药材例如麻黄、赤芍、冬虫夏草、羌活等来自野生植物，斑蝥、蜈蚣、蝉蜕、蟾酥等来自野生动物，芒硝、自然铜、石膏等来自天然矿物。经销药材中以野生资源为主的有 170～200

种,占药材总数的60%以上。在调查中发现了很多以往并未利用而依赖进口的野生药材资源,如马钱子、胡黄连、沉香、降香、诃子、安息香、阿魏等。

1. 野生中药材资源的分布 我国幅员辽阔,自然环境复杂,条件优越,中药材的分布呈现不均衡性。中药种类分布规律是从东北至西南由少增多,由约1 000种增加到约5 000种;常用药材的蕴藏量则以北方最多,向南逐渐减少。

根据我国气候特点、土壤和植被类型,传统将药用植物的自然地理分布分为八个区。在各个植物分布区相应分布着不同的药用动物。

(1)东北寒温带、温带区:本区包括黑龙江、吉林两省,辽宁省一部分和内蒙古自治区东北部。本区大部分属于寒温带和温带的湿润和半湿润地区。年降水量400~700mm,长白山地区东南可达1 000mm。区内森林茂密、气候冷凉湿润,分布的品种虽较少,但珍贵和稀有的药用动、植物种类较多。本区药用植物达1 600多种,药用动物300多种,矿物类50多种。

本区的长白山地区大部分为山岭与丘陵,北段为小兴安岭,东北角为低陷的三江平原,是我国重要的林区之一和我国北方重要的药材产区,有"世界生物资源金库"之称,野生植物约1 600种,药用植物900多种,有人参、五味子、党参、细辛、天麻等分布。

本区的植物类药材还有关防风、关龙胆、北苍术、赤芍、升麻、黄芪、东甘草、地榆、柴胡、黄芩等。

动物类药材有鹿茸、哈蟆油、麝香、蟾酥、刺猬皮等。

(2)华北暖温带区:本区包括辽东、山东、黄淮海平原、辽河下游平原、西部的黄土高原和北部的冀北山地。本地区夏季多雨温暖,冬季晴朗干燥,春季多风沙。降水量一般在400~700mm,沿海个别地区达1 000mm,黄土高原则较干燥。区内中药资源丰富,品种多,产量大,平原广阔,药材生产潜力大、生产水平高,有药用植物1 500多种,药用动物500多种,矿物类30多种。

本区的植物类药材有玉竹、黄精、柴胡、地榆、党参、远志、北沙参、黄芪、防风、黄芩、金银花、麻黄、淫羊藿、仙鹤草、香附、蔓荆子、瓜蒌、昆布、海带等。

动物类药材有牛黄、阿胶、刺猬皮、全蝎、斑蝥、土鳖虫、五灵脂、牡蛎、海马等。

(3)华中亚热带区:本区包括华东、华中的广大亚热带东部地区,位于我国三大阶梯中的最低一级,以低山丘陵为主。平均海拔500m左右,部分低山可达800~1 000m,长江中下游平原,海拔在50m以下。本地区气候温暖而湿润,冬温夏热,四季分明。平均年降水量在800~1 600mm,由东南沿海向西北递减。本地区湖泊密集,分布大量水生、湿生药用植物和相应药用动物。野生药材面广量大,是我国道地药材"浙药""江南药"和部分"南药"的产区,有药用植物2 500多种,药用动物300多种,矿物类50种左右。

本区的长江中下游平原地区包括江汉平原、洞庭湖平原、鄱阳湖平原、苏皖沿江平原、长江三角洲和里下河平原。湖泊星罗棋布,水生植物丰富,有莲、芡实、菖蒲等。丘陵地区的野生药用植物有何首乌、玄参、牛膝、丹参、百部、海金沙等。

本区植物类药材还有浙贝母、泽泻、明党参、党参、川芎、防风、怀牛膝、前胡、桔梗、山茱萸、乌药、茯苓、厚朴、吴茱萸、钩藤、杜仲、大血藤、淡竹叶、侧柏、金银花、银杏、木瓜、补骨脂等。

动物类药材有珍珠、蟾酥、鳖甲、龟甲、水蛭、地龙、僵蚕、蜈蚣、蝉蜕等。

(4)西南亚热带区:本区包括云、贵、川、重四省市,陕西南部、甘肃南部及湖北西部。本地区地形复杂,多为山地;海拔多为 1 500～2 000m,气候具有亚热带高原盆地的特点,多数地区春温高于秋温、春旱而夏秋多雨。年平均降水量为 1 000mm 左右。土壤为红壤、黄壤、棕壤。是我国道地药材"川药""云药"和"贵药"的产区。由于地形复杂形成不少垂直气候带,植被也垂直发生变化,中药资源极其丰富,有药用植物约 4 500 种,药用动物约 300 种,药用矿物约 200 种。

本区的秦巴山地区包括秦岭、大巴山、龙门山、邛崃山南段、鄂西北武当山等地,以及汉水谷地。秦岭山脉平均海拔在 2 000m 以上,南部为大巴山,海拔 1 500～2 000mm。本区北有秦岭屏障,南有大巴山和神农架,植物区系丰富多彩,素有"秦巴药乡"之称。秦岭一带药用植物资源丰富,据调查有 241 科 994 属。主要有:黄芪、天麻、党参、远志、杜仲、山茱萸等。神农架素有"植物宝库"之称,有药用植物 1 800 多种,如黄连、天麻、延龄草、八角莲、厚朴、杜仲、小丛红景天、重齿毛当归、南方山荷叶等。

本地区动物类药材丰富,主要有麝香、蕲蛇、乌梢蛇等。

(5)华南亚热带、热带区:本区位于我国最南部,包括广东、广西、福建沿海及台湾省、海南省,位于世界热带的最北界。该地区气候温暖,雨量充沛,年降水量 1 200～2 000mm。典型植被是常绿的热带雨林 - 季雨林和亚热带季风常绿阔叶林。土壤是砖红壤与赤红壤。本区生物种类丰富,高等植物就有 7 000 种以上,药用植物 5 000 种,药用动物近 300 种。

本区的东部地区位于我国东南沿海地区,是我国道地药材"南药""广药"的产区。主要药材有:槟榔、益智、砂仁、巴戟天、山豆根、广藿香、广金钱草、鸡血藤、肉桂、鸦胆子、八角茴香、儿茶等。

本区的西部地区包括云南南部、西双版纳、普洱地区的西南部及西藏南部的东喜马拉雅山南翼河谷山地。位于云南南部的西双版纳被誉为"植物王国",有种子植物和蕨类植物约 5 000 种,占全国的 1/6,药用植物 715 种,药用动物 47 种,是我国最重要的南药生产基地之一。本地区药材有三七、白木香、肉桂、云南马钱子、胡椒、槟榔、草果、安息香、龙脑香、萝芙木、大雪莲、红景天等。

本区动物类药材有金钱白花蛇、蕲蛇、蜈蚣、蛤蚧、海龙、海马等。

(6)内蒙古温带区:本区包括内蒙古自治区大部分、陕西北部、宁夏的银川平原和冀北的坝上地区。属温带草原区,半干旱气候。冬季严寒而漫长,夏季温暖而不长,昼夜温差很大,降水量少(年平均降水量 200～400mm),且分配不匀,日照充足,多风沙。植物区系以多年生、旱生、草本植物占优势,植物种类比较贫乏。中药材品种量少,但每种分布广、产量大,有麻黄、知母、肉苁蓉、龙胆、升麻、银柴胡、漏芦等。

本区动物类药材有羚羊角、马鹿茸、麝香、全蝎、刺猬皮等。

(7)西北温带区:本区包括黄土高原大部、内蒙古高原西部、河西走廊和新疆维吾尔自治区。本区是我国降水最少、相对湿度最低、蒸发量最大的干旱地区。除天山、祁连山等少数高寒地区外,80% 以上地区降水量少于 100mm,有的地区少于 25mm。

本区的西北荒漠草原和荒漠地区包括内蒙古西部,宁夏和甘肃北部,新疆的准噶尔盆地、塔里木盆地,青海的柴达木盆地等,周围被高山围绕,降水很少,是世界上著名的干燥区之一。药用植物有枸杞子、新疆阿魏、甘草、麻黄、软紫草、伊贝母、肉苁蓉、锁阳等。

西北山地包括天山、阿尔泰山及祁连山等，位于草原或荒漠地区内。天山主峰高达 5 000m 左右，北坡由于受西来的湿气流影响，气候较湿润，植物垂直分布明显，植物比较丰富，大约有 2 500 种，主要药用植物 200 多种，有黄芪、天山党参、软紫草、雪莲花、新疆缬草等。

本区植物类药材还有大黄、甘肃贝母、阿尔泰金莲花、红景天、黑种草子、冬虫夏草等。

动物类药材有羚羊角、马鹿茸、麝香、全蝎、刺猬皮、五灵脂等。

（8）青藏高原高寒区：本区包括西藏自治区，青海省南部、新疆维吾尔自治区南缘、甘肃省西南缘、四川省西部及云南省西北边缘，平均海拔 4 000～5 000m，并有许多耸立于雪线之上的山峰，号称"世界屋脊"。本区地貌复杂，有多条长 1 000km 以上的高大山脉，山脉之间分布有高原、盆地和谷地。高原空气稀薄，光照充足，气温高寒而干燥。干湿季分明，干旱季多大风，大部分地区降水量 50～900mm。土壤为高山草甸土、高山寒漠土。植物一般比较矮小稀疏，属耐寒耐旱的特有高原种类，植物区系较复杂，特别是东部和东南部，维管植物 4 000 余种。

本区植物类药材有大黄、冬虫夏草、珠子参、龙胆、瑞香狼毒、重楼、胡黄连、天麻、川贝母、软紫草等。动物类药材有马鹿茸、麝香、哈蟆油、蝉蜕、五灵脂等。

2．野生中药材资源的保护　丰富的野生天然中药材资源既是提供中药材商品的重要保证，也为中药材生产和品种改良提供了优质的种质资源。某些野生状态下生长的药用动植物，其优良的生物效应和药用品质，常常是人工栽培品难以比拟的，例如山参、麝香、天麻和白木耳等，它们的质量和药用价值，远较人工栽培品和养殖品好得多。经过人工改良和培育的品种经过 10～15 年开始发生品种退化，而且通常抗病性较差，容易遭受新的病虫害的毁灭性打击；而野生的动植物具有较好的抗病性和环境适应性，因而能为中药材人工培育的品种的复壮和改良提供种质资源。动植物的生长除了较适宜的自然地理气候条件外还需要独特的生态条件，动物的生长发育还需要一定的自主活动空间。因此，保护野生中药资源品种及其赖以生存的生态环境，是保证我国中药材生产可持续发展的一项长期的、重要的任务。

由于生态环境的破坏和掠夺式的捕采，我国的一些宝贵的天然中药资源如野生人参、贝母类、石斛类、药用蛇类等处于濒危状态。为了保护野生中药资源，国务院于 1987 年颁布了《野生药材资源保护管理条例》，对涉及 76 个物种的野生药材品种进行重点保护。对任何野生药材，都必须适度采猎，不能超越生态系统的负荷能力，以免资源增长失调，破坏生态平衡。植物类药材一般应在种子成熟后采挖，动物类药材应在繁殖期后收猎；注意轮采、轮育、采育结合，有条件的地方最好能封山育药，给野生药材以恢复、再生之机。矿物药属于不能再生的资源，更应该计划采掘，避免浪费，为子孙后代保留药源。

中药资源是自然资源的一部分，对于中药资源的研究，一要考虑到保护生态环境和物种，达到合理利用；二要考虑到中药的传承和发展，古代本草中记载的疗效显著的中药多来自于野生资源，然而现在中药材需求量越来越大，野生中药材资源急剧减少，变成栽培品。栽培品目前存在大量使用化肥农药、采收加工方法不当等问题，导致中药材质量良莠不齐，中药材的药效和安全性得不到保证。所以没有经过长期临床验证的栽培品资源不可盲目地替代野生资源使用。我国中药材野生资源的研究和保护工作，仍然任重而道远。

第二节　中药材栽培资源

一、中药材的栽培和养殖概况

药材栽培历史悠久,如莲籽(子)有 5 000 多年的栽培历史,桃有 4 000 多年的栽培历史,山药有 3 000 多年的栽培历史。2 600 多年前,《诗经》即记载有桃、梅、桑的栽培。汉武帝时期,张骞出使西域,引种红花、石榴、核桃、大蒜等有药用价值的植物到内地栽种,丰富了中草药种类。南北朝时期,贾思勰的《齐民要术》中记载了姜、栀子、地黄、吴茱萸等 20 余种中药的栽培方法。到了唐代孙思邈的《千金翼方》中收载了枸杞、牛膝、百合、地黄等药物的栽培方法,其中枸杞就有 4 种栽培方法,详述了这些药用植物选种、耕地、灌溉、施肥、除草等一整套栽培技术。宋代唐慎微的《证类本草》收载人工栽培的药用植物 72 种,如川芎、姜黄、山药、地黄等。明代李时珍《本草纲目》详细记述了荆芥、麦冬等 180 多种中药的栽培方法。清代吴其浚的《植物名实图考》对多种中药的栽培均有论述,至今仍有参考价值。

近代中国社会动荡,国力衰退,加之受西医药的冲击,这一时期是中药栽培史上的低谷时期,无论是野生变家种引种驯化,还是良种选育,均较前大为减少,仅对独活、广藿香等少数品种进行了野生变家种的栽培与驯化,中药材以采挖野生药材为主。

中华人民共和国成立以来,随着中医药产业的发展,尤其是中成药企业的中药原料药需求持续增加,中药的需求量急剧增长。因此,延续和发展传统中药的栽培品种,在疗效确定的前提下逐步变野生药用物种为人工种植和养殖,是保护野生资源和保证中药发展的一条最重要途径。

在 20 世纪后半叶,我国中药栽培事业发展迅速,这一时期中药引种驯化工作取得了可喜的成绩,引种栽培的中药达 200 余种,其中野生变家种主要有甘草、防风、龙胆、柴胡、丹参、细辛、半夏、山茱萸、黄芩、知母、何首乌、天麻、绞股蓝、钩藤、猫爪草、紫草、雷公藤等多个品种,从国外引进的有西洋参、白豆蔻、颠茄、番红花、丁香、檀香、马钱子、狭叶番泻叶、安息香、儿茶、古柯、印度萝芙木、毛花洋地黄、大风子、南天仙子等 30 余种原植物。野生变家种或从国外引进品种的种植,无论在规模上或品种上都达到了历史上未有的水平。如西洋参的引种栽培取得极大的成功,并总结出了一套以施肥改土为中心、高棚覆盖为特点的大田栽培技术,现已在山东、吉林、北京、河北、黑龙江等地推广,取得了显著的社会效益与经济效益。

2002 年 3 月,国家食品药品监督管理局通过了《中药材生产质量管理规范》(Good Agricultural Practice for Chinese Crude Drugs, GAP)(试行),并于同年 6 月 1 日发布实施。GAP 推行以来,中药材在规模化和规范化种植、养殖方面取得了重要进展,中药材种植、养殖品种及规模都达到了历史上未有的水平,已形成世界规模最大、体系最完整的中药材生产体系。常用的 600 多种中药材中,有 300 多种为人工种养,中药材年产量 250 多万吨。中药材人工种植产量占供应总量的比例不断扩大,达到了 70% 以上。常用大宗中药材多数有栽培,其中人参、西洋参、三七、党参、丹参、白芷、牛膝、地黄、山药、当归、白术、白芍、瓜蒌、山茱萸、金银花等大宗常用中药材商品几乎全部来源于栽培。优势产区初步形成,立足资源禀赋,发展特色道地药材,已形成东北与华北、江南与华南、西南、西北等 4 个道地中药材优势产区。其中东北与华北地区大面积栽培的药材有人参、西洋参、五味子、板蓝根、金银花、连翘、怀牛膝、地黄、山药等。江南与华南地区栽培的药材有郁金、白术、白芍、延胡索、牡丹皮、百合、天冬、菊花、红花、铁皮石斛、玄参、薄荷、广藿香、化橘红等。西南地区栽培的药材有黄连、川乌、川贝母、白芷、泽泻、川芎、麦冬、巴豆等。西北地区大面积栽培的药材有大黄、当归、甘草、半夏、肉苁蓉等。

随着科技水平的稳步提升,50 余种濒危野生中药材实现了人工种养,如人参、黄连、甘草、肉苁蓉、铁皮石斛、麝香等;珍稀濒危生物药材人工生产和替代品开发得到长足发展,麝香、牛黄、熊胆、蛇类等品种众多、分布广泛、特色显著的中药材生产格局基本形成。

二、中药材生产的质量管理

中药是我国传统的重要出口产品之一。20 世纪 80 年代以后,出口势头受阻,不仅出口量少,而且在国际市场上的市场占有率也比较小。随着人们对化学药物毒副作用的认识加深和企盼回归自然的观念转变,国际植物药市场正以每年 10% 的速度增长。我国虽是中药的发源地,是植物药使用的大国,但是在国际植物药市场所占比例还不到 5%。究其原因,主要有四点:一是中药的质量标准不完善;二是日韩等国家和地区由于发展较早,在国际中药市场上有较强的市场竞争力;三是我国中药业界对国际贸易的进一步开拓缺少经验和有力措施;四是我国中药产品质量和商业化水平与国际市场的要求还有较大差距。国际市场对植物药(包括中药)的进口管理大致有三个方面的要求:一是要求进口的中药或原料(药材)每批的质量要稳定、均一;二是要求对原料(药材)的生产过程控制严格,要求提供从植物学名、外部和内部特征、化学成分、产地、栽培、采收加工、运输、贮藏等一系列背景资料;三是对出口产品的安全性指标控制严格,特别是重金属和农药残留量不得超标。

为确保中药质量并打入国际市场,必须加快对中药质量标准制定的进程。在传承经方的基础上研究中药的标准物质(药效组分),建立与临床疗效对应的药效组分质量标准评价体系。中药的质量标准包括药材(原料)标准、药品标准和商品标准。药材的标准要依赖于药材生产的规范化,因为药材是通过一定的生产(栽培)过程而形成的,所以控制药材生产质量是控制中药质量的第一关。药材、饮片、复方及其制剂的标准要有机地联系在一起,要和临床疗效相对应,要阐明其标准物质。在标准物质不明确的情况下,可采取生物效应的评价方法建立其质量标准。

2002 年我国开始实行中药材 GAP,其主要目的就是规范药材生产的全过程,确保药材的质量符合药用的规定。GAP 是中药材生产和质量管理的基本原则,适用于中药材生产的全过程,以及流通、质量管理的关键环节,在实施中将不断完善。应当指出的是,GAP 不是中药材的标准,而是中药材生产的管理规范,适用于传统栽培和养殖的中药材生产。GAP 的实施对中药标准化、现代化和国际化起到了极大的促进作用。

第三节　道地药材

道地药材是指经过中医临床长期应用优选出来的，产在特定地域，与其他地区所产同种中药材相比，品质和疗效更好，且质量稳定，具有较高知名度的中药材。狭义地讲道地药材是指某些地区生产的中药优质原料，而优质原料的产地称为道地产区。"道"是古代地方行政或监察区划，道地本指各地特产，后逐渐演变为货真价实、质优可靠的代名词。道地药材之所以质量优良，主要是因为这些地区有适宜的地理气候条件和生态环境，经过长期的自然选择或人工栽培，形成了优良品种、先进的生产技术、独特的加工方法、稳定的商品特征和鉴别方法。道地药材在国内外具有很高的信誉，在经营中具有很强竞争力，因而形成了较大的商品规格。一些药材为了表明其产地和品质可靠的特征，常在药材名称前加地上道地产区，例如川芎、川麦冬均表明其为产自四川的优质药材。

我国地域辽阔，不同地区环境条件变化大，经过长期的生产实践，各个地区都形成了一批适合本地条件的道地药材。道地药材与地域是不可分的，根据我国中药资源的分布区域，现将道地药材的商品介绍如下。

1. 关药　关药通常是指山海关以北，包括东北三省和内蒙古东部地区所出产的优质药材。著名的关药有人参、花鹿茸、关马茸、关防风、辽细辛、关龙胆、关黄柏、刺五加、五味子、哈蟆油等。所产人参占全国人参产量的99%，占世界总产量的70%左右。集安人参具有体长、皮老、纹深等显著特点，被誉为参中上品；梅花鹿茸粗大、肥壮、嫩、茸形美、色泽好；防风主根发达，色棕黄，"蚯蚓头"特征明显；北五味子肉厚，色鲜、质柔润；关龙胆根条粗长、色黄淡；哈蟆油野生蕴藏量占全国99%以上。

2. 北药　北药通常是指河北、山西、山东和内蒙古中部地区所出产的优质药材。常用的北药包括党参、黄芪、北沙参、板蓝根、金银花、连翘、酸枣仁、知母、黄芩、赤芍、远志、阿胶、全蝎、五灵脂等。其中山西潞党参皮细嫩、紧密、质坚韧；河北安国八大祁药远近闻名，包括祁菊花、祁山药、祁紫菀、祁沙参、祁薏米、祁芥穗、祁白芷和祁花粉八个品种；河北酸枣仁粒大、饱满、油润、外皮色红棕；河北易县的知母肥大、柔润、质坚、色白、嚼之发黏，称"西陵知母"；山东东阿阿胶驰名中外。

3. 怀药　怀药泛指河南境内所产的优质药材。河南地处中原，河南的怀药分南北两大产区，产常用药材300余种。著名的四大怀药有地黄、牛膝、山药、菊花。此外，还有密（南）银花、天花粉、瓜蒌、白芷、红花、山茱萸等。

4. 浙药　浙药也称杭药、温药，包括浙江及其沿海大陆架所出产的优质药材。浙江地处亚热带，产常用药材400余种。著名的浙八味为浙贝母、白术、延胡索、玄参、白芍、杭白菊、杭麦冬、温郁金。此外，还有山茱萸、莪术、杭白芷、乌梅等。

5. 江南药　江南药指包括湘、鄂、苏、皖、闽、赣等淮河以南省区所产的优质药材。如安徽亳州的亳菊、滁州的滁菊、铜陵的凤丹皮、霍山的霍山石斛、宣城的宣木瓜，江苏的苏薄荷、茅苍术、太子参、蟾酥等，福建的建泽泻、建乌梅、建神曲、蕲蛇，江西的江枳壳，宜春的江香薷和丰城的鸡血藤，泰和的乌鸡，湖北大别山的茯苓，鄂北的蜈蚣，汉江平原的龟甲和鳖甲，襄阳的山麦冬，长阳的资丘木瓜，鄂西的味连、板桥党参和紫油厚朴，湖南平江的白术、沅江的枳壳，邵东湘的玉竹、零陵薄荷等。

6．川药　川药指四川所产的优质药材。四川是我国著名中药材产地，所产中药材近千种，居全国第一位。川产珍稀名贵药材有麝香、冬虫夏草、川贝母、川黄连、石斛等；川产大宗商品药材有川芎、川乌、附子、川麦冬、川白芍、川白芷、川牛膝、川泽泻、川郁金、川大黄、川枳壳、川黄柏、川杜仲、川厚朴、巴豆、使君子、明党参等。川药呈明显的区域性或地带性分布，如高原地带的冬虫夏草、川贝母、麝香，岷江流域的姜和郁金，江油的附子，绵阳的麦冬，灌县的川芎，石柱的黄连，遂宁的白芷，中江的白芍，合川的使君子和补骨脂，汉源的花椒和川牛膝等。川附子加工成的附片，张大均匀，油润光泽；黄丝郁金个大、皮细、体重、色鲜黄；川芎饱满坚实、油性足、香气浓烈；白芍肥壮、质坚、粉性足、内心色白，称"银心白芍"；川枳壳青皮白肉；川白芷富于粉性，断面有菊花心。

7．云药　云药包括滇南和滇北所出产的优质药材。滇南出产诃子、槟榔、儿茶等；滇北出产云茯苓、云木香、冬虫夏草等；处于滇南和滇北之间的文山、普洱地区盛产三七并闻名于世。此外，还有天麻、云黄连、云当归等。云南的雅连、云连占全国产量的绝大部分；云苓体重坚实，个大圆滑、不破裂；天麻体重、质坚、色黄、半透明；半夏个圆、色白似珠，称"地珠半夏"。云药中的特产野生药材有蛤蚧、金钱白花蛇、红豆蔻、木鳖子、鸡血藤、广豆根、巴豆和骨碎补等。

8．贵药　贵药是以贵州为主产地的优质药材。著名贵药有天麻、杜仲、天冬、吴茱萸、雄黄和朱砂等。

9．广药　广药又称"南药"，是指广东、广西南部，以及海南、台湾等地出产的优质药材。著名的四大南药为槟榔、砂仁、巴戟天、益智。桂南一代出产的药材有鸡血藤、广豆根、肉桂、石斛、广金钱草、桂莪术、三七等。珠江流域出产的药材有广藿香、高良姜、化橘红等。广东的砂仁产量较大，其中阳春砂质量最佳；广藿香年产量占全国92%，其中石牌藿香主茎矮，叶大柔软，气清香；化州橘红历史上曾列为贡品，加工品分为正毛橘红片（成熟果皮）、橘红花（花）、橘红胎（幼果）；广东新会的广陈皮、德庆的何首乌、广西防城的肉桂都是著名的道地药材；台湾的樟脑曾垄断世界市场。

10．西药　西药是指"丝绸之路"的起点西安以西的广大地区，包括陕、甘、宁、青、新及内蒙古西部所产的优质药材。本地区的优质药材有陕西著名的秦药：秦艽、秦皮和秦归，甘肃的当归、党参，宁夏的枸杞子、甘草，青海的大黄、冬虫夏草，还有新疆的甘草、伊贝母、软紫草、阿魏、麻黄、肉苁蓉、锁阳、西牛黄、西马茸等。其中，甘草、麻黄、肉苁蓉、新疆紫草和伊贝母等为本地区大宗商品中药材，甘草产量占全国90%，麻黄产量占全国第二位。

11．藏药　藏药指青藏高原所产的优质药材。著名的四大藏药为冬虫夏草、雪莲花、炉贝母、西红花。此外，还有麝香、胡黄连、羌活、雪上一支蒿、甘松、红景天。高原特有的藏药品种有雪灵芝、西藏狼牙刺、洪连、小叶莲、绵参和藏茵陈等。

第三章同步练习

第四章　中药材商品的生产

中药材商品的生产是中药生产的首要环节,直接影响着中药生产的规模与质量,影响着中药的现代化和国际化。中药材商品的生产既要考虑药材产品的特殊要求,也要遵循农业生产的基本规律。选择适宜、安全的土壤和气候等生态环境条件,是中药材商品生产的第一关;中药材种质资源和优良品种的选育是保证中药材商品生产的基础条件;规范化中药材栽培和加工技术是保证中药材商品质量的关键环节;降低农药残留和重金属对环境和药材的污染是保护生态环境和保障中药材商品安全性的重要条件。中药材商品的生产过程控制的目的是从保证中药材的质量出发,控制影响中药材质量的多种因素,规范中药材商品生产的多个环节乃至全过程,以达到中药材"安全、有效、稳定、可控"的目标。

中药材的品种繁多,针对不同的品种,其生产周期和栽培管理技术均有很大的差异,学会应用现代农业的各类先进生产技术,才能促进中药材种植业向精准农业和生态农业方向发展,从而提高中药材的质量和综合经济效益。

第一节　中药材的产地环境

中药材,除部分人工制品外,主要取材于天然的植物、动物和矿物。在《神农本草经》中,对于中药材产地选择就有"土地所生,真伪陈新,并各有法"的记载。我国幅员广阔,自然地理状况复杂,水土、气候、日照、生物分布差别很大,生态环境各不相同,因此形成了许多与产地相关联的"道地药材"。"道地药材"一般在药材名称前冠以产地,如川贝母、川黄柏、宁夏枸杞、杭麦冬、亳白芍、关龙胆等。优良品种的遗传基因和优良的栽培、加工技术,加上特定的生长环境,造就了优质的道地药材。不同中药材品种要求的生态环境不同,有的受光或温度影响为主,有的则以土壤或海拔等为主要影响因素。这些生态因素随着地理区域的不同而改变,且常常是综合起作用的。

一、光照

光、光照度及光照时间都与药用植物生长发育密切相关,对中药材的品质和产量产生影响。

(一)药用植物对光照的需求不同

根据各种药用植物对光照度的需求不同,通常分为喜阳植物、喜阴植物和中间型植物:

1. 喜阳植物　此类植物的生长发育需要充足的阳光,要求生长在直射阳光充足的地方。若缺乏阳光时,植株生长不良,产量低。如北沙参、地黄、菊花、红花、枸杞、薏苡、知母等。

2. 喜阴植物　不能忍受强烈的光照射,喜欢生长在带遮蔽条件的阴暗环境中。如人参、西洋参、三七、石斛等。

3. 中间型植物　处于喜阳和喜阴之间的植物,适应能力强,在日光充足和荫蔽环境下都能较好地生长。如天冬、麦冬、款冬花、紫花地丁等。

(二)光照度对药用植物生长发育的影响

在生产上,采取合理密植和间作套种以及适时种植和采收,可提高药用植物可利用的光照度。同一种植物在不同生长发育阶段对光照强度的要求不一样。一般情况下,植物的幼苗期怕强光;开花结果期或块茎、块根等贮存器官膨大期需要较强的光照。

(三)光照时间对药用植物生长发育的影响

光照时间是药用植物生长发育的重要因素,影响植物的花芽分化、开花、结果、分枝习性以及某些地下器官(块茎、块根、球茎、鳞茎等)的形成。按照对光照时间的需求,可将药用植物分为三类:

1. 长日植物　日照时间在 12~14 小时以上才能成花的植物。例如红花、当归、牛蒡、紫菀等。

2. 短日植物　日照时间在 12~14 小时以下开花的植物。例如紫苏、菊花、穿心莲、苍耳、龙胆等。

3. 日中性植物　对光照长短没有严格要求,任何时长的日照下都能开花的植物。例如地黄、蒲公英、千里光等。

二、温度

药用植物只能在一定的温度范围内进行正常的生长发育。温度过高或过低,都会给植物造成障碍,使生产受到损失。了解每种药用植物对温度适应的范围及其与生长发育的关系,是确定其生产分布范围、生产季节、夺取优质高产的重要依据。

(一)药用植物对温度的需求不同

依据药用植物对温度的不同要求,可将其分为四类:

1. 耐寒药用植物　一般能耐 $-2~-1℃$ 的低温,短期内可以忍耐 $-10~-5℃$ 低温,最适生长温度为 $15~20℃$。一般生长在北方高纬度或高海拔寒冷地区,如人参、细辛、平贝母、大黄、羌活、五味子等。

2. 半耐寒药用植物　通常能耐短时间 $-2~-1℃$ 的低温,最适生长温度为 $17~23℃$。一般生长在中纬度或中海拔地区,如黄连、枸杞、知母等。

3. 喜温药用植物　种子萌发、幼苗生长、开花结果都要求较高的温度,生长最适温度为 $20~30℃$,花期气温低于 $10~15℃$ 则不易授粉或落花落果。一般生长在南方低纬度或低海拔地区,如枳壳、川芎、金银花等。

4. 耐热药用植物　生长发育要求温度较高,生长最适温度多在30℃左右,个别药用植物可在40℃下正常生长。一般生长在低纬度地区,如槟榔、砂仁、苏木、罗汉果等。

（二）温度对药用植物生长发育的影响

药用植物生长发育,因品种、生长发育的阶段不同对温度的要求不同。一般为生殖生长期＞营养生长时期＝种子发芽＞幼苗时期生殖生长期。温度过低或过高都将影响药用植物的生长发育。低温使药用植物叶绿体结构损伤从而影响其光合作用,影响根系对矿质养分的吸收和植物体内物质的转运,影响授粉、受精。在夏季,高温使植物非正常失水发生缺水萎蔫,高温还可影响酶的活性从而影响植物正常的生命活动。可通过覆草、搭棚、霜冻前灌水等措施预防低温或高温伤害。

三、水

农谚说"有收无收在于水",充分说明了水对药用植物生长发育的重要性。

（一）药用植物对水的需求不同

根据药用植物对水的不同要求,可将其划分为以下几类:

1. 旱生植物　这类植物能在干旱的气候和土壤环境中维持正常的生长发育,有很强的抗旱能力。如芦荟、麻黄等。

2. 湿生植物　这类植物生长在潮湿的环境中,蒸腾强度大,抗旱能力差,水分不足就会影响生长发育,以致萎蔫。如水菖蒲、毛茛、半边莲、灯心草等。

3. 中生植物　此类植物对水的适应性介于旱生植物与湿生植物之间,绝大多数陆生的药用植物均属此类,其抗旱与抗涝能力都不强。

4. 水生植物　此类药用植物生活在水中,根系不发达,根的吸收能力很弱,输导组织简单,但通气组织发达。如泽泻、莲、芡实、浮萍等。

（二）水对药用植物生长发育的影响

水量过多或过少都会对药用植物生长发育造成影响。水量过多称为涝害,水量过多使土层中缺乏氧气,根系无法正常呼吸,同时,由于无氧呼吸而积累乙醇等有害物质,引起植物中毒。水量过少称为旱害,旱害使植株出现缺水萎蔫状态,茎和根系生长差,开花结实少,严重时造成植株干枯死亡。有些植物,如知母、甘草、红花、黄芪等对干旱有一定的适应能力,在一定的干旱条件下,仍有一定产量。

（三）水质污染对药用植物的影响

水质污染主要包括农田病虫害防治过程中施用化学农药和化学肥料所产生的污染、工厂排放的各种废水、城市生活废水以及来自垃圾场或医院的污染等。污水中的某些有毒物质如酚、氰、砷、铬等达到一定浓度时,可直接毒害植物,使植物根部腐烂而死。另外污水流入土壤,污染物沉积于土壤中,破坏土壤微生物的活动,从而影响植物的正常生长。土壤中的污染物被植物吸收后,还将危害人、畜。在进行药材种植地的选择上,应注意远离污染源,且水质等要达到规定的质量标准。

四、海拔

海拔越高,光照越强,而气温、气压和空气密度都相应降低,从而影响药用植物的生长和有效成分的形成与积累。海拔高度增加可使部分药用植物中生物碱含量增加。例如栽培在高海拔地区的龙胆,其龙胆苦苷含量比栽培在低海拔的高。而长春花属和薯蓣属的某些药用植物则适宜于低海拔生长。

五、土壤

土壤是药用植物生长发育所需水、肥、气、热的供应者。除了少数寄生和漂浮的水生药用植物外,绝大多数的药用植物都生长在土壤里。创造良好的土壤结构,改良土壤性状,使土壤中的水、肥、气、热得以协调,有利于药用植物生长发育。

(一)土壤的质地

土壤按质地可分为砂土、黏土和壤土。土壤颗粒中直径为 0.01~0.03mm 的颗粒占 50%~90% 的土壤称为砂土。砂土通气透水性良好,耕作阻力小,土温变化快,保水保肥能力差,易发生干旱。甘草和麻黄等适于在砂土种植。含直径小于 0.01mm 的土壤颗粒在 80% 以上的土壤称为黏土。黏土通气透水能力差,土壤结构致密,耕作阻力大,但保水保肥能力强,供肥慢,肥效持久、稳定。所以,适宜在黏土中栽种的药用植物不多,如泽泻等。性质介于砂土与黏土之间的是最优良的壤土。壤土土质疏松,容易耕作,透水良好,又有相当强的保水保肥能力,适宜种植多种药用植物,特别是根及根茎类的中药材更宜在壤土中栽培,如人参、黄连、地黄、当归、丹参等。

(二)土壤肥力

土壤肥力是指土壤供给植物正常生长发育所需水、肥、气、热的能力。水、肥、气、热相互联系,相互制约。土壤肥力因素按其来源不同分为自然肥力与人为肥力两种。两种肥力的联合作用称为土壤的有效肥力。药用植物产量的高低与土壤有效肥力的高低密切相关。

(三)土壤酸碱度

不同的药用植物适宜的土壤的酸碱度不同。多数药用植物适于在微酸性或中性土壤中生长。有些药用植物(荞麦、肉桂、黄连、槟榔、白木香等)比较耐酸,另有些药用植物(宁夏枸杞、荆芥、红花、甘草等)比较耐盐碱。在生产上,一方面要根据药用植物进行合理的田间布局,另一方面也可采取农业措施改变土壤酸碱性,以适应药用植物生长发育的需要。

第二节　中药材的良种繁育

中药材良种繁育是将选育的中药材优良品种扩大繁殖并推广于生产的过程。在这一过程中需完成三个主要任务：一是加速繁殖新的优良品种，替代原有老品种；第二是保持新品种的优良性，防止品种产生混杂和退化；第三是保证药用植物种子的高质量。但是一个品种，由于管理不当或受其他多种因素的影响，均可以引起品种混杂或退化，最终丧失品种原有的属性，导致产量下降。因此如何通过良种繁育，保持中药材品种的优良特性，对保证中药材可持续优质发展至关重要。

一、中药材良种混杂退化的原因

1．机械混杂　良种中混进了异品种或异种植物的种子叫机械混杂。机械混杂是在下种、收获、晒干、贮藏过程中操作不严造成的，是目前种子混杂的主要原因。

2．生物学混杂　在生产过程中，由于和其他品种及类型发生天然杂交而引起的混杂叫生物学混杂。生物学混杂破坏了优良品种的整齐性和丰产性。此外，有些需要进行人工授粉的药用植物，如果对所授花粉选择不当也会引起混杂退化。

3．品种本身的性状分离　品种的"纯"只是相对的，任何一个新品种不可能做到所有性状都绝对稳定，而是或多或少都带有一定的杂合性，在生产过程中不可避免地要产生性状分离，从而造成品种的混杂退化。

4．良种本身的自然突变　是指由于良种本身的基因改变引起相应的性状的改变。

5．不科学的无性繁殖　选取良种时往往由于经验不足，导致选取出劣种进行繁殖，在无性繁殖过程中这种不科学的选种方式往往能引起严重的品种退化，使生产能力越来越弱。

二、防止中药材品种退化的方法

保证中药材品种的优良需要频繁提纯复壮。在防杂保纯的技术上主要注意以下几方面：

（一）防止植株的自然杂交及机械混杂

在收获打场及贮藏等过程中，加强管理，做到专人负责、专场脱粒、专仓保管，建立严格的种子保管制度，避免发生良种混杂。对于一些自花授粉和无性繁殖的植物，每年还应当建立留种田，选择优良单株，种在留种田里以供第 2 年生产用。对于异花授粉的植株，必须为留种田设立隔离区，进行隔离繁殖。隔离的方法有空间隔离、天然屏障或人工屏障隔离。少数珍贵药用植物也可用人工套袋方法隔离。但对于自花高度不孕的品种，可以将两个品种种在 1 个隔离区留种田内，让其自然授粉，以防止退化。

（二）去杂去劣

在药苗生长时期，首先应根据品种的特征，去除同良种生长性状不同的杂株，保留纯的植株。其次，当年某块地种过的药用植物，第二年选择种其他品种时，头一年未采收干净的品种有可能对现有品种产生混杂。所以在采用轮作这一方式时，特别需要注意该情况的出现。

（三）加强人工选择、施行科学留种

对种子田除应加强田间管理外，还要经常地去杂、去劣，选择具有该品种典型特征、特性的植株留种。对收获的种子还应精选一次，以保证种子品质。去杂主要是针对遗传变异而言，拔除非本品种特性的植株。去劣主要是拔除那些发育不良、有病的退化植株。

（四）改变繁殖方法

有的药用植物长期无性繁殖容易引起种子的生活力衰退，采用有性繁殖则可使生活力得到提高。如地黄，一般用块茎繁殖，但这种长期的无性繁殖会引起种子生活力的衰退，故仍需间断采用有性繁殖——种子繁殖以复壮种苗；还可以在不同品种间进行杂交，选择杂交后的优良植株，再经过2～3次单株选择，形成新品种，来更换退化的品种。

（五）其他方法

尽管上述方法能够解决一些药用植物品种退化的问题，依旧存在某些特殊药材需要其余方法防止品种退化，如异地换种、采用倒栽方法生产繁殖材料、利用茎尖培养方法获得无病毒植株及提芽栽培防止退化等。除此之外，按照不同药用植物的生长习性，适宜的环境条件，采用合适的栽培方法、有效的田间管理和病虫害的防治等都是防止品种退化的重要手段。

三、良种繁育的程序

良种繁育不仅能够维持药用品种的优良特性，还能在短时间内扩大新品种群体，能够保证生产所需繁殖材料的供应。一般的繁育程序为原种生产、原种繁殖和大田用种繁殖。

（一）原种生产

原种是药用植物品种的原始种子生产出来与这一品种初始性状保持一致的种子。原种是新品种的来源，需符合新品种一致性、稳定性和特异性的三性要求，且原种生产的各个程序也需严格把关，保证它的高纯度，为大规模生产提供优良品种。

（二）原种繁殖

原原种经一代繁育获得原种，原种繁育一次获得原种一代，繁育二次获得原种二代。为了防止混杂，在原种繁育时设置隔离区，尤其是针对异花授粉的药用植物，一定要有防止生物学混杂的设施，否则会因为品种间传粉而降低原种纯度。

（三）大田用种繁殖

该繁殖方法是运用种子田在原种基础上扩大生产。一般有一级种子田良种繁殖法和二级种子田良种繁殖法。

（四）良种扩繁技术

该技术主要有育苗移栽法、稀播稀植法、有性与无性繁殖相结合、组织培养法以及加代法。通过这些不同的技术方法解决了大多数药用植物的扩繁问题。

合理的良种繁育制度和严格的种子操作技术、严格的种子检验制度，能够在一定程度上解决药用植物品种的退化，保障其品种在生产过程中的优良特性不被改变，使药用植物产量增多，尤其在道地药材的品种维护中发挥着重要的作用。

第三节　中药材的规范化种植

中药材的规范化种植是中药材良种繁育后的又一重要环节。在种植过程中，从播种到采收、栽培方法、施肥、田间管理等每一环节都要具有严格的科学规范，才能生产出质量稳定、安全、有效的中药材。

一、中药材的种植方式

（一）单作、间作、混作及套作

1. 单作、间作、混作及套作的概念　单作是指在同一块田地上种植同一种植物的种植方式，如人参、西洋参、当归、菊花、莲、地黄、远志等，均以单作居多。间作是指在同一块田地上于同一生长期内，分行或分带相间种植两种或两种以上生育期相近植物的种植方式，如在玉米、高粱地里，可于其株、行垄上间作穿心莲、补骨脂、半夏等。间作是集约利用空间的种植方式。混作是指在同一块田地上，同时或同季节将两种或两种以上生育期相近的植物按一定比例混合撒播或同行混播的种植方式。混作与间作两者只是配置形式不同，间作利用行间，混作利用株间。套作是指在前季植物生长后期的行间播种或移栽后季植物的种植方式，如甘蔗/白术、玉米/柴胡等。对比单作，套作不仅能阶段性地充分利用空间，更重要的是能延长后季植物对生长季节的利用，提高年总产量，是一种集约利用时间的种植方式。

2. 间作、混作及套作的技术原则

（1）选择适宜的植物种类和品种搭配：在株型方面要选择高秆与矮秆、垂直叶与水平叶、圆叶与尖叶、深根与浅根植物搭配；在适应性方面，要选择喜光与耐阴、喜温与喜凉、耗氮与固氮等植物搭配。

（2）建立合理的密度和田间结构：密度和田间结构是解决间、套作中植物间一系列矛盾，使复合群体发挥增产潜力的关键措施。

（3）采用相应的栽培管理措施：根据植物的不同要求，因植物、地块不同进行增施肥料和合理灌水,因栽培物品种特性和种植方式不同调整好播期,搞好间苗、定苗、中耕除草等共生期的管理。

3.间作、混作及套作的类型 间、混作类型很多,一类是在作物、蔬菜的间、混作中引入药用植物,如玉米+麦冬(芝麻、桔梗、山药、贝母、川乌)。一类是在药用植物的间、混作中引入作物和蔬菜,如芍药(牡丹、山茱萸、枸杞)+豌豆(大豆、小豆、大蒜、菠菜、莴苣、芝麻)。

(二)轮作与连作

1.轮作与连作的概念 轮作是在同一田地上有顺序地轮换种植不同植物的种植方式。连作与轮作相反,是在同一田地上连年种植相同作物的种植方式。

2.连作障碍及其原因 连作障碍是指一些植物通过挥发、淋溶、直接分泌或植株降解等途径来释放一些物质进入土壤,并在土壤中积累,从而影响后茬作物的生长,即使在正常管理的情况下,也会使作物的产量降低、品质变劣、生育状况变差的现象。目前,在栽培的药用物中,绝大多数根类药材忌连作,如百合、地黄、人参、玄参、北沙参、川乌、白术、天麻、当归、大黄、黄连、三七等都存在连作障碍的问题。

连作障碍主要原因有:

(1)土壤养分失衡,导致植物生长发育全程或某个生育时期所需的养分难以满足。

(2)土壤微生物群落结构改变,病原、害虫侵染源增多,导致发病率、受害率升高。

(3)土壤中植物自身代谢的自毒物质的增加。

(4)土壤理化性质的改变。

3.合理轮作的作用 合理轮作可明显提高药用植物的产量和质量。其作用主要表现在以下几个方面。

(1)均衡利用土壤养分:同一田块栽培某种植物后,其营养元素总量及其比例必然发生改变,依据改变后地块肥力状况,搭配相适应植物,就可少施肥、少投入,使其良好生长。如叶及全草入药的药用植物,需氮、磷较多,豆科药用植物需钙较多,且能增加土壤中氮素含量。

(2)减少病、虫、草害:许多病虫害对寄主都有一定的选择性,且它们在土壤中存活都有一定年限。因此,如果将感病的寄主作物与非寄主作物实行轮作,便可消灭或减少这种病虫在土壤中的数量,减轻病虫害。同时,轮作所运用的农业措施不一样,也可达到抑制田间杂草生长的目的。

(3)改善土壤理化性状,减少有毒物质:豆科、油菜等落叶量大,氮、磷含量较多,叶类、全草类药用植物,如大青叶、薄荷、细辛、荆芥、紫苏、泽兰等喜肥植物,要求土壤肥沃,需氮肥较多,宜与豆科作物轮作。

二、中药材规范化种植中的施肥技术

肥料不仅能提供中药材生长所必需的养分,还可以改良土壤,提高土壤肥力。但是,如果肥料施用不当,会造成药材产量和质量下降、土壤板结等不良后果,因此应当根据种植中药材营养需求特性和土壤肥力科学制定肥料使用技术规程。

（一）施肥的原则

1. 根据中药材的营养需求和土壤供肥能力确定施肥的种类、时间、数量与施用方法，以及有效降低长期使用化肥造成土壤退化的措施。

2. 肥料种类以有机肥为主，化学肥料有限度使用，避免过量施用磷肥造成重金属超标，鼓励使用经国家批准的菌肥及中药材专用肥。

3. 农家肥须经充分腐熟达到无害化卫生标准，避免引入杂草、有害元素等。

4. 禁止施用城市生活垃圾、工业垃圾、医院垃圾和人粪便，禁止使用含有抗生素超标的农家肥。

（二）施肥的方法

目前，在农业生产上，推荐的施肥技术有植物需肥量的估算、目标产量法、肥料效应函数法、土壤肥力分区分配法和氮肥分期调控施肥法等。为了使肥效得到充分发挥，除了合理施肥外，还要注意其他措施。

1. 适当灌溉　土壤干旱时，施肥效果差；如果水肥配合，肥效便会明显提高。

2. 适当深耕　适当深耕使土壤容纳更多水分和肥料，而且也促进根系发达，增大吸肥面积，提高肥效。

3. 改善光照条件　如株行距过密，影响光合作用，此时虽有充足的肥水，亦难收增产之效。

4. 改善施肥方式　为了提高肥效，在生产中常采用根外施肥、深层施肥等技术。

（1）叶面追肥：在药用植物生长期间，以无机肥料、微量元素或生长激素等稀薄溶液，结合人工降雨或用喷雾器将低浓度肥料水溶液喷布到植株上，借着水分的移动，从叶和枝梢的气孔进入植物体内部的施肥方法，称为叶面追肥，又称根外追肥。它是经济用肥的方式之一，但因其用量较少，只是追肥的一种辅助措施。它具有针对性强，吸收速度快（喷施后 5 小时即开始吸收，能延续 7～10 天），不受土壤环境因素影响，可以避免养分被土壤固定，养分利用率高，且施肥量少，施用方法简单等优点。叶面追肥最好选择无风阴天、晴天的早晨或傍晚进行，尽量避免喷后高温和阳光暴晒。

（2）深层施肥：是将肥料施于药用植物根系附近上层 5～10cm 深。由于肥料深施，挥发少，铵态氮的硝化作用也慢，供肥稳定持久；加上根系生长有趋肥性，根系深扎，植株健壮，增产显著。

三、中药材规范化种植中的田间管理

田间管理是从播种到收获整个过程中所进行的一系列管理措施的总称，是获得优质高产的重要环节之一。田间管理包括间苗、定苗、补苗、中耕除草、培土、遮阴、肥水调控、灌溉、排水和病虫害防治等。此外，对某些药用植物还必须进行一些特殊的管理，如修剪、打顶、摘蕾、人工授粉、覆盖、遮阴和防寒冻等。

（一）间苗、定苗及补苗

药用植物在育苗期中必须及时间苗，除去过密、瘦弱和染病虫的幼苗，选留生长健壮的幼苗。

有些药用植物种子发芽率低或由于其他原因,播种后出苗少、出苗不整齐,或出苗后遭受病虫害,造成缺苗,必须及时补种和补苗。补苗工作可结合间苗同时进行,即从间苗中选生长健壮的幼苗稍带土进行补栽。补苗最好选阴天后或晴天傍晚进行,并浇足定根水,保证成活。在药用植物栽培中,有的药用植物由于繁殖材料较贵,不进行间苗工作,如人参、西洋参、黄连、西红花和贝母等。

(二)中耕除草及培土

中耕可以疏松土壤,改善土壤的透水性及通气性,促进土壤有机质分解,增加土壤肥力,还能清除杂草,减少病虫危害。除草要与中耕结合起来,中耕除草一般是在药用植物封行前选晴天土壤湿度不大时进行。中耕深度视药用植物地下部分生长情况而定。如薄荷、延胡索、紫菀等,其根群分布于土表层,中耕宜浅;而牛膝、白芷、芍药等主根长、入土深,中耕可适当深些。中耕次数应根据当地气候、土壤和植物生长情况而定。

有些药用植物结合中耕除草还需进行培土。中耕培土以不伤根、不压苗、不伤苗为原则。培土有保护植物越冬(如菊花)、过夏(如浙贝母)、提高产量和品质(如黄连、射干等)、保护芽头(如玄参)、促进珠芽生长(如半夏)、多结花蕾(如款冬)、防止倒伏、避免根部外露以及减少土壤水分蒸发等作用。培土时间视不同药用植物而异。1~2年生草本药用植物培土需结合中耕除草进行;多年生草本和木本药用植物,培土一般在入冬前结合浇防冻水进行。

(三)灌溉与排水

灌溉与排水是田间管理的主要措施。药用植物种类不同,对水分的需求各异。耐旱植物如甘草、黄芪等一般不需要灌溉,而喜湿的药用植物如薏苡、半枝莲、垂盆草等则需水分较多,需保持土壤湿润。药用植物的不同生长发育时期对水分的需求也有变化,苗期通常宜节制用水,促进根系下扎,以利培育壮苗;封行以后到植株旺盛生长阶段,耗水量增大,不能缺水。花期对水分要求较严,过多常引起落花,过少则影响授精作用;果期在不造成落果的情况下,可适当偏湿一些;接近成熟期应停止灌水。

土壤质地和土壤结构不同,土壤吸水和保水性能也有差异,故灌水量的多少、次数和灌水时间应根据土壤质地和结构情况来考虑。旱生中药材的灌水时间不能过长,一般灌到土壤已经充分湿润时,就应排水;在地下水位高、土壤潮湿、田间有积水时,应及时排水,以减少植株根部病害,防止烂根,改善土壤通气条件,促进植株生长。

(四)植株调整

1. 打顶和摘蕾 打顶和摘蕾是提高药用植物的产量和品质的主要措施。打顶能破坏植物顶端优势,抑制地上部分生长,促进地下部分生长,或抑制主茎生长,促进分枝,多形成花、果。例如菊花、红花常摘去顶芽,促进多分枝,增加花序的数目。打顶和摘蕾的时间,一般宜早不宜迟。如牛膝、玄参等在现蕾前剪掉花序和顶部。而地黄、丹参等花期不一致,摘蕾工作应分批进行。打顶和摘蕾都要注意保护植株,不能损伤茎叶,牵动根部,要选晴天上午9时以后进行,不宜在有露水时进行,以免引起伤口腐烂,感染病害,影响植株生长。

2．整枝修剪　修剪包括修枝和修根。修枝主要用于木本药用植物,但有的草本也要进行修枝,如栝楼主蔓开花结果迟,侧蔓开花结果早,所以要摘除主蔓,留侧蔓,以利增产。修枝时间一般在冬、夏两季。冬季主要修剪主、侧枝,剪除病虫枝、枯枝、纤弱枝等;夏季修剪,主要除赘芽、摘梢和摘心等。修根只宜在少数以根入药的植物中应用。如乌头除去其过多的侧根、块根,使留下的块根增长肥大,以利加工;芍药除去侧根,使主根肥大。

（五）覆盖与遮阴

覆盖是利用草类、树叶、秸秆、厩肥、草木灰或塑料薄膜等覆盖地面,可以调节土壤温度、湿度,防止杂草滋生和表土板结,有利于植物生长。冬季覆盖可防寒,使根部不受冻害;夏季覆盖可降温,如浙贝母留种地用稻草覆盖保种越夏。覆盖的时期应根据药用植物生长发育阶段及其对环境条件要求而定。对于阴生药用植物,如人参、三七、黄连等和苗期喜阴的药用植物,如肉桂、五味子等,为避免高温和强光危害,需要搭棚遮阴。

（六）抗寒防冻与预防高温

抗寒防冻的措施很多,除选择和培育抗寒力强的优良品种外,还可采用深灌水和培土壅苑、熏烟防冻、覆盖防冻、树干刷白防冻、重施腊肥、及时摇雪等。在生产上,可培育耐高温、抗干旱的品种,灌水降低地温,喷水增加空气湿度,覆盖遮阴等办法来降低温度,减轻高温危害。

四、中药材规范化种植中的污染物控制

（一）农药污染与防治

农药被施用后,可从多种途径污染中药材:农药对中药材的直接污染;环境中农药的间接吸收;食物链造成的污染;中药材储存养护过程中受到污染;加工炮制及生产中辅料的污染。2020年版《中国药典》四部对中药材的农药残留限量控制主要集中在有机磷类、有机氯类(包括“六六六”及DDT等)、拟除虫菊酯类的残留限量控制,“六六六”及DDT这两类农药虽然国家已经禁止使用多年,但因为这类农药在土壤中残留期较长(DDT在土壤中消失95%需要4～30年,“六六六”需要3～20年),所以现在仍作为限量控制指标。花果类药材及五加科等根茎类药材病虫害种类多、发生危害严重,是农药污染的重灾区。五加科药材如三七、人参、西洋参等是对环境因子特别敏感的阴生植物,由于大面积高密度种植,易诱发多种病害为害,防治不当常会造成严重损失。人参病害的防治主要以化学药剂防治为主,施用的农药种类累计达70余种,农药残留问题突出。

农药污染的防治可通过中药材生产环境质量调查,科学规划中药材生产基地;培育抗病虫害能力强的品种;加强田间管理,减少病虫害发生;科学防治中药材病虫害、改进加工与贮藏技术等措施进行有效防治。科学防治可将生物防治和农业防治相结合,生物防治包括改变生物群落,以虫治虫、以菌治虫、保护和繁殖有益动物等,农业防治包括选用高效低毒低残留农药和采用恰当的施用方法。如蛴螬是川麦冬的主要虫害,蛴螬的成虫是金龟子,金龟子以麻柳叶等为食物,故在川麦冬产区用其他树种代替麻柳树可以产生较好的生物防治效果。

（二）重金属污染与控制

重金属通常是指比重在 5 以上的金属，如铬、镉、铜、铅、银、金、汞等。中药材重金属主要来源于其生长的土壤（植物药），或其食物（动物药），或其形成时的物质（矿物药），其次是工业"三废"排放到土壤、空气被药材吸收，以及施肥与病虫害防治过程中化肥、化学农药的重金属被药材吸收。

中药材重金属含量超标是影响其出口创汇的主要因素之一。植物类药材的重金属含量控制可采取的措施有：

1. 中药材生产基地土壤考察　包括土壤的成土过程与污染情况，土壤利用情况调查等。

2. 有效解决土壤污染　在中药材生产中应采取措施对土壤进行净化。种植中药材前或施用石灰或其他碱性肥料提高土壤 pH，使多种重金属元素转化为难溶态，降低其在土壤溶液中的含量。同时，增加有机肥的施用量，提高土壤有机质含量，利用土壤有机物对重金属的络合作用和吸附作用，减少重金属的活性，使药材不能吸收，避免造成中药材重金属含量超标。

3. 采取科学有效的生产管理措施

（1）施肥技术：中药材生产在施肥上还应考虑有机肥的处理与化学肥料的种类选择。应对有机肥的来源进行选择，不能将带有重金属的生活垃圾或工业废弃物沤制的有机肥用于中药材生产。化学肥料的选择主要是对化学肥料杂质含量进行严格控制，以避免其重金属含量超标，对中药材质量产生影响。

（2）中药材病虫害防治技术：中药材病虫害防治应根据病虫害发生的特性与规律，科学地施用农药，尽可能采取生物与农业防治措施。有的农药具有较好的防治效果，但其所含重金属元素在中药材生产上严禁使用，如有机汞杀虫剂氯化乙基汞（西力生）、醋酸苯汞（赛力散）是具有剧毒、高残留的含汞农药。此外，砷类杀虫剂也不能运用到中药材生产上，以免造成砷化物含量超标。

第四节　中药材的采收与产地加工

中药材的采收和加工技术及方法在继承传统的基础上得到了很大发展，已成为中药材生产中的关键技术之一。但由于中药材种类不同或相同中药材因产地不同，其产地加工方法也存在较大的差异，从而影响中药材品质的稳定性。因此对中药材的采收时间、采收方法、产地初加工、包装等进行规范要求，从而保障中药材生产规范化和质量稳定性。

一、采收时间

中药材质量的好坏，取决于有效物质含量的多少，有效物质含量的高低与产地、采收季节、时间、方法等有着密切的关系。不同的药用部位，中药材的采收时间也不同。根据各种药用部位的生长特点，分别掌握合理的采收季节是十分必要的。天麻茎未出土时采收称为"冬麻"，体重质坚，质量为佳；茎已出土时采收为"春麻"，质轻泡，质量差；槐花中芦丁的含量在花蕾期高达 28%，花期则急剧下降。所以适时采收可以提高中药材的质量。确定中药材的最佳采收期，必须综合考虑有效成分的积累动态与药用部分的产量变化等因素，根据具体情况来确定。

（一）根及根茎类药材

一般多在秋、冬或早春，在其生长停止、花叶凋谢的休眠期及早春发芽前采收。此时根或根茎类中贮藏的有效成分比较高，如黄连、大黄、牛膝、党参、防风等。但也有例外情况，如半夏、太子参、浙贝母、延胡索等在夏季采收，明党参在春天采收。

（二）茎木类药材

一般在秋、冬两季采收，此时营养物质积累丰富，如首乌藤、忍冬藤、关木通、大血藤等。有些木类药材可全年采收，如降香、苏木、沉香等。

（三）皮类药材

一般在春末夏初采收，此时植物生长旺盛，树的汁液流动最快，伤口较易愈合，如黄柏、厚朴、秦皮等。少数皮类药材于秋、冬两季采收，此时有效成分含量较高，如川楝皮、肉桂等。根皮通常在挖根后剥取，或趁鲜抽去木心，如牡丹皮、五加皮等。

（四）叶类药材

宜在植株生长最旺、花未开放或花朵盛开时采收，如大青叶、紫苏叶、艾叶等。少数药材宜在秋、冬时节采收，如桑叶等。

（五）花类药材

花类药材，在含苞待放时采收的如金银花、辛夷、丁香、槐米等；在花初开放时采收的如洋金花等；在花全盛开时采收如菊花、西红花等；对于花期较长、花朵陆续开放的植物，应分批采摘，以保证质量。

（六）果实、种子类药材

果实、种子类药材除较特殊的如覆盆子、青皮、枳壳等以未成熟果或幼果采收外，果实类药材多在自然成熟或将近成熟时采收较好；种子类药材应在种子完全发育成熟、子粒饱满、有效成分含量高时采收较好，如火麻仁、地肤子、青葙子、王不留行等。

（七）全草类药材

全草类药材应在植株生长最旺盛而将开花前采收，如青蒿、薄荷、穿心莲、鱼腥草等。但也有部分品种以开花后秋季采收，如荆芥、益母草等。茵陈有两个采收时间，春季采收的称为"绵茵陈"，秋季采收的称为"花茵陈"。

（八）藻、菌、地衣类药材

采收情况不一。如茯苓在立秋后采收质量较好；马勃在子实体成熟时采收为宜，过迟则孢子散落；冬虫夏草在夏初子座出土孢子未发散时采挖。

（九）树脂类药材

不同的植物采收时间和采收部位不同。如安息香多在春至秋末采香；新疆阿魏是割取根头的皮层部分，收集分泌出的白色胶状乳液。

（十）动物类药材

因动物的种类不同、药用部位不同，动物药的采收时间不同。大多数可全年采收，如海龙、海马、龟甲、鳖甲等。以卵鞘入药的，如桑螵蛸，必须在深秋至翌年3月中旬前采收，过时虫卵孵化成虫影响药效。鹿茸分为二杠茸和三叉茸，二杠茸的采收第一次是在清明后45～50天，又称头茬茸；采后50～60天采第二次，称二茬茸。三叉茸的采收则在每年7月下旬。动物的生理和病理产物类药材，一般在屠宰时采集。

（十一）矿物类药材

无季节限制，全年可采挖，大多结合开矿采掘，进行收集和采取。如赭石、磁石、自然铜等。

二、采收方法

1．挖取　适用于收获以根或地下茎入药的中药材。

2．收割　用于收获全草、花、果实、种子，且是成熟较一致的草本药用植物。有的全草类一年两次收或多次收获，在第一、二次收割时应留茬，以利萌发新的植株，提高下次的产量，如薄荷、瞿麦等。

3．采摘　在成熟情况不一致的药用植物果实、种子和花的收获时，由于它们成熟情况不一致，只能分批采摘，以保证其品质与产量。如辛夷花、菊花、金银花等。

4．击落　主要用于树体高大的木本或藤本植物的药用植物果实、种子等的采收，如胡桃等。

5．剥离　树皮或根皮入药的中药材采收时采用，如黄柏、厚朴、杜仲、牡丹皮等。树皮和根皮的剥离方法略有差异。树皮的剥离方法又分为砍树剥皮、活树剥皮、砍枝剥皮和活树环状剥皮等。木本的粗壮树根与树干的剥皮方法相似，灌木或草本根部较细，剥离根皮方法则与树皮不同。一种方法用刀顺根纵切根皮，将根皮剥离；另一种方法用木棒轻轻捶打根部，使根皮与木质部分离，然后抽去或剔除木质部，如牡丹皮、地骨皮和远志等。

6．割伤　以树脂类入药的药用植物如安息香、松香、白胶香、漆树等，常采用割伤树干收集树脂。一般是在树干上凿V形伤口，让树脂从伤口渗出，流入下端安放的容器中，收集起来经过加工即成药材。

在中药材采收中要注意保护药源，计划采药，合理采挖。要做到"采大留小，采密留稀，合理轮采"。

三、产地加工

（一）产地加工的目的和意义

中药材采收后，只有少数要求鲜用，如生姜、鲜石斛、鲜芦根等，绝大多数均需在产地及时进行初步处理与干燥,称之为"产地加工"或"初加工"。由于药用植物种类繁多,根据其药材的形、色、气味、质地及其含有的物质不同要求,加工的要求也各不相同,一般说来都应该达到体形完整、含水量适度、色泽好、香气散失少、不变味(必须经加工变味的例外)、有效物质破坏少的要求,才能确保药材商品的规格和品质。初加工的目的和意义有:

1. 除去杂质和非药用部位,保持药材纯净干燥。

2. 保持药效,便于应用。如苷类酶解后会变成糖和苷元,而苷元的活性与苷不同,药材的产地加工可以杀死酶类,防止降解,从而保证了药效。

3. 洗除或转化某些毒性成分,如生附子的乌头碱、次乌头碱等通过胆巴水浸泡和漂水而降低含量或被转化。

4. 根据药材和用药的需要,进行分级和其他技术处理,有利于药材的炮制、用药和深加工。

5. 经过整形等使药材形成一定的商品性状,符合商品规格。

6. 便于商品药材的包装,运输与贮存。

(二)产地加工的方法

1. 挑拣与清洗　挑拣是清除混在药材中的杂质或非药用部分的净选方法。如白芍、山药去除外皮;牛膝去芦头和须根。药材采收后,表面大多附有泥沙,要洗净后才能供药用。清洗方法有喷淋法、刷洗法、淘洗法等。对于含苷类或生物碱类成分的中药,如人参、龙胆、黄芩、黄连等,水洗的时间不宜过长,否则造成有效成分损失。

2. 切制　一些较大的根及根茎类药材,如大黄、葛根、何首乌等,往往趁鲜时切片或切块,利于干燥。果实类药材,如木瓜、山楂、枳壳等,需切成2~4片后再干燥。但对于含挥发性成分或有效成分容易氧化的药材,则不宜切成薄片干燥,以免有效成分流失。

3. 去皮、壳　种子类药材,一般将果实采收后,晒干去壳,取出种子,如决明子、车前子等;或先去壳取出种子后再晒干,如苦杏仁、白果、桃仁等。但也有不去壳的,如白豆蔻、草果等,以保持其有效成分不流失。

4. 蒸、煮或烫　一些含黏液、淀粉或糖分多的药材,如百合、天冬、地黄、天麻等,直接烘晒不易干燥,须先经蒸、煮、烫的方法处理,以易于干燥。加热时间的长短及采用何种加热方法,依药材的性质而定。如天麻、红参蒸透,明党参、白芍煮透心,红大戟、太子参置沸水中略烫等。经过蒸、煮或烫后,药材不仅容易干燥,有的也易于剥皮,如北沙参;可杀死虫卵,如桑螵蛸、五倍子等;有的蒸制以后还能起到滋润作用,如黄精、玉竹等。同时加热可使一些药材中的酶类失去活性,防止药材有效成分的分解。

5. 熏硫　有些中药材为了保持其色泽的洁白,防止霉蛀,常在干燥前后用硫黄熏蒸。如山药、川贝母、天麻、泽泻等。熏硫属于一种传统的加工方法。但因硫黄颗粒及其所含有毒杂质等残留在药材上影响药材品质,2020年版《中国药典》对中药材的二氧化硫残留量限度有要求,无硫工艺是未来发展的趋势。熏硫工艺在中药材生产加工上也应慎用或禁用。

6. 发汗　有些药材在加工过程中,当晒或烘至半干或微煮、蒸后,需堆置起来发热,使其内部水分往外溢散,变软,变色,增加香味或减少刺激性,有利于干燥。这种方法习称"发汗",如厚朴、玄参、续断、秦艽、茯苓等。但在发汗时应注意检查,做到适度,以防生霉变质。

7. 干燥　干燥的目的是及时除去鲜药材中的大量水分, 避免发霉、虫蛀以及活性成分的分解和破坏, 保证药材的质量, 利于贮藏。干燥的方法分为自然干燥法和人工加温干燥法。

（1）自然干燥法：利用太阳的辐射、热风、干燥空气达到药材干燥的目的。分为晒干、阴干和风干。晒干为常用方法, 一般将药材铺放在晒场或晒架上晾晒, 利用太阳光直接晒干, 是一种最简便、经济的干燥方法, 但含挥发油的药材、晒后易爆裂的药材均不宜采用此法, 如薄荷、金银花等。阴干是将药材放置或悬挂在通风的室内或荫下, 避免阳光直射, 利用水分在空气中自然蒸发而干燥, 此法主要适用于含挥发性成分的花类、叶类及全草类药材。晾干则将原料悬挂在树上、屋檐下, 或晾架上, 利用热风、干风进行自然干燥, 也叫风干, 常用于气候干燥、多风的地区或季节, 如大黄、菊花等。

（2）人工加温干燥法：人工加温可以大大缩短药材的干燥时间, 而且不受季节及其他自然因素的影响。根据加热设备不同, 可分为炕干、烘干、红外干燥等法。现具体方法与干燥设备有直火烘烤干燥、火炕烘烤干燥、蒸汽排管干燥设备（利用蒸汽热能干燥）、隧道式干燥设备（利用热风干燥）、电热烘干箱、电热循环干燥室、红外与远红外干燥设备、微波干燥设备、冷冻干燥设备等。

烘干一般温度以 50~60℃为宜, 此温度对一般药材的成分没有多大破坏作用, 却能很好地抑制酶的活性。富含淀粉的药材如欲保持粉性, 烘干温度需缓缓升高, 以防新鲜药材遇高热淀粉粒发生糊化。

真空冷冻干燥法是利用真空低温冷冻干燥设备, 在低温下使药材内部水分冻结, 然后在低温减压条件下利用冰的升华性质而除去其中水分, 使药材干燥。此法干燥的中药材能保持其新鲜时固有的色泽和形状, 且有效成分没有损失, 是最理想的干燥方法。但因其设备和费用昂贵, 目前仅用于名贵药材人参的干燥, 称其为"冻干参"或"活性参"。近年来, 一些新技术亦被应用于生药的干燥, 研究较多的是远红外干燥与微波干燥技术。这两种技术的优点是干燥速度快、加热均匀、脱水率高、节约能源, 并可杀灭微生物, 防止生虫和长霉。

8. 划分规格等级　划分规格等级是中药材产地加工的最后一道工序。将加工好的药材, 按药材商品规格等级标准划分, 便于药材的收购和出售。目前仅有部分中药材商品具有全国统一的规格等级标准。

第五节　中药材商品的包装

（一）中药材商品包装的作用

中药材不但是人们用来防病治病的物质, 同时也是一种特殊的商品, 要在市场中进行流通。因此, 中药材自产地采收后, 经过必要的加工, 即应进行包装。具有良好包装的药材才能保证在整个商品流通过程中其品质和数量不受损失, 同时便于运输和贮藏。此外, 中药材商品包装还有美化商品、取得购销信誉、提高经营效果、促进消费等方面的作用。

（二）中药材商品包装的要求

1. 包装材料应无污染、清洁、干燥、无破损, 符合有关国家标准和中药材质量要求。

2.包装场地、设备和参与包装人员应达到相应卫生标准,包装过程应按照标准操作规程操作,并有相应包装记录。

3.每件药材包装上应注明品名、规格、重量、产地、批号、包装日期、生产单位,并附有质量合格标志。

4.易破碎的药材应装在坚固的箱盒内;毒性、麻醉性、贵细药材应使用特殊包装,并贴上相应标记。

(三)中药材商品包装的方法

中药材商品的包装应根据中药材性质的区别,选择不同的包装方法,产区常用的方法有以下几种。

1.袋装　常用袋的种类有:布袋、细密麻袋、无毒聚氯乙烯袋等。粉末状药,如海金沙、蒲黄等应用布袋包装;颗粒小的药材,如车前子、青葙子、黑芝麻等应用细密麻袋包装,以防散失;易潮解、易泛糖的中药材,如生地、黄精等应用无毒聚氯乙烯袋包装,以防吸水。

2.筐装或篓装　筐、篓能承受一定的压力,在储运过程中不致将药材压碎,同时还能通风换气,故一般用来装短条型药材,如桔梗、赤芍等。

3.箱装　一般用木材组成,用于怕光、怕潮、怕热、怕碎的名贵药材。

4.桶装　常用的有木桶和铁桶,适用于流动的液体药材,如苏合香油、薄荷油、缬草油等。此外,还用铁桶、铁盒、瓷瓶缸等盛装冰片、麝香、樟脑等易挥发的固体药材。

案例分析

玄参发汗加工技术的发展

玄参传统发汗加工方法:玄参传统的产地加工方法需要进行堆垛发汗。采收后摊放在晒场上晒4~5天,经常翻动,使其受热均匀,每天晚上用物盖好,免遭霜冻。晒到半干状态时,修剪芦头和须根,堆积4~5天后再晒。在堆积过程中,一则使根内部水分外渗,二则能促使内部肉质逐渐转黑。经过反复堆晒,经40~50天即可达到八成干。这时根部肉质仍有部分为白色,需继续堆晒,直至黑色。如遇雨天,也可上灶烘,开始火力不宜过猛,温度控制在40~50℃。

玄参产地加工的新方法:根据玄参传统发汗加工过程的特点,结合现代干燥设备,将"发汗"模拟为3个阶段,控温干燥→缓苏→控温干燥。第一阶段为控温干燥阶段:干燥温度60℃、干燥风速50Hz、干燥目标水分50%;第二阶段为缓苏阶段:温度20℃、时间24小时;第三阶段为控温干燥阶段:干燥温度60℃、干燥风速30Hz。

分析:

1.玄参传统发汗加工方法存在受天气影响大、过程难以控制、发汗过程周期长等方面的缺点。

2.玄参产地加工的新方法具有如下优点　①加工过程全程可控;②不受天气影响;③缩短了加工周期,提高了生产效率;④玄参药材完全可以达到《中国药典》玄参项下的质量要求；⑤玄参药材质量均一，不存在生产批次之间的质量差异；⑥可规模化生产，大大提高了产能。

第四章同步练习

第五章　中药材商品质量控制

　　中药材商品作为与人类健康息息相关的特殊商品,其质量的优劣直接关系着人类的健康、患者的安危,也直接影响着相关医药企业的生存发展。因此,必须严格执行中药材商品的质量标准,切实加强中药材商品的质量控制,这是中药材商品学研究的核心内容。

第一节　中药材商品的质量内涵

　　质量是所有商品的普通要求,其概念随着时间的推移和社会的发展而不断更新。根据国际标准化组织所制定的 ISO 8402—1994 对质量的定义,质量是反映实体满足明确或隐含需要能力的特征和特征的总和。

　　中药材商品的质量是指中药材商品能满足规定或潜在要求(或需要)的特征和特性的总和。中药材商品若要长久存在于医药市场中,必须满足如下几个方面的要求,即其质量的特性表现为:

　　1. 安全有效性　中药材商品与人类健康息息相关,是以保证人类健康为目的,因此中药材商品首先应该是安全的,其次也应该是有效的,这是中药材商品质量的基本要求。

　　2. 均一可控性　中药材商品质量只有均一可控,才能真正确保安全有效。中药材商品的质量特性,有些可以定量,如 pH、含量测定等;有些只能用间接的方法表示,例如毒性通过动物实验结果来体现;有的可根据一定的要求通过实验研究来测定其代用质量特性,用代用质量特性来表示。进行中药材商品的质量控制,既要考虑到真正的质量特性,又要考虑到代用质量特性。

　　3. 稳定性　质量稳定性主要表现在物理、化学、药动学等方面。只有尽量使中药材商品的质量保持稳定,才能使其在有效期内充分发挥疗效。

　　中药材是防治疾病的重要物质,中药材商品不仅具有一般商品的特性,同时又是一种特殊的商品。中药材商品的特殊性体现在以下几方面:

　　1. 重要性　中药材商品是用于预防和治疗人类疾病的商品,对于人类健康来说是非常重要的。几千年来,我国传统中药材为中华民族的繁衍生息和健康发展做出了不可磨灭的贡献。

　　2. 两重性　中药材商品不仅能预防和治疗人类疾病,同时,也有不良反应和毒副作用,如果用之不当,将危害人类健康。如雷公藤对类风湿关节炎有较好的作用,但是也有毒副作用,如果用之不当,会造成患者严重的肝肾损伤。

　　3. 专属性　一般一种中药材商品只对一种或几种疾病有效,不能像一般商品一样相互代替使用,而且大部分需在医师或药师指导下使用。

4．生产规范性 中药材商品的生产越来越规范,如对中药材种植,国家大力推广中药的 GAP 种植基地;如对中药材商品生产企业,国家已实施了中药材 GMP 的认证,GMP 对生产的基本条件,如人员、厂房、环境、设备、卫生、质量管理、生产操作、销售及自检等,都提出了严格的要求。

5．质量控制严格性 中药材商品只有严格控制质量,才能确定安全有效、均一稳定。质量控制的严格性,不仅是生产企业的生命所在,也是患者生命之所在。因此,国家对中药材商品的质量管理的严格性远远高于其他商品。

第二节 中药材商品的质量标准

《中华人民共和国药品管理法》规定:药品必须符合国家药品标准或省、自治区、直辖市的药品标准。制定和颁发药品标准对于加强中药材商品质量管理,保证临床用药安全有效,促进中药市场健康有序发展均具有重要的意义。

一、药品标准的定义

药品标准的定义与要求在《药品标准工作管理办法》总则中规定:

1．药品标准是国家对药品质量及检验方法所作的技术规定,是药品生产、经营、使用、检验和监督管理部门共同遵循的法定依据。

2．制定药品标准,必须坚持质量第一,充分体现"安全有效,技术先进,经济合理,择优发展"的作用。

3．凡正式批准生产的药品(包括中药材饮片及其制剂)、辅料和基质都要制定标准。

二、药品质量标准的分类

1．法定标准 经过国家药品监督管理部门或卫生行政管理部门与省、自治区、直辖市卫生行政部门批准的标准,有国家标准(包括《中国药典》部颁标准、局颁标准)及地方标准。

国家标准对产品的质量指标仅是一些基本要求,是企业应达到的起码合格水平。鉴于目前标准一般水平不太高,所以应认识到符合低标准的高合格率,并不表示产品先进,故质量标准必须逐步提高。

2．企业标准 企业标准要求高于法定标准要求,主要指多增加了检测项目或提高了限度标准,对于创优、企业竞争,特别是保护优质产品本身、严防假冒等均为重要措施。国外较大的企业均有企业标准,对外保密。

三、药品质量标准的特性

药品应具安全性、有效性、稳定性及可控性。而质量标准在保证药品上述性质的同时,其本身又具有如下特性：

1．权威性　《中华人民共和国药品管理法》规定，药品必须符合国家药品标准或省、自治区、直辖市药品标准。但国家不排除生产厂家可以采用非《中国药典》方法进行检验，但是需要仲裁时，只有各级法定标准，特别是《中国药典》具有权威性（现行）。

2．科学性　质量标准是对具体对象研究的结果，它有适用性的限制。在药材中如天然朱砂的标准不适用于人工朱砂的标准，前者硫化汞的含量不得少于 96%，而后者要求在 99% 以上；又如牛黄，天然牛黄、人工牛黄和培植牛黄中含胆汁酸、胆红素的含量要求不同，但均有充分的科学依据；又如西洋参的质量标准，进口西洋参与国内引种西洋参质量标准不仅含量限度不同，且测定方法也不同，在未统一标准前，应严格依据各自的标准评价其质量的合格与否。总之，在不同中成药中测定某一相同药味成分，不一定方法均能适用，其方法的确定与规格的制定均应有充分的科学依据。

3．进展性　质量标准不是一成不变的，而是根据需要及时修订，以提高药品标准质量控制水平。如 2010 年版《中国药典》之前，《中国药典》中并没有收载 DNA 条形码分子鉴定方法，2010 年版《中国药典》开始收载蕲蛇、乌梢蛇饮片聚合酶链式反应鉴别法，2010 年版《中国药典》第二增补本收载川贝母聚合酶链式反应 - 限制性酶切长度多态性鉴别法，2010 年版《中国药典》第三增补本收载"中药材 DNA 条形码分子鉴定指导原则"。2015 年版《中国药典》新增加了蕲蛇、乌梢蛇和川贝母的 DNA 条形码分子鉴定方法及中药材及饮片中二氧化硫残留量限度标准，其中规定山药、天冬、天花粉、天麻、牛膝、白及、白术、白芍、党参、粉葛 10 味中药及其饮片的二氧化硫残留量不得超过 400mg/kg，其他中药材及其饮片（矿物药除外）的二氧化硫残留量不得过 150mg/kg。2020 年版《中国药典》增加了堆密度与振实密度测定法；肝素生物测定法新增了抗 IIa 因子、抗 Xa 因子测定法；硫酸鱼精蛋白效价测定法新增了肝素结合力滴定法。增订了 X 射线荧光光谱法、固体密度测定法。增订了聚合酶链式反应法、比表面积测定法、细菌 DNA 特征序列鉴定法；相对密度测定法新增了振荡型密度计法等。

四、我国现行的主要药品标准

1．《中国药典》　《中国药典》是国家监督管理药品质量的法定技术标准，是由国家药典委员会主持编写，经国家药品监督管理部门批准颁布并实施的有关药品质量标准的法典。它规定了药品的来源、质量要求、检验方法和生产工艺等技术要求，全国药品生产、供应、使用、检验单位都必须遵照执行，是法定的国家级药品标准，具有法律性和权威性，属于强制性标准。

我国曾颁布实施的《中国药典》包括 1953 年版（药品 531 种），1963 年版（一部为中药，二部为化学药品、抗生素、生物制品，共 1 310 种），1977 年版（共 1 925 种），1985 年版，1990 年版，1995 年版，2000 年版，2005 年版，2010 年版，2015 年版，2020 年版。

2020 年 4 月 9 日，第十一届药典委员会执行委员会审议通过了《中国药典》2020 年版（草案）。经国家药品监督管理局会同国家卫生健康委员会审核批准颁布后施行。《中国药典》2020 年版收载品种 5 911 种，新增 319 种，修订 3 177 种，不再收载 10 种，因品种合并减少 6 种。本版药典编制秉承科学性、先进性、实用性和规范性的原则，不断强化《中国药典》在国家药品标准中的核心地位，标准体系更加完善、标准制定更加规范、标准内容更加严谨、与国际标准更加协调，药品标准整体水平得到进一步提升，全面反映出我国医药发展和检测技术应用的现状，在提高我国药品质量，保障公众用药安全，促进医药产业健康发展，提升《中国药典》国际影响力等方面必将发挥重要作用。

2．部（局）颁标准　由国家卫生行政管理部门或国家药品监督管理部门批准颁布实施的药品标准，主要包括：中药材标准、藏药标准、蒙药标准、维药标准、43 种进口药材质量标准、中药成方制剂标准（20 册）、化学药品标准、生化药品标准、抗生素标准、新药转正标准等。

3．地方标准　目前各省、自治区、直辖市大部分均有本省（区、市）的中药材标准，地方标准仅在本地区具有指导意义和法律约束力。

五、中药材质量标准的内容

中药材质量标准由质量标准草案及起草说明组成，质量标准草案包括名称、汉语拼音、药材拉丁名、来源、性状、鉴别、检查、浸出物、含量测定、炮制、性味与归经、功能与主治、用法与用量、注意及贮藏等项。起草说明是说明制定质量标准中各个项目的理由，规定各项目指标的依据、技术条件和注意事项等，既要有理论解释，又要有实践工作的总结即试验数据。

质量标准有关项目内容的技术要求如下。

1．名称、汉语拼音、药材拉丁名，按重要命名原则要求制定。

2．来源　来源包括原植（动、矿）物的科名、中文名、拉丁学名、药用部位、采收季节和产地加工等，矿物药包括矿物的类、族、矿石名或岩石名、主要成分及产地加工。

（1）原植（动、矿）物需经鉴定，确定原植（动）物的科名、中文名、拉丁学名；矿物的中文名及拉丁名。

（2）药用部位是指植（动、矿）物经产地加工后可药用的某一部分或全部。

（3）采收季节和产地加工是指能保证药材质量的最佳采收季节和产地加工方法。

起草说明提供：药材鉴定详细资料，以及原植（动、矿）物的形态描述、生态环境、生长特征、产地和分布；引种或野生变家养的植、动物药材，应有与原种、养的植、动物对比的资料。

3．性状　性状系指对药材的外形、颜色、表面特征、质地、断面及气味等的描述。除必须鲜用的按鲜品描述外，一般以完整的干药材为主；易破碎的药材还必须描述破碎部分。描述要抓住主要特征，文字要简练，术语需规范，描述应确切。

（1）形状：形状是指药材的外形，一般较为固定。药材的形状与药用部位有关，如根及根茎类药材主要有圆柱形、纺锤形和圆锥形等；皮类药材有卷筒状、双卷筒状和板片状等；种子类药材有圆球形、扁圆形等。一些经验鉴别术语常用于药材的形状描述，具有生动形象、好记易懂的特点。如防风根茎部分描述为"蚯蚓头"，海马的外形概括为"马头、蛇尾、瓦楞身"等。有些药材的外部形态是其商品规格或等级的重要依据。

（2）大小：大小指药材的长短、粗细、厚薄。药材的大小，一般有一定的幅度，比如种子的大小较为稳定。应多观察样品，才能得到比较正确的大小数值。

（3）色泽：色泽是指药材的颜色和光泽。各种药材的颜色是不相同的，如丹参色红、黄连色黄。药材新鲜,含水适度,加工适当,则光泽好。加工或贮藏不当,则会改变其固有光泽。药材的光泽是判断药材质量的重要指标之一。

（4）表面：表面指药材的表面特征,即呈光滑或粗糙,有无皱纹、鳞叶、皮孔或毛茸等。种子植物的根茎有的具有膜质鳞叶,蕨类植物的根茎常带有叶柄残基和鳞片,叶表面的脉纹和毛茸等,均是鉴别的重要特征。

（5）质地：质地是指药材的软硬、坚韧、疏松、油性、黏性或粉性等特征。用于描述药材质地的术语很多,如质轻而松、断面多裂隙,称之"松泡",如南沙参;富含淀粉,折断时有粉尘散落,称为"粉性",如山药;质地柔软,含油而润泽,称为"油润",如当归;质地坚硬,断面半透明状或有光泽,称为"角质",如郁金等。有的药材因加工方法不同,质地也不一样。

（6）断面：断面指药材断面的特征和药材在折断时所观察到的现象。药材折断时可观察其是否易折断,有无粉尘散落,是否平坦、纤维性、颗粒性或裂片状,是否可以层层剥离等。断面可观察皮部与木部的比例、纤维束和射线的性状、有无内皮层或形成层环、有无分泌组织、有无"起霜"现象、有无橡胶丝等。对于切面特征的描述,经验鉴别也有很多术语,如"菊花心""车轮纹""朱砂点"等。

（7）气味：气味指药材具有的特殊香气、臭气或药材的味感。药材的气味是由于含有挥发性物质的缘故,对气味不明显的药材,可切碎或用热水浸泡一下再闻。药材的味感是比较固定的,如乌梅味酸、黄连味苦、甘草味甜等,药材的味道改变,就要考虑其品种和质量问题。尝药时,要注意取样的代表性,因为药材各个部分味感可能不同。对于有强烈刺激性或剧毒的药材,口尝时要特别小心,取样要少,尝后应立刻吐出、漱口、洗手,以免中毒,如川乌、半夏等。

4. 鉴别　选用方法要求专属、灵敏。包括经验鉴别、显微鉴别（组织切片、粉末或表面制片、显微化学）、一般理化鉴别、色谱或光谱鉴别,及其他方法的鉴别。色谱鉴别应设对照品或对照药材。

5. 检查　包括杂质、水分、灰分、酸不溶性灰分、重金属、砷盐、农药残留量、有关的毒性成分及其他必要的检查项目。

起草说明提供：各检查项目的理由及其试验数据,阐明确定该检查项目限度指标的意义及依据,重金属、砷盐、农药残留量的考察结果及是否列入质量标准的理由。

6. 浸出物测定　可参照《中国药典》检测通则浸出物测定的要求,结合用药的习惯、药材质地及已知的化学成分类别等选定适宜的溶剂,测定其浸出物量以控制质量。浸出物量的限（幅）度指标应根据实测数据制定,并以药材的干品计算。

7. 含量测定　应建立有效成分含量测定项目,操作步骤叙述应准确,术语和计量单位应规范。含量限（幅）度指标应根据实测数据制定。

起草说明提供：根据样品的特点和有关化学成分的性质,选择相应的测定方法。应阐明含量测定方法的原理,确定该测定方法的方法学考察资料和相关图谱（包括测定方法的线性关系、精密度、重现性、稳定性试验及回收率试验等）;阐明确定该含量限（幅）度的意义及依据（至少应有10批样品20个数据）。

8. 炮制　根据用药需要进行炮制的品种,制定合理的加工炮制工艺,明确辅料用量和炮制品的质量要求。

9. 性味与归经、功能与主治、用法与用量、注意及贮藏等项,根据该药材研究结果制定。

六、中药材质量标准举例——黄芪

黄芪

Huangqi

ASTRAGALI RADIX

本品为豆科植物蒙古黄芪 *Astragalus membranaceus*(Fisch.)Bge. var. *mongholicus*(Bge.)Hsiao 或膜荚黄芪 *Astragalus membranaceus*(Fisch.)Bge. 的干燥根。春、秋二季采挖,除去须根及根头,晒干。

【性状】 本品呈圆柱形,有的有分枝,上端较粗,长 30～90cm,直径 1～3.5cm。表面淡棕黄色或淡棕褐色,有不整齐的纵皱纹或纵沟。质硬而韧,不易折断,断面纤维性强,并显粉性,皮部黄白色,木部淡黄色,有放射状纹理及裂隙,老根中心偶有枯朽状,黑褐色或呈空洞。气微,味微甜,嚼之微有豆腥味。

【鉴别】

(1)本品横切面:木栓细胞多列。栓内层为 3～5 列厚角细胞。韧皮部射线外侧常弯曲,有裂隙;纤维成束,壁厚,木化或微木化,与筛管群交互排列;近栓内层处有时可见石细胞。形成层成环。木质部导管单个散在或 2～3 个相聚;导管间有木纤维;射线中有时可见单个或 2～4 个成群的石细胞。薄壁细胞含淀粉粒。

粉末黄白色。纤维成束或散离,直径 8～30μm,壁厚,表面有纵裂纹,初生壁常与次生壁分离,两端常断裂成须状,或较平截。具缘纹孔导管无色或橙黄色,具缘纹孔排列紧密。石细胞少见,圆形、长圆形或形状不规则,壁较厚。

(2)照薄层色谱法(2020 年版《中国药典》通则 0502)试验,吸取【含量测定】项下的供试品溶液及对照品溶液各 5～10μl,分别点于同一硅胶 G 薄层板上,以三氯甲烷 - 甲醇 - 水(13∶7∶2)的下层溶液为展开剂,展开,取出,晾干,喷以 10% 硫酸乙醇溶液,在 105℃加热至斑点显色清晰,分别置日光和紫外光灯(365nm)下检视。供试品色谱中,在与对照品色谱相应的位置上,日光下显相同的棕褐色斑点;紫外光灯(365nm)下显相同的橙黄色荧光斑点。

(3)取本品粉末 2g,加乙醇 30ml,加热回流 20 分钟,滤过,滤液蒸干,残渣加 0.3% 氢氧化钠溶液 15ml 使溶解,滤过,滤液用稀盐酸调节 pH 至 5～6,用乙酸乙酯 15ml 振摇提取,分取乙酸乙酯液,用铺有适量无水硫酸钠的滤纸滤过,滤液蒸干,残渣加乙酸乙酯 1ml 使溶解,作为供试品溶液。另取黄芪对照药材 2g,同法制成对照药材溶液。照薄层色谱法(2020 年版《中国药典》通则 0502)试验,吸取上述两种溶液各 10μl,分别点于同一硅胶 G 薄层板上,以三氯甲烷 - 甲醇(10∶1)作为展开剂,展开,取出,晾干,置氨蒸气中熏后置紫外光灯(365nm)下检视。供试品色谱中,在与对照药材色谱相应的位置上,显相同颜色的荧光主斑点。

【检查】

水分 不得过 10.0%(2020 年版《中国药典》通则 0832 第二法)。

总灰分 不得过 5.0%(2020 年版《中国药典》通则 2302)。

重金属及有害元素 照铅、镉、砷、汞、铜测定法(2020 年版《中国药典》通则 2321 原子吸收分光光度法或电感耦合等离子体质谱法)测定,铅不得过 5mg/kg;镉不得过 1mg/kg;砷不得过 2mg/kg;汞不得过 0.2mg/kg;铜不得过 20mg/kg。

其他有机氯农药残留量 照农药残留量测定法(2020年版《中国药典》通则2341有机氯类农药残留量测定法一第一法)测定,五氯硝基苯不得过0.1mg/kg。

【浸出物】 照水溶性浸出物测定法(2020年版《中国药典》通则2201)项下的冷浸法测定,不得少于17.0%。

【含量测定】

黄芪甲苷 照高效液相色谱法(2020年版《中国药典》通则0512)测定。

色谱条件与系统适用性试验 以十八烷基硅烷键合硅胶为填充剂;以乙腈 - 水(32:68)为流动相;蒸发光散射检测器。理论板数按黄芪甲苷峰计算应不低于4 000。

对照品溶液的制备 取黄芪甲苷对照品适量,加80%甲醇制成每1ml含0.5mg的溶液,即得。

供试品溶液的制备 取本品粉末(过四号筛)约1g,精密称定,置具塞锥形瓶中,精密加入含4%浓氨试液的80%甲醇溶液(取浓氨试液4ml,加80%甲醇至100ml,摇匀)50ml,密塞,称定重量,加热回流1小时,放冷,再称定重量,用含4%浓氨试液的80%甲醇溶液补足减失的重量,摇匀,滤过,精密量取续滤液25ml,蒸干,残渣用80%甲醇溶解,转移至5ml量瓶中,加80%甲醇至刻度,摇匀,滤过,取续滤液,即得。

测定法 分别精密吸取对照品溶液2μl(或5μl)、10μl,供试品溶液10~20μl,注入液相色谱仪,测定,以外标两点法对数方程计算,即得。

本品按干燥品计算,含黄芪甲苷($C_{41}H_{68}O_{14}$)不得少于0.080%。

毛蕊异黄酮葡萄糖苷 照高效液相色谱法(2020年版《中国药典》通则0512)测定。

色谱条件与系统适用性试验 以十八烷基硅烷键合硅胶为填充剂;以乙腈为流动相A,以0.2%甲酸溶液为流动相B,按表5-1中的规定进行梯度洗脱;检测波长为260nm。理论板数按毛蕊异黄酮葡萄糖苷峰计算应不低于3 000。

表5-1 药材黄芪高效液相的洗脱程序

时间/min	流动相A/%	流动相B/%
0~20	20~40	80~60
20~30	40	60

对照品溶液的制备 取毛蕊异黄酮葡萄糖苷对照品适量,精密称定,加甲醇制成每1ml含50μg的溶液,即得。

供试品溶液的制备 取本品粉末(过四号筛)约1g,精密称定,置圆底烧瓶中,精密加入甲醇50ml,称定重量,加热回流4小时,放冷,再称定重量,用甲醇补足减失的重量,摇匀,滤过,精密量取续滤液25ml,回收溶剂至干,残渣加甲醇溶解,转移至5ml量瓶中,加甲醇至刻度,摇匀,即得。

测定法 分别精密吸取对照品溶液与供试品溶液各10μl,注入液相色谱仪,测定,即得。

本品按干燥品计算,含毛蕊异黄酮葡萄糖苷($C_{22}H_{22}O_{10}$)不得少于0.020%。

【炮制】 除去杂质,大小分开,洗净,润透,切厚片,干燥。

本品呈类圆形或椭圆形的厚片,外表皮黄白色至淡棕褐色,可见纵皱纹或纵沟。切面皮部黄白色,木部淡黄色,有放射状纹理及裂隙,有的中心偶有枯朽状,黑褐色或呈空洞。气微,味微甜,嚼之有豆腥味。

第三节　中药材的质量控制

中药材质量控制的主要内容包括：检查中药材中可能混入的杂质以及与药品质量有关的项目，根据品种不同或具体情况，具有不同检查内容，是保证中药材质量的重要项目之一。

1. 根据基源，中药材可分为植物类药材、动物类药材与矿物类药材，其质量控制内容如下。

（1）植物类药材检查：根据中药材的具体情况确定对质量有影响的检查项目，如杂质、水分、总灰分、酸不溶性灰分、膨胀度、重金属、砷盐、吸收度、色度等。如有可能混有其他有害物质，应酌情检查，如农药残留量等。

（2）动物类药材检查：动物类药材含水分较多，易霉坏变质，故多规定水分检查。一些动物类药材在生产或贮存过程中，可能会产生一些带有腐败气的碱性物质，影响质量、安全与疗效，可规定挥发性碱性（挥发性盐基氮）物质的限量检查。其他如总灰分、重金属、砷盐、杂质等检查可根据具体情况考虑。

（3）矿物类药材检查：矿物类药材广泛分布于自然界，有的虽然进行生加工，但仍易夹有杂质及有害物质，必须加以检查并规定限度。如检查重金属、砷盐、镁盐、铁盐、锌盐、干燥失重等项目。

2. 就检查项目性质，可分为限量检查与定量检查。限量检查是指常规检查项目，多数中药材均可使用，即共性内容，如水分的限量、有害物质的限定、杂质限量等。定量检查是指与中药材临床疗效直接相关的项目，即个性内容，如有效成分的含量、生物活性的强度等。

一、中药材质量的限量控制

1. 水分含量测定　一般对容易吸收湿气发霉变质、酸败的中药材规定水分检查。水分的测定是为了保证中药材不因超过限度而发霉变质。水分限度制定应考虑气候、温度、湿度的不同以及药材包装、贮运的实际情况。常用的测定方法主要有烘干法、甲苯法、减压干燥法等。供测定的材料供试品一般先破碎成直径不超过 3mm 的颗粒或薄片。直径在 3mm 以下的花类、种子类和果实类药材，可不破碎。

（1）烘干法：适用于含不挥发性成分药材中的水分测定。

（2）甲苯法：适用于含挥发性成分药材中的水分测定。

（3）减压干燥法：适用于含有挥发性成分的贵重药品。

2. 灰分含量测定　中药材的灰分测定分为总灰分测定及酸不溶性灰分测定。所谓总灰分是指中药材本身经过灰化后遗留的不挥发性的无机成分以及中药材表面附着的不挥发性无机成分的总和；酸不溶性灰分是指总灰分中加 10% 盐酸处理，得到不溶于 10% 盐酸的灰分。

同一种中药材，在无外来掺杂物时，一般都有一定的总灰分范围。规定中药材的总灰分限度，对于保证中药材的品质和纯净度，有一定的意义。中药材本身所含的无机盐（包括钙盐，如草酸钙）大多数可溶于稀盐酸中，而来自泥沙等外来杂质大部分是硅酸盐类，在酸中不溶解，因此测定酸不溶性灰分能较准确地表明中药材中外来杂质。

3. 浸出物测定　某些中药材有效成分尚不明确或尚无精确测量方法,无法进行含量测定,而浸出物的指标能明显区别中药材的质量优劣,可结合用药习惯、中药材质地及已知化学成分类别,选定适宜的溶剂,测定其浸出物量,但须有针对性和控制质量的意义。浸出物的测定包括三种测定方法:水溶性浸出物测定法、醇溶性浸出物测定法、挥发性醚浸出物测定法。

4. 挥发油测定　中药材挥发油的测定需要在特定的挥发油测定器中进行,测定方法分别为甲法和乙法。测定用的供试品,除另有规定外,须粉碎使能通过二号至三号筛,并混合均匀。具体的操作方法见2020年版《中国药典》第四部通则。

5. 有害物质的控制　包括农药残留量测定、重金属检测、砷盐检查以及其他有害物质的检查。

(1) 农药残留量测定:农药的使用对中药材的稳产、高产有着重大的意义,但长期广泛地使用农药也带来了中药材的农药残留问题。长期以来,我国使用的农药主要为有机氯,有机磷类,尤其是以六六六(BHC)、滴滴涕(DDT)为代表的有机氯农药是我国最早大规模使用的农药,虽然我国在1983年已经禁止使用,但因其有累积性,不易降解,目前在许多药材中仍可检出。长期服用有机氯超标的中药材易造成蓄积中毒,故农药残留量测定主要针对六六六、DDT、五氯硝基苯等残留量进行测定。

农药残留量的限度按照2020年版《中国药典》执行,主要采用气相色谱法(通则0521)和质谱法(通则0431)测定药材、饮片及制剂中部分农药残留量。其中2020年版《中国药典》选用气相色谱法(通则0521)测定有机氯农药残留量,如2020年版《中国药典》规定,甘草含有有机氯类农药残留量五氯硝基苯不得过0.1mg/kg。

(2) 重金属检查:重金属是指在实验条件下能与硫代乙酰胺或硫化钠作用显色的金属杂质,包括铅、汞、镉等。由于在中药材生产中遇到铅的机会较多,且铅易蓄积中毒故检查时以铅为代表。

重金属测定时以铅计算为20μg(相当于标准铅溶液2ml)时,加入硫代乙酰胺或硫化钠试液后,所呈的浅黄褐色适用于目视法观察比较,小于10μg或大于3mg时,显色太浅或太深,均不利于区别。

中药材本身的颜色或其他原因对测定有干扰的,要经有机破坏,可按2020年版《中国药典》通则0821重金属检查法进行操作。对样品需做有机破坏与不经有机破坏的实验对比,以确定何种处理对检查重金属更为正确。重金属限度一般不超过2mg/kg。

(3) 砷盐检查:《中国药典》用古蔡氏法或二乙基硫代氨基甲酸银法两种方法进行砷盐检查。两法中取标准砷溶液2ml(相当于2μg的As)所产生的色为最适合。若要求得供试品含砷的限量,需改变供试品的取用量,来与标准砷溶液(2μg的As)所产生的色比较,否则影响比色的正确性。砷盐限度一般不得超过1mg/kg。

(4) 其他有害物质的检查:许多中药材在贮藏过程中易霉变而产生黄曲霉毒素,现代科学研究结果证实有14种霉菌素有致癌作用,而黄曲霉毒素致癌作用强度位居前列。因而,有必要对中药材中的黄曲霉毒素进行限量控制,以确保用药的安全。

有的中药材由于寄生于有毒植物而产生有害物质,亦需加以检查。例如桑寄生需做强心苷检查,是因为寄生于夹竹桃树上的桑寄生会吸入夹竹桃树中的强心苷(有明显的强心苷反应)而具毒性，故应检查强心苷以检查桑寄生中是否有夹竹桃寄生的混入；如寄生于马桑，则应检查有毒成分印度防己毒素，以控制马桑寄生的混入。

6．其他检查项目

（1）杂质：中药材中混杂的杂质，系指物种与规定相符，但其性状或部位与规定不符的药材，来源与规定不同的物质，以及无机杂质如砂石、泥块、尘土等。检查方法可取规定量供试品，摊开，用肉眼或扩大镜（5～10倍）观察，将杂质拣出，如其中有可以筛出的杂质，则通过适当的筛选，将杂质分出。然后将各类杂质分别称重，计算其在供试品中的百分数。

（2）药用部分比例：为保证药品质量，有的中药材需规定药用部分的比例。例如穿心莲规定穿心莲叶不得少于30%。

（3）酸败度：酸败是指油脂或含油脂的种子类药材，在贮藏过程中，与空气、光线接触，发生复杂的化学变化，产生特异的刺激臭味（习称败油味），即产生了低分子化合物，如酮类和游离脂肪酸，从而影响了中药材的观感和内在质量。

二、中药材质量的定量控制

中药材含有多种成分，这些成分常共同发挥临床疗效，有的还具有双向调节作用。虽然很难确定某一化学成分是中医用药的唯一有效成分，有些尚不一定能与中医用药完全吻合，或与临床疗效直观地比较，然而药物的疗效必定有其物质基础。以中医药理论为指导，结合现代科学研究择其具生理活性的主要化学成分，作为有效或指标性成分之一，建立含量测定项目，评价药物的内在质量，并衡量其商品质量是否达到要求及产品是否稳定，是非常必要的。

1．以化学成分为研究对象　中药材中化学成分数目众多，可分为活性成分与非活性成分，其中与主要功效一致的活性成分又称有效成分（active constituent）。

以化学成分作为质量控制指标，应该首选有效成分，进行针对性定量；有效成分尚不清楚而化学上大类成分清楚的，可对总类成分如黄酮、总生物碱、总皂苷进行测定。有效成分不清楚，质量控制指标应选用"指标成分"，即虽然不具有与传统功效相同的药效，但具有其他生物活性的化学成分。

2．化学成分的定量分析

（1）含量测定方法选择：常用的如经典分析方法（容量法、重量法）、分光光度法（包括比色法）、气相色谱法、高效液相色谱法、薄层-分光光度法、薄层扫描法、其他理化检验方法以及生物测定法等。

（2）含量测定方法考察：可以引用《中国药典》或文献收载的与其相同成分的测定方法，但因品种不同，与自行建立的新方法一样都必须进行方法学考察研究。一般考察项目包括以下内容。

1）提取条件的选定。

2）分离、纯化：应说明干扰物质的排除情况，特别是采用液相色谱分析方法更应注意这一点，以提高分析准确性并可保护色谱柱。

3）测定条件的选择：如分光光度法（包括比色法）、色谱法最大吸收波长的选择，液相色谱法中固定相、流动相、内标物的选择，薄层扫描法层析与扫描条件的选择等。

4）线性关系的考察：分光光度法（包括比色法）须制备标准曲线，用以确定取样量并计算含量，而色谱法均采用对照品比较法、外标或内标法测定，但首先也应进行线性考察。标准曲线相关系数即 r 值要求 0.999 以上，薄层扫描可在 0.995 以上，应提供标准线性图、回归方程，并说明线性范围。

5）测定方法的稳定性试验：用紫外分光光度法、比色法或薄层扫描法等测定时，应对被测液或薄层色谱色斑的吸收值稳定性进行考察，以确定适当的测定时间。

6）精密度试验：如气相、液相色谱法对同一供试液多次进行测定，薄层扫描法同一薄层板及异板多个同量斑点扫描测定，可考察其精密度，对同一薄层斑点连续进行多次测定，则可考察仪器的精密度。

7）重复性试验：按拟定的含量测定方法，对同一批药材样品进行多次测定（平时试验至少 5 次以上，即 $n>5$）计算相对标准偏差（RSD），一般根据样品含量高低和含量测定方法的繁简确定 RSD 的限度。如含量很低一般不大于 5%。如含量较高的，则应从严要求。

8）回收率试验：采用加样回收法，即于已知被测成分含量的中药材再精密加入一定量的被测定成分纯品，依法测定，用试验值与原样品中含被测成分量之差，除以加入的纯品量计算回收率。回收率试验需进行 5 次试验，或 3 组平行试验，$n=5$ 或 6，加入被测成分纯品量相同或不同，后者则可进一步验证测定方法取样量多少更为合适。回收率要求一般在 95% ～ 105%。

9）样品测定，以说明所建立方法的应用情况，至少测 3 批样品。

（3）含量限（幅）度的制定：可根据传统鉴别经验，将中药材样品根据质量优劣顺序排列，如所测成分含量高低与之相应，则把含量较低但仍可药用者取为下限。如无传统鉴别经验或测得值与经验鉴定不相关，则可根据样品检测实际情况规定，留有余地，作为暂行限度，至少测得 10 批样品数据。必须强调的是，含量限度的制定应有足够的、具代表性的样品数据为基础。

3. 生物检定　又称生物测定法，是利用生物（整体或离体）的反应来测定各种药价的效价、作用强度和毒性的一种方法。大部分中药材的主要成分含量可以用理化分析的方法加以测定，但也有些药材，因缺乏适当的准确的理化分析方法来决定其有效成分的含量或效价，因此必须通过药理作用的观察来测定其效价单位的大小而评价其质量。

三、中药材的指纹图谱

中药材发挥治疗效果的物质基础是其所含有的化学成分，而中药材中的化学成分种类、数量众多，且相互之间存在着协同和拮抗作用，使其表现出极大的复杂性，尤其是当前大多数中药材的活性成分尚未完全阐明，以任何一种或几种化学成分为指标都难以全面评价中药材的内在品质。因此，应用现代色谱、波谱分析手段建立中药材化学成分指纹图谱（fingerprint），是实现中药材质量控制的有效方法。

中药材化学成分指纹图谱系指中药材经适当处理后，采用一定的分析手段，得到的能够标定该中药材特性的共有化学成分峰的图谱。指纹图谱比较全面地反映了中药材所含内在化学成分的种类和数量，更加有效地体现了中药材成分的复杂性，从而能更好地评价中药材的内在质量。

中药材化学成分指纹图谱必须同时具有系统性、特征性、重现性。

1. 系统性　是指指纹图谱反映的化学成分应包括有效组分群中的主要成分，或指标成分的全部。如大黄的有效成分为蒽醌类化合物，则其指纹谱应尽可能多地反映蒽醌类成分。

2. 特征性　是指指纹图谱中反映的化学成分信息（具体表现为保留时间或位移植）是具有高度选择性的，这些信息的综合结果将能特征地区分中药的真伪和优劣。如北五味子的 HPLC 指纹图谱和 TLC 指纹图谱，不仅包括多种已知的木脂素类成分，而且还有许多未知成分，这些成分之间的顺序、比值在一定范围内是固定的，并且随药材品种的不同，通过这些整体信息，可以很好地区分北五味子和南五味子以及其他来源地五味子类中药。

3. 重现性　指在规定的方法与条件下，不同的操作者和不同的实验室所建立的指纹图谱的误差应在允许的范围之内。

指纹图谱的检测标准包括中药材的名称、汉语拼音、拉丁名、来源、供试品和参照物的制备、检测方法、指纹图谱及技术参数。

第五章同步练习

第六章 中药材商品质量管理与认证

第六章课件

中药材是中药饮片、中成药生产的基础原料,中药材的质量直接关系到中药的质量。为此,国家制定、实施了相关法律、法规来保证中药材商品的质量。

第一节 中药材商品的质量管理

与中药材商品质量管理有关的法律法规主要包括:

1.《中华人民共和国药品管理法》 是专门规范药品(含中药材)研制、生产、经营、使用和监督管理的法律。该法是制定本行业其他法规条例的立法根据和基础,自 1985 年 7 月 1 日起实施以来,对于保证药品质量,保障人民用药安全、有效,打击制售假药、劣药,发挥了重要作用。新修订(2019 年 8 月 26 日发布)的《中华人民共和国药品管理法》分为 12 章 155 条。第一章总则;第二章药品研制与注册;第三章药品上市许可持有人;第四章药品生产;第五章药品经营;第六章医疗机构药事管理;第七章药品上市后管理;第八章药品价格和广告;第九章药品储备和供应;第十章监督管理;第十一章法律责任;第十二章附则。

关于中药材的具体规定有:

第四条 国家发展现代药和传统药,充分发挥其在预防、医疗和保健中的作用。国家保护野生药材资源和中药品种,鼓励培育道地中药材。

第二十四条 在中国境内上市的药品,应当经国务院药品监督管理部门批准,取得药品注册证书;但是,未实施审批管理的中药材和中药饮片除外。实施审批管理的中药材、中药饮片品种目录由国务院药品监督管理部门会同国务院中医药主管部门制定。

申请药品注册,应当提供真实、充分、可靠的数据、资料和样品,证明药品的安全性、有效性和质量可控性。

第四十八条 药品包装应当适合药品质量的要求,方便储存、运输和医疗使用。

发运中药材应当有包装。在每件包装上,应当注明品名、产地、日期、供货单位,并附有质量合格的标志。

第五十八条 药品经营企业零售药品应当准确无误,并正确说明用法、用量和注意事项;调配处方应当经过核对,对处方所列药品不得擅自更改或者代用。对有配伍禁忌或者超剂量的处方,应当拒绝调配;必要时,经处方医师更正或者重新签字,方可调配。

药品经营企业销售中药材,应当标明产地。

依法经过资格认定的药师或者其他药学技术人员负责本企业的药品管理、处方审核和调配、合理用药指导等工作。

第六十条　城乡集市贸易市场可以出售中药材，国务院另有规定的除外。

2.《中华人民共和国药品管理法实施条例》　新修订的《中华人民共和国药品管理法实施条例》（2019年3月18日发布）分为总则、药品生产企业管理、药品经营企业管理、医疗机构的药剂管理、药品管理、药品包装的管理、药品价格和广告的管理、药品监督、法律责任、附则，共10章80条。

关于中药材的具体规定有两条：

第九条　药品生产企业生产药品所使用的原料药，必须具有国务院药品监督管理部门核发的药品批准文号或者进口药品注册证书、医药产品注册证书；但是，未实施批准文号管理的中药材、中药饮片除外。

第三十九条　国家鼓励培育中药材。对集中规模化栽培养殖、质量可以控制并符合国务院药品监督管理部门规定条件的中药材品种，实行批准文号管理。

3.《中药材生产质量管理规范（试行）》　简称中药材GAP，是Good Agricultural Practice for Chinese Crude Drugs的缩写。自2002年6月1日起施行。实施中药材GAP，对中药材生产全过程进行有效的质量控制，是保证中药材质量稳定、可控，保障临床用药安全有效的重要措施；有利于中药资源保护和持续利用，促进中药材种植（养殖）的规模化、规范化和产业化发展；是国家对药材生产的基地选定、品种、栽培技术、采收加工、质量标准等做出的技术规定；使药材生产达到"真实、优质、稳定、可控"的目的。药材生产全过程，以植物药为例，是从种子经过不同阶段的生长发育到采收、加工形成商品药材为止，一般不包括饮片炮制。其主要内容包括①总则：说明GAP的目的和意义；②产地生态环境：对大气、水质、土壤环境条件要求；③种质和繁殖材料：正确鉴定物种，保证种质资源质量；④栽培与养殖管理：制定植物栽培和动物养殖的SOP（标准操作规程），对肥、土、水、病虫害的防治等提出要求；⑤采收与初加工：确定适宜采收时期，对采收、初加工、干燥等提出了具体要求；⑥包装、运输与贮藏：每批有包装记录，运输容器洁净，贮藏通风、干燥、避光等条件；⑦质量管理：质量管理及检测项目对性状鉴别、杂质、水分、灰分、浸出物等提出了具体要求；⑧人员和设备：受过一定培训的人员及对产地、设施、仪器设备的要求说明；⑨文件管理：生产全过程应详细记录，有关资料至少保存5年；⑩附则：补充说明，术语解释。

2003年9月19日，国家食品药品监督管理局制定、发布了《中药材生产质量管理规范认证管理办法（试行）》及《中药材GAP认证检查评定标准（试行）》。2016年3月18日，国家食品药品监督管理总局根据《国务院关于取消和调整一批行政审批项目等事项的决定》，取消中药材生产质量管理规范认证行政许可事项，不再开展中药材GAP认证工作，对中药材GAP实施备案管理，具体办法另行制定。总局要求已经通过认证的中药材生产企业应继续按照中药材GAP规定，切实加强全过程质量管理，保证持续合规，保证中药材质量。2017年10月25日，国家食品药品监督管理总局组织起草了《中药材生产质量管理规范（修订稿）》，向社会公开征求意见。该工作还在进行中。

4.《关于加强乡村中医药技术人员自种自采自用中草药管理的通知》　为落实《中共中央、国务院关于进一步加强农村卫生工作的决定》（2002年10月19日）中提出的"在规范农村中医药管理和服务的基础上，允许乡村中医药技术人员自种、自采、自用中草药"的要求，加强乡村中医药技术人员自种自采自用中草药的管理,规范其服务行为,切实减轻农民医药负担,保障农民用药安全有效,卫生部、国家中医药管理局于 2006 年 7 月 31 日发布该通知。其内容包括:

自种自采自用中草药是指乡村中医药技术人员自己种植、采收、使用,不需特殊加工炮制的植物中草药。

自种自采自用中草药的人员应同时具备以下条件:①经注册在村医疗机构执业的中医类别执业(助理)医师以及以中医药知识和技能为主的乡村医生;②熟悉中草药知识和栽培技术、具有中草药辨识能力;③熟练掌握中医基本理论、技能和自种自采自用中草药的性味功用、临床疗效、用法用量、配伍禁忌、毒副反应、注意事项等。

乡村中医药技术人员不得自种自采自用下列中草药:①国家规定需特殊管理的医疗用毒性中草药;②国家规定需特殊管理的麻醉药品原植物;③国家规定需特殊管理的濒稀野生植物药材。

根据当地实际工作需要,乡村中医药技术人员自种自采自用的中草药,只限于其所在的村医疗机构内使用,不得上市流通,不得加工成中药制剂。自种自采自用的中草药应当保证药材质量,不得使用变质、被污染等影响人体安全、药效的药材。对有毒副反应的中草药,乡村中医药技术人员应严格掌握其用法用量,并熟悉其中毒的预防和救治。发现可能与用药有关的毒副反应,应按规定及时向当地主管部门报告。乡村民族医药技术人员自种自采自用民族草药的管理参照上述条款执行。

地方各级卫生、中医药行政部门应当加强乡村中医药技术人员自种自采自用中草药的监督和管理,确保农村居民用药安全。

5.《药品生产质量管理规范(2010 年修订)》 简称 GMP,是 Good Manufacture Practice of Medical Products 的缩写。2011 年 3 月 1 日起施行。GMP 是药品生产质量管理的基本准则。它涉及从原料到销售的全过程,包括原辅料和包装材料的接收、发放与贮藏,成品、半成品的管理,生产技术操作,设备管理,检验技术管理,验证和卫生管理等方面工作。任何药品质量的形成是设计和生产出来的,而不是检验出来的,因此,必须强调预防为主,在生产过程中建立质量保证体系,实行全面质量保证,确保药品质量。其内容包括:①总则;②质量管理;③机构与人员;④厂房与设施;⑤设备;⑥物料与产品;⑦确认与验证;⑧文件管理;⑨生产管理;⑩质量控制与质量保证;⑪委托生产与委托检验;⑫产品发运与召回;⑬自检;⑭附则。共 14 章 313 条。

2011 年 2 月 24 日,国家食品药品监督管理局发布了《药品生产质量管理规范(2010 年修订)》无菌药品等 5 个附录的公告,作为配套文件,自 2011 年 3 月 1 日起施行。其中"附录 5 中药制剂",适用于中药材前处理、中药提取和中药制剂的生产、质量控制、贮存、发放和运输。该附录有 10 章 44 条,原则要求是:对中药材和中药饮片的质量以及中药材前处理、中药提取工艺严格控制;在中药材前处理以及中药提取、贮存和运输过程中,应当采取措施控制微生物污染,防止变质;中药材来源应当相对稳定;注射剂生产所用中药材的产地应当与注册申报资料中的产地一致,并尽可能采用规范化生产的中药材。

2014 年 6 月 27 日,国家食品药品监督管理总局发布了《药品生产质量管理规范(2010 年修订)》中药饮片、医用氧、取样等 3 个附录的公告,作为配套文件,自 2014 年 7 月 1 日起施行。其中"附件 1 中药饮片"有 11 章 56 条,主要内容有:中药饮片的质量与中药材质量、炮制工艺密切相关,应当对中药材质量、炮制工艺严格控制;中药材的来源应符合标准,产地应相对稳定;质量保证和质量控制人员应具备中药材和中药饮片质量控制的实际能力,具备鉴别中药材和中药饮片真伪优劣的能力;直接从农户购入中药材应收集农户的身份证明材料,评估所购入中药材质量,并建立质量档案;对每次接收的中药材均应当按产地、供应商、采收时间、药材规格等进行分类,分别编制批号并管理;毒性中药材等有特殊要求的中药材外包装上应有明显的标志;中药材、中药饮片应按质量要求贮存、养护,贮存期间各种养护操作应当建立养护记录;中药材、中药饮片应制定复验期,并按期复验;中药材和中药饮片的运输应不影响其质量,并采取有效可靠的措施,防止中药材和中药饮片发生变质;进口药材应有国家食品药品监督管理部门批准的证明文件,以及按有关规定办理进口手续的证明文件。

6.《药品经营质量管理规范》 简称 GSP,是 Good Supply Practice 的缩写。新修改版 GSP 由国家食品药品监督管理总局于 2016 年 7 月 13 日公布施行。GSP 是控制药品流通环节所有可能发生质量事故的因素从而防止质量事故发生的一整套管理程序,是药品经营管理和质量控制的基本准则。其内容包括:①总则;②药品批发的质量管理,包括质量管理体系、组织机构与质量管理职责、人员与培训、质量管理体系文件、设施与设备、校准与验证、计算机系统、采购、收货与验收、储存与养护、销售、出库、运输与配送、售后管理;③药品零售的质量管理,包括质量管理与职责、人员管理、文件、设施与设备、采购与验收、陈列与储存、销售管理、售后管理;④附则。共4 章 184 条。药品经营企业应在药品监督管理部门规定的时间内达到 GSP 要求,并通过认证取得认证证书。

GSP 中直接涉及中药材的内容有:

第二十二条 从事中药材、中药饮片验收工作的,应当具有中药学专业中专以上学历或者具有中药学中级以上专业技术职称;从事中药材、中药饮片养护工作的,应当具有中药学专业中专以上学历或者具有中药学初级以上专业技术职称;直接收购地产中药材的,验收人员应当具有中药学中级以上专业技术职称。

第四十八条 经营中药材、中药饮片的,应当有专用的库房和养护工作场所,直接收购地产中药材的应当设置中药样品室(柜)。

第六十八条 采购药品应当建立采购记录。采购记录应当有药品的通用名称、剂型、规格、生产厂商、供货单位、数量、价格、购货日期等内容,采购中药材、中药饮片的还应当标明产地。

第八十条 中药材验收记录应当包括品名、产地、供货单位、到货数量、验收合格数量等内容。

第八十三条 药品与非药品、外用药与其他药品分开存放,中药材和中药饮片分库存放。

第八十四条 对中药材和中药饮片应当按其特性采取有效方法进行养护并记录,所采取的养护方法不得对药品造成污染。

第九十二条 中药材销售记录应当包括品名、规格、产地、购货单位、销售数量、单价、金额、销售日期等内容。

第一百四十五条 经营第二类精神药品、毒性中药品种和罂粟壳的,有符合安全规定的专用存放设备。

第一百六十一条 第二类精神药品、毒性中药品种和罂粟壳不得陈列。

7.《关于加强中药饮片监督管理的通知》 2011 年 1 月 5 日,国家食品药品监督管理局、卫生部与国家中医药管理局联合发布通知要求加强中药饮片监督管理工作。主要内容有:生产中药饮片必须持有《药品生产许可证》与《药品 GMP 证书》；必须以中药材为起始原料，使用符合药用标准的中药材，并应尽量固定药材产地。批发零售中药饮片必须持有《药品经营许可证》与《药品 GSP 证书》，必须从持有《药品 GMP 证书》的生产企业或持有《药品 GSP 证书》的经营企业采购。严禁经营企业从中药材市场或其他不具备饮片生产经营资质的单位或个人采购中药饮片。严禁医疗机构从中药材市场或其他没有资质的单位和个人，违法采购中药饮片调剂使用。

8.《关于进一步加强中药材管理的通知》 2013 年 10 月 9 日，国家食品药品监督管理总局、工业和信息化部、农业部、商务部、国家卫生和计划生育委员会、国家工商行政管理总局、国家林业局、国家中医药管理局 8 部委以食药监〔2013〕208 号文件联合下发该通知，对中药材种植养殖、产地初加工、专业市场、中药饮片生产经营全链条管理提出明确要求。主要内容为受多种因素影响，中药材管理领域存在一些突出问题，主要表现是：标准化种植养殖落实不到位，不科学使用农药化肥造成有害物质残留；中药材产地初加工设备简陋，染色、增重、掺杂、使假现象时有发生；中药材专业市场以次充好，以假充真，制假售假，违法经营中药饮片和其他药品现象屡禁不止。这些问题严重影响中药材质量安全。因此，要强化中药材管理措施。

（1）加强中药材种植养殖管理。重视中药材资源的保护、利用和可持续发展，加强中药材野生资源的采集和抚育管理，采集使用国家保护品种，要严格按规定履行审批手续。严禁非法贩卖野生动物和非法采挖野生中药材资源。要在全国中药材资源普查的基础上结合本地中药材资源分布、自然环境条件、传统种植养殖历史和道地药材特性，加强中药材种植养殖的科学管理，按品种逐一制定并严格实施种植养殖和采集技术规范，建立种子种苗繁育基地，合理使用农药和化肥，按年限、季节和药用部位采收中药材，提高中药材种植养殖的科学化、规范化水平。禁止在非适宜区种植养殖中药材，严禁使用高毒、剧毒农药，严禁滥用农药、抗生素、化肥，特别是动物激素类物质、植物生长调节剂和除草剂。加快技术、信息和供应保障服务体系建设，完善中药材质量控制标准以及农药、重金属等有害物质限量控制标准；加强检验检测，防止不合格的中药材流入市场。

（2）加强中药材产地初加工管理。在中药材产地对地产中药材进行洁净、除去非药用部位、干燥等处理，是防止霉变虫蛀、便于储存运输、保障中药材质量的重要手段。要对地产中药材逐品种制定产地初加工规范，统一质量控制标准，改进加工工艺，提高中药材产地初加工水平，避免粗制滥造导致中药材有效成分流失、质量下降。严禁滥用硫黄熏蒸等方法，二氧化硫等物质残留必须符合国家规定。严厉打击产地初加工过程中掺杂使假、染色增重、污染霉变、非法提取等违法违规行为。

（3）加强中药材专业市场管理。除现有 17 个中药材专业市场外，不得开办新的中药材专业市场。中药材专业市场要建立健全交易管理部门和质量管理机构，完善市场交易和质量管理的规章制度，逐步建立起公司化的中药材经营模式。要构建中药材电子交易平台和市场信息平台，建设中药材流通追溯系统，配备使用具有药品现代物流水平的仓储设施设备，提高中药材仓储、养护技术水平，切实保障中药材质量。严禁销售假劣中药材，严禁未经批准以任何名义或方式经营中药饮片、中成药和其他药品，严禁销售国家规定的 28 种毒性药材，严禁非法销售国家规定的 42 种濒危药材。

（4）加强中药饮片生产经营管理。鼓励和引导中药饮片、中成药生产企业逐步使用可追溯的中药材为原料,在传统主产区建立中药材种植养殖和生产加工基地,保证中药材质量稳定。

(5)促进中药材产业健康发展。要根据国家中药材产业中长期发展规划,制定切合各地实际的中药材产业发展规划,建立完善中药材种植养殖、产地初加工和中药材专业市场各项管理制度,推动地方特色中药材的集约化、品牌化发展。

9.《医疗用毒性药品管理办法》 1988年12月27日由国务院发布施行。制定该办法的目的是加强医疗用毒性药品的管理,防止中毒或死亡事故的发生。受管理的毒性中药品种有28种:砒石(红砒、白砒)、砒霜、水银、生马钱子、生川乌、生草乌、生白附子、生附子、生半夏、生南星、生巴豆、斑蝥、红娘虫、青娘虫、生甘遂、生狼毒、生藤黄、生千金子、闹羊花、生天仙子、雪上一支蒿、红升丹、白降丹、蟾酥、洋金花、红粉、轻粉、雄黄。

10.《进口药材管理办法(试行)》 2005年11月24日由国家食品药品监督管理局颁布,2006年2月1日起实施。目的是加强进口药材监督管理,保证进口药材质量。其内容包括:①总则;②申请与审批;③登记备案;④口岸检验和监督管理;⑤法律责任;⑥附则。该办法要求,进口药材申请人应当是中国境内取得《药品生产许可证》或者《药品经营许可证》的药品生产企业或者药品经营企业。申请人取得《进口药材批件》后,方可组织药材进口。

11.《野生药材资源保护管理条例》 是我国对药用野生动植物资源进行保护管理的行政法规。1987年10月30日由国务院发布,自1987年12月1日起施行。条例明确,国家对野生药材资源实行保护、采猎相结合的原则,并创造条件开展人工种养。国家重点保护的野生药材物种分为三级。

一级:濒临灭绝状态的稀有珍贵野生药材物种。

二级:分布区域缩小、资源处于衰竭状态的重要野生药材物种。

三级:资源严重减少的主要常用野生药材物种。

禁止采猎一级保护野生药材物种。采猎、收购二、三级保护野生药材物种的,必须按照批准的计划执行。采猎二、三级保护野生药材物种的,不得在禁止采猎区、禁止采猎期进行采猎,不得使用禁用工具进行采猎。采猎二、三级保护野生药材物种的,必须持有采药证。取得采药证后,需要进行采伐或狩猎的,必须分别向有关部门申请采伐证或狩猎证。

一级保护野生药材物种属于自然淘汰的,其药用部分由各级药材公司负责经营管理,但不得出口。二、三级保护野生药材物种属于国家计划管理的品种,由中国药材公司统一经营管理;其余品种由产地县药材公司或其委托单位按照计划收购。二、三级保护野生药材物种的药用部分,除国家另有规定外,实行限量出口。野生药材的规格、等级标准,由国家医药管理部门会同国务院有关部门制定。

国家重点保护的野生药材品种名录有42种,涉及物种76种。

一级:虎骨、豹骨、羚羊角、梅花鹿茸。

二级:马鹿茸、麝香、熊胆、穿山甲、蟾酥、哈蟆油、金钱白花蛇、乌梢蛇、蕲蛇、蛤蚧、甘草、黄连、人参、杜仲、厚朴、黄柏、血竭。

三级:川(伊)贝母、刺五加、黄芩、天冬、猪苓、龙胆、防风、远志、胡黄连、肉苁蓉、秦艽、细辛、紫草、五味子、蔓荆子、诃子、山茱萸、石斛、阿魏、连翘、羌活。

此外,国家陆续出台的一些管理规定还有:①禁止犀牛角和虎骨贸易,取消其药用标准。鼓励使用代用品。②牛黄及其代用品使用的管理。牛黄代用品,即人工牛黄、培植牛黄和体外培育牛黄。③加强麝、熊资源保护及其产品入药的管理。限定若干家企业、数个品种可以使用天然麝香或者熊胆。

第二节　中药材商品的质量监督

根据《中华人民共和国药品管理法》《中华人民共和国药品管理法实施条例》及相关法律法规的规定,药品监督管理部门依法对药品(包括中药材商品)的研制、生产、经营、使用实施监督检查。目前相关的机构分为以下几级。

(1)国家级:国家市场监督管理总局(State Administration for Market Regulation),于2018年3月组建,是国务院的直属机构,下设国家药品监督管理局。国家药品监督管理局的主要职责为:①负责药品(含中药、民族药,下同)、医疗器械和化妆品安全监督管理。拟订监督管理政策规划,组织起草法律法规草案,拟订部门规章,并监督实施。研究拟订鼓励药品、医疗器械和化妆品新技术新产品的管理与服务政策。②负责药品、医疗器械和化妆品标准管理。组织制定、公布国家药典等药品、医疗器械标准,组织拟订化妆品标准,组织制定分类管理制度,并监督实施。参与制定国家基本药物目录,配合实施国家基本药物制度。③负责药品、医疗器械和化妆品注册管理。制定注册管理制度,严格上市审评审批,完善审评审批服务便利化措施,并组织实施。④负责药品、医疗器械和化妆品质量管理。制定研制质量管理规范并监督实施。制定生产质量管理规范并依职责监督实施。制定经营、使用质量管理规范并指导实施。⑤负责药品、医疗器械和化妆品上市后风险管理。⑥负责组织指导药品、医疗器械和化妆品监督检查。⑦负责药品、医疗器械和化妆品监督管理领域对外交流与合作,参与相关国际监管规则和标准的制定。

(2)省级:各省、自治区、直辖市药品监督管理局。各省、自治区、直辖市药品检验研究院为检验机构。

(3)市(县)级:各市(县)级市场监督管理局。负责监管药品经营销售等行为。

另外,国家中医药管理局是政府管理中医药行业的国家机构,隶属于国家卫生健康委员会。与中药相关的主要职责有:负责中医药事业中长期发展规划拟订工作;负责民族药物的发掘、整理与总结;组织协调中药资源普查,促进中药资源的保护、开发和合理利用,参与制定中药产业发展规划、产业政策和中医药的扶持政策。

第三节　中药材商品的质量认证

质量认证也叫合格评定,是国际通行的管理产品质量的有效方法。质量认证按认证的对象分为产品质量认证和质量体系认证两类。产品质量认证是指依据产品标准和相应技术要求,经认证机构确认并通过颁发认证证书和认证标志来证明某一产品符合相应标准和相应技术要求的活动。质量体系认证是指由独立的第三方认证机构,依据正式发布的质量体系标准,对企业的质量体系实施评定,并颁发体系认证证书和发布注册名录,向公众证明企业的质量体系符合某一质量体系标准的全部活动。

中药材商品的质量认证主要体现为由有关政府机构登记、审查、批准、保护的地理标志产品（道地药材）。我国目前存在三套地理标志保护制度，即：

（1）根据《中华人民共和国农业法》《中华人民共和国农产品质量安全法》《农产品地理标志管理办法》（2008年2月1日起施行），由中华人民共和国农业部批准登记的农产品地理标志。中国农产品地理标志，是指标示农产品来源于特定地域，产品品质和相关特征主要取决于自然生态环境和历史人文因素，并以地域名称冠名，由农业部登记并公告的特有农产品标志。

（2）根据《中华人民共和国商标法》《中华人民共和国商标法实施条例》《集体商标、证明商标注册和管理办法》（2003年6月1日起施行），由国家工商行政管理总局批准作为集体商标、证明商标注册的地理标志；工商、市场监管部门通过纠正或查处不规范使用或侵犯注册标志专用权的行为，保护相关申请人的注册标志，保护地理标志产品生产者、经营者的合法权益。

（3）根据《中华人民共和国产品质量法》《中华人民共和国标准化法》《中华人民共和国进出口商品检验法》《地理标志产品保护规定》（2005年7月15日起施行），由国家质量监督检验检疫总局批准实施保护的地理标志产品。该地理标志产品，是指产自特定地域，所具有的质量、声誉或其他特性本质上取决于该产地的自然因素和人文因素，经审核批准以地理名称进行命名的产品。质监部门保护地理标志产品，监督企业按照已制定的品质标准生产，保证成品质量。

目前，通过认证的中药材地理标志产品已有上百种，如阿城大蒜、孝义核桃、集安五味子、吉林长白山人参、禹白附、咸丰白术、板桥党参、九资河茯苓、巴东独活、襄麦冬、利川黄连、郧阳木瓜、麻城福白菊、蕲春艾草、隆回金银花、邵东玉竹、铜陵牡丹（凤丹）、霍山石斛、柘荣太子参、莆田枇杷、文县纹党、礼县大黄、民勤甘草、宁夏枸杞等。

案例分析

中药材地理标志产品——麻城福白菊

麻城福白菊为药食两用中药材，具有散风清热、平肝明目、清热解毒之功效。2008年麻城福白菊被农业部登记为"农产品地理标志"，是全国首批登记的28个农产品之一；2009年"麻城福白菊"被国家工商行政管理总局核准"证明商标"的登记保护；2010年麻城市被中国经济林协会授予"中国保健菊花之乡"；2014年麻城福白菊被国家质量监督检验检疫总局批准为"国家地理标志保护产品"；2017年欧盟委员会官方网站公示了中国和欧盟互换认证的100个地理标志产品，麻城福白菊被纳入清单。麻城福白菊是以原产地麻城市福田河镇而得名。常年菊花产量3 000吨，总产值6亿元。麻城市福白菊的原料加工和销售企业达15家，福白菊产业成为该市优势特色产业。目前，湖北麻城与浙江桐乡、江苏盐城并称中国药用保健白菊花三大产地。

地域范围：麻城福白菊产区位于湖北省麻城市北部山区，以福田河镇为主产区，黄土岗镇、乘马岗镇、三河口镇、顺河集镇等4个乡镇亦有种植。产区版图面积1 520.7km²，总人口29.1万人。地理坐标为北纬31°20′～31°40′，东经114°45′～115°20′。产区北接河南新县、商城县，西接湖北红安县，南接麻城市区，东接安徽金寨县。产区位于大别山长江、淮河分水岭南麓,长江支流举水河源头,乘大别山余脉之势,由北向南逐级下降,海拔100~1 000m,坡度为5°~24°,水质优良无污染,土壤为黄棕壤,土壤pH 6.0~7.5,土层深厚,保墒性好。地处亚热带向温带过渡区域,为大陆湿润性季风气候。年平均气温13~16℃,年平均日照时数1 634~2 249小时,年平均降水量1 112.2~1 688.7mm,全年无霜期237天。具有四季分明、降水适中、水光热同步等特征。

采收加工:麻城福白菊采收始于10月下旬,止于12月上旬,选择无雨天、露水干后采花。传统加工分上笼、杀青、晾晒三个步骤,形成饼状干货;现代加工分蒸汽或微波杀青、烘烤两个步骤,形成朵状干货。产品加工技术规程执行《饮用菊花》(NY/T 5121—2002)标准。

特定品质:麻城福白菊来源于菊科植物菊 *Chrysanthemum morifolium* Ramat. 的干燥头状花序。商品呈扁球形、不规则球形或稍压扁,直径2~5cm。总苞由3~4层苞片组成,外围为数层舌状花,类白色或黄色,中央为管状花,黄色。气清香,味甘、微苦。具有"朵大肥厚、花瓣玉白、花蕊深黄,汤液清澈、金黄带绿,气清香,味甘醇美"等感观特征。

分析:道地药材是中药的一大特色,麻城福白菊是菊花一种道地品种,通过"国家地理标志保护产品"的认证,并注册"麻城福白菊"商标,对其道地性进行保护。此外,在2017年"麻城福白菊"被纳入中国和欧盟互换认证的100个地理标志产品清单,扩大了"麻城福白菊"的国际知名度,形成了有名品牌,从而推动了福白菊产业的发展,使其成为了麻城市优势特色产业。

第六章同步练习

第七章　中药材商品知识产权

第一节　知识产权的概念

知识产权（intellectual property）指人们对于自己的智力活动创造的成果和经营管理活动中的标记、信誉依法享有的权利。

知识产权包括工业产权和著作权。其中工业产权主要包括专利权和商标权；著作权，即版权，包括著作权及与著作有关的邻接权。

中药材商品知识产权主要包括：发明和设计中药材商品中产生的专利权、提供医药服务中所采用的商标、产地标记等。

中药材商品知识产权中最常见和最重要的是专利权，包括发明、实用新型和外观设计。发明的范围很广，在中药材领域可包括药材的栽培和养殖技术、中药材初加工技术、配方、新药材、新用途、新剂型、新工艺等。实用新型专利涉及领域的范围较少，主要有加工数控或机械设备，中药材生产机械设备的创制与改进，中药材质量检测仪器、设备，药材生产过程中的污染处理设备，中药材包装设备等。外观设计专利主要涉及包装、装潢技术、广告、宣传资料等方面。

商标包括商品商标、服务商标、集体商标、证明商标四大类。

商品商标就是商品的标记；它是商标的最基本表现形式，通常所称的商标主要是指商品商标。如"同仁堂""九芝堂""云南白药""三金""999""哈药"等。

服务商标指提供服务的经营者，为将自己提供的服务与他人提供的服务相区别而使用的标志，亦称服务标记。如中药材流通领域的"老百姓""开心人""一心堂"等。

集体商标是指以团体、协会或者其他组织名义注册，供该组织成员在商事活动中使用，以表明使用者在该组织中的成员资格的标志。如绿十字标识是受国家药品监督管理部门委托，由中国医药商业协会报经国家市场监督管理总局核准注册的集体商标，是我国药品零售企业唯一合法的形象标识，只有中国医药商业协会会员单位或经特别批准的药品零售企业方可悬挂。

证明商标是指由对某种中药材商品或者服务具有监督能力的组织所控制，而由该组织以外的单位或者个人使用于该中药材商品或者服务，用以证明该中药材商品或者服务的原产地、原料、制造方法、质量或者其他特定品质的标志。如"龙山百合""桐乡杭白菊""昭通天麻"等。

第二节　中药材的地理标志产品

地理标志首见于世界贸易组织的《知识产权协定》,是指识别货物原产自一缔约方境内或其境内某一地区或地方的标志,货物的特定质量、声誉或其他特征取决于其地理原产地,是与商标有关的商品区别性标志,如石柱黄连、龙山百合等。地理标志必须具备如下条件:①地理标志是确实存在的地名;②其使用人是该产地利用相同的自然条件、采用相同传统工艺生产的经营者;③地理标志所依附的商品是有名的地方特产,在原产地之外也众所周知。

地理标志是知识产权的一种形式,具有一些独有特征:①地理标志是特定范围内若干生产经营者所共有;②不具有时间性,为永久性财产权利;③不可转让。

1.我国的地理标志产品保护认证　我国自改革开放后就开始对地理标志产品进行保护,尤其是加入WTO后,已形成了与国际接轨的地理标志产品保护制度。国家质量技术监督局于1999年颁布了《原产地域产品保护规定》;2001年国家出入境检验检疫局颁布实施了《原产地标记管理规定》和《原产地标记管理规定实施办法》;国家质量监督检验检疫总局于2005年颁布实施了《地理标志产品保护规定》,替代了《原产地域产品保护规定》。

道地药材是中药材商品中一大特色商品,但一直没有得到强有力的保护,《地理标志产品保护规定》的实施恰好填补了这一空白,它为推广道地药材这一中药材商品中的精品、提升国际竞争力提供了保障。

中药材商品地理标志的认证管理部门原为国家质量监督检验检疫总局,现为国家知识产权局统一管理。

地理标志产品认证审查需要的证明材料包括:①地理标志产品保护申请书;②产品名称、类别、产地范围及地理特征的说明;③产品的理化、感官等质量特征及其与产地的自然因素和人文因素之间关系的说明;④产品生产技术规范(包括产品加工工艺、安全卫生要求、加工设备的技术要求等);⑤产品的知名度,产品生产、销售情况及历史渊源的说明。

2.已获得地理标志保护的部分中药材商品

(1)东北地区:桓仁山参、吉林长白山人参、清原龙胆、铁力平贝母、红星平贝母、抚顺辽五味子、岫岩辽五味子、长白山五味子、桓仁哈蟆油、铁力"中国林蛙"油、西丰鹿鞭、西丰鹿茸、清原马鹿茸等。

(2)华东地区:柘荣太子参、天台乌药、霍山石斛、天目山铁皮石斛、平邑金银花、黄山贡菊、浦城薏米、龙泉灵芝、邳州银杏等。

(3)华中地区:利川黄连、嵩县柴胡、方城丹参、咸丰白术、余江夏天无、邵东玉竹、利川山药、灵宝杜仲、南召辛夷、隆回金银花、济源冬凌草、商州枳壳、樟树吴茱萸、西峡山茱萸、金溪黄栀子等。

(4)华南地区:广西肉桂、忻城金银花、新会陈皮、永福罗汉果、连州溪黄草、赤水金钗石斛等。

(5)华北地区:蠡县麻山药等。

(6)西南地区:江油附子、石柱黄连、文山三七、遂宁川白芷、金堂明参、金川秦艽、中江丹参、旺苍杜仲、都江堰厚朴、南江金银花、连环砂仁、涪城麦冬、青川天麻、昭通天麻等。

（7）西北地区：礼县大黄、汉中附子、民勤甘草、子洲黄芪、商洛丹参、威宁党参、文县纹党、宕昌党参、西和半夏、略阳天麻、略阳杜仲、吉木萨尔红花、宁夏枸杞、精河枸杞、略阳猪苓等。

第三节　中药材商品知识产权保护的主要法律、法规

为了鼓励医药领域的技术创新，我国先后出台了许多医药商品知识产权的法律及配套法规，主要有：

1.《中华人民共和国专利法》（1985年4月1日实施，1992年、2000年和2008年三次修正）

（1）保护的对象及条件：所有的发明创造，包括发明、实用新型和外观设计。其中发明是指对产品、方法或者其改进所提出的新的技术方案；实用新型是指对产品的形状、构造或者其结合所提出的适于实用的新的技术方案；外观设计是指对产品的形状、图案或者其结合以及色彩与形状、图案的结合所作出的富有美感并适于工业应用的新设计。

（2）保护的期限及手段：发明专利保护20年，实用新型和外观设计保护10年，自申请日起计算；未经许可，任何人不得制造、销售、许诺销售、使用和进口。

2.《中华人民共和国商标法》（1983年1月1日实施，1993年、2001年和2013年三次修正）

（1）保护的对象及条件：区别商品的可视性标志；其他人没有在同类商品上注册。

（2）保护的期限手段：保护10年，可续展每次10年；侵权可起诉或交由工商部门处理。

3.《地理标志产品保护规定》（2005年7月15日施行）

（1）保护的对象及条件：产自特定地域，所具有的质量、声誉或其他特性本质上取决于该产地的自然因素和人文因素，经审核批准以地理名称进行命名的产品。

（2）保护的期限：永久性。

4.《中华人民共和国反不正当竞争法》（1993年12月1日实施，2017年修正）

（1）保护的对象和条件：采取保密措施的信息，例如产品的配方、制作工艺等。条件是有新颖性、实用性和保密性。

（2）保护的期限和手段：无期限；监督检查部门可依据《中华人民共和国反不正当竞争法》第十条查处侵害商业秘密的行为。

第四节　中药材商品专利与商标的申请（注册）程序

一、中药材商品专利的申请程序

1．专利申请的主要流程（图7-1）

（1）发明专利的申请流程如下：

申请→受理→初步审查→公开→实质审查→授予专利权

（2）实用新型和外观设计专利的申请流程如下：

申请→受理→初步审查→授予专利权

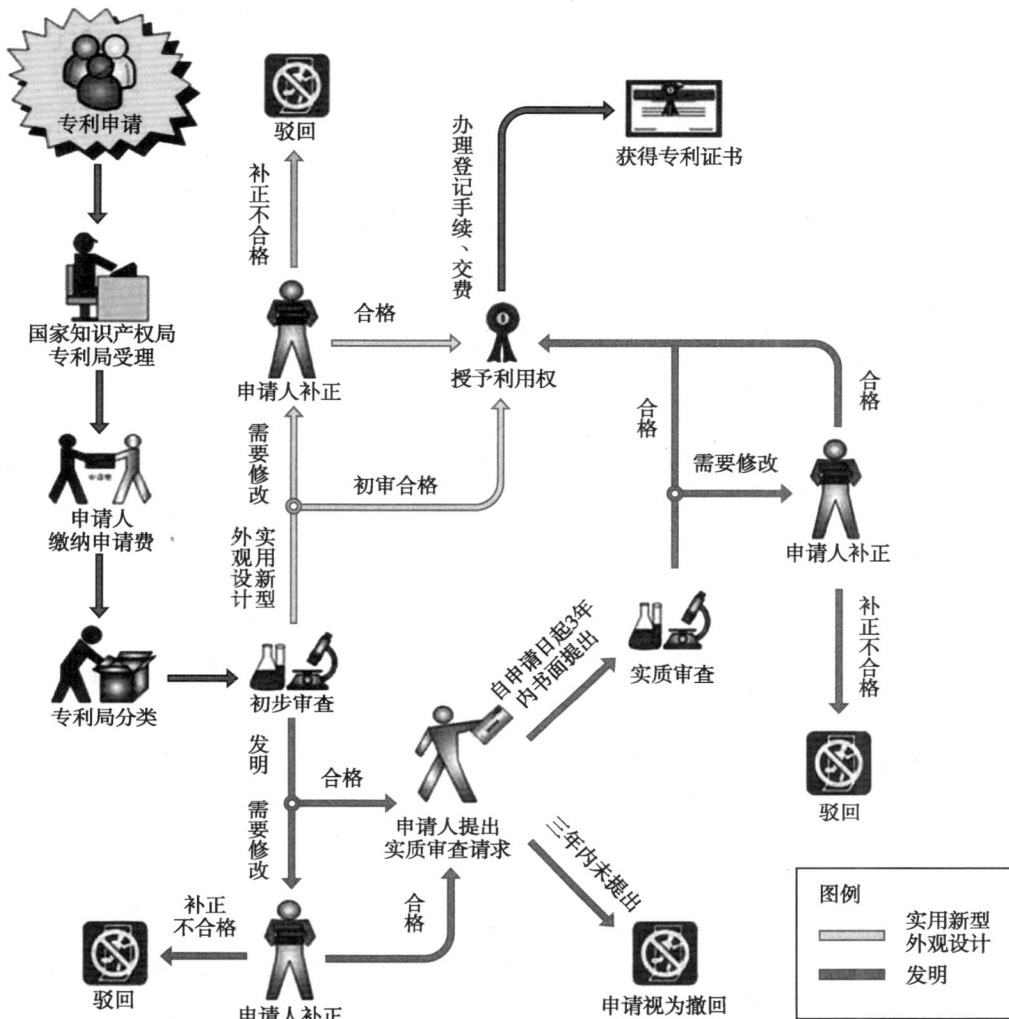

● 图 7-1　专利申请、审批流程图

2．专利申请的受理机关　国家知识产权局是我国唯一有权接受专利申请的机关。国家知识产权局在省市设有代办处，受理专利申请文件，代收各种专利费用。

二、中药材商品商标的注册程序

1．商标注册流程（图7-2）如下：

申请→受理→审查→公告→核准登记

2．商标注册申请的受理机关　申请商标注册的受理机关原为国家工商行政管理总局商标局，现归国家知识产权局统一管理。申请人可以自己直接办理注册申请手续，也可以委托商标代理组织办理。外国人或者外国企业在我国申请注册商标或办理其他商标事宜的，必须委托我国政府认可的商标代理组织代理。

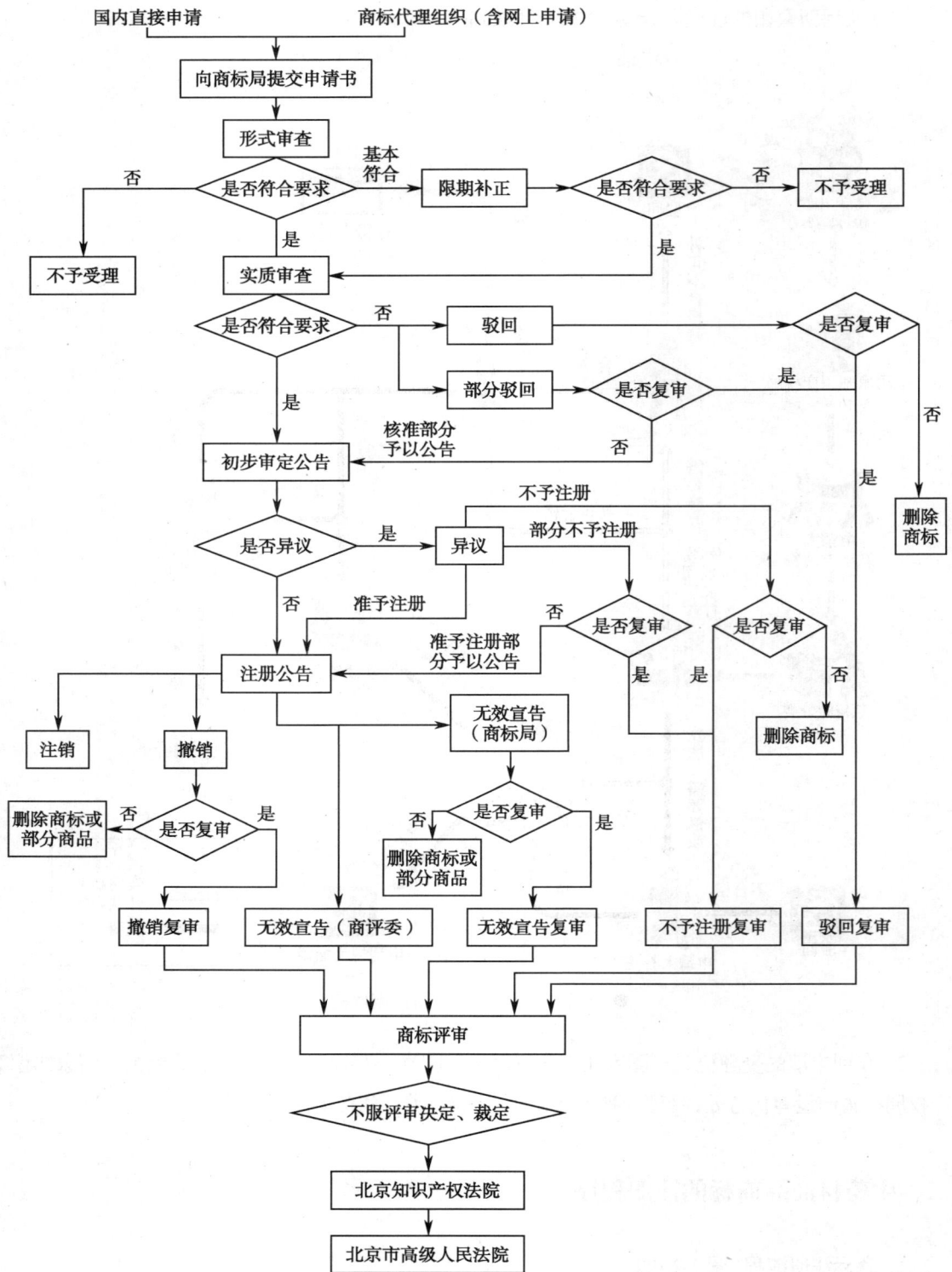

● 图 7-2　商标注册流程图

第五节　申请（注册）中药材商品专利与商标需提交的文件

一、申请专利应当提交的文件

1. 申请专利时应提交的申请文件　申请专利时应提交申请文件，申请文件可采用书面形式或者电子文件形式，并按照规定的统一格式填写。申请不同类型的专利，需要准备不同的文件。

（1）申请发明专利的，申请文件应当包括：发明专利请求书、说明书（必要时应当有附图）、权利要求书、摘要（及摘要附图）各一式两份。

（2）申请实用新型专利的，申请文件应当包括：实用新型专利请求书、说明书、说明书附图、权利要求书、摘要及摘要附图各一式两份。

（3）申请外观设计的，申请文件应当包括：外观设计专利请求书、图片或者照片，各一式两份。要求保护色彩的，还应当提交彩色和黑白的图片或者照片各一份。如对图片或照片需要说明的，应当提交外观设计简要说明一式两份。

2. 申请文件的内容

（1）请求书。请求书是申请人向专利局表示请求授予专利权的愿望的一个文件，通常是专利局印成固定的表格，申请人按照要求填写。

请求书的内容主要包括：①发明创造的情况；②有关发明人和与发明人有关的人的情况。

（2）说明书。说明书用以说明发明或实用新型的实质内容，具有两个重要作用：①按照专利制度技术公开的原则，它起到公开技术内容的作用；②划定并说明专利权范围的作用。

为了满足充分公开的基本要求，申请人应当按照下列顺序和要求对技术方案做出说明：①发明或实用新型的名称；②发明或者实用新型所属技术领域；③对发明或者实用新型的理解、检索、审查有用的背景技术；④发明或者实用新型的目的；⑤要求保护的发明或者实用新型的技术方案，使所属技术领域的技术人员能够理解，并且能够达到发明或者实用新型的目的；⑥发明或者实用新型与背景技术相比所具有的有益效果；⑦如有附图，应当有附图说明；⑧发明或者实用新型的具体实施方式。

（3）权利要求书。权利要求书是记载发明或者实用新型的技术特征，限定专利保护范围的法律文件。权利要求书的一个作用是把发明人的独占范围与公众有权使用的技术清楚地划分开来，另一个作用是告知受专利保护的发明创造的权利范围。

权利要求书的职能是清楚地确定要求专利保护的范围，确定方法是以说明书中公开的技术特征为依据。

通常一份权利要求书包括至少一项独立权利要求，还可以包括从属权利要求。所谓独立权利要求是指从整体上反映发明或者实用新型的技术方案，记载为达到发明或者实用新型目的必要技术特征的权利要求。从属权利要求相对于独立权利要求更加具体，是对独立权利要求所作的解释和限定。

具体而言，说明书中叙述过的技术特征，只有在权利要求书中体现出来，才能得到专利保护，如果权利要求的概括小于说明书公开的范围，就会使一部分技术无偿公开，得不到有效保护。反之亦然，权利要求书中说明的技术特征，必须在说明书中找到依据，才能成为有效的权利要求。如果权利要求的概括超出了说明书公开的内容，超出的部分不能受到保护。

（4）摘要：摘要是对说明书公开内容的概括，它仅提供一种技术情报，不具有法律作用。

（5）图片或者照片：申请外观设计专利要提交每件外观设计不同角度、不同侧面或者不同状态的照片或图片，以清楚地显示请求保护的对象，一般情况下应有6面视图：主视图、俯视图、仰视图、左视图、右视图、后视图。必要时还应有剖视图、剖面图、状态参考图等。请求保护色彩的外观设计申请，还应当提交彩色和黑白的图片或者照片各一份，并且在黑白图片或者照片上注明请求保护的色彩。

二、商标注册申请时应当提交的文件

商标注册申请必须采用书面申请方式。申请人需要提交的文件如下：

（1）商标注册申请书。

（2）申请人身份证明文件复印件。

（3）委托商标代理机构办理的，应提交《商标代理委托书》。

（4）商标图样。

（5）要求优先权的需提供优先权证明文书。

（6）其他证明性文件。

案例分析

地理标志商标与地理标志产品的比较分析

中药材商品的一大特色就是道地药材。道地药材作为药用历史悠久的、产于特定产区货真质优的药材，是中华民族的财富。随着我国改革开放的不断深入，国家也对道地药材这一民族瑰宝进行了保护。当前，在中药材商品领域对于地理标志有两种保护形式，第一种是地理标志商标（按证明商标申请），如"龙山百合""桐乡杭白菊""昭通天麻"等，是由原国家工商行政管理总局商标局依照《中华人民共和国商标法》《中华人民共和国商标法实施条例》《集体商标、证明商标注册和管理办法》进行管理和保护的。我国自1995年3月1日实施的《集体商标、证明商标注册和管理办法》中对证明商标的明确定义提到原产地概念并受理原产地证明商标的申请以来，开始将原产地名称（地理标志）纳入证明商标范畴实施保护已有多年时间。另一种是地理标志产品，如"石柱黄连""金堂明参"等，是由原国家质量技术监督局依照《原产地域产品保护规定》进行管理和保护。我国从1999年8月开始实施。那么，二者到底有何异同点？

相同点：

（1）都属于知识产权保护范畴。

（2）都可用于中药材商品原产地保护。

（3）现都归国家知识产权局统一管理。

区别：

（1）法律效力不同。地理标志商标的保护依据主要是《中华人民共和国商标法》；地理标志产品保护所依据的是《原产地域产品保护规定》。因而两者所产生的法律效力不相同。

（2）受保护的区域范围不同。目前在加入 WTO 的 100 多个国家中，除法国等 20 多个国家实行的是对原产地域名称（地理标志）单独立法保护的以外，英国、美国、加拿大、德国、澳大利亚等绝大多数与我国贸易关系比较密切的发达国家都是通过商标法律，以证明商标的形式来保护的。证明商标在国际上受保护的范围比原产地名称（地理标志）保护的范围要大得多。按照国际惯例，在原产地名称（地理标志）与商标权发生冲突时，必须执行"申请在先原则"，原产地名称（地理标志）只有在国内注册证明商标（地理标志）后，才可以依据我国加入的国际条约（《商标国际注册马德里协定》和《马德里协定有关议定书》），去实现国际注册，对原产地证明商标进行注册保护，有效地提高产品在国内、国际市场上的知名度和竞争力。

（3）申请主体不同。证明商标（地理标志）的申请主体是指符合相关规定的国内法人、事业单位，也包括外国人或外国企业。而地理标志产品保护的申请主体根据《原产地域产品保护规定》则为地方的质监部门、行业主管部门、行业协会和生产者代表成立地理标志产品保护申报机构，是比较纯粹的一种管理组织。

（4）标志形式不同。证明商标（地理标志）像普通商标一样，是一种标志，不同的证明商标具有不同的图形和文字的个性特征，没有固定的、统一的标志，而地理标志产品则通过固定统一的标志，实现公众对此的识别。

（5）保护时间不同。商标可保护 10 年，可续展保护每次 10 年；而地理标志产品为永久性。

（6）所有权转移不同。商标可转让；而地理标志产品不可转让。

（7）品牌提升不同。地理标志商标如果符合驰名商标认定条件，可申请认定驰名商标，进一步提升品牌形象，增强消费者的忠诚度和青睐度，加大证明商标的保护力度，许可符合地理标志商标管理规则的企业使用。而地理标志产品无法实现。

第七章同步练习

第八章　中药材商品物流

中药材产自天然野生或人工种植、养殖的动物、植物和矿物，由于不同的生长环境和特殊的地理位置及人为因素等形成了不同中药材商品的使用价值，满足临床用药的需求。因此，中药材商品具有一地供全国、一季供全年的特点。中药材商品的生产和消费在时间和空间上常常不一致，只有完成了空间和时间的转移后，才能实现中药材商品由生产领域进入流通领域，实现其使用价值和社会价值。

第一节　物流概述

物流是指为了满足客户的需求，以最低的成本，通过运输、保管、配送等方式，实现原材料、半成品、成品或相关信息由商品的产地到消费地的计划、实施和管理的全过程。物流是一个控制原材料、制成品、产成品和信息的系统，从供应开始经各种中间环节的转让及拥有而到达最终消费者手中的实物运动，以此实现组织的明确目标。

一、物流的构成

物流的构成主要有物体的运输、仓储、包装、搬运装卸、流通加工、配送以及相关的物流信息等环节。具体内容包括用户服务、需求预测、订单处理、配送、存货控制、运输、仓库管理、工厂和仓库的布局与选址、搬运装卸、采购、包装、情报信息。

二、物流的作用

主要包括服务商流、保障生产和方便生活三个方面。

1. 服务商流　在商流活动中，商品所有权的购销合同一旦签订完成，便由供方转移到需方，而商品实体并没有因此而移动。在整个流通过程中，物流实际上是以商流的后继者和服务者的姿态出现的。没有物流的作用，商流活动都会退化为一纸空文。因此，电子商务的发展需要物流的支持。

2. 保障生产　物流贯穿于生产活动的整个过程中，从原材料的采购开始，便要求有相应的物流活动，将所采购的原材料运输到位，保障生产的顺利进行。在生产的各环节中，也需要原材料、半成品的物流过程,实现生产的流动性。因此,整个生产过程实际上就是物流的系列化活动。合理化的物流,通过降低运输费用来降低成本,通过优化库存结构来减少资金占用,通过强化管理进而提高效率,由此促进整个社会经济水平的提高。

3．方便生活　现实生活中,我们衣食住行的各个方面,都有物流的存在。通过国际、国内的物流活动,我们可以共享各种先进的技术、舒适的生活设施以及优质的服务等。

三、物流的分类

按照不同的标准,物流可为以下几类:

1．根据所属的范畴不同,可将物流可分为社会物流和企业物流。社会物流属于宏观范畴,包括设备制造、运输、仓储、装饰包装、配送、信息服务等,公共物流和第三方物流贯穿其中;企业物流属于微观物流的范畴,包括生产物流、供应物流、销售物流、回收物流和废弃物流等。

2．根据作用领域的不同,可将物流分为生产领域物流和流通领域物流。生产领域物流贯穿于生产的整个过程。生产的全过程从原材料采购开始,便要求有相应的供应物流活动,即采购生产所需的材料;在生产的各工艺流程之间,需要原材料、半成品的物流过程,即所谓的生产物流;部分余料、可重复利用的物资回收,就是所谓的回收物流;废弃物的处理则需要废弃物物流。

流通领域的物流主要是指销售物流。销售物流活动具有极强的服务性,以满足买方的需求,最终实现销售。在这种市场前提下,销售往往以送达用户并经过售后服务才算终止。因此,企业销售物流是通过包装、送货、配送等一系列物流实现销售的。

3．根据发展的历史进程不同,可将物流分为传统物流、综合物流和现代物流。传统物流的主要管理集中在仓储运输和库存管理方面,用以弥补在时间和空间上的差异。

综合物流是对整个供应链的管理,包括提供运输服务、协调各方面工作,如对运输、仓储部门等一些分销商的管理,还包括订单处理、采购等内容。与传统物流相比,其责任更大,管理也更复杂。

现代物流强调从起点到终点的过程,提高了物流的标准和要求,是为了满足消费者的需要而进行的从起点到终点的原材料、中间过程库存、最终产品和相关信息有效流动及储存计划、实现和控制管理的过程,是今后各国物流的发展方向。

4．根据物流的流向不同,可将物流分为内向物流和外向物流。内向物流是企业从生产资料供应商进货所引发的产品流动,即企业从市场采购的过程;外向型物流是从企业到消费者之间的产品流动,即企业将产品送达市场并完成与消费者交换的过程。

第二节　中药材商品的物流

中药材商品的流通是从生产领域向消费领域的转移,经历了使用价值和价值的转移,也形成了物流与商流的统一。

一、物流和商流的概念

物流是商品使用价值的运动，即商品实体的转移。中药材商品物流是指在经营过程中中药材商品的运输和流向。通过物流，可以完成中药材商品从生产领域到流通领域的转移过程，实现中药材商品使用价值的转移。

商流是商品价值的运动，是商品所有权的转让，可以通过货币的形式实现，即商业性交易。中药材商品的商流是指经营活动中，中药材商品价值形态上的转移，可以通过簿记等形式反映出来。

二、物流和商流的关系

1. 物流和商流统一于中药材商品的流通过程中　作为中药材商品，流通过程中既有使用价值时空上的转移，又有价值形态上的转换。

2. 物流和商流相互联系　物流是基础，商品的实物运动是实现价值运动的必要条件，否则价值的运动就无所依托；而商流又是物流的前提，没有价值运动，就不会有商品的实物运动。

3. 随着商品市场的日益发展，物流与商流的分离趋势增强　采取适当的措施保证二者在各自独立运动的条件下，向少环节方向发展，可以使中药材商品在流通过程中省时、省力，实现低成本、高效率，取得最好的经济效益。

三、物流和商流的流动形式

在中药材商品流通过程中，存在采购、运输、储存和销售四个重要环节，其中购与销占主导地位，运与储是重要保障。物流与商流贯穿于中药材商品流通的过程中，且商品的流通并非简单地一次进行。中药材既是特殊商品，同时又隶属于农副产品范畴，因而流通时存在批发和零售两种购销环节。①中药材批发：中药材批发企业需向工商部门提出申请，由工商部门核发营业执照即可。除国家禁止销售的中药材，其他的品种都可以批发销售，准入门槛较低。中药材商品大多由中间商到产地收购，然后再经过一个或几个中间商，最后到达需求企业，一般需要多个环节才能完成。②中药材零售：中药材零售的门槛要高于中药材批发。对于药食同源的中药材商品，可在农贸市场或超市进行销售。

因此，中药材商品所有权的转移往往需要多次才能完成，商品的实体运动也不一定一步到位，且二者不一定同步进行，即有时结合起来，有时又分离开来，有着不同的流通方式。

1. 物流与商流相结合的形式　物流与商流相结合的形式主要表现为商品实体和所有权的运动与转移所经历的过程相同，相继转移，同步进行。主要有以下几种情况。

（1）自产自销：一些规模不大的中小型中药企业在企业所在地自行销售产品，并将销售商品所换回的货币用于维持企业的经营管理及扩大再生产。

（2）以货易货：即换货交易。两个中药生产企业需要对方的产品，在不经过中间环节或中介的情况下,以各自的产品进行交换。

（3）钱货两清:中药生产企业将产品销售给医药商业企业,医药商业企业再将商品销售给消费者,在这一交易过程中,始终一手交钱,一手交货,物流与商流紧密结合。

2.物流与商流相分离的形式　物流与商流的分离,是现代商业经营活动中一种比较有效的经营方式,可促进商品的流通,提高经济效益。表现为商品所有权与实体运动和转移不同步,在时间上、环节上、物质上分离开来。

（1）物流与商流时间上的分离形式

1）商流在前,物流在后:预购商品即属于这种情况。对于一些紧俏商品、特殊商品的采购而言,买卖双方先进行一系列的交易活动,如商务谈判、签订合同等,采用先付款或定金,后提货的方式。

2）物流在前,商流在后:赊销商品即属于这种情况。如大宗药品的购销或具有固定的、长期的购销合作关系的,可采取这种先提货后付款的方法,并且有利于促进中药材商品的生产和消费。

（2）物流与商流环节上的分离形式

1）商流多环节,物流少环节:中药材商品所有权的转移需要经过较多的环节才能完成,而中药材商品实体的转移则采取少环节、直达运输或直拨直调的方式,即曲线结算,直线供货。在流通过程中,由于减少了物流环节,可加快中药材商品的流转速度,减少损耗,降低经营成本,提高经济效益。这种物流与商流的分离形式有利于中药材商品的流通。

2）商流少环节,物流多环节:由于交通条件等客观因素的限制,会发生中药材商品所有权一次性转移,但商品实体则要经过多个环节的周转才能完成的情况。物流的多环节,会导致中药材商品在流通过程中时间延长、损耗增多、经营成本增加、效率低等情况发生。

（3）物流与商流物质上的分离形式:物流与商流物质上的分离是商品流通中的一种投机行为。只有商流,没有物流,只见资金往来结算而不见商品的交易,即商品的"买空卖空"现象。对于一些贵重药材或流行病暴发时的一些紧缺中药材商品,容易出现层层加价、倒卖等投机活动。有时还会出现商流和物流的异向运动,往往是由于工作上的失误导致发货时"张冠李戴"物流向东、商流向西的局面发生,使中药企业蒙受经济损失。

四、物流的合理化

在扩大物流量的同时,提高物流的质量是实现物流合理化的基本要求。主要包括:

1.合理组织中药材商品的流通　合理组织中药材商品的流通是实现物流合理化的重要前提。应按经济区域组织商品流通,使中药材商品的流向合理化。商品的流向是指流通过程中商品的运动方向,商品流向是否合理,直接影响到物流的合理化。在确定商品流向和流动范围时,应按照近产近销的原则,充分考虑到生产布局的实际情况,分析产销和供求的关系,尽量符合经济规律,建立合理可行的运输制度。

2.合理确定运输的路线　运输路线很大程度上制约了物流的合理化。应采用直线直达运输、"四就直拨"(即就站、就港、就厂、就仓直拨)运输等措施,尽量避免重复运输、倒流运输、迂回运输、对流运输和过远运输所造成的浪费。

3．合理利用商品运输方式　商品运输方式是指在物流过程中，采取的组织形式和业务活动方式。可根据中药材商品运量的大小、距离的远近、需求的程度、商品性质及价值高低等因素，合理选择和利用各种运输方式，如铁路、公路、水路、航空运输等。

五、中药材商品的绿色物流

绿色物流是指以降低对环境的污染、减少资源消耗为目标，利用先进的物流技术规划和实施运输、储存、包装、装卸、流通加工等物流活动。包括以下五个方面：

1．集约资源　集约资源是绿色物流的本质内容，也是物流业发展的主要指导思想之一。通过整合现有资源，优化资源配置，企业可以提高资源利用率，减少资源浪费。

2．绿色运输　运输过程中的燃油消耗和尾气排放，是物流活动造成环境污染的主要原因之一。因此，实现绿色物流，首先要对运输线路进行合理布局与规划，通过缩短运输路线，提高车辆装载率等措施，实现节能减排的目标。此外，还要注重对运输车辆的养护，使用清洁燃料，减少能耗及尾气排放。

3．绿色仓储　绿色仓储一方面要求仓库选址要合理，有利于节约运输成本；另一方面，仓储布局要科学，使仓库得以充分利用，实现仓储面积利用的最大化，减少仓储成本。

4．绿色包装　包装是物流活动的一个重要环节，绿色包装可以提高包装材料的回收利用率，有效控制资源消耗，避免环境污染。

5．废弃物物流　废弃物物流是指在经济活动中失去原有价值的物品，根据实际需要对其进行搜集、分类、加工、包装、搬运、储存等，然后分送到专门处理场所后形成的物品流动活动。

第三节　中药材商品的贮藏与养护

贮藏是中药材商品流通的重要环节，也是影响中药材质量的重要因素，贯穿于中药材商品购、销、调、存的整个过程。中药材生产部门、收购部门、批发部门、零售部门都必须设有贮藏中药材的仓库，运输过程中的中药材也处于储存状态。科学的贮藏是为了保证库中中药材的质量。为保证中药材商品质量所采取的各种保养、维护等措施，统称"商品养护"或"仓储养护"。

中药材所含化学成分复杂，在贮藏保管中，因受周围环境和自然条件等因素的影响，常会发生霉烂、虫蛀、变色、泛油等变质现象，导致中药材性状、化学成分与性味的变化而失去疗效。因此，贮药场所要求干燥、通风或避光，同时，要根据中药材的不同特性，采用具体的保存方法。如含大量油脂及芳香性成分的中药材，应放在密封的容器中贮藏。易于虫蛀的中药材，可采用密封法、冷藏法或对抗法保存。剧毒类中药材，要单独贮藏保管，以防发生中毒事故。

一、中药材变质的主要因素

中药材在贮藏中常易产生霉变、虫蛀、变色、走油、气味散失、风化、潮解、腐烂等现象，导致其质量降低。其主要因素有内在因素、外在因素、时间因素三个方面。

（一）内在因素

内在因素是指中药材本身所含的成分因受自然界的影响而引起变异，导致其质量变化。如：富含淀粉和糖类的药材，利于微生物、害虫的滋生和繁殖，易虫蛀、发霉变质；富含挥发油的药材，贮藏温度过高时，其挥发成分易散失，影响质量；富含油脂的药材，保管不当，油脂就会发生水解和氧化，其成分受到破坏而产生分解和酸败现象；富含色素的药材，常会受到温度、湿度、日光、空气的影响，导致色素被破坏而引起药材色泽的变化。

此外，在贮藏过程中控制各类中药材的水分也十分重要，水分对中药材的数量和质量起着主导作用。水分过多会使中药材腐烂或生霉；水分过少会使中药材失润，出现干裂残损，影响外观质量。有些中药材易发生潮解、风化、软化，都与其本身含水量有关。

（二）外在因素

外在因素又称"环境因素"，是导致中药材变异的自然因素，直接或间接影响其质量。外在因素主要包括以下几种：

1．日光　日光能引起中药材中化学成分的变化，如氧化、还原、分解、重合等，进而影响中药材质量。如含有生物碱类、维生素类、酚类、挥发油类、黄酮类、蒽醌类等成分的中药材，受光照射后，易发生光化反应，出现颜色变化。同时日光还有大量热能，对中药材有加热作用，使暴晒的中药材温度升高，导致某些中药材出现气味散失、泛油、粘连、融化、干枯等现象。

2．空气　空气中的氧气易与中药材中的某些成分发生化学变化，如绿矾（皂矾）的主要成分为硫酸亚铁，在潮湿空气中能迅速氧化，变成黄棕色的碱式硫化铁。部分中药材长期接触空气，会出现变色、质脆、气味散失等现象。

3．温度　温度过高对含挥发性成分的中药材影响较大，可使其成分迅速流失。此外，温度还对某些中药材成分的氧化、水解、升华、熔化及中药材发霉、生虫、黏结、膨胀、皱缩、干枯、泛油、变色等有较大的关系。当温度在20～35℃时，害虫、霉菌及其他腐生菌都容易滋生繁殖；当温度在35℃以上时，含糖类与含油脂多的中药材则会因受热而引起泛油或发生粘连，挥发性成分也易挥发。因此，在仓储中要根据中药材的不同性质选择适宜的温度。

4．湿度　湿度引起中药材的质量变异有潮解、熔化、酸败、干枯、风化、皱缩和霉烂等。多数中药材质变现象的发生都与湿度有一定关系。如湿度控制得好，则害虫不会滋生，霉菌不能繁殖，也不会引起泛油、变色、变味、溶解、氧化、挥发、升华等变质现象，故仓储中要严格控制湿度。我国各地相对湿度的分布很不均匀，长江流域及以南地区全年平均湿度约在70%以上；沿海、四川西部、贵州东部、湖南、湖北以及台湾等地可达80%，是全年平均相对湿度最大的地区。全国各地区、各季节相对湿度变化较大，仓储时应根据季节的变化高度重视防潮问题。

5．微生物　药材中大部分含有脂肪、蛋白质、碳水化合物和水分等，故在贮藏期间易受微生物的侵袭。由于各种类型的微生物在自然界中往往同时存在，相互作用，所以是贮藏中药材的主要危害。导致中药材霉变的微生物主要是霉菌和酵母菌。常见的霉菌有曲霉、青霉、毛霉、根霉、木霉。微生物对中药材的质变作用，是通过分解、吸收而实现它的营养代谢过程。

（三）时间因素

时间因素是指贮藏期限。药材因含有多种成分，尽管贮藏条件适宜，但时间过久，也会或多或少受到外界环境影响，逐渐变质、失效。所以在仓储中应做到先进先出，对于贮藏期过长的药物可督促业务部门及时处理。

二、中药材变质的防治

在常用的中药材中，据统计，约有 60% 以上的品种容易生霉，有 70% 以上的品种容易虫蛀，所以防霉、防蛀是贮藏中药材的首要任务。引起发霉、虫蛀的主要因素是霉菌和仓虫，其次是蛾类和螨类。防霉、防虫一般必须从控制温度、湿度和空气三个方面入手。

（一）控制温度

多数霉菌、仓虫最适宜生长和繁殖的温度是 18～35℃。所以，中药材在夏季最易被虫蛀和发霉。为了防止虫蛀和霉变，可将贮藏温度控制在 17℃ 以下或 36℃ 以上，也可以利用自然的低温和高温进行控制。

1. 保持库内低温　将易生虫的中药材放在有顶无墙的货棚中，并分批摊晾。在 0℃ 以下，仓虫及虫卵会因体液冻结、原生质停止活动而死亡；霉菌虽不会完全冻死，但能够控制其繁殖。个别数量少或贵重的药材如麝香、牛黄等，可放入冰箱中保存。

2. 利用自然高温　盛夏直射阳光有时可达 50℃ 以上，此温度维持 30 分钟（或在 50～60℃ 烘烤 1 小时），各种仓虫、霉菌都可因体内水分大量减少和蛋白质凝固而死亡；日光中的紫外线对霉菌也有杀灭作用，所以可利用夏季摊晒药材。但有些受热易走油、散失香气和日晒易变色的药材不宜采用此法。

控制温度的方法只有短期效果，且易受气候、环境的限制，故较适于零售部门中药材的养护。大库养护则应重点控制湿度。

（二）控制湿度

这里所说的"湿度"，包括中药材含水量和空气相对湿度。中药材含水量是指中药材中水分的重量，常以百分比表示。

霉菌需要的水分来自空气；仓虫体内的水分主要来自药材，但药材含水量的变化又受周围空气中湿度的影响。一般来说，当药材含水量在 13% 以下、空气相对湿度在 70% 以下时，各种霉菌、仓虫会因缺水而迅速死亡。若药材含水量低而空气相对湿度高时，则药材会吸收空气中水分而增加含水量。常用降低空气相对湿度的方法有两种：一是通风降潮，在库内安装除湿机，当库内相对湿度高于库外时，开启除湿机排出潮气；阴雨天库外湿度常高于库内，则不宜通风。二是吸湿干燥，在密闭的库内放置若干干燥剂，吸收空气中的水蒸气。一般常放置生石灰箱（吸水率为 20%～30%），箱内装入拳头大小的石灰块，当发现石灰块变成粉末状时，要及时更换。

（三）控制空气组成

霉菌、仓虫的生长需要足够的氧气。人为创造一个密闭环境，降低其中的氧气浓度，或增加有害气体的浓度，都可使霉菌、仓虫很快死亡。常用来控制空气组成的方法有四大类：

1. **埋藏法**　一般采用干燥的沙子、谷糠、稻壳、锯末等进行埋藏，由于细沙等埋藏物的填充，使药材周围存在的空气减少，霉菌、仓虫则不能生存，外面的霉菌、仓虫也不会进入。药材在埋藏前须经干燥处理，摆放时尽量挤紧，减少空气，必要时埋藏后密封。本法适用于易发霉、生虫的根茎类药材。

2. **对抗法**　是将某种含有挥发性气味的药材与易生虫药材共贮，以达到驱虫、防蛀的目的，这种方法又称"对抗养护法"。常用的驱虫药材有花椒、荜澄茄、冰片、薄荷脑、肉桂、丁香、大蒜、牡丹皮、小茴香等。贮藏时将这些药材用纱布包裹，置于易生虫药材的容器中，密封容器，使挥发性气味逐渐充满空间并保持一定浓度，可起到防蛀作用。此法以药护药，简便经济，对药材无损害；其缺点是效果不够稳定，不能防霉，不适用于大量药材的贮藏。

3. **气调**　气调就是空气组成的调整管理，又称之为"气调养护"或"气调贮藏"，是目前应用最为广泛的方法之一。即将中药材置于密封的环境中，对空气中氧的浓度进行有效控制，人为地造成低氧或高浓度的二氧化碳（或氮气）状态，使害虫不能产生或侵入，原有的仓虫和霉菌因缺氧不能生长繁殖或窒息死亡。此法与药剂熏蒸比较，具有无毒、无污染、节约费用、防止走油和变色等优点。

4. **自然降氧法**　是将药材装入塑料袋内后密封，利用药材中仓虫、霉菌的呼吸作用，使氧气自然消耗，造成缺氧环境；如果同时采取抽气或在袋中放吸氧剂等措施，效果更佳。

现代养护技术还有远红外干燥、微波干燥、制冷降温、气幕防潮、机械吸潮等。

（四）变质现象的处理方法

1. **鼠害**　可以采用下列方法灭鼠：超声波驱鼠器、电击、药剂、器械和天敌灭鼠等。

2. **泛油**　泛油又称"走油"。中药材的泛油并非单独是某些含油药材在贮藏不当时油分"溢出"，某些药材在受潮、变色、变质后表面呈现油样物质的变化，也称为"泛油"。引起泛油的主要原因有：温度过高、贮藏年久，药材某些成分会自然变质或由于长期接触空气而引起变色、变质。泛油主要取决于中药材的内在因素，但外因是促使其变化的条件，故在对其养护上要严格控制外在因素。根据一般规律，高温、高湿对其影响最大，所以在贮藏方法上必须采用低温、低湿环境和减少与空气的接触为基本措施。可选用气调法、密封法、吸潮法、低温法等。储存易泛油的药材，应选择阴凉干燥的库房，堆码不宜过高、过大。

3. **变色**　变色是指药材的颜色发生了变化。如果药材固有的颜色发生了变化，很可能表明其内在质量也发生了变化。如含黄酮苷类、羟基蒽醌类、鞣质类等成分的药材，在酶的作用下，经过氧化、聚合过程，形成有色化合物，从而使药材的颜色加深；含蛋白质类的药材，其蛋白质中的氨基酸与还原糖发生反应后，生成大分子棕色化合物而使药材变色；花类中药材由于含有色素，在日光的直接照射下，色素会发生光化反应而褪色。花类中药材贮藏期较长时，也会变色，这是因为空气中的氧气对花色素具有氧化作用，而使药材发生变色；有的药材在加工干燥时温度过高，或是为防药材生虫、发霉使用硫黄熏蒸，都会引起药材变色。此外，高温、高湿都会加剧药材的变色,故在贮藏时应注意到其产生颜色变化的各种因素,加以预防。对于在贮藏中易变色的中药材,应选择干燥、阴凉、避光的库房。其中花类药材最好专库储存,以便于管理。库房的温度最好不超过30℃,相对湿度控制在65%~75%,并且贮藏期不宜过长。要按照"先进先出,易变先出"的原则,进行发货。对易变色的中药材可根据不同的品种和特性,采取气调法、冷藏法、密封法、吸潮法、烘干法、晾晒法等加以养护。

4.潮解、风化、融化、挥发　有些矿石类中药材易发生潮解、风化、融化、挥发等现象,对这些中药材要针对其特性,采取相应的养护措施,进行质量控制。如芒硝、胆矾、硼砂、龙骨易潮解、风化,应采用密封法,使之与外界空气隔绝,贮藏于阴凉干燥处,避光、避风、防潮保存。阿魏受热易融化,应以铅皮箱或缸装密封,置阴凉干燥处,防止高温受热。冰片、儿茶、安息香、没药、乳香等易挥发或走失气味,应装入塑料袋内置于箱中或容器内,用密封法置阴凉干燥处,避光、避风、谨防走气。总之,对于各类中药材要根据各自的不同特性,采用不同的方法进行贮藏,控制其质量,保证其药性、药效。

三、中药材仓储商品的管理

从市场上中药的供需情况看,大部分药材是季节性生产,常年销售;有的品种是一地生产,全国使用;有的品种市场需求忽高忽低不稳定;并且中药是多味配方,缺一不可。这样,中药经营部门就要有一定的合理库存,做到品种全、不脱销断档,以保证用药需求。做好中药材的仓储和保管,对于沟通中药材商品流通渠道,调剂余缺,稳定市场,保证灾情、疫情和急救用药,提高企业的经济效益和社会效益具有重要的意义。

中药材仓库的类型根据储存的品种及其性质、承担的任务、储存量的大小等进行分类。按照职能分为采购供应仓库、批发仓库、零售仓库、加工仓库、储存仓库、中转仓库。按照商品的性质分为普通药品仓库和特殊药品仓库。中药材仓库必须具有防潮、隔热、避光、密闭的性能。在仓储的环节中,要严格管理制度,做到入库验收、在库检查、出库验发。库内药品的存放,要实行定置管理办法,药材的堆码与货垛必须牢固整齐、通风、散潮、便于养护、适合中药材的特性。特殊中药材如贵细药、毒麻药要专库、专人管理。毒麻类中药材的养护,应根据来源、特性、数量,采用适当的养护方法;矿物类药主要是防止光化、氧化、湿度和温度引起的变质,一般可采用容器密封法养护;动、植物类药主要是防潮、防霉、防虫蛀,可采用密封法、吸潮法、气调法和冷藏法养护。

第八章同步练习

第九章　中药材商品市场与营销

现代营销学之父菲利普·科特勒认为：市场（market）是指具有特定需要和欲望，而且愿意并能够通过交换来满足这种需要或欲望的全部潜在顾客需求的总和。营销（marketing）就其词意而言，"营"是指个人或企业的计划、组织、协调、控制、决策等活动，"销"是指产品（服务）上市、发售、推广等活动。营销是指个人或集体通过创造，提供出售，并同他人自由交换产品和价值，以获得所需、所欲产品或服务的一种社会过程和管理过程。

随着市场经济的日益发展，中药材商品市场竞争日趋激烈。中药材企业要提高竞争能力，在竞争中生存和发展，就必须认识和了解中药材商品市场，掌握中药材商品市场的变化趋势，顺应市场的变化规律，选择正确的经营策略，采取适宜的营销模式，做出正确的市场决策，提高企业的产品和服务，满足消费者的需求，使企业立于不败之地。

第一节　中药材商品市场调查与预测

一、中药材商品市场调查

（一）中药材商品市场调查的含义

中药材商品市场调查是指在市场营销观念的指导下，运用科学的方法，有目的、有计划地搜集中药材商品市场信息，并加以整理、分析的整个活动过程。中药材商品市场调查包括两个方面的工作：一是搜集信息；二是对所搜集的信息进行整理加工与分析。

（二）中药材商品市场调查的意义

1. 有利于了解中药材商品市场特征　通过中药材商品市场调查可以使中药企业进一步认识中药材商品市场的特征，了解中药材商品的供求状况，掌握中药材的流通规律，建立促进中药材流通的市场机制。

2. 有利于增强中药企业的竞争力　中药企业通过商品市场调查，有效地组织中药材的生产与销售，提高企业竞争力。

3. 有利于提高中药企业的经营管理水平　市场调查是一切经营管理决策的前提，也是企业经营管理的重要组成部分。

4. 有利于提高中药企业的经济效益　市场每时每刻都在发生着变化，通过对中药材商品市场调查,可以及时了解中药材商品市场供求的实际情况,并检验已制订好的经营战略与计划是否正确,及时发现疏漏、不足或失误,并加以矫正,保证中药企业营销正常的运行。

(三)中药材商品市场调查的内容

1. 中药材商品的市场环境调查　中药材商品市场环境是指影响中药企业生产经营管理活动各因素的综合,主要包括:①自然环境调查;②经济环境调查。

2. 中药材商品的供需调查　中药材商品的供需调查就是对中药材商品市场供应量和需求量以及供应者和需求者的调查,包括:①供应量调查;②需求量调查;③供应者调查;④需求者调查。

3. 中药材商品的调查　中药材商品的调查包括:①中药材商品品种调查;②中药材商品质量及规格等级调查。

4. 中药材商品的竞销调查　中药材商品竞销调查主要是对竞争对手,特别是竞争对手的产品质量状况、价格状况、利润状况、市场占有率及其发展趋势、竞争策略与手段的调查。竞争情况调查的主要内容如下。

（1）竞争对手总体情况的调查:包括对竞争者的数量、规模、分布、可提供的产品总量、满足需要的总程度等的调查。

（2）竞争对手竞争能力的调查:主要包括①竞争企业的资金拥有情况;②企业规模;③技术水平;④产品的情况;⑤市场占有率。

（3）潜在竞争对手的调查。

(四)中药材商品市场调查的步骤

1. 确定调查目标　通过确定调查目标,可以明确为什么要调查、调查什么、具体要求、搜集哪些资料等。

2. 制订调查方案　科学合理的调查方案,是中药材商品市场调查成败的关键。

3. 设计调查表　调查表又叫问卷,是系统记载需要调查的问题和调查项目的表格,用来反映调查的具体内容,为调查人员询问和被调查者回答提供依据。

4. 搜集调查资料　搜集调查资料是市场调查的重要环节,调查资料按其来源不同可分为原始资料和二手资料。

5. 整理调查资料　整理调查资料包括筛选、分类和分析。

6. 编写调查报告　中药材商品市场调查报告一般包括以下结构。

（1）引言:包括标题和前言。在前言中应该写明调查的时间、地点、对象、范围、目的,说明调查的宗旨和调查的方法等。

（2）正文:即调查报告的主体,一般包括详细的调查分析方法、调查结果的描述与分析、解决问题的合理化建议等。

（3）结果:带有前言的报告,要照应开头,起到归纳的作用,或者重申观点,以加深认识。

（4）附件:附件是报告引用过的重要数据和资料,包括调查样本的分配、图表及附录等。

（五）中药材商品市场调查的方法

1. 面谈调查法　面谈调查法就是调查人员直接访问被调查者，通过面对面的交谈收集有关资料的方法。优点是进行直接面谈可以觉察彼此的愿望、感情及自身状况，也可以观察出被调查者提供信息的可信度等。

2. 电话调查法　电话调查法就是对选定的调查对象进行电话询问的调查方法。优点是调查速度快，费用比较低等。

3. 观察法　观察法是由调查人员到调查现场直接进行考察的一种调查方法。优点是搜集到的信息较为客观准确。但观察法的调查面较窄，花费时间较长，观察的结果受调查者自身因素的影响，易产生错觉。

二、中药材商品市场预测

（一）中药材商品市场预测的含义

预测就是对未来做出估计和判断，即根据过去和现在推测未来。中药材商品市场预测是在中药材商品市场调查的基础上，根据中药材商品市场过去和现在的情报资料，运用科学的方法和手段对未来一定时期内中药材商品市场发展变化的趋势进行分析、判断和测算，从而为中药材营销决策提供依据。

（二）中药材商品市场预测的意义

1. 有利于中药企业更好地适应市场营销环境　任何一个中药企业都必须调查和分析中药材商品市场营销环境，对它的发展变化规律做出准确的预测，并且根据预测结果及时调整自己的市场营销战略和策略，使企业的生产经营活动与中药材商品市场营销环境的变化要求相适应。

2. 有利于中药企业制订出正确的市场营销策略　市场营销策略一般包括产品策略、价格策略、营销渠道策略。中药材商品市场预测能够帮助中药企业制订出正确的市场营销策略。

3. 有利于中药企业的生存和发展　在市场营销过程中，竞争者出现的时间、竞争者实力的强弱、竞争者数量的多少以及与自己企业实力的对比等，都是中药企业通过市场预测必须了解和掌握的信息资料。经过对这些信息资料的科学处理，中药企业就能够把握市场竞争状况，掌握市场竞争规律，从而制定出正确的市场竞争策略，使企业在市场竞争中立于不败之地。

（三）中药材商品市场预测的内容

1. 中药材商品市场需求的预测　中药材商品市场需求是指中药材商品在一定时间内，在某一特定中药材商品市场上，在某种中药材商品市场环境下，采购者可能需要的中药材商品的数量。包括中药材商品的现实需求量和潜在需求量、采购者购买心理和购买行为等。

2. 中药材商品市场供给的预测　中药材商品市场供给是指在一定时期内，可供中药材商品市场销售的商品数量，主要包括中药生产企业生产的中药材、从国外进口的中药材商品以及国家对中药材商品的战略储备。中药材商品市场供给预测主要是对进入市场的中药材商品供给总量及其构成和各种中药材商品市场可供量变化趋势的预测。

3．中药材商品价格的预测　中药材商品的价格是中药材商品市场供求关系变化的晴雨表，是调节中药材商品生产和需求的重要手段。在进行中药材商品市场预测时，必须预测中药材的种植产量和中药材商品市场供求关系的发展变化对中药材商品价格的影响，并同时预测中药材商品价格变化给中药材商品市场供求可能带来的变化及其发展趋势。

4．中药材商品市场占有率的预测　中药材商品市场占有率是指在一定时间、一定市场范围内某中药企业某种产品的销售量或销售额占市场同类产品总销售量或销售额的比例。

（四）中药材商品市场预测的步骤

1．确定预测目标及方案　确定预测目标，就是根据市场营销活动的需要，明确企业要预测什么问题、要解决什么问题。

2．收集整理中药材商品市场的信息资料　市场预测的结果是否准确取决于市场信息资料的收集整理是否广泛全面、系统和可靠。中药材商品市场预测的信息资料可以分为历史资料和现实资料两大类。

（1）中药材商品市场预测的历史资料：又称间接资料，是反映中药材商品市场过去发展变化的信息资料，主要是各级政府、主管部门公布的数据资料和中药材企业内部积累保存的历史资料。

（2）中药材商品市场预测的现实资料：又称直接资料，是中药企业的市场预测人员对中药材商品市场进行调查研究得来的信息资料。

3．选择中药材商品市场预测的方法　中药材商品市场预测的方法很多，在进行市场预测时必须根据预测目标和预测的要求选择合适的预测方法，只有这样才能保证中药材商品市场预测的准确性。为了保证预测的有效性，中药企业可以将几种预测方法综合运用，以互相补充，达到良好的预测结果。

4．建立合适的中药材商品市场预测模型　预测模型的建立，是中药材商品市场预测的一项重要工作，它关系到预测的合理性和准确性。

5．实施中药材商品市场预测　一旦中药材商品市场预测方法和预测模型确定下来，就可以运用这些方法和模型进行实际的市场预测。

6．写出中药材商品市场预测报告　中药材商品市场预测报告的内容一般包括预测目标、预测内容、预测方法、预测预算、预测过程的叙述、预测结果的分析和修正等。

（五）中药材商品市场预测的方法

常用的中药材商品市场预测法主要有以下几种：

1．中药企业经理人员意见法　指由中药企业各部门经理或负责人根据中药企业预测目标的要求，凭借自己的经验和本部门的有关信息资料，对中药材商品市场未来的发展变化趋势做出判断和预测，然后由预测人员对这些经理人员的意见进行综合，最后得出预测结果的一种定性市场预测方法。

优点：①由于这些人员对自己分管的工作非常熟悉，因此他们的预测结果较为符合实际，可以发挥中药材企业各部门经理人员的聪明才智；②这种预测对中药企业来说，非常及时；③耗时较少、费用较省。

缺点：①预测结果受经理人员素质水平的影响；②缺乏对中药企业预测目标的综合考虑。

2．中药企业业务人员意见法　指中药企业的业务人员凭借自己对中药材商品市场营销环境的熟悉、对中药材采购及业务人员的了解以及长期积累的购销经验，对未来中药材商品市场发展变化趋势做出估计和判断的一种定性预测方法。

优点：①企业业务人员最接近市场，预测结果经过综合、修正后比较接近实际；②根据预测做出的中药企业决策容易得到业务人员的理解和支持。

缺点：①由于工作岗位的限制，他们对企业全局情况了解不够全面。这会影响预测的结果；②业务人员自身素质、业务水平参差不齐，会影响预测结果的准确性。

3．中药企业用户意见法　指中药企业预测人员通过收集中药材商品市场用户购买意向、需求数量和对中药材商品的评价等方面的意见，推断出中药材商品未来需求变化趋势的一种定性预测方法。

优点：①第一手资料是最可靠的资料，有助于提高中药材商品市场预测的准确性；②节省人力、物力；③预测速度比较快。

缺点：①用户的态度会影响预测的准确性；②样本的选择也会影响市场预测的准确性。

第二节　中药材商品市场与营销终端

一、中药材商品市场

（一）中药材商品市场的含义

中药材商品市场是指中药材商品生产者、经营者、使用者之间为满足购销需求并实现商品或服务价值的交换关系、交换条件和交换过程。

（二）中药材商品市场的发展简史

我国国内中药材市场起源很早，《后汉书》记载了韦彪、张楷等著名采药、卖药之人。东汉桓帝时（147—167 年），霸陵人韩康常采药于名山，在长安市上卖药达 30 多年。东汉末年到三国时期的名医华佗既行医又售药。

早在三国时期，在江西的"樟树镇"建立了"药圩"，至今已有 1 700 多年的历史，号称"药都"。"药圩"是我国早期的中药市场雏形。公元 1076 年，宋代政府兴办的"太平卖药所"是我国第一个官办的中药市场；南宋中药市场不仅有"生药铺""熟药铺"之分，还建立了"川广生药市"，出现了药材的批发市场。

明清时期，河北的祁州（安国），河南的百泉、禹县，江西的樟树，湖南的湘潭，安徽的亳州，先后发展成全国闻名的中药材交易市场。

随着交通的发达和市场的繁荣，中药经过漫长庙会形式的集散市场后，到抗日战争前后已基本变迁到上海、天津、广州、武汉、重庆、西安等六大中药集散市场，经营方式多样，信息、流通渠道畅通。

新中国成立后,我国中药商业逐步焕发新的生机。中药材在全国形成了具有一定知名度和较大规模的"八大药市",即河北安国、河南禹州、安徽亳州、郑州南大街、西安康复路、成都荷花池、广西玉林、广州清平药市。每年在河南百泉、河北安国、江西樟树等地召开的全国性药材交流大会,对发展繁荣中医药事业起到了极大的推动作用,同时也大大促进了当地经济的迅速发展。但由于部分地区片面地看重药市对当地经济的促进作用,盲目新建中药市场,在全国范围内形成了开办中药材市场热。据不完全统计,国内各地中药材市场曾达到百余处。

通过国家中医药管理局、卫生部、国家工商行政管理局检查验收,1996 年国家仅批准保留了 17 家中药材专业市场:河北安国、安徽亳州、山东鄄城舜王城、哈尔滨三棵树、湖北蕲州、江西樟树、广州清平、广东普宁、成都荷花池、湖南邵东廉桥、河南禹州、西安万寿路、广西玉林、重庆解放路、昆明菊花园、湖南岳阳花板桥、兰州黄河。

(三)我国主要的中药材商品市场

1. 河北安国中药材专业市场 河北安国地处北京、天津、石家庄中心地带,古称祁州,是全国重要的中药材集散地。安国药市历史悠久,源于宋朝,兴于明朝,盛于清朝,素有"药都"和"天下第一药市"之称。

新的安国中药材专业市场兴建于 1993 年,又称"东方药城",建筑面积 60 万 m^2,总投资 6 亿元,经营品种 2 000 多种,日吞吐量超 300 吨,年成交额达 20 亿元。整个药城由 4 条"井"字形大街构成,分为 9 个区,拥有商楼 1 100 多座,经营品种 2 300 多种,经营销售已辐射全国各地,远销港澳台、东南亚及欧美各地的 20 多个国家和地区。中心交易大厅是东方药城集中交易场所之一,占地 15 亩(1 亩 ≈ 667m^2),经营面积 12 000m^2,拥有固定商位 4 000 多个,分为个子货杂药区、企业饮片展销区、精细药材区。

2013 年,保定市政府、安国市政府与天士力集团签订建设安国数字中药都项目合作协议。2014 年 5 月,安国数字中药都举行了奠基仪式。2016 年 3 月,依托安国原有的中药材实体交易市场,中药材电子交易、中药材第三方检测和全程追溯"三网合一"的"数字本草"平台上线,在国内首次整合从种植到加工,到电商,再到中药文化的中药全产业链。2016 年 5 月,中央交易大厅鸣锣启用,安国数字中药都开始试运营,标志着安国中药材市场进入了新的发展时期。

2. 安徽亳州中药材专业市场 亳州位于安徽的西北部,三面与苏、鲁、豫毗邻,涡河从西而东贯城而过。由于亳州的地理、气候条件得天独厚,又因这里是华佗故里,神医华佗遗风在亳州经久不衰,所以名医辈出,中药材市场繁荣。传统的中药材栽培、炮制技艺更是高人一筹,是有名的"药材之乡"。

亳州中药材专业市场交易中心是目前国内规模最大的中药材专业交易市场,该中心建筑面积 35 万 m^2,拥有 1 000 余家中药材经营店面。3.2 万 m^2 的交易大厅有 6 000 多个摊位,经营者 2 万多人。中药材日上市量高达 6 000 吨,上市品种 2 600 余种,中药材年成交额达 100 多亿元。

2013 年,该中心搬迁到国际现代化的中药材专业市场——中国·亳州康美中药城,占地面积 106 万 m^2,建筑面积 120 万 m^2,是目前最大的一站式中药材交易中心。交易大厅总建筑面积 10 万 m^2,采用花瓣式组合,围绕电子商务中庭,八个花瓣分别代表不同类别的药材经营区域,既相互区别又相互联系。交易大厅分为四层,一层为中医药文化走廊、保健养生、民族医药、中药材品牌形象店等,二、三层为中药材集中贸易展示铺面及道地中药材样品展示区,四层为真伪药材标本室、检验检测中心等。

3. 江西樟树中药材专业市场 "樟树"是江西省清江县樟树镇的简称,相传以盛产樟树而得名,素以"药都"著称,享有"药不到樟树不齐,药不过樟树不灵"的美誉,具有1700多年的历史,并以其精湛的饮片切制技术,形成全国闻名的"樟树帮"。1988年改为江西樟树市,地处江赣中胜地,周边有京九铁路、浙赣铁路、赣粤高速公路、沪瑞高速公路、105国道、赣江等,水陆交通便捷。

2001年竣工的樟树中药材专业市场,建筑总面积达25万m²,投资3亿元,拥有一流的现代网络设施和电子报价系统、物流储运设施,整个市场视野开阔,造型中西合璧,既能感受到繁华、开放的市场氛围,又能体会到樟树药业文化的源远流长与博大精深。现有2000余户药商在场内经营,年成交量100万吨,交易额超50亿元,辐射全国各地以及东南亚地区。

4. 河南禹州中药材专业市场 禹州位于中原腹地,因舜帝时大禹治水有功,册封于此而得名。禹州被人们公认为我国亘古中药发祥地,是历史上有名的古药都之一。相传唐代孙思邈曾在这里采药行医,著书立说,终老禹州后,当地人厚葬城西关外,为他建庙,尊为药王。禹州的中药材种植历史悠久,素有"中华药城"之称,是我国医药发祥地之一。禹州具有悠久的中药材种植、采集、加工历史,以加工精良、遵古炮制著称于世。历史上就有"药不到禹州不香,医不见药王不妙"之说。

禹州中药材专业市场又称"中华药城",药城包括建筑面积23 000m²、分上下两层、可容纳2 500个摊位的中心交易大厅,以及2 000余间三层以上经商楼,市场经营品种上千种,固定从业人员上万人,年交易额达十亿元人民币。

5. 成都荷花池中药材专业市场 成都荷花池中药材专业市场建设于20世纪70年代,历经40多年风雨,经过四次产业升级,现整体搬迁到位于成都市北新干道旁的成都国际商贸城,交通极为便利,是西部地区最大的中药材市场。市场建筑面积20万m²,拥有4 000多个商位,是目前全国体量最大、硬件设施最优秀的中药材专业市场之一。

市场常年经营户有1 700多户,5 000余人,主要来自四川省内外100多个县(市),经营中药材品种4 500余种,常见药材约2 000种,其中川产药材1 300余种,如道地药材川贝母、黄连、冬虫夏草、川芎、川乌、附片、麦冬等。也有许多四川草医习用的地方药,如大菟丝子、理塘黄芪等,市场日销售额500多万元。

6. 哈尔滨三棵树中药材专业市场 哈尔滨三棵树中药材市场形成于1991年,是我国东北与内蒙古东部地区唯一的中药材专业市场,位于黑龙江省哈尔滨市三棵树火车站附近而得名。毗邻连通黑龙江省内外三十余个市县公路客运站,与哈尔滨港口隔南直立交桥相望,铁路、公路、水路和空运四通八达,十分方便。经多年的建设发展,已成为我国北方中药材经营的集散地。

哈尔滨三棵树中药材专业市场1996年完成搬迁,占地6 000m²,建筑面积23 000m²,市场内设有1~3层各式营业用房300套,可容纳经营户1 000余个,内设中草药种植科研中心、质检中心、仓储中心,充分体现东北高寒地区药材交易市场的特色。现中药材交易品种已达到580余种,其中107种量大质优,具较强的地方特色。东北是关药的道地药材主产区,销量居全国之首,如人参、鹿茸、哈蟆油、关防风、关龙胆、关黄柏、北五味子、刺五加等名贵药材,特别是人参,80%出口到俄罗斯、日本、韩国、东南亚、西欧等国家和地区,药材边境贸易十分活跃。

7. 广州清平中药材专业市场 广州清平中药材专业市场创办于1979年,是我国南方重要的药材交易市场之一。经营户来自五湖四海,商品交易活跃,销往我国及世界其他国家,是华南地区最大的中药材,特别是贵细滋补性中药材和广药的集散地和进出口贸易重地。

2006年完成升级改造后,新药市坐落于广州清平路和六二三路,是我国唯一建立在大都市中心区域的中药材市场,拥有庞大的交通网络,市场面积达1.1万 m²,有商铺1 500多家,年营业额超10亿元。该市场还是全国第一个准许经营范围达5大类别(中药材、中药饮片、中西成药、医疗器械、保健品)的医药展销平台。9层楼的清平医药中心是其标志性建筑。

8.兰州黄河中药材专业市场 兰州黄河中药材专业市场于1994年创办,是甘肃、宁夏、青海、新疆及西藏和内蒙古西部地区唯一的国家级中药材专业市场。经过多年的发展,市场逐步形成了立足甘肃、面向西北、辐射全国的经营格局。2003年,该市场在全国17家中药材专业市场率先实行了公司化管理模式,2008年乔迁至兰州市安宁区高新技术开发区,新建大型现代网络销售物流中心,形成了"前店后厂"的营销模式。市场和公司主要销售甘肃地产药材如党参、黄芪、甘草、当归、生地黄、板蓝根等优势品种,同时经营全国其他产地常用中药材及中药饮片约800余种,年销售2亿元左右,产品主要销往甘、宁、青、新等地,辐射全国及东南亚等地。

(四)当前我国中药材商品市场的特点

1.中药材市场价格整体保持平稳,品种价格波动幅度收窄 2018年中药材流通市场价格整体保持平稳,略有下滑。从反映全国中药材整体价格情况的"中药材综合200价格指数"(我国200种主要大宗中药材市场价格的综合加权)来看,价格指数在年初开盘点为2 349.17点,随后缓慢回落,年底12月31日点位为2 199.60点,虽有所下降,从价格指数综合分析,2018年价格呈现小幅波动态势。

2.中药材种植受到政策鼓励,家种品种供应量持续增加 近年来,随着我国农业供给侧结构性改革的推进,国家对中药材产业扶持力度不断增强,中药材种植面积大幅增长。国家统计局数据显示,2018年全国中药材种植面积快速增长,种植面积约为5 406万亩,尤其是云南省,2018年种植中药材794万亩(含药食两用药材),产量104万吨,种植面积和产量均居全国第一。

同时,各地推动落实《中药材保护和发展实施方案(2016—2020年)》和《中药材产业扶贫行动计划(2017—2020年)》,中药材的种植面积进一步扩张(含林地种植面积),种植品种供应量或将进一步激增。

3.野生及动物类药材产能不足,需求稳定增长 长期以来,动物类药材多为野生。由于野生资源稀缺,且逐年枯竭,国家对其实施严格的政策保护,再加上劳动力价格持续上涨,使得野生及动物类药材供给出现不足,随着需求的不断增长,价格呈现平稳态势,但有的品种价格在2018年下半年略有下跌。

2018年,反映野生中药材价格运行情况的"中药材野生99价格指数"(我国流通市场中具有代表性的99种野生中药材市场价格的综合加权)开盘3 094.19点,12月31日收盘2 940.39点。

4.药食同源品种发展势头强劲,成为增长主力 2018年,药食同源品种发展势头强劲,贡献了80.06%以上的中药材需求增长份额,远高于非药食同源品种。随着中药饮片监管力度不断加强,越来越多的企业开始转型布局药食同源类产品,将一些滋补类药材用于食品、保健食品,从而刺激此类药材销量不断增加。

据统计,万吨以上药食两用品种的产能占整体中药材产能超过80%,例如:枸杞需求由本世纪初的 2 万吨增长到 30 万吨,黄芪需求由本世纪初的 2.5 万吨增长到 6.5 万吨以上,充分说明了药食两用品种的广阔发展空间。天地网统计数据显示,人参、三七、枸杞子、花茶等药食同源品种近两年保持了 8% 以上的销售增幅。

二、中药材商品营销终端

(一)中药材商品营销终端的内涵

一般认为,终端是指中药材商品销售通路(渠道)的最末端,是中药材商品到达消费者完成交易的最终端口,是中药材商品与消费者面对面展示和交易的场所。通过这一端口和场所,厂家、商家将中药材商品卖给消费者,消费者买到自己需要并喜欢的中药材商品,完成最终的交易,进入实质性消费。终端包括所有的零售场所,也可以是人员直销、厂家直销、邮购、网络平台等一切能够让产品与消费者接触的场所。

(二)中药材商品的中间商

中药材商品中间商是指那些将购入的产品再销售以获取利润的组织。根据在中药材商品流通过程中的地位和作用的不同,可以分为批发商和零售商。

1. 中药材批发商

(1)中药材批发商的含义:中药材批发商是指专门从事购买中药材商品或者服务,再转卖给其他下游企业或零售商去出售或者生产加工后再出售,处于中间环节的组织或个人。

(2)中药材批发商的类型:按照批发商在进行商品交易时是否拥有所有权分类。

1)中药材批发中间商:批发中间商主要向零售商销售,并提供全面服务。批发中间商的类型:①综合批发商,一般都经营几个各有特色、优势品种较为齐全的产品线,并雇佣自己的推销员;②专线经营批发商则经营一个或两个地区中药材,但是品种深度较大;③专业批发商则是专门经营一个产品中的各种规格的批发商。

2)经纪人:经纪人是一种独特的代理商。他的作用是为买卖双方牵线搭桥,协助谈判。经纪人往往是针对业务进行代理,而不是针对企业。也就是说,经纪人只负责介绍业务的买卖双方,帮助交易达成。他们一般不与企业建立固定的联系,今天代表 A 公司,明天代表 B 公司,完全随业务而变化。

3)采购代理商:采购代理商一般和买主建有长期关系,为其采购商品,经常为买主收货、验货、储存和送货。

4)采购办事处:又叫进货营业所。许多零售商在大的市场都设立采购办事处。这些采购办事处的作用与采购代理商的作用相似,但是前者是买方组织的组成部分。

2. 中药材零售商

(1)零售商的含义:零售包括将商品或服务直接销售给最终消费者供其非商业性使用的过程中所涉及的一切活动。零售商是指将商品直接销售给最终消费者的中间商,是相对于生产者和批发商而言的,处于商品流通的最终阶段。面对个人消费者市场,零售商是分销渠道的最终环节,直接联结消费者,完成产品最终实现价值的任务。

（2）中药材零售商的类型

1）综合药店：综合药店是经营中药材品种和种类较多的零售商。例如有的综合中药材药店经营植物类、动物类、矿物类等比较齐全的中药材品种和种类。

2）专业药店：专业药店是指专门经营某一类或几类药品的零售商。例如三七专卖、人参专卖、西洋参专卖、石斛专卖、枸杞子专卖、黄芪专卖、菊花专卖等中药材专业药店。这类商店的特点在于经营的商品大类比较单一、专业性较强、项目多、深度大，具体的商品品种、规格比较齐全。它有利于消费者广泛挑选，同时也能及时研究消费者需求变化。

3）连锁药店：我国近年来开始推广药品连锁经营，至今连锁药店已发展成为零售市场份额最大的分销渠道。统一标识、统一采购配送、统一质量管理、统一财务核算、统一商品价格、统一服务规范是药品零售连锁经营的基本特征。

4）中药店铺：我国中医药文化源远流长，历史悠久，中草药资源丰富，各地都有不同形式的中药店铺。例如北京同仁堂、杭州胡庆余堂等。

第三节　中药材商品的营销模式

营销模式是指企业在未来时期面对不断变化的市场环境，依据自身的资源和能力，采取不同的方式方法，通过满足市场需要而实现其营销活动目标的营运战略。营销模式是一种体系，而不是一种手段或方式。

（一）市场营销

现代市场营销理论的核心就是 STP 营销，它包括市场细分（market segmentation）、目标市场（market targeting）、市场定位（market positioning）三个要素。

1. 无差异性市场营销　也称无差别性市场营销、无选择性市场营销，是指面对细分化的市场，中药材商品企业看重各子市场之间在需求方面的共性而不注重它们的个性，不是把一个或若干个子市场作为目标市场，而是把各子市场重新集合成一个整体市场，并把它作为自己的目标市场。

2. 差异性市场营销　又叫选择性市场营销，是指面对已经细分的市场，中药材商品企业选择两个或者两个以上的子市场作为目标市场，分别对每个子市场提供针对性的产品或服务以及相应的营销措施。

3. 集中性市场营销　也称密集性市场营销，就是中药材商品企业在细分后的市场上，选择一个或少数几个细分市场作为目标市场，针对一部分特定的消费需求，实行专业化生产和营销，以期在个别少数市场上发挥优势，提高市场占有率。

（二）产品营销

在现代市场营销学中，产品是指能够通过交换满足消费者或用户某种需求和欲望的有形物品和无形服务的总和。

一般认为，品牌是一个名称、术语、象征、标记、符号、图案或设计及其组合，用以识别一个或一群出售者的产品或服务,并使之与其他竞争者相区别。品牌是产品整体的一个重要组成部分,著名品牌可以提高产品身价,品牌已经成为企业的无形资产,好的品牌名称可以准确地表达出中药材商品品牌的中心内涵,让消费者对品牌产生深刻印象,从而使企业产品家喻户晓。中药材商品由于其本身的特殊性,少数中药材商品使用品牌。

(三)价格营销

中药材商品定价策略是指中药材企业为实现定价目标,在特定的营销环境下采取的定价方针和价格竞争方式。针对不同的客户、营销条件、营销方式、销售数量而灵活调整产品价格,并有机地结合市场营销组合中的其他因素,是确保中药材商品定价目标实现的重要手段。中药材商品定价策略主要有以下几种类型:

1.差异定价策略 差异定价是企业对同一中药材商品制定两种或多种价格以适应顾客、地点、时间等方面的差异,但这种差异并不反映成本比例差异。差异定价主要有以下几种形式:①顾客细分定价;②中药材规格定价;③中药材等级定价;④地点定价;⑤时间定价。

2.促销定价策略 中药材企业为促进销售,在某些情况下,会暂时性地将其中药材商品价格定在价目表的价格以下,有时减至低于成本,这种价格就叫促销价格。促销定价策略主要有如下几种形式:

(1)招徕定价:招徕定价是企业利用顾客求廉的心理,故意将一些顾客熟悉的、有代表性的中药材商品价格定得很低,以此来吸引顾客。

(2)特殊定价:特殊定价是企业在特定的季节可以制定特定的价格来吸引顾客。

(3)心理折扣定价:心理折扣定价策略是企业开始时故意给中药材商品制定较高的价格,然后大幅度降价出售。

(四)自产自销

中药材商品自产自销模式是指中药材种植户,不使用任何代理商、经销商或零售商环节,自己在中药材市场销售中药材、从事中药材商品流通的方式。

(五)促销营销

促销就是营销者采用有效的方法和手段,向消费者传递企业及产品的各种信息,说服或吸引消费者购买其产品,以达到扩大销售量的目的。常用的促销方式主要包括人员推销、公共关系和营业推广。

1.人员推销 中药材商品的人员推销,是指中药材企业通过派出推销人员直接与客户或潜在客户接触、洽谈、介绍商品,以达到促进和扩大销售目的的活动。人员推销主要包括上门推销、柜台推销、会议推销三种形式。

2.公共关系 简称"公关",又称公众关系,是指中药材企业在从事市场营销活动中正确处理企业与社会公众的关系,以便树立品牌及企业的良好形象,从而促进产品销售的一种活动。

3.营业推广 也称销售促进,是指运用各种短期诱因鼓励消费者和中间商购买、经销(或代理)企业产品或服务的促销活动。

第四节 中药材商品的经营管理

一、中药材商品经营管理概述

（一）经营管理的含义

经营（operation）是根据企业的资源状况和所处的市场竞争环境对企业长期发展进行战略性规划和部署、制定企业的远景目标和方针的战略层次活动。经营含有筹划、谋划、计划、规划、组织、治理、管理等含义，解决的是企业的发展方向、发展战略问题，具有全局性和长远性。管理（management）是在特定的环境下，对企业所拥有的资源进行有效的计划、组织、领导和控制，以便达成既定组织目标的过程。经营和管理合称经营管理。

（二）中药材商品经营管理的内涵

中药材商品经营管理，是指企业为了满足社会需要，为了自己的生存和发展，对企业的经营活动进行计划、组织、指挥、协调和控制。其目的是使企业面向用户和市场，充分利用企业拥有的各种资源，最大限度地满足用户的需要，取得良好的经济效益和社会效益。中药材商品经营管理一般包括战略、决策、开发、财务、公共关系5个职能。

二、中药材商品经营管理的机构

对于药品这种特殊商品，我国一直采取以国务院药品监督管理部门为主体、其他有关职能部门配合监管的方式。我国药品管理的机构按工作性质可分为药品监督管理行政机构和药品监督管理技术机构。

（一）药品监督管理行政机构

我国现行的药品管理行政机构分四级：

1. 国家药品监督管理局　原名为国家食品药品监督管理总局，2018年3月21日新华社发布了中共中央印发的《深化党和国家机构改革方案》，组建国家药品监督管理局，由新组建的国家市场监督管理总局管理，主要职责是负责药品、化妆品、医疗器械的注册并实施监督管理。

2. 省级药品监督管理局　各省（自治区、直辖市）结合本地实际，组建药品监督管理机构，对药品实行集中统一监管。

3. 地（市）级药品监督管理局　负责辖区内药品的监督管理工作。

4. 县级药品监督管理局　负责辖区内药品的监督管理工作。

（二）药品监督管理技术机构

行使国家对药品质量监督检验的职能，检验结果具有法律效力。我国现行的药品监督管理技术机构分四级：

1. 中国食品药品检定研究院　简称中检院（原名中国药品生物制品检定所），是国家药品监督管理局的直属事业单位，是国家检验药品、生物制品质量的法定机构和最高技术仲裁机构，依法承担实施药品、生物制品、医疗器械、食品、保健食品、化妆品、实验动物、包装材料等多领域产品的审批注册检验、进口检验、监督检验、安全评价及生物制品批签发，负责国家药品、医疗器械标准物质和生产检定用菌毒种的研究、分发和管理，开展相关技术研究工作。

2. 省级食品药品检验检测院（省级食品药品检验所）　主要承担各省、自治区、直辖市辖区内食品（含食品添加剂、保健食品）、药品（含中药、民族药）、直接接触药品的包装材料和容器、药用辅料、医疗器械、化妆品等检验检测及其技术研究等工作。

3. 地市级食品药品检测中心　主要承担辖区内的药品、食品等的监督检验与评价检验。

4. 县级食品药品检测中心　主要承担着县、区药品产、供、用单位，主要包括广大乡、村医疗机构食品药品质量的监督管理工作。

（三）国家药典委员会

国家药典委员会（原名称为卫生部药典委员会）成立于 1950 年，根据《中华人民共和国药品管理法》的规定，负责组织编纂《中国药典》及制定、修订国家药品标准，是法定的国家药品标准工作专业管理机构。

（四）国家药品监督管理局药品审评中心

国家药品监督管理局药品审评中心是国家药品监督管理局药品注册技术审评机构，负责对药品注册申请进行技术审评。

（五）国家药品监督管理局食品药品审核查验中心

原名为国家食品药品监督管理局药品认证管理中心，其主要职能为参与制定、修订 GLP、GCP、GMP、GAP、GSP 及其相应的实施、管理办法。

（六）国家中药品种保护审评委员会

主要负责组织国家中药保护品种的技术审查和审评工作。配合国家药品监督管理局制定或修订中药品种保护的技术审评标准、要求、工作程序以及监督管理中药保护品种等。

（七）国家药品监督管理局药品评价中心（国家药品不良反应监测中心）

主要承担全国药品不良反应、医疗器械不良事件监测与评价的技术工作及其相关业务组织工作，对省、自治区、直辖市药品不良反应、医疗器械不良事件监测与评价机构进行技术指导。参与拟订、调整国家基本药物目录的相关技术工作。承担拟订、调整非处方药目录的技术工作及其相关业务组织工作。承担发布药品不良反应和医疗器械不良事件警示信息的技术工作等。

第五节　中药材商品的广告

一、中药材商品广告概述

（一）广告

在市场营销中，广告（advertisement）是指商品经营者或者服务提供者通过一定媒介和形式直接或者间接地介绍自己所推销的商品或者所提供服务的商业活动。广告是沟通企业与消费者的桥梁，又是商战的利器。

广告有广义和狭义之分，广义的广告包括非经济广告和经济广告。非经济广告指不以营利为目的的广告。狭义广告仅指经济广告，又称商业广告，是指以营利为目的的广告，通常是商品生产者、经营者和消费者之间沟通信息的重要手段，是企业占领市场、推销产品的重要形式。

（二）中药材商品广告

中药材商品广告是指中药材商品经营者或者服务提供者承担费用，通过一定媒介和形式直接或间接地介绍自己所推销的中药材商品或者所提供服务的商业活动。

中药材商品广告的功能主要有：①能提供中药材企业市场信息；②能树立品牌中药材商品、维持品牌中药材商品；③能加速中药材商品进入市场；④能增强中药材商品的市场竞争力；⑤能提高中药材商品的销量；⑥能提高中药材企业知名度和美誉度。

二、中药材商品的广告媒体

广告媒体也称广告媒介，是广告主与广告接受者之间的连接物质，中药材商品的广告媒体是中药材销售者和购买者之间的连接物质。

（一）广告媒体的种类

1. 报纸

（1）报纸的优越性：①影响广泛，读者众多；②传播迅速；③简便灵活，制作简便；④便于剪贴存查；⑤费用低廉；⑥可信赖度强。

（2）报纸的不足：①报纸登载内容庞杂，易分散读者对广告的注意力；②印刷不精美，吸引力低；③广告时效短，重复性差，只能维持当期的效果。

2. 杂志　杂志以登载各种专门知识为主，是各类专门产品的良好广告媒体。

（1）杂志的优点：①针对性强；②重复性，可反复查看；③发行面广，具有广泛性；④读者文化水平高，利于刊登开拓性广告；⑤印刷精美，具有吸引性。

（2）杂志的缺点：①发行周期长，广告时效性差；②篇幅小，广告受限制；③专业性强的杂志，读者接触面窄。

3．广播

（1）广播的优越性：①传播迅速、及时；②制作简便，费用较低；③具有较高的灵活性；④听众广泛。

（2）广播的局限性：①有声无形，印象不深；②转瞬即逝，难以记忆和存查；③传播点不够集中。

4．互联网

（1）网络广告的优势：①传播范围广；②内容详尽，交互查询，互动性和针对性强，无时间约束；③广告效果易于统计；④广告费用较低。

（2）网络广告的不足：①缺乏吸引力；②互联网的虚拟性致使网络浏览者对广告心存抵触。

5．基于地点的广告　基于地点的广告，包括广告牌广告（传统、电子广告）、公共场所广告（飞机场、火车站、公交站、休息室、停车场、赛场、校园等）、销售点广告（各种交易场所的店内广告，包括购物车、通道、货架、店内展示、赠品等）和无固定地点广告（空中广告）等。

（二）广告媒体的选择

不同的广告媒体有不同的特性，这决定了企业从事广告活动必须进行正确的选择，否则将影响广告效果。国家规定，所有处方药不能在大众传播媒介上发布广告，只能在国务院卫生行政部门和国务院药品监督管理部门共同指定的医药、医学、医疗方面的专业媒体上发布广告。非处方药虽然允许在大众传播媒介进行广告宣传，但其内容必须经过审查、批准，不能任意夸大和篡改。中药材企业应比较各媒体的优缺点，结合企业及产品的实际情况，选择媒体组合以求达到最佳的广告传播效果。企业在选择广告媒体时，一般要考虑以下影响因素：①产品的性质；②消费者接触媒体的习惯；③媒体的传播范围；④媒体的影响力；⑤媒体的费用。

三、中药材商品广告的设计和策略

（一）中药材商品广告设计

广告效果，不仅取决于广告媒体的选择，还取决于广告设计的质量。中药材药品广告的内容必须真实、合法，不得含有虚假的内容；不得含有不科学的表示功效的断言或保证；不得利用国家机关、医学科研单位、学术机构或者专家、学者、医师、患者的名义和形象作证明。非药品的广告不得有涉及药品的宣传。高质量的广告在设计时应遵循下列原则：①合法性；②真实性；③社会性；④针对性；⑤感召性；⑥简明性；⑦艺术性。

（二）中药材商品广告策略

1．广告信息策略　企业在确定了广告媒体之后，还必须根据不同媒体的特点，正确地创作与选择广告信息的内容和形式。

2．广告的产品定位策略　广告的产品定位策略，就是在广告中通过突出宣传某种产品特点，确立产品在市场竞争中的方位，塑造产品在目标顾客心目中的形象，从而确定广告最有利位置的一种策略。

3．广告实施时间策略　广告实施时间策略，是指如何适当安排广告发布时间的策略。广告实施时间要为广告目标服务，广告的不同实施时间，会产生不同的效果。

四、中药材商品广告的法律、法规

(一)《中华人民共和国广告法》

1994年10月27日第八届全国人民代表大会常务委员会第十次会议通过，2015年4月24日修订，自2015年9月1日起施行。《中华人民共和国广告法》规范了广告活动，保护了消费者的合法权益，促进了广告业的健康发展，维护了社会经济秩序。

(二)《药品广告审查发布标准》

为保证药品广告真实、合法、科学，原国家工商行政管理总局和国家食品药品监督管理局修订了《药品广告审查发布标准》，于2007年5月1日实施。

(三)《药品广告审查办法》

为加强药品广告管理，保证药品广告的真实性和合法性，根据《中华人民共和国广告法》《中华人民共和国药品管理法》和《中华人民共和国药品管理法实施条例》及国家有关广告、药品监督管理的规定，制定本办法。于2007年5月1日实施。

案例分析

案例1：同仁堂——老字号品牌经营的成功典范

北京同仁堂是中药行业闻名遐迩的老字号，创建于清康熙八年（公元1669年）。清雍正元年（公元1723年），同仁堂开始供奉御药房用药，享受皇封特权，历经八代皇帝，长达188年。

300多年来，同仁堂把"炮制虽繁必不敢省人工，品味虽贵必不敢减物力"作为永久的训规，始终坚持传统的制药特色，其产品以质量优良、疗效显著而闻名海内外。以牛黄清心丸、大活络丹、乌鸡白凤丸、安宫牛黄丸等为代表的十大王牌和十大名药，一直在市场上供不应求，同仁堂也因此成为质量和信誉的象征；目前生产中成药24个剂型，800多个品种；经营中药材、饮片3000余种；47种产品荣获国家级、部级和市级优质产品称号。同仁堂集团下属的上市公司北京同仁堂股份有限公司，2000年实现主营业务收入1 024 392 082.05元，净利润146 648 474.92元。集团下属的北京同仁堂科技发展股份有限公司也取得了很好的业绩。300多年的老字号又焕发了勃勃的生机，可以说同仁堂是老字号品牌经营的成功典范。其奥秘主要在于：

1992年，中国北京同仁堂集团公司组建成立；1997年6月，组建成立北京同仁堂股份有限公司，同年7月，同仁堂股票在上海证券交易所上市；2001年7月，中国北京同仁堂（集团）有限责任公司正式揭牌。同仁堂已经是一家完全意义上的现代企业。

客为导向一直是同仁堂的信条,多年以来同仁堂抱着"同修仁德,济世养生"的堂训,不断开发新品种,已经拥有了乌鸡白凤丸、牛黄清心丸、大活络丹、安宫牛黄丸等许多优秀的药品,并且涉及营养保健品、药膳餐饮、化妆品、医药机械等领域,并提供有关的技术咨询、技术服务等。这些都是适应了患者的需求,企业获得了发展。

2000年10月,在香港成立同仁堂和记(香港)药业发展有限公司。1993年以来,同仁堂相继在香港、马来西亚、英国和澳大利亚开设了分店,与泰国合资组建了北京同仁堂(泰国)有限公司。同仁堂已经成为一家现代化的跨国公司。

同仁堂除了加工、制造、销售中药材、中成药、饮片、营养保健品、药膳餐饮、化妆品、医药机械并提供有关的技术咨询、技术服务外,还兼营药用动植物的饲养、种植;购销西药、医疗器械、卫生保健用品;货物储运;出租汽车业务;经营所属企业自产产品及相关技术的出口业务;经营生产所需原辅材料、机械设备及技术的进口业务;开展对外合资经营、合作生产、来料加工、来样加工及补偿贸易业务;经营经贸部批准的其他商品的进出口业务。品牌扩张是同仁堂发展的一个成功经验。

1989年,国家工商行政管理局商标局认定"同仁堂"为驰名商标,受到国家特别保护。同仁堂作为驰名商标,已在加拿大、泰国、澳大利亚以及马德里协定成员国等50多个国家和地区注册,受到特别保护。

分析:老字号同仁堂勇于冲破传统商业模式的桎梏,积极向成功的现代品牌学习,重视对品牌资产的培育,开创了中华老字号焕发新生命的成功之道。

案例2:××药业荣获2015年中国医药十大营销案例

2015年12月1日,由"E药经理人"杂志和桑迪咨询主办的"2015年中国医药十大营销案例颁奖典礼暨案例分享会"在厦门亚洲海湾大酒店隆重举行,经过大众投票、专家评选,××药业新鲜人参荣获"2015年度中国医药十大营销案例"。

(一)新鲜人参消费市场的营销打造

××药业OTC事业部从2015年8月中旬正式启动新鲜人参销售,在没有媒体广告投入、没有消费习惯的情况下,中国除西藏外的所有省份都进行了新鲜人参的销售活动,成为当年OTC市场短期启动并快速上量的爆款产品,也是近年来OTC产品小投入启动市场的典型案例,是改变国人人参消费习惯的营销创新活动。

此前,中国大众对人参认知度高、消费量小、消费人群少、消费频率低,且多是医生处方红参。而韩国,食用新鲜人参已经普及,约六成以上人参是吃新鲜的。××药业针对目前市场上的品类发展,为市场打造一个新的增量品类。在四个省的16个县市有自己的人参GAP规范种植基地,新鲜人参货源充足。创造新鲜人参市场,培育国人的新鲜人参消费习惯,打造舌尖上的美味中药。

(二)新鲜人参的多方位全面营销

1. 前期充分准备　首先是供应链的准备,提前半年就开始研讨、准备,彻底解决了从地里挖参到工厂包装,再启用顺丰全程冷链物流运输到有冷藏设备的连锁药店的门店。

其次是物料,采取预热、预告、预售、预订的方法,在门店终端以手绘POP、海报、条幅、易拉宝、微信等各种方式，进行销售前的大力预告传播活动。同时准备好各项终端推广物料。

最后，是销售任务的准备，每个有企业业务员的二级市场，只要是顺丰冷链物流能到位，都必须无条件做新鲜人参的销售工作，具体都下达了销售任务指标，做好了有奖，做不好处罚，做到每个人都是销售的主导者。

2. 媒体信息传播，普及新鲜人参知识，创新思维，引领市场　微信宣传，采取每隔一天在企业自己的公众号上发一篇新鲜人参的软文，活动时共发布超过 40 篇新鲜人参的软文。全面系统地介绍新鲜人参的功效与作用，与红参的差异，新鲜人参的食用方法，适合人群，储藏，注意事项，生产储运过程等。

其次是在连锁客户的微信公众号中广泛传播有关新鲜人参的内容，总计有 100 多家连锁药店的微信号都发布了新鲜人参相关知识和介绍。行业内尤其是连锁药店界的朋友都帮着转发。

第三，是制作微信视频 35 个，已经广泛传播；微电影 1 个，节日 H5 推广 3 个，熬汤互动宣传 1 个。连锁内部 H5 和微信推广也很广泛，几乎销售新鲜人参的连锁药店都做了微信营销传播。

第四，媒体新闻传播。为了宣传新鲜人参，采用和媒体以产品销售利润分成作为广告费用投入的方法，实现个别电视、楼宇电视等媒体广告前期不付费投放，同时主动向新闻媒体传播"新鲜人参消费时尚来袭"的消息，引来媒体免费刊播新闻，同时还有车体广告、店员胸牌、泡酒坛子、公交车电视、电动车宣传队、新鲜人参服装游街等新颖的传播方式。

3. 体验营销，培育新鲜人参消费市场　泡酒、泡蜂蜜、熬鸡汤、泡开水、熬各种人参粥等终端体验活动在全国全面开展。1 000 多名一线销售人员，在全国各地的连锁门店大面积进行新鲜人参的体验营销推广活动。通过煲新鲜人参鸡汤、泡人参酒、新鲜人参切片泡蜂蜜等方法，实现人参的消费者认知与接触，让全国的消费者认识了新鲜人参。

4. 活动营销，发动一场连锁药店的新鲜人参代言活动　由企业 OTC 事业部发起的代言秀，从刚开始的拍照在朋友圈传播到后来的活动成型，利用企业社区发起"×××新鲜人参代言"话题，并上传自己和新鲜人参的海报合照等照片集赞获奖，寻找最帅最美的新鲜人参代言人。代言活动累计获得 100 多万人关注和转发。

5. 事件营销，组织连锁药店老总参与寻参之旅活动　新鲜人参生长在什么地方？是怎样采挖出来的？这是销售新鲜人参的连锁药店老板们关注的。为此，企业设计了新鲜人参的寻参之旅活动，让连锁药店的高管们到产地去探究新鲜人参产品的源头。企业组织了全国 50 多家连锁药店的老总，让他们带着强烈的好奇心走进新鲜人参 GAP 种植基地，并按照当地习俗，专门请了专业的人参祭拜团体，详细系统实施了拜山挖参启动仪式。让连锁药店老总参与了从祭拜山神到选参、挖参、装参、运参的整个环节，让连锁药店老总对新鲜人参各个环节都进行深入了解，最终意识到人参生长的艰难和养护的艰辛，也对新鲜人参有了强烈的兴趣和销售的激情！

分析：×× 药业打造"舌尖上的美味新鲜中药"，改变了消费者对中药难吃、难喝的印象，与连锁药店一起培育新鲜中药增量品类，获得"2015 年度中国医药十大营销案例"，实至名归。

第九章同步练习

第十章 中药材商品国际贸易

第一节 中药材商品国际贸易历史

中药材商品在国际市场上进行商品交换的历史悠久,距今已有数千年。根据《汉书·西域传》和《后汉书·西域传》记载,在古代即传入中国著名的药物就有西红花、番石榴、番木鳖、番泻叶、胡桃、番木瓜、胡椒、胡麻仁、胡黄连、苜蓿、苏合香、安息香、乳香(沉光香)、没药(精祇香)、琥珀等数十味药材,主要通过陆上或海上进行交易运输。

一、汉

根据《博物志》和《封氏闻见记》记载,张骞出使西域,得涂林安石国榴种以归,故名安石榴,将其成功引种到长安临潼一带。又据《博物志》载张骞出使西域还得胡桃种,西汉时被植入皇宫上林苑。香菜原称胡荽,产于波斯、大宛,大约汉时传入中国,后因避讳,改为香荽。另据《本草纲目》卷二十三载:"汉史张骞始自大宛得油麻种,故名胡麻(今芝麻)。以别中国大麻也。"这些西域地区输入的中国药材常被冠以"胡"或"番"之名,部分以古地名而命名,体现了其产地特征。

公元前114年,中国大黄经西域、里海被转运至欧洲。根据《大唐西域记》记载,印度本无桃、杏、梨,是由中国河西走廊一带传入的,中国的大黄、肉桂、生姜、芦荟、牛黄、五倍子、樟脑、黄连、麻黄、黄芪、五加皮、花椒、常山等输出到中东和中亚地区、欧洲等地,丰富了该地区药物,促进了医疗事业发展。

二、唐

唐代"安史之乱"后,经济转向南方,强化了海上丝绸之路的经济作用。据李珣所作《海药本草》所载124种药物中,其大部分为舶来品,通过海上输入古代中国的主要有乳香、没药、芦荟、阿魏、藿香、茅香、木香、水银、使君子、桂皮、桂心、麒麟血竭、龙脑(冰片)、厚朴、薏苡仁、丁香、益智子、琥珀、沉香、槟榔、珍珠、木鳖子、茱萸、玳瑁、豆蔻、蝮蛇胆、茴香、蓬莪术、海桐皮、姜黄、大腹皮、苏木等。

唐代通过"唐蕃古道"向印度商贸输出的药材有麝香、硼砂、川芎等,其中以麝香最为著名,故此道被誉为"麝香路"。另据《唐大和上东征传》记载运往日本的中药材有麝香、益智仁、大黄、紫草、槟榔、苏木等,另外通过中国中转传入日本的有龙脑、安息香、胡椒、阿魏等。

三、宋元

宋代,在东西方通商交往中,我国有相当一部分中药材传入阿拉伯地区和欧洲各国。据《宋会要辑稿》记载:由阿拉伯商人运往欧亚等国的中药有 60 多种,如人参、甘草、常山、白术、远志、茯苓、附子、川芎、川椒、防风、黄芩、牛黄、朱砂、雄黄、硫黄等。而元代出口的中药也很多,如《真腊风土记》(真腊即柬埔寨)中载有水银、银朱、硫黄、檀香、白芷等中药,其中檀香、白芷、麝香、川芎等药材被大量输出到东南亚、中亚、欧洲、非洲等地区。

这一时期,我国在与日本的物资交流中,中药材贸易已经是重要的一项,我国输出日本的中药材主要是"香药",而日本输出的中药材主要是硫黄;与朝鲜半岛进行的中药材贸易也很频繁,其中朝鲜以人参、牛黄输入我国最为重要。1087 年,朝鲜曾遣使来我国请医,当时政府派翰林医官邢造前往,并带去 100 种中药材。

1132 年前后,中外进行贸易的中药品种逐渐增多,如龙脑、玳瑁、乳香、丁香、豆蔻、茴香、沉香、檀香、麝香、胡椒、胡黄连、紫草、苏木、白梅、安息香、鸡舌香、龙涎香、木香、荜澄茄、阿魏、硼砂、龙骨、五味子、琥珀、人参、硫黄、水银等,既推动了世界药学的发展,又从友好国家的药学中汲取了学术精华。

四、明清

明代,我国海上中药材商贸运输达到顶峰。明成祖朱棣曾派郑和率领庞大船队七次下南洋,不仅带去了中药,还有医生偕同前往,与 30 多个国家建立了外交贸易关系。公元 1606 年,西方医生熊三拔来到中国,结合西药的制造方法,编著了《药露说》一书,从而临床上有了苏合油、丁香油、檀香油、桂花油、冰片油等药物。

清代引进的外国药物仅在《本草纲目拾遗》中有记载,如西洋参、东洋参、胖大海、洋虫等。

五、近现代

民国时期,西医药曾借道日本传入中国,或许受日本废除中医政令的影响,民国政府也曾通过"废止旧医"提案。由于中医药界的奋力抵制,此提案被迫取消,但是中医药发展受到很大制约,外来中药资源的引入也处于停滞状态。

新中国成立之初,中医药得到了政府的重视和扶持,中药的现代研究蓬勃兴起,为外来中药资源的引入和利用奠定了良好基础,乳香、没药、沉香、檀香等 100 多种外来中药资源,经过历史的见证和筛选,被列入《中国药典》中,成为中医药学不可分割的重要部分。

第二节　中药材商品国际贸易现状

中国是中药资源生物多样性最为丰富的国家之一,是传统中药资源的提供大国,也是使用大国。目前,中药已被世界上越来越多的人所接受,国际市场日益拓宽,其中中药材是我国医药对外贸易的重要组成部分。据2011—2015年的不完全统计,我国对外出品的中药材有82个国家(地区),中药材从41个国家(地区)进口,主要国际市场有:东亚市场,包括日本、韩国、朝鲜;东南亚市场,包括泰国、越南、马来西亚、新加坡、菲律宾、印度尼西亚等国;北美市场,包括美国、墨西哥、加拿大;欧洲市场,包括德国、法国、英国、丹麦、比利时、希腊、爱尔兰、葡萄牙、西班牙、意大利、卢森堡、荷兰等国家;此外,还有大洋洲和非洲等市场。

2017年,中药材国际市场需求回暖,带动我国中药材出口数量增加,全年中药材出口数量22.3万吨,同比增长9.51%。但受国内部分药材价格下跌影响,中药材平均出口价格大幅跌至5.1美元/kg,同比下降10.72%。中药材出口额11.39亿美元,同比微降2.23%。我国出口的主要品种有人参、枸杞子、肉桂、红枣、茯苓等。2018年中药材(含饮片)出口额10.31亿美元,同比下降9.94%,虽然出口价格小幅增长1.98%,但出口数量下降明显,降幅达11.25%。据分析,中药材出口东南亚市场持续低迷是造成负增长的主要原因。

2017年,我国进口中药材9.10万吨,同比增长13.62%,平均进口价格2.87美元/kg,同比增长14.15%。中药材进口总额2.61亿美元,同比增长29.69%。我国进口的主要品种有龙眼、西洋参、鹿茸、西红花、乳香、没药及血竭等。2018年,中药材(含饮片)进口额2.85亿美元,同比增长9.16%。2019年上半年,中药材进口1.4亿美元。据统计,2018年,日本、韩国、越南、马来西亚、美国、德国、泰国、新加坡为我国中药材(含饮片)出口的前几大市场。亚洲地区仍然是我国中药材及中药饮片的主要出口市场地区,其出口量占我国中药材及中药饮片出口总量的83.17%。2019年上半年,中药材出口5.2亿美元,同比增长2.30%。

(一)主要国际市场贸易现状

1. 美洲市场　据美国植物协会的统计数据表明,最常用的天然药物有26种,其中银杏、贯叶连翘、狭叶紫锥花、人参、大蒜等中药材最为畅销。这些中药材主要用于增强免疫力、改善人体血液循环、降低胆固醇、减肥、提高机体耐力、促进妇女生理平衡、延缓衰老、减轻情绪紧张与精神抑郁等。近年来,包括中药材在内的天然药物产品在美国市场销售良好,导致膳食补充剂公司大量涌现。

一些传统大型化学制药公司也相继进入这个快速发展、高利润的领域,如美国家用产品公司(AHP)推出银杏、大蒜、人参、贯叶连翘等6个产品。据悉,美国天然药物原料有75%从国外进口,在74种主要进口原料品种中,有13种来自中国,品种和金额均位居第一。据不完全统计,2017年,我国中药材出口北美洲的数量为0.96万吨,出品额为4 897.65万美元。

加拿大是中药材最容易进入的发达国家之一,政府也鼓励发展包括中医药在内的多元化民族医药文化,目前占总人口1/2的人群服用天然保健品,天然保健品年销售额在13亿美元,年增长率为15.2%。

在南美洲虽然药用资源丰富,但是占药品的销售比例却十分小,中药材只能以保健品和食品及添加剂的身份出口。

2.欧洲市场 欧洲天然药物市场是世界最大的天然药物市场之一,已有700年的悠久历史。近几年欧洲天然药物市场发展要快于化学药品,天然药物在欧洲越来越受到人们的重视。目前,天然药物市场销售年均增长在10%,欧洲使用的药用植物在2 000种左右,2005年欧洲进口的天然药物原料约18万吨,市场上销售的天然药物原料近3亿美元,2017年我国中药材出口欧洲的数量为1.86万吨,出口额为9 102.19万美元。

3.亚洲市场 亚洲一直是中药材销售的传统市场。近年来日本汉方制剂生产量每年以50%～60%的速度递增,处方用中药的用量每年以15%的速度增长,而其生产所需药材的85%依赖进口,主要来自于中国。韩医、韩药基本源于中医、中药,韩药70%以上要依赖从中国的进口,而且无法替代,韩国是我国中药材出口的主要市场之一。韩国自产药材远远满足不了本国市场需求,每年中药材进口量近1亿美元,主要从中国进口的有葛根、菊花、甘草、桂枝、桂皮、藿香、麻黄、半夏、茯苓、酸枣仁、杏仁、黄连、厚朴和当归等。

在新加坡、马来西亚、印度尼西亚、泰国等国家都具有一定的中医药基础,而且中药材的销售在不断增长,主要是从中国进口。另据统计,西亚的沙特阿拉伯、也门对中药材需求增长最快,平均年增长率在14.6%;其次是阿拉伯联合酋长国,年增长率在12%;卡塔尔为10%。

据不完全统计,2018年,亚洲地区仍然是我国中药材(含饮片)的主要出口市场地区,其出口量占我国中药材(含饮片)出口总量的83.17%,其中日本、韩国是亚洲地区的主要出口市场,主要出口品种有人参、枸杞子、茯苓、半夏、地黄等。2018年,日本仍然是我国中药材(含饮片)出口的第一大市场,出口额为2.50亿美元,同比增长1.15%,占中药材(含饮片)出口总额的24.22%。

我国从亚洲其他国家进口中药材8.26万吨,占我国中药材进口总量的90.77%,进口额1.64亿美元,占我国中药材进口总额的62.79%,亚洲地区的主要货源国家为泰国、印度尼西亚、伊朗等,主要品种有龙眼、西红花、乳香、没药和血竭等。

4.大洋洲和非洲市场 澳大利亚是西方国家中第一个正式对中医立法的国家,中药材的进口量自1992年以来已增长4倍,并逐渐成为澳大利亚医药市场的重要组成部分,其中中药材主要从中国香港进口,中国已有20家中药厂的450多种中药产品获准进入澳大利亚销售。2017年,我国中药材出口大洋洲的数量为0.12万吨,出口额为932.69万美元。

在非洲,中药材属于天然药物范畴,那里的医疗条件落后,民间使用天然物,但是销售额非常小。由于非洲以肝炎、疟疾、艾滋病等传染病为主要疾病,中药材还是具有很大的发展空间。2017年,我国中药材出口非洲的数量为0.74万吨,出口额为1 337.16万美元。

(二)主要进口品种

我国进口中药材约有50种,主要品种(主产地)有:西洋参(美国、加拿大),高丽参(韩国、朝鲜),千年健(印度),胡黄连(印度、尼泊尔),沉香(印度尼西亚、马来西亚、越南、柬埔寨),肉桂(越南、柬埔寨、斯里兰卡),公丁香、母丁香(斯里兰卡),肉豆蔻(泰国、印度尼西亚、马来西亚、印度、缅甸),草果(越南),荜茇(印度、越南、菲律宾),胖大海(泰国、印度尼西亚、缅甸),西红花(西班牙、伊朗、希腊),番泻叶(印度),乳香、没药(索马里、埃塞俄比亚),阿魏(阿富汗、伊朗、印度),

血竭（印度尼西亚、马来西亚），苏合香（土耳其、伊朗、索马里、印度），豆蔻（泰国、印度尼西亚），安息香（印度尼西亚、泰国、越南、伊朗），藤黄（柬埔寨、马来西亚），天竺黄（马来西亚、印度尼西亚、新加坡、泰国），儿茶（马来西亚、印度尼西亚），芦荟（阿鲁巴岛、博内尔岛、海地、印度、南非、美国、委内瑞拉），冰片（印度尼西亚），西青果（马来西亚、印度、缅甸），诃子（印度、马来西亚、菲律宾），大枫子（泰国、越南、印度尼西亚、马来西亚、印度、柬埔寨），槟榔（菲律宾、马来西亚），砂仁（南洋诸岛），胡椒（印度尼西亚、印度、马来西亚、斯里兰卡、巴西），檀香（印度、泰国、澳大利亚），苏木（印度、缅甸、越南、斯里兰卡），海马（马来西亚、新加坡、日本、澳大利亚），蛤蚧（越南、泰国），海龙（日本、菲律宾、印度、澳大利亚），海狗肾（加拿大、墨西哥、俄罗斯、日本、朝鲜），玳瑁（印度尼西亚、菲律宾、澳大利亚），牛黄（美国、澳大利亚、尼泊尔、印度、印度尼西亚、加拿大、南美洲诸国），鱼油（越南），燕窝（泰国、马达加斯加的马尔加什地区、马来西亚、印度尼西亚），穿山甲（越南、缅甸、印度尼西亚），猴枣（印度、马来西亚、印度尼西亚），熊胆（缅甸、泰国、老挝、越南、朝鲜、俄罗斯的远东地区），麝香（俄罗斯的远东地区），珍珠（澳大利亚、印度尼西亚），石决明（澳大利亚、太平洋西南部诸国），羚羊角（俄罗斯、蒙古）。

据不完全统计，我国中药材十大进口品种为龙眼、西洋参、鹿茸、乳香、西红花、人参、甘草、加纳籽、龟甲、石斛。进口额同比增长61.07%，占我国中药材进口总额的93.13%。

（三）主要出口品种

我国出口中药材的主要品种有：甘草、党参、生地黄、鹿茸、鹿鞭、人参、黄连、当归、白芷、白芍、茯苓、菊花、麦冬、黄芪、木香、桉叶油、枸杞子、金银花、山药、延胡索、牡丹皮、泽泻、桔梗、贝母、附片、牛膝、玄参、杜仲、山茱萸、三七、栀子、厚朴、黄柏、枳壳、酸枣仁、天麻、连翘、柴胡、猪苓、冬虫夏草、大黄、蜂蜜、白术、半夏、川芎、槐米等。中药材出口的品种在逐年增多，呈持续上升趋势。

据不完全统计，2018年，肉桂、人参、枸杞、红枣、当归、半夏、黄芪、鹿茸、西洋参、菊花是我国中药材出口的前十大品种，占总出口额的49.35%。

第三节　国际市场对中药材贸易的规定

目前，国际上尚无中药材的国际标准，对于不同中药材及其成分，不同的国家有不同的看法。亚欧美地区是主要的市场，这三大市场对中医药的认识、研究和管理水平参差不齐，各具特色。各国对我国中药材进口贸易的规定也不同，因此我们必须熟知国际市场对中药材贸易的规定，才能更好地发展中药材的国际贸易。

（一）欧盟市场

2004年3月31日颁布的《欧盟植物药注册程序指令》规定，所有在欧盟市场销售的植物药都必须按照这一新的法规注册，并得到上市许可。此外，该指令还规定了7年的过渡期，允许以食品等身份在欧盟国家市场销售的中药产品可以销售至2011年3月31日。在此期间，已有30年安全使用历史，并在欧盟市场有15年使用历史的中药可申请简易注册程序。欧盟政府此项措施，增加了中国中药进入欧洲市场的难度。

在英国禁止销售的中药材有：狗脊、细辛、肉苁蓉、防己、白及、天麻、青木香、胡黄连、木通、石榴皮、槟榔、马兜铃、罂粟壳、马钱子、石斛、小叶莲、芦荟、虎骨、熊胆、豹骨、麝香、犀角、玳瑁、猴枣、羚羊角、龟甲、朱砂、轻粉（红升丹）、红粉（白降丹）、黑锡。

（二）美国市场

长期以来，美国不承认中药的合法地位，而以膳食增补剂的形式进入美国市场。因为以膳食增补剂的形式进入美国市场，只要在美国有销售商就可以，无需经过临床验证。美国 FDA 按食品要求检查时，经常出现杂质、农药残留、食品卫生、食品添加剂、色素、李斯特菌、沙门菌、黄曲霉毒素污染等问题。

（三）亚洲市场

为有效保护一些珍稀濒危动物免于灭绝，中国香港禁止含有犀牛角的中成药进入香港市场；新加坡政府有关部门也将延胡索、附子、川乌等药材及其制剂列为有毒药品；马来西亚对有毒及濒危野生动物药一律禁售，被禁止进口的中药材有川乌、草乌、附子、马钱子、延胡索、蟾酥、雄黄、麻黄、石榴皮、藜芦等 20 余种。

另外要特别注意，各国对中药材的重金属、农药残留量、漂白剂及其他有害物质的检查也日益严格。

第四节　中药材商品国际贸易的发展战略

一、中药材进出口存在的主要问题

1. 部分中药材进口品种及数量减少　在我国进口的药材品种中涉及了一部分野生动物保护种类，如豹骨、麝香、熊胆、羚羊角、哈蟆油、蛤蚧等。这类中药材不但是中医临床调配常用的药物，而且又是中成药中的重要组成药物。但因受到禁止使用和辗转出口等因素影响，致使药材价格成倍增加，进口品种及数量减少或降低，影响到了我国中成药产品的出口。

2. 部分中药材缺乏专属性强的鉴别方法和先进的质量标准　有的进口品种如高丽参、燕窝、沉香、胖大海、海狗肾、蛤蚧、海马、玳瑁、穿山甲等药材，大多停留在经验鉴别的基础上，尚缺乏专属性强的鉴别方法和先进的质量标准。如高丽参因无客观检验数据指标，而完全靠经验鉴别，这种传统的质量鉴别技术尚难把握，所以常出现假冒的现象。再如胖大海霉变问题，目前从外表很难判断其内在是否霉变，只有剖开子叶后才能识别，因此抽样的检验结果很难代表检品的全貌。

另外，我国出口的中药品种虽较多，但多数品种的检验标准还不完善，往往缺乏专属性的鉴别和药效成分含量测定项目，使得一些对中药进口质量要求较高的国家不能及时组织进口，妨碍了我国中药的出口。

3. 贸易壁垒限制　欧盟对于人用药品的规定是非常严格的，例如注册、许可证、产品质量、包装以及销售方式等都要符合《人用医药产品指令》中规定的法规。并且在欧盟颁布的《欧洲传统植物药注册程序指令》中规定,中草药的售卖会受到非常严格的管理,如果想要将中药进口到欧盟,必须满足达到成为欧盟成员国 15 年及以上,还要开出证明是在第三国。比如像中国就需要在成员国应用达到 30 年以上才能够被允许正式注册,并且还需要出口的中药中成分只能包括植物及几种矿物。

4. 中药出口营销渠道不全面　我国中药出口管理体制由于已经实行了较为彻底的改革,中药出口营销主体以出口外贸专业公司、有自营进出口权的中医药生产企业以及一些综合性外贸公司为主。中药在海外的销售和经营主要有五个渠道:①国家驻外贸易公司;②专业外贸公司的子公司、分公司;③海外华人组成的传统销售网;④香港转为输出;⑤海外进口代理商。

近年来随着中医药在海外的不断发展,出现了许多新的中药经销商,海外的一些诊所、药店直接与国内联系进口中药材的情况十分普遍。不过,我们各种渠道还做得不是很全面,缺少创新点,仍要吸取其他国家在营销渠道方面的经验。

二、促进中药材进出口发展战略

中药材进出口是我国医药对外贸易的重要组成部分,进口中药材的市场趋势极难预测,这与外币兑换率的变化、产地国的生产情况、国际上的经济和政治情况等都有密切关系。需要随时掌握口岸外贸和中药经营部门的业务动态,对中药材市场行情进行科学的判断和预测。

目前,中药的发展面临着机遇和挑战,为了加速中药走向世界的步伐,促进中药材进出口贸易的发展,主要应采取下列发展战略:

1. 从政策导向上鼓励中药材出口,药材的贸易要体现先国内、后国外的原则,努力扩大中药材的出口份额。

2. 提高中药质量,以质取胜。质量是中药在国际市场竞争的关键,要强化推行规范化管理,提高现代化生产和管理水平。我国进出口的名贵药材在出口品种中占有一定的比例,在国际市场享有盛誉。为了扩大出口量,对进出口的中药材应加强质量标准的制定,指导生产和促进消费。

3. 建立中药材种植(养殖)质量追溯体系,用可溯源体系把控我国出口中药材的质量。

4. 发展中药材信息工作,促进消费,不断将产品优势转化为经济优势。

5. 完善企业营销渠道,借鉴国外的企业营销模式来选择改进自己的渠道模式。尽力与国际上一些制药商进行紧密的协商。同时,要用中间代理商来吸引中小用户,也可以利用网络营销的手法在国外网站进行推广。

中药走向世界的任务既艰巨又紧迫,必须对中药的科研、技术和市场动态进行全方位的跟踪和检测,不断提高研究和管理水平,为创造现代中医药学、加快中药跨入国际市场的步伐而努力。

案例分析

案例1:参类产品的贸易历史

人参是我国中医药行业中最具代表性的中药材之一,在历代本草中被视为"百草之王",其贸易历史悠久。自唐代人参就传到了印度,宋绍兴三年(1133 年),其已在中国外贸品的名单中。17 世纪初,中国与朝鲜有了人参贸易,当时的东北女真政权控制着貂皮、人参等产品的生产和流通。人参在明代为普通民间交易商品,到了清代,因当时清朝政府实行强制垄断,控制人参流通,导致西方开始向中国大量贩卖西洋参。

中国和朝鲜的人参贸易与古代进贡制度具有一定的关系,在李唐一代朝鲜半岛的各政权进贡频繁,高句丽朝贡 18 次,百济朝贡 19 次,新罗朝贡 64 次,人参就是重要的贡品。此外,高丽参通过使者输送、专使采参、互市贸易、海商和使者在半岛贸易,以及朝鲜官民走私、盗采等多种途径进入中国。1696 年,传教士向西方世界介绍了中国人参。1716 年,西洋参首先在美国、加拿大被发现。1721 年,北美洲和中国间开始进行人参贸易,成为了北美洲和亚洲之间第一个有文献记载的贸易商品。晚清时期,中国对外贸易由广州转移到上海,经口岸与香港间进行了贸易,香港也成为人参的重要转口贸易地区,是世界最大的人参集中地,将中国内地的园参经加工或不加工再销售到世界各地,从韩国进口高丽红参,从美国、加拿大进口西洋参,再卖到中国内地和台湾省,以中转贸易为主。此外,天津也是我国参类产品出口的重要口岸,南洋一带的华侨对鹿茸、人参(含高丽参)、大黄、甘草等需求均通过天津口岸出口。

案例 2:国际市场对沉香贸易的限制

沉香是我国沿月历史久远的珍贵中药,具有行气止痛、温中止呕、纳气平喘的功效。在世界上很多地方,沉香木是珍贵的香料,被用作燃烧熏香、提取香料、加入酒中,或直接雕刻成装饰品等。

由于野生沉香树处于濒临灭绝的状态而被国家列为二级保护植物,因此沉香在贸易当中,特别是在国际贸易中受到了非常严格的限制。目前,有八个沉香属植物的族群被世界自然保护联盟列为"受威胁"等级的植物,其中容水沉香树于 1995 年 2 月被列入《濒危绝种野生动植物种国际贸易公约》的附录Ⅱ中。另据《华盛顿公约》规定,所有会员国不论出口或再出口容水沉香树的部分植物体或衍生物,都有义务针对出口货品,核发《华盛顿公约》许可证。

案例 3:茯苓国际贸易现状、存在问题与建议

我国茯苓出口历史悠久,公元 8 世纪起便开始出口国外,是国内外药材市场的重要商品,至今仍是我国出口的主要中药材品种之一。

1. 贸易现状 据统计,2011—2016 年,我国茯苓出口金额累计 21 272.41 万美元,年均 3 545.40 万美元,出口总量达 55 678.41 吨,年均 9 279.73 吨。茯苓出口至 44 个国家(地区),其中 21 个国家(地区)每年都从我国进口茯苓药材,23 个国家(地区)部分年份从我国进口茯苓。日本、韩国、越南、马来西亚、印度、新加坡、美国和泰国,是我国茯苓出口的主要国家(地区),其出口量累计值占茯苓出口总量的 99% 以上,其余国家不足 1%。

据统计,茯苓出口市场主要是日本、韩国、越南和马来西亚这些亚洲国家,占 99%

以上；其次是美国、加拿大和墨西哥 3 个北美洲国家，荷兰、英国、德国、捷克、比利时等欧洲国家，澳大利亚和新西兰等大洋洲国家。茯苓出口涉及 21 个口岸，其中 14 个口岸出口数额的市场份额占比大于 1%，累计市场份额占比 98% 以上。深圳海关是我国茯苓主要出口口岸。

朝鲜是我国茯苓的主要进口国。尽管 2011—2016 年我国从朝鲜进口的总量和总额整体呈下降趋势，但每年的进口总量和总额比重都在 90% 以上。进口的茯苓主要通过长春海关进入内地市场，大连和南京海关也有少量茯苓进口。吉林省是茯苓进口的主要省份，辽宁省和河北省也有少量茯苓进口。

2. 存在的问题与建议

（1）加大产品研发力度，走出后续出口动能不足的困境：2011—2016 年，我国茯苓出口总量下滑趋势明显。一方面可能与我国出口低附加值原料类出口减少有关；另一方面，已有的茯苓国际专利数量不足说明目前国际上对茯苓的研发投入不足，使得未来茯苓出口的动能不足。为此，我国应该加大茯苓深加工产品尤其是高附加值产品的研发力度，并提高科研转化能力，促进出口稳定增长。特别注重日本、韩国、越南等主要出口市场需求特征的分析，以有的放矢地开发热度产品。

（2）加强高端客户开发，克服发达地区出口比重不足的现象：我国茯苓主要出口东亚或者东南亚地区较不发达的国家，整体出口量大，但出口单价偏低。而德国、奥地利、荷兰、英国等发达国家从我国进口茯苓的总量偏低，不过这些地区给予的价格优势却比较明显。

我国茯苓多以初级加工品出口，利润偏低不利于产业发展。为此，迫切需要加强高端客户的开发，拓宽该群体需求空间，拉动高端市场增幅，提高发达地区茯苓的出口比重，以获取更大的利润优势。

（3）加快标准化进程，改善质量参差不齐的市场状况：据统计，从不同省份不同口岸出口不同国家（地区）的茯苓价格差异很大，一定程度上与市场上茯苓的质量参差不齐有关。我国茯苓在生产过程中存在种源混乱，农药、重金属等残留超标，产地加工方法落后、不规范等问题，严重影响着茯苓产业的发展。随着国家对中药材原料及相关产品质量要求的提升，迫切需要推进茯苓生产的标准化进程，从源头上种好，过程中产好，开发中造好，从各环节上保障领先的国际品质标准，以进一步拓宽茯苓产业的国际市场，稳固中国茯苓领先的国际贸易竞争地位。

第十章同步练习

下篇　中药材商品

第十一章　植物类药材商品

第一节　植物类药材商品概述

植物类药材是指植物或与植物密切相关的药材,包括植物的全体、植物的某一部分、提取物、分泌物或加工品等。第三次全国中药资源普查结果表明,我国现有中药资源种类已达 12 807 种,其中药用植物 11 146 种,植物类中药约占 80% 以上。通常根据其入药部位分为以下几类:根及根茎类、茎木类、皮类、叶类、花类、果实种子类、全草类、藻菌地衣类、树脂类及其他类药材。

第十一章概述

第二节　根及根茎类药材商品

根及根茎类药材是以植物的根或地下茎为药用部位的药材。

根及根茎类药材常依据采收时间、产地、加工方法等划分不同的规格,再依据长度、直径或规定重量中的个数等划分等级。

根及根茎类药材通常用袋装、箱装。由于含有大量的淀粉和糖类,易吸潮、发霉或虫蛀,需注意控制温度和湿度。含有挥发性成分的药材及其炮制品,应防止高热,不宜久贮。

大黄

Dahuang

RHEI RADIX ET RHIZOMA

【基源】　本品为蓼科植物掌叶大黄 *Rheum palmatum* L.、唐古特大黄 *R. tanguticum* Maxim. ex Balf. 或药用大黄 *R. officinale* Baill. 的干燥根和根茎。前二种药材统称"西大黄"或"北大黄",其中掌叶大黄为"西大黄"商品的主流来源;后一种药材称"南大黄"。

大黄

【历史沿革】　始载于汉代的《神农本草经》,列为下品。历代本草均有记载,吴普谓:"生蜀郡北部或陇西。八月采根,根有黄汁。"苏颂谓:"以蜀川锦纹者佳。正月内生青叶,似蓖麻,大者如扇。根如芋,大者如碗,长一二尺⋯⋯四月开黄花,亦有青红似荞麦花者。"《本草纲目》和《植物名实图考》的大黄附图,其叶片均有接近中裂的掌状分裂。古本草所指大黄,可认为包括大黄属掌叶组的一些植物,主要为现今的掌叶大黄等正品大黄。

【产地与采制】 掌叶大黄主产于甘肃礼县、宕昌、岷县、文县、武威,青海同仁、同德、贵德,四川阿坝与甘孜州,云南西北部,陕西陇县、凤翔等地;唐古特大黄主产于青海与甘肃祁连山北麓,西藏东北部及四川西北部。药用大黄主产于四川北部、东部及南部盆地边缘,河南西部,湖北西部,陕西南部,贵州北部、西部及云南西北部等地,多为栽培,其野生品主产于四川西部、德格及云南,习称"雅黄"。

4~5月植物未发芽前或9~11月植株枯萎时采挖。栽培品栽培均3年以上采挖。除去泥土,切去顶芽及细根,刮去外皮(忌用铁器),按药材规格要求加工后,晒干、阴干或烘干。出口商品须除去外皮,或置于竹笼中撞光。西大黄药材常加工成蛋吉、蛋片吉、苏吉和水根等规格。

【市场概况】 大黄是甘肃代表道地药材之一,甘肃大黄产量占全国总产量的70%~80%,其中礼县大黄获得了国家原产地地域保护认证和原产地标记认证。近年来,大黄药材市场行情一直处于震荡上行趋势。大黄作为全国大宗中药材品种,据统计,市场年需求量为7 000~9 000吨。2018年大黄的价格基本稳定,部分地区由于货源供不应求有小幅上扬趋势,统货价格12~14元/kg,广西玉林、安徽亳州市场价格略高,为24~26元/kg。

【质量要求】

1. 性状特征 形状因加工规格而异。去栓皮者表面黄棕色至红棕色,有棕红和灰白相间的网状纹理(锦纹);未去栓皮者表面棕褐色,有横皱纹及纵沟。质坚实。断面淡红棕色或黄棕色,颗粒性;根茎髓部较大,有"星点"(异常维管束)环列或散在;根有放射状纹理和环纹。气清香,味苦而微涩,嚼之黏牙,有砂粒感。唾液染成黄色。

以个大、表面色黄棕、体重、质坚实、有油性、锦纹及星点明显、气清香、味苦而不涩、嚼之发黏、无糠心者为佳。

2. 理化指标

水分 不得过15.0%。

总灰分 不得过10.0%。

土大黄苷 照薄层色谱法试验,供试品色谱中,在与土大黄苷对照品色谱相应的位置上,不得显相同的亮蓝色荧光斑点。

浸出物 水溶性浸出物(热浸法)不得少于25.0%。

总蒽醌含量 照高效液相色谱法测定,按干燥品计算,以芦荟大黄素($C_{15}H_{10}O_5$)、大黄酸($C_{15}H_8O_6$)、大黄素($C_{15}H_{10}O_5$)、大黄酚($C_{15}H_{10}O_4$)和大黄素甲醚($C_{16}H_{12}O_5$)的总量计,不得少于1.5%。

游离蒽醌含量 用高效液相色谱法测定,以芦荟大黄素($C_{15}H_{10}O_5$)、大黄酸($C_{15}H_8O_6$)、大黄素($C_{15}H_{10}O_5$)、大黄酚($C_{15}H_{10}O_4$)和大黄素甲醚($C_{16}H_{12}O_5$)的总量计,不得少于0.20%。

【商品规格等级】

1. 西大黄

(1)蛋吉:均为根茎,无粗皮,呈卵圆形。

(2)蛋片吉:为纵切成瓣的半圆形块。一面微凸,另一面较平坦,直径8~15cm。分三等。

一等 干货。断面淡红棕色或黄棕色,有放射状纹理及明显环纹,红肉白筋,根茎的星点环列或散在。每千克 8 个以内, 糠心不超过 15%。

二等　干货。每千克 12 个以内。余同一等。

三等　干货。每千克 18 个以内。余同一等。

（3）苏吉: 为横切的段, 呈不规则圆柱形, 长 4～10cm, 直径 3～8cm。分三等。

一等　干货。每千克 20 个以内, 糠心不超过 15%。

二等　干货。每千克 30 个以内。余同一等。

三等　干货。每千克 40 个以内。余同一等。

（4）水根: 主根尾部及支根。呈长圆锥形或长条形。表面棕色或黄褐色, 间有未除尽的栓皮。长短不限, 间有闷茬, 小头直径不小于 1.3cm。统货。

（5）原大黄: 纵切或横切成瓣、段, 块片大小不分。表面黄褐色。断面有放射状纹理及环纹。髓部有星点散在。中部直径在 2cm 以上, 糠心不超过 15%。统货。

2. 南大黄　呈类圆柱形, 一端稍大, 形如马蹄, 长 5～15cm, 直径 3～10cm。表面黄褐色或黄棕色, 有少量棕色纹理。质较疏松, 易折断, 断面黄褐色, 多孔隙, 星点断续排列成环。分二等。

一等　干货。表面黄褐色, 体较结实。长 7cm 以上, 直径 5cm 以上。无枯糠、糊黑、水根。

二等　干货。大小不分, 间有水根。最小头直径不低于 1.2cm。

3. 雅黄　分三等。

一等　干货。呈不规则的块状, 形似马蹄, 无粗皮。表面黄色或黄褐色, 体重质坚。断面黄色或棕褐色。气微香, 味苦。每个 150～250g。无枯糠、焦黑、水根。

二等　干货。体较轻泡, 质松。每个 100～200g。

三等　干货。未去粗皮, 苦味较淡。大小不分, 间有直径 3.5cm 以上的根黄。

【贮藏】　置干燥、通风处, 避光, 防蛀。

【功能主治】　泻下攻积, 清热泻火, 凉血解毒, 逐瘀通经, 利湿退黄。用于实热便秘、积滞腹痛、泻痢不爽、湿热黄疸、血热吐衄、目赤、咽肿、肠痈腹痛、痈肿疔疮、瘀血经闭、跌打损伤, 外治水火烫伤, 上消化道出血。

【用法用量】　3～15g。

【附注】　孕妇及月经期、哺乳期慎用。

何首乌

Heshouwu

POLYGONI MULTIFLORI RADIX

【基源】　本品为蓼科植物何首乌 *Polygonum multiflorum* Thunb. 的干燥块根。

何首乌

【历史沿革】　唐代李翱《何首乌传》云:"何首乌苗如木藁光泽, 形如桃柳叶, 其背偏, 独单, 皆生不相对。有雌雄者, 雌者苗色黄白, 雄者黄赤。其生相远, 夜则苗蔓交或隐化不见。"北宋《开宝本草》曰:"本出顺州南河县, 今岭外江南诸州皆有。蔓紫, 花黄白, 叶如薯蓣而不光, 生必相对, 根大如拳。有赤白二种, 赤者雄, 白者雌。"《本草图经》谓:"今在处有之, 以西洛、嵩山及南京柘城县者为胜。春生苗叶, 叶相对如山芋而不光泽, 其茎蔓延竹木墙壁间, 夏秋开黄白花, 似葛勒花, 结子有棱似荞麦而细小, 才如粟大。秋冬取根大者如拳,各有五棱瓣似小甜瓜。"

【产地与采制】 主产于四川、河南、湖北、广西、广东等地,以广东德庆为道地产区。秋、冬二季叶枯萎时采挖,削去两端,洗净,个大的切成块,干燥。

【市场概况】 何首乌乃药食两用品种,应用范围广,近年国内和国际市场对何首乌的需求量呈逐年增长之势,何首乌野生资源相对减少,栽培品逐渐为商品主流。目前何首乌年需求量在万吨以上,其中全国药材市场年总需求量约 6 000 吨,以四川、安徽、河南、云南、贵州、广东销量为大,约占总需求量的 70%。近年价格趋于稳定,至 2018 年,家种统货价格 17～19 元 /kg,野生统货价格 22～23 元 /kg。

【质量要求】

1. 性状特征 呈团块状或不规则纺锤形,长 6～15cm,直径 4～12cm。表面红棕色或红褐色,皱缩不平,有浅沟,并有横长皮孔样突起和细根痕。体重,质坚实,不易折断,断面浅黄棕色或浅红棕色,显粉性,皮部有 4～11 个类圆形异型维管束环列,形成云锦状花纹,中央木部较大,有的呈木心。气微,味微苦而甘涩。

以体重、质坚、粉性足、断面无裂隙、味甘微涩、苦味少者为佳。

2. 理化指标

水分 不得过 10.0%。

总灰分 不得过 5.0%。

二苯乙烯苷 照高效液相色谱法测定,按干燥品计算,含 2,3,5,4′- 四羟基二苯乙烯 -2-O-β-D-葡萄糖苷($C_{20}H_{22}O_9$)不得少于 1.0%。

结合蒽醌 照高效液相色谱法测定,按干燥品计算,含结合蒽醌以大黄素($C_{15}H_{10}O_5$)和大黄素甲醚($C_{16}H_{12}O_5$)的总量计,不得少于 0.10%。

【商品规格等级】 目前,药材市场上大部分何首乌药材为统货,少部分根据个头大小分为首乌王(每个 200g 以上)、提首乌(每个 100g 以上)和统首乌。

【贮藏】 置干燥处,防蛀。

【功能主治】 解毒,消痈,截疟,润肠通便。用于疮痈,瘰疬,风疹瘙痒,久疟体虚,肠燥便秘。

【用法用量】 3～6g。

牛膝

Niuxi

ACHYRANTHIS BIDENTATAE RADIX

【基源】 本品为苋科植物牛膝 Achyranthes bidentata Bl. 的干燥根。

【历史沿革】 始载于《神农本草经》,列为上品,记载为"生川谷"。陶弘景谓:"今出近道蔡州者,最长大柔润。其茎有节似牛膝,故以为名也。"《本草图经》记载"生河内川谷及临朐,今江淮、闽、粤、关中亦有之,然不及怀州者为真",说明怀州(今河南焦作温县、武陟、博爱、修武一带)所产牛膝在宋朝已经广受好评,质量优于其他产地。

牛膝

【产地与采制】 主产于河南武陟、沁阳等地,内蒙古、河北、山西、山东、江苏等地亦产,均为栽培品。冬季茎叶枯萎时采挖,除去须根和泥沙,捆成小把,晒至干皱后,将顶端切齐,晒干。

【市场概况】 牛膝为"四大怀药"之一,商品全部来源于栽培资源,属于可以满足市场需求的品种。河南焦作市(古怀庆府)已有 2 000 余年的栽培历史,但改革开放前后,随着时代变迁和中药材产区迁移,怀牛膝产区逐步外延。目前在国内形成三大牛膝产区:内蒙古赤峰牛营子镇,河北安国市周边,河南武陟大虹桥、大封镇和温县赵堡镇。近年内蒙古和河北安国市周边种植规模也在不断扩大。牛膝有效成分提取相对困难,研发出来的中成药种类不多,大部分都是作为饮片销往各大市场;也有部分货源出口到韩国和日本,出口量常年稳定在 500 吨左右。目前全国有 60% 的怀牛膝均在安国加工,成为怀牛膝真正的货源集散地,河南产牛膝主要在亳州药材市场流通,近五年头肥价格在 14～22 元 /kg 波动。

【质量要求】

1. 性状特征　呈细长圆柱形,挺直或稍弯曲,长 15～70cm,直径 0.4～1cm。表面灰黄色或淡棕色,有微扭曲的细纵皱纹,排列稀疏的侧根痕和横长皮孔样的突起。质硬脆,易折断,受潮后变软,断面平坦,淡棕色,略呈角质样而油润,中心维管束木质部较大,黄白色,其外周散有多数黄白色点状维管束,断续排列成 2～4 轮。气微,味微甜而稍苦涩。

以根长、粗壮、皮细肉肥、色黄白者为佳。

2. 理化指标

水分　不得过 15.0%。

总灰分　不得过 9.0%。

浸出物　醇溶性浸出物(热浸法),水饱和正丁醇作溶剂,不得少于 6.5%。

β- 蜕皮甾酮　照高效液相色谱法测定,按干燥品计算,含 β- 蜕皮甾酮($C_{27}H_{44}O_7$)不得少于 0.030%。

3. 有害物质限量指标

二氧化硫残留量　不得过 400mg/kg。

【商品规格等级】 目前,药材市场上,常分为 4 个等级。

特肥　呈长条圆柱形。内外黄白色或浅棕色。中部直径 0.8cm 以上(包含 0.8cm),长 40cm 以上。

头肥　中部直径 0.8cm 以下,0.6cm 以上(包含 0.6cm),长 40cm 以上。根条均匀。

二肥　中部直径 0.6cm 以下,0.4cm 以上(包含 0.4cm),长 30cm 以上。

平条　中部直径 0.4cm 以下,但不小于 0.2cm(包含 0.2cm),长短不分。

【贮藏】 本品易受潮变软,高温易走油变黑,应贮藏于 30℃以下的阴凉、干燥处,密封保存。

【功能主治】 逐瘀通经,补肝肾,强筋骨,利尿通淋,引血下行。用于经闭,痛经,腰膝酸痛,筋骨无力,淋证,水肿,头痛,眩晕,牙痛,口疮,吐血,衄血。

【用法用量】 5～12g。

【附注】 孕妇慎用。

川牛膝

Chuanniuxi

CYATHULAE RADIX

【基源】 本品为苋科植物川牛膝 *Cyathula officinalis* Kuan 的干燥根。

【历史沿革】 川牛膝之名首见于唐代的《仙授理伤续断秘方》,于晚清民初时入药使用。明、清以来虽然对"川牛膝"和"川产牛膝"叙述颇多,但描述比较粗略,清代《本草便读》谓:"怀产者象若枝条……川产者形同续断,补益功多……怀牛膝根细而长,川牛膝根粗而大。"清代《本经逢原》云:"怀产者长而无旁须……川产者细而微黑。"清代《本草正义》谓:"今时市肆中之所谓川牛膝,则其形甚大,而性质空松。"

【产地与采制】 主产于四川天全、金口河、宝兴、乐山、峨眉,为川产道地药材之一,四川宝兴川牛膝、金口河川牛膝获得国家地理标志保护产品标识;重庆奉节,云南大理、楚雄、昭通、下关、丽江,维西,贵州毕节、盘县等地亦有生产。秋、冬二季采挖,除去芦头、须根及泥沙,炕或晒至半干,堆放回润,再炕干或晒干。

【市场概况】 川牛膝由于生长年限较长等原因,产量容易受市场行情的起伏而出现人为的调控,这也是过去川牛膝常年低价的原因之一。目前川牛膝主要为 3 年生,生长环境在海拔 1 300～1 800m,市场大宗商品中药材主要来自四川雅安宝兴、天全两县及乐山金口河区,其中雅安宝兴、天全两县为公认的道地产区,年产川牛膝 3 000 吨左右。2017 年川牛膝的价格比较平稳,统货价格 14～16 元/kg。2018 年川牛膝价格较为平稳,至 11 月产新季后价格上涨,2019 年(初)统货价格 18 元/kg,2019 年(末)统货价格已达 30 元/kg。

【质量要求】

1. 性状特征 本品呈近圆柱形,微扭曲,向下略细或有少数分枝,长 30～60cm,直径 0.5～3cm。表面黄棕色或灰褐色,具纵皱纹、支根痕和多数横长的皮孔样突起。质韧,不易折断,断面浅黄色或棕黄色,维管束点状,排列成数轮同心环。气微,味甜。

以身干、条大、柔软、油润、色黄棕者为佳。

2. 理化指标

水分 不得过 16.0%。

总灰分 不得过 8.0%。

浸出物 水溶性浸出物(冷浸法)不得少于 65.0%。

杯苋甾酮 照高效液相色谱法测定,按干燥品计算,含杯苋甾酮($C_{29}H_{44}O_8$)不得少于 0.030%。

【商品规格等级】 目前,药材市场上,大部分川牛膝药材为统货,少部分可分为以下 3 个等级。

一等 干货。呈曲直不一的长圆柱形,单支。表面灰黄色或灰褐色。质柔。断面棕色或黄白色,有筋脉点。味甘、微苦。上中部直径 1.8cm 以上。无芦头、须毛、杂质、虫蛀、霉变。

二等 干货。呈曲直不一的长圆柱形,单支。表面灰黄色或灰褐色。质柔。断面棕色或黄白色,有筋脉点。味甘、微苦。上中部直径 1cm 以上。无芦头、须毛、杂质、虫蛀、霉变。

三等 干货。呈曲直不一的长圆柱形,单支。表面灰黄色或灰褐色。质柔。断面棕色或黄白色,有筋脉点。味甘、微苦。上中部直径 1cm 以下,但不小于 0.4cm,长短不限。无芦头、毛须、杂质、虫蛀、霉变。

【贮藏】 置阴凉干燥处,防潮。

【功能主治】 逐瘀通经,通利关节,利尿通淋。用于经闭癥瘕,胞衣不下,跌扑损伤,风湿痹痛,足痿筋挛,尿血血淋。

【用法用量】 5～10g。

【附注】 孕妇慎用。

川乌

Chuanwu

ACONITI RADIX

【基源】 本品为毛茛科植物乌头 *Aconitum carmichaelii* Debx. 的干燥母根。

【历史沿革】 四川历来是附子的道地产区,川乌与草乌最早入药,统称为乌头,首载于神农本草经,列为下品。又称乌喙,奚毒,其汁又名射罔,一直沿用至明代。《名医别录》云:“附子生犍为山谷及广汉。冬月采为附子,春月采为乌头。”陶弘景《本草经集注》谓:“乌头与附子同根,附子八月采……乌头四月采,春时茎叶初生有脑头,如乌鸟之头,故谓之乌头。”至本草纲目始有川乌与草乌之分,李时珍云:“乌头有两种,出彰明者即附子之母,今人谓之川乌头是也。”

【产地与采制】 主产于四川江油、安县、布拖,陕西汉中、城固等地。目前全国大部分地区已引种栽培。6月下旬至8月上旬采挖,除去子根、须根及泥沙,晒干。

【市场概况】 川乌有毒,属于药材市场禁止销售的毒性中药之一,市场售卖的是制川乌。2016年8月陕西省汉中市城固县(川乌的主产区之一),由于2015年川乌和附子的高价,刺激了乌头的大面积扩种,导致2016年川乌的产量大幅增长,使得货源走动缓慢,价格出现了下滑。2017年制川乌的价格比较平稳,统货价格18～20元/kg。2018年初行情平稳,至产新季节时走销不畅,价格下跌,后半年行情稳定购销平稳,统货价格14～16元/kg。

【质量要求】

1. 性状特征 呈不规则的圆锥形,稍弯曲,顶端常有残茎,中部多向一侧膨大,长2～7.5cm,直径1.2～2.5cm。表面棕褐色或灰棕色,皱缩,有小瘤状侧根及子根脱离后的痕迹。质地坚实,断面类白色或浅灰黄色,形成层环纹呈多角形。气微,味辛辣、麻舌。

以身干、个匀、饱满坚实、无空心者为佳。

2. 理化指标

水分 不得过12.0%。

总灰分 不得过9.0%。

酸不溶性灰分 不得过2.0%。

乌头碱、次乌头碱和新乌头碱 照高效液相色谱法测定,按干燥品计算,含乌头碱($C_{34}H_{47}NO_{11}$)、次乌头碱($C_{33}H_{45}NO_{10}$)和新乌头碱($C_{33}H_{45}NO_{11}$)的总量不得少于0.050%～0.17%。

【商品规格等级】 目前,药材市场上制川乌药材为统货。

【贮藏】 置通风干燥处,防蛀。

【功能主治】 祛风除湿,温经止痛。用于风寒湿痹,关节疼痛,心腹冷痛,寒疝作痛及麻醉止痛。

【用法用量】 一般炮制后用。制川乌：1.5～3g，先煎、久煎。

【附注】 川乌为毒性中药，生品内服宜慎；孕妇禁用；不宜与半夏、瓜蒌、瓜蒌子、瓜蒌皮、天花粉、川贝母、平贝母、伊贝母、浙贝母、湖北贝母、白蔹、白及同用。

附子

Fuzi

ACONITI LATERALIS RADIX PRAEPARATA

【基源】 本品为毛茛科植物乌头 *Aconitum carmichaelii* Debx. 的子根加工品。

【历史沿革】 附子药用历史悠久，始载于汉代的《神农本草经》，列为下品。四川历来是附子的道地产区，汉代《范子计然》云："附子出蜀武都，中白色者善。"《名医别录》云："附子生犍为山谷及广汉。冬月采为附子，春月采为乌头。"梁代陶弘景《本草经集注》谓："乌头与附子同根，附子八月采……乌头四月采，春时茎叶初生有脑头，如乌鸟之头，故谓之乌头。"明代《本草纲目》云："乌头有两种，出彰明者即附子之母，今人谓之川乌头是也。"

【产地与采制】 产地同川乌。6月下旬至8月上旬采挖，除去母根、须根及泥沙，习称"泥附子"。按照不同的加工方法加工成不同的规格。

（1）选择个大、均匀的泥附子，洗净，浸入胆巴的水溶液中过夜，再加食盐，继续浸泡，每日取出晒晾，并逐渐延长晒晾时间，直至附子表面出现大量结晶盐粒（盐霜），质地变硬为止，习称"盐附子"。

（2）取泥附子，按大小分别洗净，浸入胆巴的水溶液中数日，连同浸液煮至透心，捞出，水漂，纵切成厚约0.5cm的片，再用水浸漂，用调色液使附片染成浓茶色，取出，蒸至出现油面、光泽后，烘至半干，再晒干或继续烘干，习称"黑顺片"。

（3）选择大小均匀的泥附子，洗净，浸入胆巴的水溶液中数日，连同浸液煮至透心，捞出，剥去外皮，纵切成厚约0.3cm的片，用水浸漂，取出，蒸透，晒干，习称"白附片"。

【市场概况】 目前汉中附子的栽培面积逐年扩大，2015年，年产鲜附子8 000余吨，产量占全国总产量的50%左右。其中四川江油、布拖附子，陕西汉中附子已成为地理标志保护产品。2017年附片的价格比较平稳，清水白附片40～45元/kg，清水黑顺片28～35元/kg，胆水白附片38～41元/kg，胆水黑顺片25～30元/kg，成都荷花池市场价格略高。2018年附片价格较为平稳，价格与2017年持平。

【质量要求】

1. 性状特征

盐附子 呈圆锥形，长4～7cm，直径3～5cm。表面灰黑色，被盐霜，顶端有凹陷的芽痕，周围有瘤状突起的支根或支根痕。体重，横切面灰褐色，可见充满盐霜的小空隙和多角形形成层环纹，环纹内侧导管束排列不整齐。气微，味咸而麻，刺舌。

黑顺片 为纵切片，上宽下窄，长1.7～5cm，宽0.9～3cm，厚0.2～0.5cm。外皮黑褐色，切面暗黄色，油润具光泽，半透明状，并有纵向导管束。质硬而脆，断面角质样。气微，味淡。

白附片 无外皮，黄白色，半透明，厚约0.3cm。

盐附子以表面色灰黑、起盐霜者为佳；黑顺片以片大、厚薄均匀、表面具油润光泽者为佳；白附片以片大、色白、半透明者为佳。

2. 理化指标

水分　不得过 15.0%。

双酯型生物碱　照高效液相色谱法测定,本品按干燥品计算,含新乌头碱($C_{33}H_{45}NO_{11}$)、次乌头碱($C_{33}H_{45}NO_{10}$)和乌头碱($C_{34}H_{47}NO_{11}$)的总量,不得少于 0.020%。

单酯型生物碱　照高效液相色谱法测定,本品按干燥品计算,含苯甲酰新乌头原碱($C_{31}H_{43}NO_{10}$)、苯甲酰乌头原碱($C_{32}H_{45}NO_{10}$)和苯甲酰次乌头原碱($C_{31}H_{43}NO_{9}$)的总量,不得少于 0.010%。

【商品规格等级】　附片过去规格较多,现根据产销习惯,只保留五个规格。

1. 盐附子

一等　呈圆锥形,上部肥满,有芽痕,下部有支根痕。表面黄褐色或黑褐色,附有结晶盐粒。体质沉重。断面黄褐色。味咸而麻、刺舌。每千克 16 个以内。元空心、腐烂。

二等　呈圆锥形,上部肥满,有芽痕,下部有支根痕。表面黄褐色或黑褐色,附有结晶盐粒。体质沉重。断面黄褐色。味咸而麻、刺舌。每千克 24 个以内。无空心、腐烂。

三等　呈圆锥形,上部肥满,有芽痕,下部有支根痕。表面黄褐色或黑褐色,附有结晶盐粒。体质沉重。断面黄褐色。味咸而麻、刺舌。每千克 80 个以内。间有小药扒耳,但直径不小于 2.5cm。无空心、腐烂。

2. 附片

（1）白附片

一等　干货。为一等附子去净外皮,纵切成厚 0.2～0.3cm 的薄片。片面白色。呈半透明体。片大,均匀。味淡。无盐软片、霉变。

二等　干货。为二等附子去净外皮,纵切成厚 0.2～0.3cm 的薄片。片面白色。呈半透明体。片较小,均匀。味淡。无盐软片、霉变。

三等　干货。为三等附子去净外皮,纵切成 0.2～0.3cm 的薄片。片面白色。呈半透明体。片小,均匀。味淡。无盐软片、霉变。

（2）熟附片

统货　干货。为一等附子去皮去尾,横切成厚 0.3～0.5cm 的圆形厚片。片面冰糖色,油面光泽。呈半透明体。无盐软片、霉变。

（3）卦附片

统货　干货。为二、三等附子各 50% 去皮纵切两瓣。片面冰糖色或褐色。油面光泽,呈半透明状。块瓣均匀。味淡或微带麻辣。每 500g 80 瓣左右。无白心、盐软瓣、霉变。

（4）黑顺片

统货　干货。为二、三等附子不去外皮,顺切成 0.2～0.3cm 的薄片。片边黑褐色。片面暗黄色。油面光滑。片张大小不一,薄厚均匀。味淡。无盐软片、霉变。

（5）黄附片

统货　为一、二等附子各半,去皮去尾横切成厚 0.3～0.5cm 的厚片。片面黄色,厚薄均匀。味淡。无白心、尾片、盐软片。

【贮藏】　盐附子密闭,置阴凉干燥处;黑顺片及白附片置干燥处,防潮。

【功能主治】 回阳救逆,补火助阳,散寒止痛。用于亡阳虚脱,肢冷脉微,心阳不足,胸痹心痛,虚寒吐泻,脘腹冷痛,肾阳虚衰,阳痿宫冷,阴寒水肿,阳虚外感,寒湿痹痛。

【用法用量】 3～15g,先煎,久煎。

【附注】 孕妇慎用;不宜与半夏、瓜蒌、瓜蒌子、瓜蒌皮、天花粉、川贝母、平贝母、伊贝母、浙贝母、湖北贝母、白蔹、白及同用。

白芍

Baishao

PAEONIAE RADIX ALBA

【基源】 本品为毛茛科植物芍药 *Paeonia lactiflora* Pall. 的干燥根。

【历史沿革】 芍药始载于汉代《神农本草经》,列为中品。梁代陶弘景始分赤、白二种,云:"今出白山、蒋山、茅山最好,白而长大。余处亦有而多赤,赤者小利。"宋代《开宝本草》载:"此有两种,赤者利小便下气,白者止痛散血,其花亦有红白二色。"《本草图经》载:"芍药二种,一者金芍药,二者木芍药。救病用金芍药,色白多脂肉,木芍药色紫瘦多脉。"《本草别说》载:"《本经》芍药生丘陵川谷,今世所用者多是人家种植。"由此可知,宋代已采用栽培的芍药入药,且已分色白多脂肉者和色紫瘦多脉者两种。《本草纲目》曾云:"根之赤白,随花之色也。"这说明了明代以前确实也有以花色来分辨赤、白芍的标准。

白芍

【产地与采制】 主产于浙江东阳、磐安,四川中江,安徽亳州,涡阳等地。此外,贵州、山东、云南、湖南、河南、山西、甘肃等省亦产。浙江产者品质最佳,因集散地在杭州,故称"杭白芍";安徽产者名"亳白芍",产量最大;四川产者习称"川白芍",产量次之;陕西"宝鸡白芍"产量小,质次之。栽培 3～4 年后的夏、秋两季采挖,洗净,除去头尾及须根,置沸水中煮至透心,刮去外皮,立即捞出放入冷水中浸泡,取出晒干。

【市场概况】 白芍为道地药材"浙八味"和"十大皖药"之一,年用量 8 000 吨左右,新货逐渐减少,只是库存有量。全国年均产约 3 200 吨,纯购约 2 500 吨,纯销约 1 500 吨,供应出口 500～700 吨。其中安徽年均纯购约 1 200 吨,四川纯购约 400 吨,浙江约 250 吨,湖南约 150 吨,其他地区约 500 吨。2019 年安徽亳州市场"一、二级"白芍价格稳定在 18～20 元 /kg。2019 年四川荷花池市场"一、二级"白芍价格稳定在 17～20 元 /kg。

【质量要求】

1. 性状特征 呈圆柱形,平直或稍弯曲,两端平截,长 5～18cm,直径 1～2.5cm。表面类白色或淡棕红色,光洁或有纵皱纹及细根痕,偶有残存的棕褐色外皮。质坚实,不易折断,断面较平坦,类白色或微带棕红色,形成层环明显,射线放射状。气微,味微苦、酸。

以根条粗长、均匀、质坚实、皮色整洁、无白心或裂痕者为佳。

2. 理化指标

水分 不得过 14.0%。

总灰分 不得过 4.0%。

浸出物 水溶性浸出物(热浸法)不得少于 22.0%。

芍药苷 照液相色谱法测定,本品按干燥品计算,含芍药苷($C_{23}H_{28}O_{11}$)总量不得少于 1.6%。

3．有害物质限量指标

砷盐　照铅、镉、砷、汞、铜测定法测定，含砷不得过2mg/kg。

重金属　照铅、镉、砷、汞、铜测定法测定，含铅不得过5mg/kg，含镉不得过0.3mg/kg，含汞不得过0.2mg/kg，含铜不得过20mg/kg。

二氧化硫残留量　照二氧化硫残留量测定法测定，二氧化硫不得过400mg/kg。

【商品规格等级】　商品分杭白芍、川白芍、亳白芍、宝鸡白芍等规格。现行商品杭白芍、白芍两种规格，按大小粗细分等。杭白芍分1～7等，白芍（包括川白芍、亳白芍）分1～4等。其规格等级标准如下。

1．杭白芍

一等　呈圆柱形，条直，两端切平。表面棕红色或微黄色。质坚体重。断面米黄色。味微苦酸。长8cm以上，中部直径2.2cm以上。无枯芍、芦头、栓皮、空心。

二等　长8cm以上，中部直径1.8cm以上，其余同一等。

三等　长8cm以上，中部直径1.5cm以上，其余同一等。

四等　长7cm以上，中部直径1.2cm以上，其余同一等。

五等　长7cm以上，中部直径0.9cm以上，其余同一等。

六等　长短不分，中部直径0.8cm以上，其余同一等。

七等　长短不分，中部直径0.5cm以上，间有夹生、伤疤，其余同一等。

2．白芍（包括川白芍、亳白芍）

一等　呈圆柱形，直或稍弯，去净栓皮，两端整齐。表面类白色或淡红棕色，质坚实，体重。断面类白色或白色。味微苦酸。长8cm以上，中部直径1.7cm以上。无芦头、花麻点、破皮、裂口、夹生。

二等　长6cm以上，中部直径1.3cm以上，间有花麻点，其余同一等。

三等　长4cm以上，中部直径0.8cm以上，间有花麻点，其余同一等。

四等　表面类白色或淡红棕色，断面类白色或白色，长短粗细不分，兼有夹生、破皮、花麻点、碎节或未去栓皮。

白芍出口按质量的优劣分等出售。

【贮藏】　置干燥处，防蛀。

【功能与主治】　养血调经，敛阴止汗，柔肝止痛，平抑肝阳。用于血虚萎黄，月经不调，自汗，盗汗，胁痛，腹痛，四肢挛痛，头痛眩晕。

【用法与用量】　6～15g。

【附注】　不宜与藜芦同用。

赤芍

Chishao

PAEONIAE RADIX RUBRA

【基源】　本品为毛茛科植物芍药 *Paeonia lactiflora* Pall. 或川赤芍 *Paeonia veitchii* Lynch 的干燥根。

赤芍

【历史沿革】 芍药始载于汉代《神农本草经》,列为中品。梁代陶弘景始分赤、白二种。宋代《开宝本草》载:"此有两种,赤者利小便下气,白者止痛散血,其花亦有红白二色。"现今药材赤芍都为芍药组多种野生植物的根,经直接晒干而得。

【产地与采制】 主产于内蒙古多伦,河北滦平、围场及东北等地。此外,山西、甘肃、青海等地有产。川赤芍主产于四川。春秋两季采收。将根挖出,去掉根茎及须根,洗净泥土,晾至半干,打捆理直,再翻晒至干即可。

【市场概况】 赤芍多年来产销基本平衡,年产量在 1 000～5 000 吨,年销售量 1 500～2 000 吨,最高销售达 2 500 吨。2019 年安徽亳州市场赤芍"统货"价格在 49～58 元 /kg,"选货"价格在 59～66 元 /kg。四川荷花池市场价格略低在 34～38 元 /kg。

【质量要求】

1.性状特征 呈圆柱形,稍弯曲,长 5～40cm,直径 0.5～3cm。表面棕褐色,粗糙,有纵沟和皱纹,并有须根痕和横长的皮孔样突起,有的外皮易脱落。质硬而脆,易折断,断面粉白色或粉红色,皮部窄,木部放射状纹理明显,有的有裂隙。气微香,味微苦、酸涩。

以条粗长、断面粉白色、粉性大者为佳。以内蒙古多伦所产质量最优。

2.理化指标

芍药苷 照高效液相色谱法测定,本品按干燥品计算,含芍药苷($C_{23}H_{28}O_{11}$)总量不得少于 1.8%。

【商品规格等级】 商品分一、二等及统装,其等级标准如下。

一等 呈圆柱形,稍弯曲,表面有纵沟和皱纹,皮较粗糙。表面暗棕色或紫褐色。体轻质脆。断面粉白色或粉红色,有放射状纹理,粉性足。气特异,味微苦酸。长 16cm 以上。两端粗细均匀。中部直径 1.2cm 以上。无疙瘩头、空心及须根。

二等 长 15.9cm 以下,中部直径 0.5cm 以上。无疙瘩头、空心及须根。

【贮藏】 置通风干燥处。

【功能与主治】 清热凉血,散瘀止痛。用于热入营血,温毒发斑,吐血衄血,目赤肿痛,肝郁胁痛,经闭痛经,癥瘕腹痛,跌扑损伤,痈肿疮疡。

【用法与用量】 6～12g。

【附注】 不宜与藜芦同用。

黄连

Huanglian

COPTIDIS RHIZOMA

【基源】 本品为毛茛科植物黄连 *Coptis chinensis* Franch.、三角叶黄连 *C. deltoidea* C. Y. Cheng et Hsiao 或云连 *C. teeta* Wall. 的干燥根茎。以上三种分别习称"味连""雅连""云连"。

黄连

【历史沿革】 黄连始载于《神农本草经》,列为上品。汉代《范子计然》曰:"黄连出蜀郡,黄肥坚者善。"《名医别录》记载:"黄连生巫阳川谷及蜀郡、太山之阳。"唐代《新修本草》称:"蜀道者粗大,节平,味极浓苦,疗渴为最,江东者节如连珠,疗痢大善,今澧州者更胜。"明代《本草纲目》:"黄连,汉末李当之本草,惟取蜀郡黄肥而坚者为善。唐时以澧州者为胜。今虽吴、蜀皆有,惟以眉州者为良。药物之兴废不同如此。大抵有二种:一种根粗无毛有珠,如鹰鸡爪形而坚实,色深黄;一种无珠多毛而中虚,黄色稍淡。各有所宜。"

【产地与采制】 黄连产区主要分布于重庆石柱、湖北利川、四川省和云南省部分地区,陕西南部和贵州等地也有产出,其中石柱黄连、利川黄连、竹溪黄连、雅连获得国家地理标志保护产品标识。栽种黄连一般栽培5~6年后的秋季采挖,除去须根和泥沙,干燥,撞去残留须根。

【市场概况】 重庆石柱和湖北利川的黄连产量要占据全国的80%以上。石柱县主产区近几年黄连在地面积逐年减少,近几年平均每年产量约1 500吨。2017年黄连的价格呈上涨趋势,味连从90元/kg左右(年初)涨至140元/kg(年末)。2018年价格较高相对平稳,大货走动较缓,11月产新季后价格回落至110元/kg左右,行情低于前期,2019年上半年黄连价格一直在100元/kg左右徘徊。

【质量要求】

1. 性状特征

味连 多集聚成簇,常弯曲,形如鸡爪,单枝根茎长3~6cm,直径0.3~0.8cm。表面灰黄色或黄褐色,粗糙,有不规则结节状隆起、须根及须根残基,有的节间表面平滑如茎秆,习称"过桥"。上部多残留褐色鳞叶,顶端常留有残余的茎或叶柄。质地硬,断面不整齐,皮部橙红色或暗棕色,木部鲜黄色或橙黄色,呈放射状排列,髓部有的中空。气微,味极苦。

雅连 多为单枝,略呈圆柱形,微弯曲,长4~8cm,直径0.5~1cm。过桥较长。顶端有少许残茎。

云连 弯曲呈钩状,多为单枝,较细小。

味连和雅连以身干、粗壮、连珠形,无残茎毛须,体重质坚,断面色红黄者为佳;云连以身干、条细坚实,曲节多,须根少,色黄绿者为佳。

2. 理化指标

水分 不得过14.0%。

总灰分 不得过5.0%。

浸出物 醇溶性浸出物(热浸法)不得少于15.0%。

生物碱 照高效液相色谱法测定,味连按干燥品计算,以盐酸小檗碱($C_{20}H_{18}ClNO_4$)计,含小檗碱($C_{20}H_{17}NO_4$)不得少于5.5%,表小檗碱($C_{20}H_{17}NO_4$)不得少于0.80%,黄连碱($C_{19}H_{13}NO_4$)不得少于1.6%,巴马汀($C_{21}H_{21}NO_4$)不得少于1.5%。雅连按干燥品计算,以盐酸小檗碱($C_{20}H_{18}ClNO_4$)计,含小檗碱($C_{20}H_{17}NO_4$)不得少于4.5%。云连按干燥品计算,以盐酸小檗碱($C_{20}H_{18}ClNO_4$)计,含小檗碱($C_{20}H_{17}NO_4$)不得少于7.0%。

【商品规格等级】 目前,药材市场上,根据产地和来源不同分为不同商品规格,分为2个等级。

1. 味连

一等 干货。多聚成簇,分枝多弯曲,形如鸡爪或单支,肥壮坚实、间有过桥,长不超过2cm。表面黄褐色,簇面无毛须。断面金黄色或黄色。味极苦。无不到1.5cm的碎节、残茎、焦枯、杂质、霉变。

二等 干货。多聚成簇,分枝多弯曲,形如鸡爪或单支,条较一等瘦小,有过桥。表面黄褐色,簇面无毛须。断面金黄色或黄色。味极苦,间有碎节、碎渣,焦枯,无残茎、杂质、霉变。

2. 雅连

一等 干货。单枝,呈圆柱形,略弯曲,条肥状,过桥长,长不超过 2.5cm。质地坚硬。表面黄褐色,断面金黄色。味极苦。无碎节、毛须、焦枯、杂质、霉变。

二等 干货。单枝,呈圆柱形,略弯曲,条较一等瘦小,过桥较多,质地坚硬。表面黄褐色,断面金黄色。味极苦。间有碎节、毛须、焦枯,无杂质、霉变。

3. 云连

一等 干货。单枝,呈圆柱形,略弯曲,顶端微有褐绿色鳞片、叶残留。条粗壮、质坚实,直径 0.3cm 以上。表面黄棕色,断面金黄色,味极苦。无毛须、过桥、杂质、霉变。

二等 干货。单枝,呈圆柱形,微弯曲。条较瘦小,间有过桥。表面深黄色,极苦。无毛须、杂质、霉变。

【贮藏】 置通风干燥处。

【功能主治】 清热燥湿,泻火解毒。用于湿热痞满,呕吐吞酸,泻痢,黄疸,高热神昏,心火亢盛,心烦不寐,心悸不宁,血热吐衄,目赤,牙痛,消渴,痈肿疔疮;外治湿疹,湿疮,耳道流脓。

【用法用量】 2～5g,外用适量。

延胡索

Yanhusuo

CORYDALIS RHIZOMA

【基源】 本品为罂粟科植物延胡索 *Corydalis yanhusuo* W. T. Wang 的干燥块茎。

【历史沿革】 延胡索之名始见于唐《本草拾遗》,其曰:"延胡索止心痛,酒服。"《海药本草》云:"延胡索生奚国,从安东道来。""奚"为隋游牧民族,分布于以承德为中心的河北东北部,旁及内蒙古及辽宁。"安东"指唐代安东都护府,其辖区屡有变迁,大体为辽宁及周边地区。从块茎形状、颜色和产地来看,宋以前及宋朝正品来自东北野生齿瓣延胡索。

明代《句容县志》土特产栏记载有延胡索。明代刘若金《本草述》曰:"今茅山上龙洞、仁和笕桥亦种之。""仁和"即杭州;"笕桥"在其东北郊。《康熙新修东阳县志》云:"延胡索生田中,虽平原亦种。""东阳"在浙江中部。以上文献少有记载安东来的延胡索,可见南方产的延胡索在明代时逐渐成为道地,其栽培区主要在浙江。

《新编中药志》称延胡索主产于浙江东阳、磐安一带,湖北、湖南、江苏有大面积栽培,全国其他地区亦有引种。而浙江面积大,产量多。

【产地与采制】 主产于浙江东阳、磐安、永康、缙云等地。现今湖北、湖南、江苏、陕西汉中等地有大面积栽培,其他地区也有引种。以浙江东阳、磐安种植面积大,产量多,销全国各地,并有出口。

夏初茎叶枯萎时采挖,除去须根,洗净,置沸水中煮至恰无白心时,取出,晒干。

【市场概况】 延胡索为道地药材"浙八味"之一,商品均出自栽培。1990 年以前,以浙江为主产,占全国产量的 90% 左右。20 世纪 90 年代延胡索价格可谓大起大落。1994 年延胡索价格开始上涨,1996 年达到最高,约 70 元/kg,涨幅达 76.3%。1995 年陕西汉中地区引种后,其产量和浙江各占市场的一半,1997 年延胡索的生产得到了很大的发展,当年出现了供过于求,价格跌至 25 元 /kg 左右,1998 年进一步下滑到 14 元 /kg 左右,2 年内跌幅达到 80%。1999 年下旬开始到 2002 年延胡索的价格一直稳在 9 ~ 12 元 /kg,这种价格对于经济生活水平相对低些的陕西产区药农而言,仍具有种植吸引力,所以浙江地区的种植面积虽然在减少,但陕西等地的种植面积不降反升,基本与市场需求持平。2003—2005 年延胡索价格稳中稍有上升。2005 年 10 月,延胡索价格为 15.5 元 /kg 左右。目前,由于市场上含有延胡索的中成药不多,新产品还在药理临床研究之中,所以延胡索药材的生产已经出现余量,市场供大于求,故未来延胡索的价格不会有太大的增长。全国年产约 5 600 吨,纯购约 4 500 吨,纯销约 4 300 吨,供应出口 45 ~ 55 吨。

【质量要求】

1. 性状特征　本品呈不规则的扁球形,直径 0.5 ~ 1.5cm。表面黄色或黄褐色,有不规则网状皱纹。顶端有略凹陷的茎痕,底部常有疙瘩状突起。质硬而脆,断面黄色,角质样,有蜡样光泽。气微,味苦。

以个大饱满,质坚硬而脆,断面黄色发亮、角质、有蜡样光泽,苦味浓者为佳。个小、质松、断面色灰黄、中心有白色者为次。

2. 理化指标

水分　不得过 15.0%。

总灰分　不得过 4.0%。

浸出物　照醇溶性浸出物(热浸法),用稀乙醇作溶剂,不得少于 13.0%。

含量测定　照高效液相色谱法测定,按干燥品计算,含延胡索乙素($C_{21}H_{25}NO_4$)不得少于 0.050%。

3. 有害物质限量指标

黄曲霉毒素　照真菌毒素测定法测定,黄曲霉毒素 B_1 不得过 5μg/kg,含总黄曲霉毒素(黄曲霉毒素 B_1、黄曲霉毒素 B_2、黄曲霉毒素 G_1 与黄曲霉毒素 G_2 之和)不得过 10μg/kg。

【商品规格等级】　延胡索商品按照大小重量分为一、二等,其规格等级标准如下。

一等　呈不规则的扁球形,表面黄棕色或灰黄色,多皱缩,顶端有略凹陷的茎痕,质硬而脆,断面黄褐色,有蜡样光泽。味苦,微辛。每 50g 45 粒以内,无老皮、黑粒、杂质、虫蛀、霉变。

二等　每 50g 45 粒以上。其余同一等。

【贮藏】　一般用麻袋包装。置干燥处,防虫蛀。

【功能主治】　活血,行气,止痛。用于胸胁、脘腹疼痛,胸痹心痛,经闭痛经,产后瘀阻,跌扑肿痛。

【用法用量】　3 ~ 10g;研末吞服,一次 1.5 ~ 3g。

板蓝根

Banlangen

ISATIDIS RADIX

【基源】　本品为十字花科植物菘蓝 *Isatis indigotica* Fort. 的干燥根。

【历史沿革】《神农本草经》上品载有蓝实。苏恭谓:"蓝有三种。"苏颂谓:"有

板蓝根

菘蓝，可为淀者，亦名马蓝。"苏颂又提出："福（原作杨）州一种马蓝，四时俱有，叶类苦荬菜，土人连根采服，治败血。"李时珍谓："蓝凡五种……菘蓝，叶如白菘；马蓝，叶如苦荬。"古代用药并非一种。"板蓝"之名始见于《本草纲目》，谓："马蓝……俗中所谓板蓝者。"本草中菘蓝的别名也叫马蓝，《中国药典》收载的两种板蓝根都有本草依据。

【产地与采制】 主产于河北、江苏、河南、安徽、陕西、甘肃等地。板蓝根：秋季采挖根部，除去茎叶，抖净泥土，用手顺直，晾晒至七八成干，再次抖净表面泥土，扎成小捆，反复晾晒至干燥。

【市场概况】 板蓝根为最常用的大宗中药材之一，商品主要来源于人工栽培，全国大部分地区均有分布。主产于河北安国、定州，江苏南通、如皋，安徽太和、亳州，河南郸城，甘肃民乐等地。以河北所产质量好，安徽产量大。板蓝根每年的药用量在 1.5 万吨以上，全国使用板蓝根为原料的厂家有 1 500 多个，其中年用量百吨以上的达 100 多个，仅甘肃陇西文峰市场年输出量达到 8 000 ～ 10 000 吨，占总需求量的 50% ～ 60%。2018 年板蓝根的价格基本稳定，统货为 7 ～ 10 元 /kg。

【质量要求】

1. 性状特征 圆柱形，稍扭曲，长 10 ～ 20cm，直径 0.5 ～ 1cm。表面淡灰黄色或淡棕黄色，有纵皱纹、横长皮孔样突起及支根痕。根头略膨大，可见暗绿色或暗棕色轮状排列的叶柄残基和密集的疣状突起。体实，质略软，断面皮部黄白色，木部黄色。气微，味微甜后苦涩。

以根粗长、表面色灰黄、断面皮部黄白、粉性足者为佳。

2. 理化指标

水分 不得过 15.0%。

总灰分 不得过 9.0%。

酸不溶性灰分 不得过 2.0%。

浸出物 醇溶性浸出物（热浸法），45% 乙醇浸出物不得少于 25.0%。

（R, S）- 告依春 照高效液相色谱法测定，按干燥品计算，（R, S）- 告依春（C_5H_7NOS）不得少于 0.020%。

【商品规格等级】 商品分为 2 个等级，其等级标准为：

一等 干货。根呈圆柱形，头部略大，中间凹陷，边有柄痕。偶有分枝。质实而脆，表面淡灰黄或淡棕色，有纵皱纹。断面外部黄白色，中心黄色。气微，味微甜后苦，长 17cm 以上，芦下 2cm 处直径 1cm 以上。无苗茎、须根、杂质、虫蛀、霉变。

二等 干货。芦下直径 0.5cm 以上。余同一等。

【贮藏】 贮藏于通风干燥处，防霉，防蛀。

【功能主治】 清热解毒，凉血利咽。用于瘟疫时毒，发热咽痛，温毒发斑，痄腮，烂喉丹痧，大头瘟疫，丹毒，痈肿。

【用法用量】 9 ～ 15g。

葛根

Gegen

PUERARIAE LOBATAE RADIX

【基源】 本品为豆科植物野葛 *Pueraria lobata*（ Willd. ）Ohwi 的干燥根。

葛根

【历史沿革】 葛根首载于东汉《神农本草经》。《本草经集注》云："即今之葛根,人皆蒸食之,当取入土深大者,破而日干之,生者捣取汁饮之……南康、庐陵间最胜,多肉而少筋,甘美。但为药用之,不及此间尔。"《食疗本草》云:"葛根,蒸食之,消酒毒。其粉亦甚妙。"《救荒本草》附有葛根图,并云:"葛根今处处有之,苗引藤蔓,长二三丈,茎淡紫色,叶颇似楸叶而小色青,开花似豌豆,花粉紫色,结实如皂角而小,根形如手臂……蒸食之,或以水中揉出粉澄滤成块,蒸煮皆可食。"

【产地与采制】 野葛根在我国大部分有产,以湖北、陕西、四川、安徽、湖南、河南、广东、浙江为主。秋、冬二季采挖,趁鲜切成厚片或小块;干燥。

【市场概况】 葛根,又叫柴葛根,以野生资源供应市场。随着用量增加,资源减少,供需矛盾日渐突出。湖北为葛根的第一大产区,资源主要集中在十堰市、黄冈市、恩施州;陕西为葛根目前第二大产区,主要集中在商洛市、宝鸡市、安康市等地;四川省是葛根的第三大产区,主要集中在广元市、彭州市、绵阳市;虽然当前安徽野生葛根资源已少,但因当地优良的葛根加工技术受消费者青睐,大量从云南、河南等省收购原料回来加工,因此安徽已经转变为较大的葛根加工集散地。其市场行情也一直趋于坚挺,目前去皮统货丁价在 15～16 元/kg,带皮丁价在 10～11 元/kg,统片价在 5.5～6 元/kg。

【质量要求】

1. 性状特征　本品呈纵切的长方形厚片或小方块,长 5～35cm,厚 0.5～1cm。外皮淡棕色至棕色,有纵皱纹,粗糙。切面黄白色至淡黄棕色,有的纹理明显。质韧,纤维性强。气微,味微甜。以块片均匀、色白、纤维性强、略带粉性者佳。

2. 理化指标

水分　不得过 14.0%。

总灰分　不得过 7.0%。

浸出物　醇溶性浸出物(热浸法)不得少于 24.0%。

葛根素　照高效液相色谱法测定,按干燥品计算,含葛根素($C_{21}H_{20}O_9$)不得少于 2.4%。

3. 有害物质限量指标

砷盐　照铅、镉、砷、汞、铜测定法测定,含砷不得过 2mg/kg。

重金属　照铅、镉、砷、汞、铜测定法测定,含铅不得过 5mg/kg,含镉不得过 1mg/kg,含汞不得过 0.2mg/kg,含铜不得过 20mg/kg。

【商品规格等级】

1. 葛方

统货　干货。鲜时纵横切成 1cm 的骰形方块。切面粉白色或淡黄色,有粉性,质坚实。气微味甘平。无杂质、虫蛀、霉变。

2. 葛片

统货　干货。类圆柱形,鲜时横切成 0.6～0.8cm 厚片。表皮多黄白色。切面粉白色或黄白色,具粉性,有较少纤维和环状纹理。质坚实。间有碎破、小片。无杂质、虫蛀、霉变。

【贮藏】 置通风干燥处,防蛀。

【功能主治】 解肌退热,生津止渴,透疹,升阳止泻,通经活络,解酒毒。用于外感发热头痛,项背强痛,口渴,消渴,麻疹不透,热痢,泄泻,眩晕头痛,中风偏瘫,胸痹心痛,酒毒伤中。

【用法用量】 10～15g。

甘草

Gancao

GLYCYRRHIZAE RADIX ET RHIZOMA

【基源】 本品为豆科植物甘草 *Glycyrrhiza uralensis* Fisch.、胀果甘草 *G. inflata* Bat. 或光果甘草 *G. glabra* L. 的干燥根和根茎。

【历史沿革】 始载于《神农本草经》,列为上品。陶弘景谓:"今出蜀汉中,悉从汶山诸地中来,赤皮断理,看之坚实者,是抱罕草,最佳。抱罕乃西羌地名。"苏颂谓:"今陕西,河东州郡皆有之。春生青苗,高一二尺,叶如槐叶,七月开紫花似奈冬,结实作角,子如毕豆。根长者三四尺,粗细不定,皮赤色,上有横梁,梁下皆细根也。采得去芦头及赤皮,阴干用。今甘草有数种,以坚实断理者为佳,其轻虚纵理及细韧者不堪……"古今用药基本一致。

甘草

【产地与采制】 甘草主产于内蒙古,甘肃酒泉、民勤、平凉、庆阳,新疆,吉林白城,以内蒙古伊盟的杭锦旗一带、巴盟的橙口,甘肃及宁夏的阿拉善旗一带所产品质最佳。胀果甘草主产于新疆、陕北三边及甘肃河西走廊,习称"新疆甘草"或"西北甘草";光果甘草主产于新疆。春、秋二季采挖,除去须根及茎基,切成适当长度的段,晒干。亦有把外皮削除,切成长段晒干者,习称"粉甘草";扎成把者称为"把甘草"。

【市场概况】 甘草为最常用的大宗中药材之一,其道地药材的形成源于野生资源,受野生资源的规模及其自然更新能力的限制,及近几十年对其过度采挖的影响,目前野生甘草的生产能力还不足 20 世纪 50 年代的三分之一。目前,甘草规模化种植基地逐步建立,规模较大的地区有内蒙古鄂尔多斯、包头和赤峰,宁夏平罗、盐池、吴忠,甘肃庆阳、民勤、酒泉、玉门,新疆巴楚、库尔勒、精河、阜康、塔城以及吉林白城等地。另外,陕西北部以及青海东部地区也有一定规模种植。除作为传统药材和现代医药原料外,甘草还是食品和化妆品行业的重要原料。

目前全球甘草年需求量约为 27 万吨。2018 年甘草的价格基本稳定,条草统货为 15～17 元 /kg,毛草统货价格 8～9 元 /kg。

【质量要求】

1. 性状特征

甘草 根呈圆柱形,不分枝,长 25～100cm,直径 0.6～3.5cm,外皮松紧不一。表面红棕色或灰棕色,有明显的纵皱纹、沟纹及稀疏的细根痕。质坚实,断面略呈纤维性,黄白色,粉性,形成层环明显,有放射状花纹与裂隙,形成菊花心。根茎呈圆柱形,表面有芽痕,断面中央有髓。气微,味甜而特殊。

胀果甘草 根及根茎木质粗壮,有的分枝。表面灰棕色或灰褐色,粗糙。质坚硬,木质纤维多,粉性小。根茎不定芽多而粗大。

光果甘草 根及根茎质地较坚实,有的分枝外皮不粗糙,多灰棕色,皮孔细而不明显。栽培甘草外皮紧,粉性小。

以外皮细紧、色红棕、质坚实、体重、断面黄白色、粉性足、味甜者为佳。

2．理化指标

水分　不得过 12.0%。

总灰分　不得过 7.0%。

酸不溶性灰分　不得过 2.0%。

甘草酸和甘草苷　照高效液相色谱法测定，按干燥品计算，甘草酸（$C_{42}H_{62}O_{16}$）不得少于 2.0%，含甘草苷（$C_{12}H_{21}O_9$）不得少于 0.50%。

3．有害物质限量指标

砷盐　照铅、镉、砷、汞、铜测定法测定，含砷不得过 2mg/kg。

重金属　照铅、镉、砷、汞、铜测定法测定，含铅不得过 5mg/kg，含镉不得过 1mg/kg，含汞不得过 0.2mg/kg，含铜不得过 20mg/kg。

农药残留量　照农药残留量测定法测定，五氯硝基苯（PCNB）不得过 0.1mg/kg。

【商品规格等级】　商品分西草和东草两种规格。西草指内蒙古西部及陕西、甘肃、青海等地所产皮细、色红、粉足的优质甘草。东草指内蒙古东部及东北、河北、山西等地所产甘草。新疆草中质优的按西草论等级，质次的作为提取甘草酸等提取物的原料草。

1．西草

（1）大草

统货　干货。呈圆柱形。表面红棕色、棕黄色或灰棕色，皮细紧，有纵纹。折去头尾，切口整齐。质坚实，体重。断面黄白色，粉性足。味甜。长 25～50cm，顶端直径 2.5～4cm，黑心草不超过总重量的 5%。无须根、杂质、虫蛀、霉变。

（2）条草

一等　干货。呈圆柱形。单枝顺直。表面红棕色、棕黄色或灰棕色，皮细紧，有纵纹，斩去头尾，切口整齐。质坚实、体重。断面黄白色，粉性足。味甜。长 25～50cm，顶端直径 1.5cm 以上。间有黑心。无须根、杂质、虫蛀、霉变。

二等　干货。长 25～50cm，顶端直径 1cm 以上。余同一等。

三等　干货。长 25～50cm，顶端直径 0.7cm 以上。余同一等。

（3）毛草

统货　干货。是圆柱形弯曲的小草，去净残茎、不分长短。表面红棕色、黄色或灰棕色。断面黄白色。味甜。顶端直径 0.5cm 以上。无须根、杂质、虫蛀、霉变。

（4）草节

一等　干货。圆柱形。单枝条。长 6cm 以上，顶端直径 1.5cm 以上。无须根、疙瘩头、杂质、虫蛀、霉变。

二等　干货。顶端直径 0.7cm 以上，余同一等。

疙瘩头　统货。干货。系加工条草砍下之根头，呈疙瘩状。去净残茎及须根。表面黄白色，味甜。大小长短不分，间有黑心。无杂质、虫蛀、霉变。

2．东草

（1）条草

一等　干货。呈圆柱形，上粗下细。表面紫红或灰褐色，皮粗糙。不斩头尾。质松体轻。断面黄白色,有粉性。味甜。长60cm以上,芦下3cm处直径1.5cm以上。间有5%的20cm以上草头。无杂质、虫蛀、霉变。

二等　干货。长50cm以上,芦下3cm处直径1cm以上,间有5%的20cm以上草头。无杂质、虫蛀、霉变。余同一等。

三等　干货。间有弯曲分叉的细根。长40cm以上,芦下3cm处直径0.5cm以上。无细小须子。余同一等。

（2）毛草

统货　干货。呈圆柱形弯曲的小草。去净残茎,间有疙瘩头状。表面紫红色或灰褐色。质松体轻。断面黄白色。味甜。不分长短,芦下直径0.5cm以上。无杂质、虫蛀、霉变。

3.新疆草

新疆条草　分3等及统货。标准要求同西草,唯表面灰棕色,多粗糙。体轻,质松脆。断面黄色,纤维重,粉性小。味甜微苦。

新疆原料草　粗加工品或多来源的混合草。根条粗细长短不一。表面灰棕色或灰褐色,粗糙。体轻,质松脆。断面黄色,纤维重,粉性小。味微甜。等级以草节、毛草、疙瘩头为主,多为磨粉、熬膏的原料草。

【贮藏】　药材多打捆或用麻布捆扎。本品含大量淀粉以及甜味成分,易虫蛀、吸潮发霉,应贮藏于清洁、阴凉、通风、干燥处,防霉,防蛀。

【功能主治】　补脾益气,清热解毒,祛痰止咳,缓急止痛,调和诸药。用于脾胃虚弱,倦怠乏力,心悸气短,咳嗽痰多,脘腹、四肢挛急疼痛,痈肿疮毒,缓解药物毒性、烈性。炙甘草具有补脾和胃,益气复脉的功能。

【用法用量】　2~10g。

【附注】　不宜与甘遂、京大戟、红大戟、芫花、海藻同用。

黄芪

Huangqi

ASTRAGALI RADIX

【基源】　本品为豆科植物蒙古黄芪 *Astragalus membranaceus*(Fisch.)Bge. var. *mongholicus*(Bge.)Hsiao 或膜荚黄芪 *A. membranaceus*(Fisch.)Bge. 的干燥根。

黄芪

【历史沿革】　黄芪原名黄耆,始载于《神农本草经》,列为上品。陶弘景谓:"第一出陇西洮阳,色黄白甜美,今亦难得。"苏颂谓:"今河东、陕西州郡多有之。根长二三尺以来。独茎,或作丛生,枝干去地二三寸。其叶扶疏作羊齿状,又如蒺藜苗。七月中开黄紫花。其实作荚子,长寸许。八月中采根用。其皮折之如绵,谓之绵黄芪。"又谓:"今人多以苜蓿根假作黄耆,折皮亦似绵,颇能乱真。"李时珍谓:"耆,长也。黄耆色黄,为补药之长,故名。"据考证,根据古代本草所载黄芪之产地、形态、附图,正品黄芪是以膜荚黄芪及蒙古黄芪为主。陶弘景曾在黄芪项下提及:"又有赤色者,可作膏帖,用消痈肿,俗方多用,道家不须。"可见黄芪的应用已有较长的历史。

【产地与采制】　蒙古黄芪主产于山西及内蒙古、河北等地。栽培或野生,以栽培品质量为佳。产于山西绵山者为道地药材,习称"西黄芪"或"绵芪";产于内蒙古的习称"蒙芪"。山西产多为栽培品,栽培品于播种4～5年后秋季茎叶枯萎后或春季萌芽前采挖。内蒙古武川、红蓝旗多为野生品,野生品于秋后采挖。采挖后除去须根、泥土,晒干即可。

膜荚黄芪主产于黑龙江、吉林、辽宁等地,习称"北芪""关芪"。野生品于春、秋二季采挖,以秋季采挖者质较佳。挖取后,除净泥土及须根晒至六七成干,按大小分类,理直,扎成小捆,再晒干。栽培品主产于河北安国、山东等地,在播种当年的秋季,当茎叶枯萎时采收,根挖出后除净泥土,剪掉芦头,晒至七八成干时,剪去支根及须根,分大小扎成小捆,堆积1～2天,再晒至足干。

【市场概况】 黄芪为最常用的大宗中药材之一,已有2 000余年的药用历史,素有"补气固表之圣药"之称。黄芪野生资源已近枯竭,各地栽培黄芪发展较快,山西浑源栽培黄芪已有400余年的历史,甘肃陇西黄芪为国家原产地标记认证品种。目前,黄芪商品主流以家种为主,少量来自野生,属于可以满足市场需求的品种。黄芪广泛用于临床配方、补益美容和中成药投料,又是传统大宗出口商品,远销世界各国。目前,国内外年需求量约2万吨。2018年黄芪的价格基本稳定,为16～37元/kg。

【质量要求】

1. 性状特征

(1)蒙古黄芪

野生品 长圆柱形,多单枝(习称"鞭杆芪"),长40～80cm,芦头下10cm处直径1.5～3cm。根头中央枯空较深,老根深达15cm以上。表面灰黄色或黄白色,较光滑。质较柔软而韧,断面纤维性,略显疏松,皮部松软,淡黄白色,木部黄色,"菊花心"明显。气香特异,味甜,生豆腥味浓。

栽培品 圆柱形,主根长短不一,少分枝或多分枝,直径0.8～2cm。表面黄白色,有细皱纹,外皮较细紧。质坚较绵软,断面纤维性,皮部和木部均较紧密,裂隙少。

(2)膜荚黄芪(关芪)

野生品 长圆柱形,单枝或间有分枝,顺直,长35～70cm,直径1～2.5cm,根头切口圆形,中央常枯空而呈黑褐色的洞,习称"空头",深约5cm。表面灰褐色,有不规则细纵皱纹及须根痕。质坚实,体重,不易折断,断面纤维性并有粉性,皮部稍松,白色或淡黄白色,木部较紧密,黄色菊花心明显,习称"皮松肉紧"。气香、味甜,嚼之有豆腥味。

栽培品 根条较短,有分枝,有的形如鸡爪,根头部无枯朽。表面灰黄色或棕黄色,纵皱纹细紧。质坚硬,断面裂隙少。味甜,有豆腥味。

以条粗长、断面色黄白、味甜、有粉性者为佳。

2. 理化指标

水分 不得过10.0%。

总灰分 不得过5.0%。

浸出物 水溶性浸出物(冷浸法)不得少于17.0%。

黄芪甲苷和毛蕊异黄酮葡萄糖苷 照高效液相色谱法测定,按干燥品计算,黄芪甲苷($C_{41}H_{68}O_{14}$)不得少于0.080%,含毛蕊异黄酮葡萄糖苷($C_{22}H_{22}O_{10}$)不得少于0.020%。

3. 有害物质限量指标

砷盐 照铅、镉、砷、汞、铜测定法测定,含砷不得过2mg/kg。

重金属　照铅、镉、砷、汞、铜测定法测定，含铅不得过 5mg/kg，含镉不得过 1mg/kg，含汞不得过 0.2mg/kg，含铜不得过 20mg/kg。

农药残留量　照农药残留量测定法测定，五氯硝基苯（PCNB）不得过 0.1mg/kg。

【商品规格等级】　商品黄芪按条长、中上部直径分为 4 个等级。其规格等级标准为：

特等　干货。呈圆柱形的单条，斩去疙瘩头或喇叭头，顶端间无空心。表面灰黄色或淡褐色。质硬而韧。断面皮部黄白色，木部淡黄色或黄色，有粉性。味甘，有生豆腥气。长 70cm 以上，上中部直径 2cm 以上，末端直径不小于 0.6cm。无须根、老皮、虫蛀、霉变。

一等　干货。长 50cm 以上，上中部直径 1.5cm 以上，末端直径不小于 0.5cm。余同特等。

二等　干货。长 40cm 以上，上中部直径 1cm 以上，末端直径不小于 0.4cm。间有老皮。余同一等。

三等　干货。不分长短，上中部直径 0.7cm 以上，末端直径不小于 0.3cm。间有破短节子。余同二等。

【贮藏】　本品富含淀粉，易虫蛀、吸潮发霉，应贮藏于阴凉、干燥、通风处，防潮、防蛀。饮片密封，或真空包装。

【功能主治】　补气升阳，固表止汗，利水消肿，生津养血，行滞通痹，托毒排脓，敛疮生肌。用于气虚乏力，食少便溏，中气下陷，久泻脱肛，便血崩漏，表虚自汗，气虚水肿，内热消渴，血虚萎黄，半身不遂，痹痛麻木，痈疽难溃，久溃不敛。

【用法用量】　9～30g。

人参

Renshen

GINSENG RADIX ET RHIZOMA

【基源】　本品为五加科植物人参 *Panax ginseng* C. A. Mey. 的干燥根和根茎。栽培者称"园参"，野生者称"野山参"或"山参"。

山参在生长过程中，由于受外界环境及生产方式等因素的影响，导致外观性状存在较大差异，流通领域中该类型商品各有名称，常见以下几种商品类型。

人参

（1）艼变山参：系指山参在生长过程中，主根因某种因素遭到破坏或烂掉，其不定根继续生长，成为无主根的山参。

（2）籽种山参：也称"籽海"，系指用人参的种子，经人工种植于林中后自然生长者。

（3）池底参：系指在种植园参的参园，将人参起走后，遗留下来的人参或园参稔，在原参畦中，自然条件下生长多年者。

（4）趴货参：系指人工将人参种子播种到池畦中，人工管理时，只做锄草、施肥，不做倒茬，任其自然生长，20 年左右挖出的人参。

（5）移山参：在采挖山参时，将发现的小形参移至妥善的地方种植，待长成时再采挖，或将较小的园参移至山林中任其自然生长，待接近成熟时采挖的人参。

【历史沿革】　人参始载于《神农本草经》，列为上品。《名医别录》载："人参生上党山谷及辽东。"李时珍谓："上党，今潞州也。民以人参为地方害，不复采取。今所用者皆是辽参。"又谓："人参因根如人形而得名。"据考证古代本草所谓"上党人参"即今之五加科人参而非桔梗科党参。古代最早的人参即产于山西上党(潞州),以此为道地,至清代而以辽参为道地。

【产地与采制】 野山参主产于东北三省的长白山区及大、小兴安岭地区,产量稀少。朝鲜及俄罗斯远东地区也有分布。园参主产于吉林、辽宁、黑龙江。主要栽培于吉林的抚松、集安、靖宇等地;辽宁的宽甸、新宾、抚顺等地;黑龙江的铁力、伊春、东宁等地。我国其他省份亦有少量栽培。国外朝鲜、韩国、日本及澳大利亚等也有种植。

1.野山参 随时可采,一般以果实成熟后(9月份)采收为佳。采收时应注意拨开泥土挖取,避免支根和须根受到损伤。挖出后将山参用青苔和树皮裹好后带回,防止吹干走浆。现在鲜山参一般均晒干或冷冻干燥,分别称为"生晒山参"或"活性山参"。

(1)生晒山参:将鲜参用水洗刷外表泥土,将棉纱线做成竹弓,刷去纹路中泥土,走弓要求精细,按大、中、小分开晾晒。晾晒或烘干必须及时,以防变色。干后打潮缠须,再干燥即为成品。

(2)活性山参:将刷洗干净的鲜参,采用真空冷冻方法干燥,称为"活性山参"。

2.园参 一般栽培5~6年后,于秋季采挖。挖参时防止断根伤须,抖去泥土,除去地上部分,洗净,称"园参水子",主要加工成生晒参、白糖参及活性参三种商品。

(1)生晒参类:取洗净的鲜参,除去支根,晒干,称为"生晒参"。鲜参不除去支根晒干,称"全须生晒参"。此外,还有白干参(系选无分枝鲜参,刮去外皮干燥者)、皮尾参(系生长年份不足,根条短小、厚皮者)、白参须等。

(2)白参类:也称"糖参类",将刷洗干净的鲜参,置沸水中浸烫3~7分钟,用特制的竹针沿参体平行于垂直方向刺小孔后,再浸入浓糖液中,每次10~12小时,反复2~3次,取出晒干或烘干。

(3)活性参:方法同"活性山参"的加工方法。

【市场概况】 目前,人参的野生资源早已枯竭,商品几乎全部来源于人工栽培品。人参广泛用于临床、保健品、化妆品的开发及中成药生产原料,又是传统大宗出口商品。近几年国内人参正逐渐走向商场、超市、食品店,走入普通消费者的家庭,消费量增加。人参除作药品、保健品之外,已开发的有多种人参商品,开发利用前景广阔。目前市场上,人参销量平稳,没有大的起伏,价格因规格等级差别较大,优质货价格高达近千元每千克。

【质量要求】

1.性状特征

(1)山参类

晒山参 主根与根茎等长或较短,呈人字形、菱形或圆柱形,长2~10cm。表面灰黄色,具纵纹,上端有紧密而深陷的环状横纹。多有2条主要支根,形似人体。根茎细长,上部扭曲,茎痕密生,下部常无芦碗而光滑,不定根较粗。须根稀疏,长为主根的1~2倍,柔韧不易折断,有明显的疣状突起(习称"珍珠疙瘩")。气香浓厚,微甜味苦,口嚼之有清香感。

艼变山参 参形特异。芦头大,多数偏斜不正。由多条艼组成,无主体。艼多为顺体,大艼上可生有横纹,其纹粗浅不连续。只有1条参腿(艼之尾部)。皮嫩而有光泽。须上有少量的珍珠疙瘩。

籽种山参 芦头多为线芦、竹节芦。芦头较长,也偶有马牙芦或圆芦。艼少,多为顺体,不旁斜,上翘者少,均为互生,下部呈尖尾形。参体形状不定,参腿2~3条,略呈八字分裆。皮黄白色,较细嫩,不紧,无粗皮,有光泽,横纹不明显。参须柔软细嫩而短,珍珠点小。口嚼则出现碎末及少量纤维。味苦,有清香气。

池底参和趴货参　芦头基部为圆芦,圆芦以上为"马牙芦",而芦碗沿着芦头旋转生长,芦碗较大,芦碗边有芦棱。艼粗大,齐头。艼常为3~5枚,生2枚者,多对生(掐脖子艼)。艼大于并重于参体。参体多为顺体,腿粗细不等,2~3条或更多,有"八"字分裆的体形。皮黄白色,粗糙而疏松。横纹浅或断续,无螺旋纹,状似园参。参须娇嫩,易折断,蓬乱不清疏,珍珠疙瘩少而小。

移山参　芦碗略显长而稀疏,芦头常骤然变细或变粗,不呈对花芦而呈转芦,常出现线芦或竹节芦。芦多为顺长体,但生长年久者也有的为枣核艼。有时出现下粗上细,其略向斜旁伸出,上翘者多,有时艼体超过主体。参体以顺笨体多见。参腿较顺长,1~3条或多条。皮质略泡而嫩,粗糙,不光润。有稀疏不紧密的横纹。参须细嫩而短,下端分枝较多,珍珠疙瘩稀疏而小。

野山参以生长年久,浆足体丰满,横灵体、雁脖芦、八字腿、皮条须、皮细纹深,芦、艼、纹、体、须五形俱全,艼帽不超过主根重量25%者为佳。

（2）园参类

生晒参　主根纺锤形或圆柱形,长13~15cm,直径1~2cm。表面灰黄色,上部或全体有疏浅断续的粗横纹及纵皱纹。下部有侧根2~3条,有多数细长的须根,须根上偶有不明显的细小疣状突起。根茎(芦头)长1~4cm,直径0.3~1.5cm,多拘挛而弯曲,有不定根(艼)和稀疏的凹窝状根茎(芦碗)。质坚硬,断面淡黄白色,显粉性,有棕黄色环纹,皮部有黄棕色的油点及放射状裂隙。气特异,味微苦、甜。

林下参　主根呈圆柱形、菱角形或人字形,与根茎等长或较短,长1~6cm。表面灰黄色,有纵皱纹,上部或中上部有环纹。支根多为2~3条,须根少而细长,清晰不乱,有较明显的疣状突起(习称珍珠疙瘩)。根茎细长,少数粗短,中上部有稀疏或密集而深陷的茎痕。不定根较细,多下垂。

白干参　形似生晒参,栓皮已刮去。表面淡黄色或类白色。环纹不明显,横纵皱少或无。质较坚实,断面白色,显菊花心。味甜微苦。

皮尾参　不定根呈长条圆柱形,上端有茎痕而无芦,下部不带须根。长3~6cm,直径0.5~1cm。表面土黄色,常有褐色环纹及纵向抽皱。质较轻泡,断面白色,显菊花心。

白参须　分为直须、弯须、混须三种。直须上端直径约为0.3cm,中、下端渐细,长短不一,最长可达20cm。弯须则弯曲而细乱。

白糖参　主根长3~15cm,直径0.7~3cm。表面淡黄白色,上端有多数断续的环纹,全体可见加工时针刺的点状针痕。下部有2~3个以上的支根。断面白色,有菊花心。气微香,味较甜、微苦,嚼之无渣感。

生晒参以支大完整、皮细纹深、饱满无抽沟、表面黄白色、断面白色、体轻质脆、粉性、气香、味苦微甜者为佳;白糖参以支大、色白、无破痕、味甜微苦、不返糖者为佳。

2．理化指标

水分　不得过12.0%。

总灰分　不得过5.0%。

人参皂苷 Rg_1、人参皂苷 Re 和人参皂苷 Rb_1　照高效液相色谱法测定,按干燥品计算,含人参皂苷 Rg$_1$（C$_{42}$H$_{72}$O$_{14}$）和人参皂苷 Re（C$_{48}$H$_{82}$O$_{18}$）总量不得少于 0.30%；含人参皂苷 Rb$_1$（C$_{54}$H$_{92}$O$_{23}$）不得少于 0.20%。

3．有害物质限量指标

砷盐　照铅、镉、砷、汞、铜测定法测定，含砷不得过 2mg/kg。

重金属　照铅、镉、砷、汞、铜测定法测定，含铅不得过 5mg/kg，含镉不得过 1mg/kg，含汞不得过 0.2mg/kg，含铜不得过 20mg/kg。

农药残留量　照有机氯类农药残留量测定法测定，含五氯硝基苯（PCNB）不得过 0.1mg/kg；含六氯苯不得过 0.1mg/kg；含七氯不得过 0.05mg/kg；含氯丹不得过 0.1mg/kg。

【商品规格等级】

1．山参

一等　干货。主根粗短呈横灵体，支根八字分开（俗称"武形"），五形全美（芦、艼、纹、体、须相衬）。有圆芦，艼中间丰满，形似枣核。皮紧细。主根上部横纹紧密而深。须根稀疏而长，质坚韧（俗称"皮条须"），有明显的珍珠疙瘩。表面牙白色或黄白色，断面白色。味甜，微苦。每支重 100g 以上，艼帽不超过主根重的 25%。无瘢痕、杂质、虫蛀、霉变。

二等　每支重 55g 以上。余同一等。

三等　每支重 32.5g 以上。余同一等。

四等　每支重 20g 以上。余同一等。

五等　每支重 12.5g 以上，艼帽不超过主根重的 40%。余同一等。

六等　主根呈横灵体、顺体、畸形体（俗称"笨体"）。每支重 6.5g 以上，艼帽不大，无杂质、虫蛀及霉变。余同一等。

七等　呈横灵体、顺体或畸形体，有圆芦，有或无艼。皮紧细。主根上部横纹紧密而深。须根稀疏而长，有珍珠疙瘩。表面牙白色或黄白色，断面白色。味甜，微苦。每支重 4g 以上。无杂质、虫蛀、霉变。

八等　每支重 2g 以上。间有芦须不全的残次品。余同七等。

艼变山参、籽种山参、趴货参、池底参及移山参一般按山参八等或九等收购。

2．园参　商品根据加工方法及大小不同，分为边条鲜参、普通鲜参、边条生晒参、普通生晒参、白干参等规格，再根据长短及重量分为不同等级。

（1）边条鲜参

一等　鲜货。根呈长圆柱形。芦长、身长、腿长，有 2～3 个分枝，须芦齐全。体长不短于 20cm，浆足丰满。每支重 125g 以上，艼帽不超过 15%。不烂，无瘢痕、水锈、泥土及杂质。

二等　体长不短于 18.3cm。每支重 85g 以上。余同一等。

三等　体长不短于 16.7cm。每支重 60g 以上。余同一等。

四等　体长不短于 15cm。每支重 45g 以上。余同一等。

五等　体长不短于 13.3cm。每支重 35g 以上。余同一等。

六等　每支重 25g 以上。余同一等。

七等　须芦齐全。浆足丰满。每支重 12.5g 以上。

八等　根呈长圆柱形。凡不符合以上规格和缺须少芦、破断根条者。每支重 5g 以上。

（2）普通鲜参

特等　鲜货。根呈长圆柱形,有分枝。须芦齐全,浆足。每支重 100～150g。不烂,无瘢痕、水锈、泥土及杂质。

一等　每支重 62.5g 以上。余同特等。

二等　每支重 41.5g 以上。余同特等。

三等　每支重 31.5g 以上。余同特等。

四等　每支重 25g 以上。不烂,无泥土、杂质。余同特等。

五等　每支重 12.5g 以上。余同四等。

六等　每支重 5g 以上。不符合以上规格和缺须少芦折断者。

（3）全须生晒参

一等　根呈圆柱形,有分枝。体轻有抽沟。芦须全,有芐帽。表面黄白色或较深,断面黄白色。气香,味苦。每支重 10g 以上。绑尾或不绑。无破疤、杂质、虫蛀、霉变。

二等　每支重 7.5g 以上,余同一等。

三等　每支重 5g 以上,余同一等。

四等　大小支不分。有抽沟。芦须不全,间有折断。余同一等。

（4）普通生晒参

一等　根呈圆柱形。体轻有抽沟,去净芐须。表面黄白色,断面白色。气香,味苦。每 500g 60 支以内。无破疤、杂质、虫蛀、霉变。

二等　每 500g 80 支以内,余同一等。

三等　每 500g 100 支以内,余同一等。

四等　体轻有抽沟、死皮。每 500g 130 支以内,余同一等。

五等　每 500g 130 支以上,余同四等。

（5）白干参

一等　根呈圆柱形。去净支根。皮细、色白、芦小、质充实。断面白色。气香、味苦。每 500g 60 支以内,支条均匀。无抽沟、皱皮、水锈、杂质、虫蛀、霉变。

二等　每 500g 60 支以内。余同一等。

三等　表面稍有抽沟、水锈。每 500g 100 支以内。余同一等。

四等　表面有抽沟、水锈。每 500g 100 支以内。余同一等。

（6）白糖参

一等　根呈圆柱形。芦须齐全,体充实,支条均匀。表面和断面均为白色。味甜、微苦。不返糖,无浮糖、碎芦、杂质、虫蛀及霉变。

二等　大小不分,表面黄白色,断面白色。余同一等。

（7）皮尾参:统货。根呈圆柱形、条状、无分枝,去净细须。表面灰棕色,断面黄白色。气香,味苦。

（8）白直须

一等　根须呈条状,有光泽。表面、断面均黄白色。气香,味苦。长 13.3cm 以上,条大小均匀。无水锈、破皮,无杂质、虫蛀、霉变。

二等 根须长 13.3cm 以下,最短不低于 8.3cm。余同一等。

【功能主治】 大补元气,复脉固脱,补脾益肺,生津养血,安神益智。用于体虚欲脱,肢冷脉微,脾虚食少,肺虚喘咳,津伤口渴,内热消渴,气血亏虚,久病虚羸,惊悸失眠,阳痿宫冷等。

【贮藏】 置阴凉干燥处,密闭保存、防蛀。

【用法用量】 3～9g,另煎兑服;也可研粉吞服,一次 2g,一日 2 次。

【附注】 不宜与藜芦、五灵脂同用。

红参

Hongshen

GINSENG RADIX ET RHIZOMA RUBER

【基源】 本品为五加科植物人参 Panax ginseng C. A. Mey. 的栽培品经蒸制后的干燥根和根茎。

【产地与采制】 将刷洗干净的鲜参,除去不定根和支根,蒸 3 个小时左右,取出晒干或烘干;鲜参的支根及须根蒸后干燥,称"红参须"。

红参

【质量要求】

1. 性状特征 主根纺锤形、圆柱形或方柱形,长 3～10cm,直径 1～2cm。表面红棕色,半透明,偶有不透明的暗黄褐色斑块,习称"黄马褂",有纵沟、皱纹及细根痕。上部有连续的不明显环纹,下部支根 2～3 条,扭曲交叉。根茎长 1～2cm,有茎痕及 1～2 条不定根。质硬脆,断面平坦,角质样。气微香而特异,味甘、微苦。

以体长、表面红棕色、半透明、质坚实、无黄皮、无破疤、气香、味苦者为佳。

2. 理化指标

水分 不得过 12.0%。

人参皂苷 Rg_1、人参皂苷 Re 和人参皂苷 Rb_1 照高效液相色谱法测定,按干燥品计算,含人参皂苷 Rg_1($C_{42}H_{72}O_{14}$)和人参皂苷 Re($C_{48}H_{82}O_{18}$)总量不得少于 0.25%;含人参皂苷 Rb_1($C_{54}H_{92}O_{23}$)不得少于 0.20%。

3. 有害物质限量指标

农药残留量 照有机氯类农药残留量测定法测定,含五氯硝基苯(PCNB)不得过 0.1mg/kg;含七氯不得过 0.05mg/kg;含氯丹不得过 0.1mg/kg。

【商品规格等级】

(1)16 边条红参

一等 根呈长圆柱形。芦长、身长、腿长,体长 18.3cm 以上,有 2～3 个分枝。表面棕红或淡棕色,有光泽。上部色较淡,有皮有肉。质坚实,断面角质样。气香,味苦。每 500g 16 支以内,每支 31.3g 以上。无中尾、黄皮、破疤、虫蛀、霉变、杂质。

二等 表面棕红色或棕色,稍有黄皮、抽沟、干疤。余同一等。

三等 表面色泽较差。有黄皮、抽沟、破疤、腿红。余同一等。

(2)25 边条红参

一等 根呈长圆柱形。芦长、身长、腿长,体长 16.7cm 以上,有 2～3 个分枝。表面棕红或淡棕色,有光泽。上部色较淡,有皮有肉。质坚实,断面角质样。气香,味苦。每500g 25 支以内,每支20g以上。无中尾、黄皮、破疤、虫蛀、霉变、杂质。

二等 表面稍有黄皮、抽沟、干疤。余同一等。

三等 表面色泽较差。有黄皮、抽沟、破疤、腿红。余同一等。

（3）35边条红参

一等 根呈长圆柱形。芦长、身长、腿长,体长15cm以上,有2～3个分枝。表面棕红或淡棕色,有光泽。上部色较淡,有皮有肉。质坚实,断面角质样。气香,味苦。每500g 35 支以内,每支14.3g以上。无中尾、黄皮、破疤、虫蛀、霉变、杂质。

二等 表面稍有黄皮、抽沟、干疤。余同一等。

三等 表面色泽较差。有黄皮、抽沟、破疤、腿红。余同一等。

（4）45边条红参

一等 根呈长圆柱形。芦长、身长、腿长,体长13.3cm以上,有2～3个分枝。表面棕红或淡棕色,有光泽。上部色较淡,有皮有肉。质坚实,断面角质样。气香,味苦。每500g 45 支以内,支头均匀。无中尾、黄皮、破疤、虫蛀、霉变、杂质。

二等 稍有黄皮、抽沟、干疤。余同一等。

三等 表面色泽较差。有黄皮、抽沟、破疤、腿红。余同一等。

（5）55边条红参

一等 根呈长圆柱形。芦长、身长、腿长,体长11.7cm以上,有2～3个分枝。表面棕红或淡棕色,有光泽。上部色较淡,有皮有肉。质坚实,断面角质样。气香,味苦。每500g 55 支以内,支头均匀,无中尾、黄皮、破疤、虫蛀、霉变、杂质。

二等 稍有黄皮、抽沟、干疤。余同一等。

三等 表面色泽较差。有黄皮、抽沟、破疤、腿红。余同一等。

（6）80边条红参

一等 根呈长圆柱形。芦长、身长、腿长,体长11.7cm以上,有2～3个分枝。表面棕红或淡棕色,有光泽。上部色较淡,有皮有肉。质坚实,断面角质样。气香,味苦。每500g 80 支以内,支头均匀。无中尾、黄皮、破疤、虫蛀、霉变、杂质。

二等 稍有黄皮、抽沟、干疤。余同一等。

三等 表面色泽较差。有黄皮、抽沟、破疤、腿红。余同一等。

（7）小货边条红参

一等 根呈长圆柱形。表面棕红或淡棕色,有光泽。上部色较淡,有皮有肉。断面角质样。气香,味苦。支头均匀。无中尾、黄皮、破疤、虫蛀、霉变、杂质。

二等 有黄皮不超过身长的1/2。稍有抽沟、干疤。余同一等。

三等 表面色泽较差。有黄皮、抽沟、破疤、腿红。余同一等。

（8）20普通红参

一等 根呈圆柱形。表面棕红或淡棕色,有光泽。质坚实,断面角质样。气香,味苦。每500g 20 支以内,每支25g以上。无细腿、破疤、黄皮、虫蛀。

二等　稍有干疤、黄皮、抽沟。余同一等。

三等　色泽较差。有黄皮、干疤、抽沟、腿红。余同一等。

（9）32 普通红参

一等　根呈圆柱形。表面棕红或淡棕色，有光泽。质坚实，断面角质样。气香，味苦。每500g 32 支以内，每支 15.6g 以上。无细腿、破疤、黄皮、虫蛀。

二等　稍有干疤、黄皮、抽沟。余同一等。

三等　色泽较差。有黄皮、干疤、抽沟、腿红。余同一等。

（10）48 普通红参

一等　根呈圆柱形。表面棕红或淡棕色，有光泽。质坚实，断面角质样。气香，味苦。每500g 48 支以内，支头均匀。无细腿、破疤、黄皮、虫蛀。

二等　稍有干疤、黄皮、抽沟。余同一等。

三等　色泽较差。有黄皮、干疤、抽沟、腿红。余同一等。

（11）64 普通红参

一等　根呈圆柱形。表面棕红或淡棕色，有光泽。质坚实，断面角质样。气香，味苦。每500g 64 支以内，支头均匀。无细腿、破疤、黄皮、虫蛀。

二等　稍有干疤、黄皮、抽沟。余同一等。

三等　色泽较差。有黄皮、干疤、抽沟、腿红。余同一等。

（12）80 普通红参

一等　根呈圆柱形。表面棕红或淡棕色，有光泽。质坚实，断面角质样。气香，味苦。每500g 80 支以内，支头均匀。无细腿、破疤、黄皮、虫蛀。

二等　稍有干疤、黄皮、抽沟。余同一等。

三等　色泽较差。有黄皮、干疤、抽沟、腿红。余同一等。

（13）小货普通红参

一等　根呈圆柱形。表面棕红或淡棕色，有光泽。质坚实，断面角质样。气香，味苦。支头均匀。无细腿、破疤、黄皮、虫蛀。

二等　稍有干疤、黄皮、抽沟。余同一等。

三等　色泽较差。有黄皮、干疤、抽沟、腿红。余同一等。

（14）红直须

一等　根须呈长条形。粗壮均匀。棕红色或橙红色，有光泽，呈半透明状。断面角质样。气香，味苦。长 13.3cm 以上。无干浆、毛须，无杂质、虫蛀、霉变。

二等　根须长 13.3cm 以下，最短不少于 8.3cm。余同一等。

【功能主治】　大补元气，复脉固脱，益气摄血。用于体虚欲脱，肢冷脉微，气不摄血，崩漏下血。

【贮藏】　置阴凉干燥处，密闭保存、防蛀。

【用法用量】　3～9g，另煎兑服。

【附注】　不宜与藜芦、五灵脂同用。

西洋参

Xiyangshen

PANACIS QUINQUEFOLII RADIX

【基源】 本品为五加科植物西洋参 *Panax quinquefolium* L. 的干燥根。

【历史沿革】 西洋参原产国外，引入我国药用主要在清朝。清朝末期，国外文化交流人士将西洋参引入我国，其中文名参考中药人参，因原产于大西洋沿岸故名西洋参，又称花旗参。早期，北美的印第安人采集西洋参的茎叶食用，也作为清热消炎的药物使用。清代赵学敏的《本草纲目拾遗》对西洋参的记载，曰"洋参似辽参之白皮泡丁，味类人参，惟性寒，甘苦，补阴退热，姜制，益元扶正气"。清代的《本草从新》对其药性功效也有记载："苦寒、微甘，味厚气薄。补肺降火，生津液，除烦倦，虚而有火者相宜。"古今应用为同一品种。

【产地与采制】 西洋参原产北美加拿大魁北克、蒙特利尔和美国北部的威斯康星州。20 世纪 70 年代，我国已在北京、吉林、辽宁、黑龙江、陕西、山东、贵州、云南、安徽、福建、江西、河北等省份引种栽培成功。

目前野生西洋参比较少，大多为栽培品。西洋参的加工产品多为生晒类，少数为蒸制品和活性鲜品。加工的商品主要有原皮西洋参、粉光西洋参、西洋参须、洋参丸等。鲜品西洋参经洗刷、晾晒、低温烘干、打潮下须后，第二次低温烘干，即为原皮西洋参。鲜品西洋参经洗刷、晾晒、低温烘干、打潮下须后去皮，第二次低温烘干，即为粉光西洋参。

【市场概况】 西洋参的药用及经济价值很高，随着人民生活水平和保健意识的提高，对西洋参的需求量也在逐年上升。随着科学研究的不断深入，对西洋参非药用部位的开发利用也非常深入。西洋参的须根、叶、花、果实均含人参皂苷，利用西洋参各个部分加工成的药品、食品、高级补品、化妆品已有很多，如西洋参果酒、西洋参饮料、西洋参香皂、西洋参糖、西洋参糕点等，西洋参的综合利用前景非常广阔。西洋参的价格近年来趋于平稳，2018 年，根据产地和规格，进口西洋参价格在 1 200 ~ 1 300 元 /kg，国产西洋参在 800 ~ 850 元 /kg。

【质量要求】

1. 性状特征 呈纺锤形、圆柱形或圆锥形，长 3 ~ 12cm，直径 0.8 ~ 2cm。表面浅黄褐色或黄白色，可见横向环纹和线形皮孔状突起，并有细密浅纵皱纹和须根痕。主根中下部有一至数条侧根，多已折断。有的上端有根茎（芦头），环节明显，茎痕（芦碗）圆形或半圆形，具不定根（艼）或已折断。体重，质地坚实，不易折断，断面平坦，浅黄白色，略显粉性，皮部可见黄棕色点状树脂道，形成层环纹棕黄色，木部略呈放射状纹理。气微而特异，味微苦、甘。

2. 理化指标

水分 不得过 13%。

总灰分 总灰分优等品不得过 4.0%，一等品不得过 4.5%，合格品不得过 5.0%。

浸出物 70% 乙醇浸出物（热浸法）不得少于 30.0%。

人参皂苷 高效液相色谱法测定，西洋参含人参皂苷 Re（ $C_{48}H_{82}O_{18}$ ）、人参皂苷 Rb$_1$（ $C_{54}H_{92}O_{23}$ ）和人参皂苷 Rg$_1$（ $C_{42}H_{72}O_{14}$ ）的总量不得少于 2.0%。

3．有害物质限量指标

砷盐　照铅、镉、砷、汞、铜测定法测定，含砷不得过 2mg/kg。

重金属　照铅、镉、砷、汞、铜测定法测定，含铅不得过 5mg/kg，含镉不得过 1mg/kg，含汞不得过 0.2mg/kg，含铜不得过 20mg/kg。

农药残留量检测　按有机氯类农药残留量测定，含五氯硝基苯（PCNB）不得过 0.1mg/kg；六氯苯不得过 0.1mg/kg；七氯不得过 0.05mg/kg；氯丹不得过 0.1mg/kg。

【商品规格等级】　国产西洋参分如下规格等级。

1．规格

长支　超大支长度 7.5～10.0cm，直径 1.5～2.0cm，平均单支重在 10g 以上；特大支长度 6.5～7.5cm，直径 1.3～1.5cm，平均单支重在 7g 以上；大支长度 5.5～6.5cm，直径 1.0～1.3cm，平均单支重在 5g 以上；中支长度 4.5～5.5cm，直径 0.9～1.0cm，平均单支重在 3.5g 以上；小支长度 3.5～4.5cm，直径 0.7～0.9cm，平均单支重在 2.5g 以上。

短支　特号长度 4.9～5.8cm，直径 1.9～2.2cm，平均单支重在 10g 以上；短 1 号长度 4.6～5.6cm，直径 1.6～1.9cm，平均单支重在 7g 以上；短 2 号长度 4.0～5.0cm，直径 1.4～1.6cm，平均单支重在 5g 以上；短 3 号长度 3.6～4.2cm，直径 1.3～1.4cm，平均单支重在 3g 以上；短 4 号长度 2.8～3.4cm，直径 1.1～1.3cm，平均单支重在 2g 以上。

泡参　1 号平均单支重在 7g 以上；2 号平均单支重在 5g 以上；3 号平均单支重在 3g 以上；4 号平均单支重在 1.5g 以上；5 号平均单支重在 1.5g 以下。

条参　1 号长度 3.7～4.5cm，直径 0.7～0.8cm；2 号长度 3.4～4.0cm，直径 0.5～0.6cm。

参段（剪口）　要求长度 1.0～1.2cm，直径 0.5cm 以上。

参须　要求长度 2.0cm 以上。

注：超大支和特号规格，可不受上述直径与长度规定，但长度和直径比（长支按 5∶1，短支按 3∶1）必须协调。

2．等级　国产西洋参分优等品、一等品和合格品。

优等品　呈纺锤形、圆柱形或圆锥形，尖圆球形。表面黄白色或浅黄褐色，环纹明显，皮孔线形状突起，有细密浅纵皱纹。主根有的上端有根茎，称"芦头"（已修剪）。断面平坦，黄白色，皮部可见黄棕色点状树脂道，形成层环明显。香气浓郁。无病疤、红支、青支、虫蛀、霉变。

一等品　表面有纵皱纹。香气浓。无病疤、红支、青支、虫蛀、霉变。余同优等品。

合格品　表面环纹明显或较差，"芦头"已修剪或未修剪。纵皱纹有或无。断面黄白色或浅黄棕色，香气尚浓。有或轻微病疤。余同优等品。

【贮藏】　置阴凉干燥处，密闭，防蛀。

【功能主治】　补气养阴，清热生津。主要用于气虚阴亏，内热消渴，虚热烦倦，咳喘痰血，口燥咽干。

【用法用量】　3～6g，另煎兑服。

【附注】　不宜与藜芦同用。

三七

Sanqi

NOTOGINSENG RADIX ET RHIZOMA

【基源】 本品为五加科植物三七 *Panax notoginseng*(Burk.) F. H. Chen 的干燥根和根茎。

三七

【历史沿革】 始载于《本草纲目》。李时珍谓:"生广西南丹诸州番峒深山中,采根暴干……味微甘而苦,颇似人参之味……"又曰:"此药近时始出,南人军中用为金疮要药,云有奇功……"《广西通志》中载:"三七南丹田州出……"《本草纲目拾遗》中引用《宦游笔记》:"人参补气第一,三七补血第一,味同而功亦等,故人并称曰人参三七,为药品中之最珍贵者。"又引《识药辨微》,称:"人参三七,外皮青黄,内肉青黑色,名铜皮铁骨,此种坚重,味甘中带苦,出右江土司,最为上品。"古代本草所载与现今所用三七一致。

【产地与采制】 主产于云南文山州,广西田阳、靖西及广东南雄等地,近些年云南省三七种植扩展到了红河州、石林、丽江等地。云南文山州为三七道地产区。三七于种后 3～4 年采收,7～8 月开花前或摘取花茎后的 10～11 月采收,习称"春三七";12 月至翌年 1 月(摘除果实后 20～30 天)采收,习称"冬三七"。剪下须根,晒干,习称"绒根";除去须根后晒 2～3 天,待其发软时,分别剪下支根、根茎,晒干,习称"筋条"和"剪口"。三七加工方法有以下两种。①传统加工方法:将三七晒至半干,用手揉搓,再经暴晒,揉搓 3～5 次,直至全干,称为"毛货"。将毛货置麻袋中加粗糠、稻谷或蜡块往返冲撞使表面光亮,即成。②水洗法:将三七用清水洗净,为防皂苷损失,时间不宜过长,一般控制在 20 分钟以内。洗净的三七需干燥至水分在 13% 以下,可采用晾晒,或送入太阳能大棚中,待含水量降至 20% 左右,再堆捂发汗,直至干燥;亦可采用烤房烘烤干燥。

【市场概况】 三七商品完全来源于栽培,产区较为集中,云南文山州三七产量占全国年产量的 60% 以上。2012 年,文山州建立了文山三七国际交易中心,成为国内最大的三七交易市场。

三七是国家重点调控品种,是一种重要的中药原料,国内需要三七原料的企业超过 1 000 家,含三七处方的中成药超过 300 种,市场需求近 1 万吨。三七价格历史上出现了几次大起大落,波动最大的时间段当属 2009—2014 年。以 60 头春三七为例,2009 年每千克价格突破百元,之后经过连续 4 年的快速增长,价格涨至 800 元/kg,2014 年三七价格开始下滑,迅速跌破 200 元/kg,低迷行情一直持续到 2018 年,价格回升到 300 元/kg 左右。

【质量要求】

1. 性状特征

主根 呈类圆锥形或圆柱形,长 1～6cm,直径 1～4cm。表面灰褐色或灰黄色,有断续的纵皱纹和支根痕。顶端有茎痕,周围有瘤状突起。体重,质坚实,断面灰绿色、黄绿色或灰白色,木部微呈放射状排列。气微,味苦回甜。

筋条 呈圆柱形或圆锥形,长 2～6cm,上端直径约 0.8cm,下端直径约 0.3cm。

剪口 呈不规则的皱缩块状或条状,表面有数个明显的茎痕及环纹,断面中心灰绿色或白色,边缘深绿色或灰色。

以个大、质坚实沉重、断面灰绿色或黄绿色者为佳。

2．理化指标

水分　不得过 14.0%。

总灰分　不得过 6.0%。

酸不溶性灰分　不得过 3.0%。

浸出物　醇溶性浸出物（热浸法）测定，用甲醇作溶剂，不得少于 16.0%。

人参皂苷 Rg_1、人参皂苷 Rb_1 和三七皂苷 R_1　照高效液相色谱法测定，按干燥品计算，含人参皂苷 Rg_1（$C_{42}H_{72}O_{14}$）、人参皂苷 Rb_1（$C_{54}H_{92}O_{23}$）和三七皂苷 R_1（$C_{47}H_{80}O_{18}$）的总量不得少于 5.0%。

3．有害物质限量指标

砷盐　照铅、镉、砷、汞、铜测定法测定，含砷不得过 2mg/kg。

重金属　照铅、镉、砷、汞、铜测定法测定，含铅不得过 5mg/kg，含镉不得过 1mg/kg，含汞不得过 0.2mg/kg，含铜不得过 20mg/kg。

【商品规格等级】

1．春三七　饱满，表面皱纹细密而短或不明显，断面灰绿色，木部菊花心明显，无裂隙。

一等（20头）　干货。呈圆锥形或圆柱形，表面灰黄色或黄褐色，质坚实，体重，断面灰绿色或灰褐色，味苦微甜。每 500g 20 头以内，长不超过 6cm。无杂质、虫蛀、霉变。

二等（30头）　干货。每 500g 30 头以内，长不超过 6cm。无杂质、虫蛀、霉变。

三等（40头）　干货。每 500g 40 头以内，长不超过 5cm。无杂质、虫蛀、霉变。

四等（60头）　干货。每 500g 60 头以内，长不超过 4cm。无杂质、虫蛀、霉变。

五等（80头）　干货。每 500g 80 头以内，长不超过 3cm。无杂质、虫蛀、霉变。

六等（120头）　干货。每 500g 120 头以内，长不超过 2.5cm。无杂质、虫蛀、霉变。

七等（160头）　干货。每 500g 160 头以内，长不超过 2cm。无杂质、虫蛀、霉变。

八等（200头）　干货。每 500g 200 头以内。无杂质、虫蛀、霉变。

九等（大二外）　干货。每 500g 250 头以内，长不超过 1.5cm。无杂质、虫蛀、霉变。

十等（小二外）　干货。每 500g 300 头以内，长不超过 1.5cm。无杂质、虫蛀、霉变。

十一等（无数头）　干货。每 500g 450 头以内，长不超过 1.5cm。无杂质、虫蛀、霉变。

十二等（筋条）　干货。呈圆锥形或类圆柱形，表面灰黄色或黄褐色。质坚实、体重。断面灰褐色或灰绿色。味苦微甜。不分春、冬三七，每 500g 在 450～600 头以内。支根上端直径不低于 8mm，下端直径不低于 5mm。无杂质、虫蛀、霉变。

十三等（剪口）　干货。不分春、冬三七，主要为三七的芦头及糊七（未烤焦的）。无杂质、虫蛀、霉变。

2．冬三七　各等头数与春三七相同。表面灰黄色，有皱纹或抽沟（拉槽）。不饱满，体稍轻。断面黄绿色。无杂质、虫蛀、霉变。

【贮藏】　置阴凉干燥处，防蛀。

【功能主治】　散瘀止血，消肿定痛。用于咯血，吐血，衄血，便血，崩漏，外伤出血，胸腹刺痛，跌扑肿痛。

【用法用量】　3～9g；研粉吞服，一次 1～3g。外用适量。

【附注】　孕妇慎用。

当归

Danggui

ANGELICAE SINENSIS RADIX

【基源】 本品为伞形科植物当归 *Angelica sinensis*（Oliv.）Diels 的干燥根。根据药用部位的不同通常称为"全归"（全根）、"归头"（主根上端）、"归身"（主根）、"归尾"（支根）。

【历史沿革】 始载于汉代的《神农本草经》，列为中品。《名医别录》记载："当归生陇西川谷，二月、八月采根阴干。"李时珍谓："今陕、蜀、秦州、汶州诸处人多栽莳为货。以秦归头圆尾多色紫气香肥润者，名马尾归，最胜他处。"又谓："当归调血，为女人要药。"所指即本品。古今当归主产地和疗效基本相同。

【产地与采制】 主产于甘肃岷县、渭源、漳县、宕昌等地，云南、陕西、四川、贵州等地亦产。其中甘肃岷县产量最大，品质最佳，习称"岷归"。

秋末（10月下旬）采挖栽培两年以上的根。通常提前 10 余天（10月上旬，当归叶开始发黄时）割去地上部分，使阳光暴晒地面，促进根部成熟。挖出根，抖净泥土，除净残留叶柄，置通风阴凉处 2～3 天，待根条变柔软；用柳条按规格大小扎成 0.5～1kg 重的扁平把子，置于预先搭好的棚架上，用柴草熏烟，使当归上色，至当归表面呈红黄色或淡褐色（10～15 天）时，再以煤或柴的文火徐徐加温熏烘。熏时室内要通风，并经常翻动，使色泽均匀，干度达七八成时，停火任其自然干燥，下棚，搓去毛须即为成品。云南当归一般栽培两年，在立冬前后采挖，去净泥土摊晒，并注意翻动，每晚收进屋内晾通风处，以免霜冻。

【市场概况】 当归商品全部来源于家种，甘肃是我国最大的当归产区，年产量占全国的 90%以上，属于基本能够满足市场需求的品种。其中岷县当归获得国家原产地地域保护认证和原产地标记认证。当归为传统大宗中药材之一，中医妇科要药，我国已有 2 000 余年的药用历史，素有"十方九归"之说。当归药用价值和经济价值显著，广泛用于临床配方、中成药原料及开发保健食品和化妆品，又是传统的大宗出口商品。当归生产周期较长，需要有计划安排生产。目前，国内外年需求量 3 万～5 万吨。2018 年当归的价格基本稳定，统货价格 38～45 元/kg。

【质量要求】

1. 性状特征 主根略呈圆柱形，支根 3～5 条或更多，长 15～25cm。表面黄棕色至浅棕色，有纵皱纹及横长皮孔。根头（归头）直径 1.5～4cm，有环纹，上端圆钝，有紫色或黄绿色的茎及叶鞘残基；主根（归身）表面凹凸不平；支根（归尾）直径 0.3～1cm，多扭曲，有须根痕。质柔韧，断面黄白色，皮部厚，有裂隙及棕色油点，木部色较淡，形成层环黄棕色。有浓郁的香气，味甘、辛、微苦。

甘肃栽培品：根头上端常有环形皱纹。支根表面有小疙瘩状的须根痕。

以主根粗长、油润、外皮色黄棕、断面色黄白、质柔韧、油润、气味浓郁者为佳。柴性大、干枯无油或断面呈绿褐色者不供药用。

2. 理化指标

水分 不得过 15.0%。

总灰分 不得过 7.0%。

酸不溶性灰分 不得过 2.0%。

浸出物 醇溶性浸出物（热浸法）不得少于 45.0%。

挥发油含量 用挥发油测定法测定，含挥发油不得少于 0.4%（ml/g）。

阿魏酸含量 照高效液相色谱法测定，按干燥品计算，含阿魏酸（$C_{10}H_{10}O_4$）不得少于 0.050%。

3．有害物质限量指标

砷盐 照铅、镉、砷、汞、铜测定法测定，含砷不得过 2mg/kg。

重金属 照铅、镉、砷、汞、铜测定法测定，含铅不得过 5mg/kg，含镉不得过 1mg/kg，含汞不得过 0.2mg/kg，含铜不得过 20mg/kg。

【商品规格等级】 按加工方法分为全归和归头两种规格，分别以每千克的支数划分等级。市场商品还有归身、归尾、全归片、箱归。其规格等级标准为：

1．全归

一等 干货。主根圆柱形，下部有多条支根，根梢不细于 0.2cm。表面棕色或棕褐色。断面黄白色或淡黄色，具油性。气芳香，味甘、辛、微苦。每千克 30 支以下。无抽苔根、杂质、虫蛀、霉变等。

二等 干货。每千克 30～50 支。余同一等。

三等 干货。每千克 50 支以上。余同一等。

统货 干货。主根圆柱形，下部有多条支根，根梢不细于 0.2cm。表面棕色或棕褐色。断面黄白色或淡黄色，具油性。大小不分。气芳香，味甘、辛、微苦。无须根、杂质、虫蛀、霉变。

2．归头

一等 纯主根。干货。呈长圆形或拳状。直径 1.5～4cm，表面棕黄色或黄褐色。刮去外皮，表面黄白色。断面黄白色或淡黄色，具油性。每千克 40 支以下。气芳香，味甘、辛、微苦。无油个、枯干、杂质、虫蛀、霉变。

二等 干货。每千克 40～60 支。余同一等。

三等 干货。每千克 60 支以上。余同一等。

3．归身 为当归的主根，略呈圆柱形，下部有 3～5 条较短的支根，表面黄棕色或棕褐色。

4．归尾 为当归的支根，直径 0.3～1cm，上粗下细，多扭曲，有少数须根痕。

5．全归片 厚片状，上部较宽，下端由窄片构成，表面棕黄或黄白色，质地油润，味甘、辛、微苦。

6．箱归

特等 干货。每千克 36 支以下。

一等 干货。每千克 52～56 支。

二等 干货。每千克 60～64 支。

7．通底归 干货。每千克 72～76 支。

【贮藏】 本品含挥发油及糖分，应贮藏于阴凉、干燥处，防潮，防蛀。不宜贮存过久。

【功能主治】 补血活血，调经止痛，润肠通便。用于血虚萎黄，眩晕心悸，月经不调，经闭痛经，虚寒腹痛，风湿痹痛，跌扑损伤，痈疽疮疡，肠燥便秘。酒当归活血通经，用于经闭痛经，风湿痹痛，跌扑损伤。

【用法用量】 6～12g。

川芎

Chuanxiong

CHUANXIONG RHIZOMA

【基源】　本品为伞形科植物川芎 *Ligusticum chuanxiong* Hort. 的干燥根茎。

【历史沿革】　川芎原名芎藭，始载于《神农本草经》，列为上品，"芎藭"一名早在先秦著作中就有出现，《山海经·西山经》中就有"号山，其草多芎藭"的记载。汉代《范子计然》云"芎藭生始无，枯者善"。《本草经集注》云："（芎藭）今惟出历阳，节大茎细，状如马衔，谓之马衔芎藭。蜀中亦有而细。"宋代开始川产芎藭出现，并形成了主流商品，《本草图经》云："今关陕、蜀川、江东山中多有之，而以蜀川者为胜。其苗四五月间生，叶似芹、胡荽、蛇床辈，作丛而茎细……七八月开白花，根坚瘦，黄黑色……关中出者，俗呼为京芎，并通用，惟贵形块重实，作雀脑状者，谓之雀脑芎，此最有力也。"蜀川所出开始有了"川芎"之名。

【产地与采制】　主产于四川都江堰、彭州、什邡、新都、崇州、彭山等地，为川产道地药材之一，四川都江堰市川芎获得国家地理标志原产地保护。江西武宁、瑞昌、德安及湖北阳新、崇阳、通山亦有生产。夏季当茎上的节盘显著突出，并略带紫色时采挖，除去泥沙，晒后烘干，再去须根。

【市场概况】　四川省川芎产量常年占据全国 95% 以上，川芎的年需求量在 1 万吨左右，近几年产量远超于 1 万吨，2018 年价格较为稳定，统货价格 16～17 元/kg，2019 年自 8 月产新后行情持续叫好，价格上涨。

【质量要求】

1. 性状特征　本品为不规则结节状拳形团块，直径 2～7cm。表面灰褐色或褐色，粗糙皱缩，有多数平行隆起的轮节，顶端有凹陷的类圆形茎痕，下侧及轮节上有多数小瘤状根痕。质坚实，不易折断，断面黄白色或灰黄色，散有黄棕色的油室，形成层环呈波状。气浓香，味苦、辛，稍有麻舌感，微回甜。

以个大饱满、质坚实、断面色黄白、油性大、香气浓者为佳。

2. 理化指标

水分　不得过 12.0%。

总灰分　不得过 6.0%。

酸不溶性灰分　不得过 2.0%。

浸出物　乙醇浸出物（热浸法）不得少于 12.0%。

阿魏酸　照高效液相色谱法测定，按干燥品计算，含阿魏酸（$C_{10}H_{10}O_4$）的总量不得少于 0.10%。

【商品规格等级】　目前，药材市场上，由于栽种及采收时间的不同，川芎药材规格等级如下。

1. 川芎

一等　干货。呈结节状，质地坚实。表面黄褐色。断面灰白色或黄白色。有特异香气，味苦辛、麻舌。每千克 44 个以内，单个的重量不低于 20g。无山川芎、空心、焦枯、杂质、虫蛀、霉变。

二等　干货。呈结节状，质地坚实。表面黄褐色。断面灰白色或黄白色。有特异香气，味苦辛、麻舌。每千克 70 个以内。无山川芎、空心、焦枯、杂质、虫蛀、霉变。

三等　干货。呈结节状，质地坚实。表面黄褐色。断面灰白色或黄白色。有特异香气。味苦辛、麻舌。每千克 70 个以上，个大空心的属此等。无山川芎、苓珠、苓盘、焦枯、杂质、虫蛀、霉变。

2. 山川芎　统货。呈结节状,体枯质瘦。表面褐色,断面灰白色。有特异香气,味苦辛,麻舌。大小不分。

【贮藏】　置阴凉干燥处,防蛀。

【功能主治】　活血行气,祛风止痛。用于胸痹心痛,胸胁刺痛,跌扑肿痛,月经不调,经闭痛经,癥瘕腹痛,头痛,风湿痹痛。

【用法用量】　3～10g。

黄芩

Huangqin

SCUTELLARIAE RADIX

【基源】　本品为唇形科植物黄芩 *Scutellaria baicalensis* Georgi 的干燥根。

【历史沿革】　始载于《神农本草经》,列为中品。苏颂谓:"今川蜀、河东、陕西近郡皆有之。苗长尺余,茎干粗如箸,叶从地四面作丛生,类紫草,高一尺许,亦有独茎者,叶细长青色,两两相对,六月开紫花,根如知母粗细,长四五寸,二月、八月采根暴干。"李时珍谓:"宿芩乃旧根,多中空,外黄内黑,即所谓片芩……子芩乃新根,多内实。即今所谓条芩。"上述黄芩与今所用黄芩基本一致。

【产地与采制】　野生品主产于河北、山西、内蒙古等地。栽培品主产于山东、河北、山西、河南等地。春、秋二季采挖,除去须根和泥沙,晒后撞去粗皮,晒干。

【市场概况】　黄芩是中医常用的大宗中药材之一,至今已有 2 000 余年的历史。20 世纪 60 年代以前,黄芩全部来源于野生资源,随着需求量的不断增加,野生资源不断减少;20 世纪 60 年代起,开始人工栽培研究。目前黄芩商品野生与栽培均有,属于能够满足市场需求的品种。黄芩号称"中药抗生素",广泛用于临床配方和多种中成药的原料,黄芩也是提取黄芩苷的原材料和大宗出口品种。国内外年需求量约为 1 万吨。

【质量要求】

1. 性状特征　野生品呈圆锥形,扭曲,长 8～25cm,直径 1～3cm。表面棕黄色或深黄色,有稀疏的疣状细根痕,上部较粗糙,有扭曲的纵皱纹或不规则的网纹,下部有顺纹和细皱纹。质硬而脆,易折断,断面黄色,中心红棕色;老根中心呈枯朽状或中空,暗棕色或棕黑色。气微,味苦。

栽培品较细长,多有分枝。表面浅黄棕色,外皮紧贴,纵皱纹较细腻。断面黄色或浅黄色,略呈角质样。味微苦。

以条长、质坚实、色黄者为佳。

2. 理化指标

水分　不得过 12.0%。

总灰分　不得过 6.0%。

浸出物　醇溶性浸出物(热浸法,用稀乙醇作溶剂)不得少于 40.0%。

黄芩苷　照高效液相色谱法测定,药材按干燥品计算,含黄芩苷($C_{21}H_{19}O_{11}$)不得少于 9.0%。

【商品规格等级】

一等　呈圆锥形,上部皮较粗糙,有明显的网纹及扭曲的纵皱纹。下部皮细有顺纹或皱纹。

表面黄色或黄棕色。质坚脆。断面深黄色,上端中央有黄绿色或棕褐色的枯心。气微、味苦。条长10cm以上,中部直径1cm以上。去净粗皮。无杂质、虫蛀、霉变。

二等　条长4cm以上,中部直径1cm以下,但不小于0.4cm。去净粗皮。无杂质、虫蛀、霉变。

【贮藏】　置通风干燥处,防潮。

【功能主治】　清热燥湿,泻火解毒,止血,安胎。用于湿温、暑湿,胸闷呕恶,湿热痞满,泻痢,黄疸,肺热咳嗽,高热烦渴,血热吐衄,痈肿疮毒,胎动不安。

【用法用量】　3～10g。

地黄

Dihuang

REHMANNIAE RADIX

【基源】　本品为玄参科植物地黄 *Rehmannia glutinosa* Libosch. 的新鲜或干燥块根。前者习称"鲜地黄",后者称"生地黄"。

【历史沿革】　地黄始载于《神农本草经》,列为上品。魏晋时期,《名医别录》云"生咸阳川泽黄土地者佳",演变为陕西的黄土地。梁代《本草经集注》云:"中间以彭城干地黄最好,次历阳,今用江宁板桥者为胜。"是指江淮一带。宋代苏颂在《图经本草》中云:"古称种地黄以黄土,今不然,大宜肥壤虚地,则根大而多汁。""以同州(陕西大荔)为上。"李时珍谓:"今人惟以怀庆地黄为上,亦各处随时兴废不同尔。"清代的《本草从新》记载:"地黄以怀庆肥大而短,糯体细皮而菊花心者佳。"

【产地与采制】　主产于河南、山东、河北等地。以河南焦作市产量大,质量优,特称"怀地黄"。秋季采挖,除去芦头、须根及泥沙,鲜用;或将地黄缓缓烘焙至约八成干。

【市场概况】　地黄为著名"四大怀药"之一,是年用量在几万吨以上的大宗传统中药材品种,至今已有2 700余年的药用历史,1 000余年的栽培历史,属于可以满足市场需求的品种。地黄传统产区为河南焦作,后来辐射至山西、河北、山东、陕西等地。地黄广泛用于临床配方和多种中成药的主要原料,大量用于保健药品、保健食品和保健饮料的开发;又是大宗传统的出口商品。据有关资料分析,地黄国内外年需求量约2万吨。地黄种植适应性强,产量高,周期短,为短线作物,易受气候、生产成本、市场走量等因素影响,短时期内产生大幅波动,在过去30年间,地黄曾经历过十多次大的价格波动。地黄主要在亳州药材市场流通,由于种植面积不断增长,货源充足,近五年价格呈逐渐下降趋势,亳州市场三、四、五等混级价格在7.5～14.5元/kg波动。

【质量要求】

1.性状特征

鲜地黄　纺锤形或条状,长8～24cm,直径2～9cm。表面浅红黄色,外皮薄,有弯曲的纵皱纹、芽痕及横长皮孔样突起及不规则瘢痕。肉质,易折断,断面皮部淡黄白色,有橘红色油点,木部黄白色,导管呈放射状排列。气微,味微甜、微苦。

生地黄　不规则类圆形团块或长圆形,中间膨大,两端稍细,细小长条者稍扁而扭曲,长6～12cm,直径2～6cm。表面棕黑色或棕灰色,极皱缩,有明显挤压的横曲纹。体重,质较软而韧,断面棕黑色或乌黑色,有光泽,有黏性。微有焦糖气,味微甜。

以个大体重、质柔软油润、断面黄褐色至黑褐色者为佳。

2. 理化指标

水分　不得过 15.0%。

总灰分　不得过 8.0%。

酸不溶性灰分　不得过 3.0%。

浸出物　水溶性浸出物(冷浸法),不得少于 65.0%。

梓醇　照高效液相色谱法测定,按干燥品计算,含梓醇($C_{15}H_{22}O_{10}$)不得少于 0.20%。

地黄苷 D　照高效液相色谱法测定,按干燥品计算,生地黄含地黄苷 D($C_{27}H_{42}O_{20}$)不得少于 0.10%。

【商品规格等级】　目前,药材市场上分为选货和统货,选货和统货又各分为 5 个等级。

1. 选货　呈不规则的团块或长圆形,中间膨大,两端稍细,有的细小,长条状,稍扁而扭曲。表面棕黑色或棕灰色,断面黄褐色、黑褐色或棕黑色,无臭。味微甜。无芦头、老母、生心、焦枯、杂质、虫蛀、霉变。

特等　每千克 16 支以内,断面致密油润。

一等　每千克 32 支以内,断面致密油润。

二等　每千克 60 支以内,断面致密油润。

三等　每千克 100 支以内,断面致密油润。

四等　每千克 100 支以上,断面致密油润,有时见有干枯无油者。

2. 统货　呈不规则的团块或长圆形,中间膨大,两端稍细,有的细小,长条状,稍扁而扭曲,无臭。味微甜。无芦头、老母、生心、焦枯、杂质、虫蛀、霉变。

一级　表面棕黑色,断面黄褐色至黑褐色,致密油润。

二级　表面棕黑色,断面黑褐色至棕黑色,致密油润。

三级　表面棕灰色,断面黄褐色至黑褐色,致密油润。

四级　表面棕灰色,断面黑褐色至棕黑色,致密油润。

五级　表面棕灰色或棕黑色,断面黄棕色、黄褐色、黑褐色或棕黑色,干枯无油性。

【贮藏】　本品富含糖分,极易虫蛀、吸潮、发霉。通常生品用麻袋包装,贮藏于阴凉、干燥、通风处,防霉,防蛀。鲜品埋于湿砂中,防冻。

【功能主治】　鲜地黄清热生津,凉血,止血。用于热病伤阴,舌绛烦渴,温毒发斑,吐血,衄血,咽喉肿痛。生地黄清热凉血,养阴生津。用于热入营血,温毒发斑,吐血衄血,热病伤阴,舌绛烦渴,津伤便秘,阴虚发热,骨蒸劳热,内热消渴。

【用法用量】　鲜地黄 12～30g。生地黄 10～15g。

玄参

Xuanshen

SCROPHULARIAE RADIX

【基源】　本品为玄参科植物玄参 *Scrophularia ningpoensis* Hemsl. 的干燥根。

玄参

【历史沿革】 玄参药用历史悠久,始载于汉代的《神农本草经》,列为中品。梁代《本草经集注》云:"根甚黑。"宋代《开宝本草》中记载:"茎方大,高四五尺,紫赤色而有细毛,叶如掌大而尖长。根生青白,干即紫黑。"《本草图经》曰:"其根尖长,生青白,干即紫黑。新者润腻。一根可生五七枚。"明代《本草纲目》中记载"花有紫白二种",并释其名"玄,黑色也"。

【产地与采制】 主产于浙江、湖北、湖南、贵州等地。冬季茎叶枯萎时采挖,除去根茎、幼芽、须根及泥沙,晒或烘至半干,堆放 3～6 天,反复数次至干燥。

【市场概况】 玄参为道地药材"浙八味"之一,但随着经济的发展,现浙江产区年产量仅 800 吨左右,而湖南、湖北、贵州和河南成为了主要产区,年产量在 1 000 吨以上,其中贵州道真获得国家地理标志产品标识。玄参作为全国大宗中药材品种,据统计,市场年需求量 8 000～10 000 吨。在我国传统的四大中药材市场中,亳州市场的玄参流通量所占份额最大,约占 40%。2018 年玄参的价格比较平稳,统货价格 9～12 元/kg。

【质量要求】

1. 性状特征 呈类圆柱形,中间略粗或上粗下细,有的微弯曲,长 6～20cm,直径 1～3cm。表面灰黄色或灰褐色,有不规则的纵沟、横长皮孔样突起和稀疏的横裂纹和须根痕。质坚实,不易折断,断面黑色,微有光泽。气特异似焦糖,味甘、微苦。

2. 理化指标

水分 不得过 16.0%。

总灰分 不得过 5.0%。

酸不溶性灰分 不得过 2.0%。

浸出物 水溶性浸出物(热浸法)不得少于 60.0%。

哈巴苷和哈巴俄苷 照高效液相色谱法测定,按干燥品计算,含哈巴苷($C_{15}H_{24}O_{10}$)和哈巴俄苷($C_{24}H_{30}O_{11}$)的总量:一等品不得少于 0.80%;二等品不得少于 0.60%;三等品不得少于 0.45%。

【商品规格等级】 目前,药材市场上,大部分玄参药材为统货,少部分分为 3 个等级。

一等 干货。呈类圆柱形。表面灰褐色,有纵纹及抽沟。质坚韧。断面黑褐色或黄褐色。味甘、微苦。每千克 36 支以内,支头均匀。无芦头、空泡、杂质、虫蛀、霉变。

二等 干货。呈类圆柱形。表面灰褐色,有纵纹及抽沟。质坚韧。断面黑褐色或黄褐色。味甘、微苦。每千克 72 支以内,支头均匀。无芦头、空泡、杂质、虫蛀、霉变。

三等 干货。呈类圆柱形。表面灰褐色,有纵纹及抽沟。质坚韧。断面黑褐色或黄褐色。味甘、微苦。每千克 72 支以上,个体最小在 5g 以上。间有破块。无芦头、杂质、虫蛀、霉变。

【贮藏】 置干燥处,防霉、防蛀。

【功能主治】 清热凉血,滋阴降火,解毒散结。用于热入营血,温毒发斑,热病伤阴,舌绛烦渴,津伤便秘,骨蒸劳嗽,目赤,咽痛,白喉,瘰疬,痈肿疮毒。

【用法用量】 9～15g。

【附注】 不宜与藜芦同用。

党参

Dangshen

CODONOPSIS RADIX

【基源】 本品为桔梗科植物党参 *Codonopsis pilosula*(Franch.)Nannf.、素花党参 *C. pilosula* Nannf. var. *modesta*(Nannf.)L. T. Shen 或川党参 *C. tangshen* Oliv. 的干燥根。

党参

【历史沿革】 党参之名始见于清代《本草从新》,据载:"参须上党者佳,今真党参久已难得,肆中所市党参,种类甚多,皆不堪用,防党性味和平足贵,根有狮子盘头者真,硬纹者伪也。"《植物名实图考》记载:"山西多产。长根至二三尺,蔓生,叶不对,节大如手指,野生者根有白汁,秋开花如沙参,花色青白,土人种之为利,气极浊。"古代上党除生长上党人参外,尚产党参,后上党人参绝迹,到清代时党参逐渐独立为新的药材品种。上述本草所载"根有狮子盘头者"及"花如沙参者"与现用党参相符。

【产地与采制】 党参主产于山西晋东南地区的平顺、陵川、长治、壶关、晋城、黎城及河南济源、焦作、新乡等地,习称潞党;山西五台山地区产的野生党参,称"野党参"或"台党";产于辽宁凤城、宽甸、本溪、吉林抚松、通化、和龙、汪清,黑龙江伊春、尚志、宁安、五常等地,习称"东党";甘肃定西、陇西等地有大量栽培,习称"白条党参"。素花党参主产于甘肃文县、武都、舟曲、两当,四川南坪、平武、松潘、青川,陕西凤县,以甘肃文县和四川的南坪生产的最著名,习称"西党"。

川党参主产于四川南坪,湖北恩施、建始、利川,重庆城口、巫山,陕西平利等地。其中山西、甘肃是党参重要的栽培基地。

秋季采挖栽培 3 年以上的根,去净泥土与残茎,按粗细分级,晒至半干,揉搓使皮部与木部紧贴,反复搓晒3~4次,最后晒干。

【市场概况】 党参为现代中医最常用的中药材之一,至今已有数百年的药用历史。20 世纪 50 年代之前,党参商品野生与家种资源并存。随着药用量的增加,党参的野生资源已逐渐枯竭,家种党参得到大力发展。目前党参商品的主流几乎全部为栽培品,属于能够满足市场需求的品种。山西平顺潞党参、甘肃渭源白条党参、湖北施恩板桥党参、甘肃武都纹党参、贵州威宁党参均获得国家原产地标记认证。党参广泛应用于临床配方和中成药生产,是传统的大宗出口商品。党参药食两用,又是保健食品、保健饮料和保健美容品的重要原料。目前,国内外年需求量约 3 万吨。2018 年党参的价格基本稳定,中条价格 40~59 元 /kg,小条党参价格 30~46 元 /kg。

【质量要求】

1. 性状特征

(1)党参:根呈长圆柱形,长 10~35cm,直径 0.4~2cm。表面黄棕色至灰棕色,根头部有多数疣状突起的茎痕及芽(习称"狮子盘头"),每个茎痕的顶端呈凹下的圆点状;根头下有致密的横环纹,向下渐稀疏,全体有纵皱纹及横长皮孔,支根断落处常有黑褐色胶状物。质稍硬或略韧,断面有裂隙及或放射状纹理,皮部淡黄白色至淡棕色,木部淡黄色。有特殊香气,味微甜。

野生品 根条大小不一。芦头大,狮子盘头明显。表面较粗糙,根头下有致密的横环纹,向下渐稀疏,有的达全长的一半。

栽培品 呈圆柱形,芦头较小,狮子盘头不明显。根头下横环纹少。

（2）素花党参：根长 10～35cm，直径 0.5～2.5cm。表面黄白色至灰黄色，根头下有致密的横环纹，达全长的一半以上。断面裂隙较多，皮部灰白色至淡棕色。

（3）川党参：根长 10～45cm，直径 0.5～2cm。表面灰黄色至黄棕色，有明显不规则的纵沟。质较软而结实，断面裂隙较少，皮部黄白色。

以根条粗壮、质地柔润、气味浓甜、嚼之无渣者为佳。

2．理化指标

水分　不得过 16.0%。

总灰分　不得过 5.0%。

二氧化硫残留量　不得过 400mg/kg。

浸出物　醇溶性浸出物（热浸法），45% 乙醇浸出物不得少于 55.0%。

【商品规格等级】　商品主要有潞党、西党、东党、条党（川党）、白党等规格。西党、潞党、条党分为 3 个等级，东党、白党分为 2 个等级。

1．潞党

一等　干货。呈圆柱形，芦头较小。表面黄褐色或灰黄色。质柔韧，断面黄白色，糖质多，味甜。芦下直径 1cm 以上。无油条、杂质、虫蛀、霉变。

二等　干货。芦下直径 0.8cm 以上。余同一等。

三等　干货。芦下直径 0.4cm 以上，油条不超过 10%。余同一等。

2．西党

一等　干货。呈圆锥形，头大尾小，上端多横纹。外皮粗松，表面米黄色或灰褐色。断面黄白色，有放射纹理。糖质多，味甜。芦下直径 1.5cm 以上。无油条、杂质、虫蛀、霉变。

二等　干货。芦下直径 1cm 以上。余同一等。

三等　干货。芦下直径 0.6cm 以上，油条不超过 15%。余同一等。

3．东党

一等　干货。呈圆锥形，芦头较大，芦下有横纹。体较松，质硬。表面土黄色或灰黄色，粗糙。断面黄白色，中心淡黄色，有裂隙，味甜。长 20cm 以上，芦下直径 1cm 以上。无毛须、杂质、虫蛀、霉变。

二等　干货。长 20cm 以下，芦下直径 0.5cm 以上。余同一等。

4．条党（川党）

一等　干货。呈圆锥形，头上茎痕较少而小，条较长，上端有横纹或无，下端有纵皱纹。表面灰黄色至黄棕色。断面白色或黄白色，有放射纹理。有糖质，味甜。芦下直径 1.2cm 以上。无油条、杂质、虫蛀、霉变。

二等　干货。芦下直径 0.8cm 以上。余同一等。

三等　干货。芦下直径 0.5cm 以上，油条不超过 10%。无参秧。余同一等。

5．白党

一等　干货。呈圆锥形，具芦头。表面黄褐色或灰褐色。体较硬。断面黄白色，糖质少，味微甜。芦下直径 1cm 以上。无杂质、虫蛀、霉变。

二等　干货。芦下直径 0.5cm 以上。间有油条、短节，余同一等。

【贮藏】 散顺装或扎成小捆,以席、竹篓或木箱内衬防潮纸包装。本品含大量糖分,味甜质松,易虫蛀、发霉、泛油。应贮藏于阴凉、通风、干燥处。在贮存中应勤检查,发现回软立即复晒干燥。

【功能主治】 健脾益肺,养血生津。用于脾肺气虚,食少倦怠,咳嗽虚喘,气血不足,面色萎黄,心悸气短,津伤口渴,内热消渴。

【用法用量】 9～30g。

泽泻

Zexie

ALISMATIS RHIZOMA

【基源】 泽泻科植物东方泽泻 *Alisma orientale*(Sam.)Juzep. 或泽泻 *Alisma plantago-aquatica* Linn. 的干燥块茎。

泽泻

【历史沿革】 泽泻药用历史悠久,始载于汉代的《神农本草经》,列为上品。陶弘景云:"形大而长,尾间必有两歧为好……叶狭长,丛生诸浅水中。"似指现在的窄叶泽泻。《本草图经》云:"春生苗,多在浅水中,叶似牛舌草,独茎而长,秋时开白花作丛,似谷精草。"并附有邢州泽泻、齐州泽泻及泽泻 3 幅药图。《本草纲目》和《植物名实图考》亦绘有泽泻的原植物图。泽泻产地《名医别录》谓:"生汝南池泽。"《本草经集注》云:"今近道亦有,不堪用,惟用汉中、南郑、青弋。"《本草图经》说:"今山东、河、陕、江、淮亦有之,汉中者为佳。"而《药物出产辩》更是记载"泽泻产福建省建宁府为上;其次,江西省、四川省均有出……市上所售者,以福建为多"。

【产地与采制】 主产于福建、四川、江西。广东、广西、湖南、湖北、浙江等地也产。以建泽泻、川泽泻产量大,建泽泻质量佳。

挖出根茎后,洗净泥土,除去外周茎叶,留下中心小茎叶,上炕烘烤。先以木柴急火,待须根干后再用木炭火缓炕。每次 2 天,每天翻动,不能断火,反复 3 次。第二次、第三次出炕时趁干用撞篓(现多用脱毛机)撞去须根及粗皮。也有在将干燥时用硫黄熏白,再晒干;或趁鲜切片晒干。

【市场概况】 全国年产量约 4 000 吨,纯购约 3 000 吨,纯销约 2 500 吨,出口约 200 吨。其中福建年均纯购约 300 吨,四川约 150 吨,其他地区约 2 000 吨。近年来,泽泻市场价格在 4～15元不等。泽泻除临床配方外,在中成药中作为生产如六味地黄丸等几十个品种的重要原料,需求量很大。此外,泽泻也是出口的大宗品种。

【质量要求】

1. 性状特征 本品呈类球形、椭圆形或卵圆形,长 2～7cm,直径 2～6cm。表面淡黄色至淡黄棕色,有不规则的横向环状浅沟纹和多数细小突起的须根痕,底部有的有瘤状芽痕。质坚实,断面黄白色,粉性,有多数细孔。气微,味微苦。

以个大、质坚实、色黄白、粉性大者为佳。

2. 理化指标

水分 不得过 14.0%。

总灰分 不得过 5.0%。

浸出物　醇溶性浸出物(热浸法)不得少于10.0%。

含量测定　照高效液相色谱法测定,按干燥品计算,含23-乙酰泽泻醇B($C_{32}H_{50}O_5$)和23-乙酰泽泻醇C($C_{32}H_{48}O_6$)的总量不得少于0.10%。

【商品规格等级】　商品有建泽泻、川泽泻、浙江泽泻和江西泽泻,一般认为建泽泻质佳。以建泽泻和川泽泻用量大、用途广。

1.国内规格等级标准

(1)建泽泻:干货。呈椭圆形,撞净外皮及须根。表面黄白色,有细小突起的须根痕。质坚硬,断面浅黄色,细腻有粉性。味甘、微苦。无杂质、虫蛀、霉变。

一等　每千克32个以内。无双花、焦枯。

二等　呈椭圆形或卵圆形,每千克56个以内。其余同一等。

三等　呈类球形,每千克56个以上,最小直径不小于2.5cm,间有双花,轻微焦枯,但不超过10%。其余同一等。

(2)川泽泻:呈卵圆形,去净粗皮及须根,底部有瘤状小疙瘩。表面灰黄色。质坚硬,断面淡黄白色。味甘、微苦。无杂质、虫蛀、霉变。

一等　每千克50个以内。无焦枯、碎块。

二等　每千克50个以上,最小直径不小于2cm。间有少量焦枯、碎块,但不超过10%。其余同一等。

2.出口规格等级标准　出口商品建泽泻以个头大小分5~80头;川泽泻按个头分一、二级。

【贮藏】　用麻袋、硬竹篓装,内垫篾席或草袋包装。置干燥处,防潮,防蛀。

【功能主治】　利水渗湿,泄热,化浊降脂。用于小便不利,水肿胀满,泄泻尿少,痰饮眩晕,热淋涩痛,高脂血症。

【用法用量】　6~10g。

川贝母

Chuanbeimu

FRITILLARIAE CIRRHOSAE BULBUS

【基源】　本品为百合科植物川贝母 *Fritillaria cirrhosa* D. Don、暗紫贝母 *F. unibracteata* Hsiao et K. C. Hsia、甘肃贝母 *F. przewalskii* Maxim.、梭砂贝母 *F. delavayi* Franch.、太白贝母 *F. taipaiensis* P. Y. Li 或瓦布贝母 *F. unibracteata* Hsiao et K. C. Hsia var. *wabuensis*(S. Y. Tang et S . C. Yue)Z. D. Liu, S. Wang et S. C. Chen 的干燥鳞茎。按性状不同分别习称"松贝""青贝""炉贝"和"栽培品"。

川贝母

【历史沿革】　历代主要本草皆对"贝母"有记载,首载于汉代的《神农本草经》,被列为中品,直至明末清初始见有川贝母的论述:清代《本草纲目拾遗》将川贝母和浙贝母明确分开,清代《本草崇原》云"贝母川产者味甘淡,土产者味苦辛",又"根形象肺,色白味辛,生于西川,清补肺金之药也"。近现代的《增订伪药条辨》曰:"四川灌县产者……为最佳;平潘县产者……亦佳。"《药物出产辨》载"川贝母,以产四川打箭炉、松潘县等为正地道"。

【产地与采制】　主产于四川(西部)、西藏(南部至东部)、云南(西北部),也见于甘肃(南部)、青海、宁夏、陕西（秦岭）和山西（南部）等地，为川产道地药材之一。夏、秋二季或积雪融化后采挖，除去须根、粗皮及泥沙，晒干或低温干燥。

【市场概况】 主要来源于野生资源，野生川贝母属于多年生，家种用种子繁殖，3~4年收获，以川贝母为原料生产的中成药达100种以上，由于人工栽培和抚育尚未持续产业化并发展壮大，现川贝母仍旧依靠野生为主，家种为辅来满足市场需求，目前川贝母年需求量350~400吨。从2016年年底到2017年4月份左右，因有药厂陆续在成都市场收购炉贝，从而导致川贝母行情2017年持续上涨，其中炉贝涨幅最大，松贝价格在3 800~4 000元/kg，青贝价格在3 100~3 200元/kg，炉贝3 100~3 300元/kg，栽培品1 800~2 000元/kg。2018年整体行情与2017年持平。

【质量要求】

1. 性状特征

松贝　呈类圆锥形或近球形，高0.3~0.8cm，直径0.3~0.9cm。表面类白色。外层鳞叶2瓣，大小悬殊，大瓣紧抱小瓣，未抱部分呈新月形，习称"怀中抱月"；顶部闭合，内有类圆柱形、顶端稍尖的心芽和小鳞叶1~2枚；先端钝圆或稍尖，底部平，微凹入，中心有一灰褐色的鳞茎盘，偶有残存须根。质硬而脆，断面白色，富粉性。气微，味微苦。

青贝　呈类扁球形，高0.4~1.4cm，直径0.4~1.6cm。外层鳞叶2瓣，大小相近，相对抱合，顶部开裂，内有心芽和小鳞叶2~3枚及细圆柱形的残茎。

炉贝　呈长圆锥形，高0.7~2.5cm，直径0.5~2.5cm。表面类白色或浅棕黄色，有的具棕色斑点。外层鳞叶2瓣，大小相近，顶部开裂而略尖，基部稍尖或较钝。

栽培品　呈类扁球形或短圆柱形，高0.5~2cm，直径1~2.5cm。表面类白色或浅棕黄色稍粗糙，有的具浅黄色斑点。外层鳞叶2瓣，大小相近，顶部多开裂而较平。

以质坚实、色白、粉性足、个完整、不破碎者为佳。

2. 理化指标

水分　不得过15.0%。

总灰分　不得过5.0%。

浸出物　醇溶性浸出物（热浸法）不得少于9.0%。

总生物碱　照紫外-可见分光光度法，按干燥品计算，含总生物碱以西贝母碱（$C_{27}H_{43}NO_3$）计，不得少于0.050%

【商品规格等级】 目前，药材市场上，根据性状不同分为松贝、青贝、炉贝和栽培品。

1. 松贝

一等　干货。呈类圆锥形或近球形，鳞叶瓣2，大瓣紧抱小瓣，未抱部分呈新月形，顶端闭口，基部底平。表面白色，体结实，质地细腻。断面粉白色。味甘、微苦。每50g 240粒以外，无油贝、黄贝、碎贝、破贝、杂质、虫蛀、霉变。

二等　干货。呈类圆锥形或近球形，鳞叶瓣2，大瓣紧抱小瓣，未抱部分呈新月形，顶端闭口或开口，基部平底或近似平底。表面白色，体结实，质地细腻。断面粉白色。味甘、微苦，每50g 240粒以内。间有油贝、黄贝、碎贝、破贝。无杂质、虫蛀、霉变。

2. 青贝

一等　干货。呈扁球形或类圆形，两鳞片大小相似。顶端闭口或开口，基部较平或圆形。表面白色,细腻,质地结实。断面粉白色。味淡、微苦。每50g在190粒以上。对开瓣不超过20%。无油贝、黄贝、碎贝、杂质、虫蛀、霉变。

二等 干货。呈扁球形或类圆形,两鳞片大小相似。顶端闭口或开口,基部较平或圆形。表面白色,细腻,质地结实。断面粉白色。味淡、微苦。每50g 130粒以上。对开瓣不超过25%。间有花油贝、花黄贝不超过5%。无油贝、黄贝、碎贝、杂质、虫蛀、霉变。

三等 干货。呈类扁球形或类圆形,两鳞片大小相似。顶端闭口或开口,基部较平或圆形。表面白色,细腻,质地结实。断面粉白色。味淡、微苦。每50g在100粒以上。对开瓣不超过30%。间有油贝、碎贝、黄贝不超过5%。无杂质、虫蛀、霉变。

四等 干货。呈扁球形或类球形,两鳞片大小相似。顶端闭口或开口较多,基部较平或圆形。表面白色或黄白色。断面粉白色。味淡、微苦。大小粒不分。间有油贝、碎贝、黄贝。无杂质、虫蛀、霉变。

3. 炉贝

一等 干货。呈长锥形,贝瓣略似马牙。表面白色。质地结实。断面粉白色。味苦。大小粒不分。间有油贝及白色破瓣。无杂质、虫蛀、霉变。

二等 干货。呈长锥形,贝瓣略似马牙。表面黄白色或淡黄棕色,有的具有棕色斑点。断面粉白色。味苦。大小粒不分。间有油贝及白色破瓣。无杂质、虫蛀、霉变。

4. 栽培品 统货。

【贮藏】 置通风干燥处,防蛀。

【功能主治】 清热润肺,化痰止咳,散结消痈。用于肺热燥咳,干咳少痰,阴虚劳嗽,痰中带血,瘰疬,乳痈,肺痈。

【用法用量】 3～10g;研粉冲服,一次1～2g。

【附注】 不宜与川乌、制川乌、草乌、制草乌、附子同用。

浙贝母

Zhebeimu

FRITILLARIAE THUNBERGII BULBUS

【基源】 本品为百合科植物浙贝母 *Fritillaria thunbergii* Miq. 的干燥鳞茎。

【历史沿革】 浙贝母药用历史悠久,《本草纲目》以前未明确分立川贝母、浙贝母、土贝母,至《本草正》始于"贝母"条后,别立"土贝母"一条,所指系浙贝母。《本草品汇精要》云"道地峡州、越州"。"峡州"指湖北宜昌;"越州"指浙江绍兴。明末清初,人们逐渐认识到浙贝母的功效与川贝母不同,而浙贝母首次正式载于《本草纲目拾遗》。《新编中药志》称川贝母主产于四川西部,西藏南部至东部,云南西北部;浙贝母主产于浙江象山、鄞县、磐安、东阳。

【产地与采制】 主产于浙江鄞县、东阳、磐安、余姚、杭州等地,湖北板桥。此外,安徽、江苏等省亦产。

挖起浙贝母的鳞茎后,按大小分档,直径3.5cm以上者挖去芯芽,加工成单鳞瓣的大贝(元宝贝);直径3.5cm以下鳞茎不去芯芽,整个加工成珠贝;挖下的芯芽加工成贝芯。

将去芯芽分档的鳞茎,置竹箩里,浸入溪流或水池中,洗净泥土,沥干表面水分,再放入机动或人力撞船里相互摩擦,或置木质撞桶中,撞 15～20 分钟,至表皮脱落渗出浆液时,每 50kg 鲜浙贝母加入 1.5～2kg 熟石灰或贝壳灰粉,继续撞击约 15 分钟,使石灰或贝壳灰粉吸去浆液,渗透过夜。

将经上述加工后的浙贝母放在阳光下连续晒 3～4 天,晒至表皮上的灰干后,装入麻袋放室内堆闷 1～3 天,使浙贝母内部水分渗出至表面(发汗),再晒 1～2 天,至表里全干为止。在晒制过程中,每天用筛子(筛眼孔径约 0.5cm)筛去脱落的石灰粉或贝壳粉及杂物等。

摘鳞片挖贝芯时,应及时分开重瓣鳞片,便于晒干。芯芽不要挖得太大,以免影响产量和质量。加工期间如遇阴雨天气,应减少碰撞时间,加大贝壳灰用量以加强防腐,并注意通风摊晾。干燥的标准是折断时松脆,断面白粉状,颜色一致,中心无玉色。阴雨天亦可放在通风处摊薄晾干或用火烘干。烘干时,先文火后武火,烘的温度以不超过 70℃为宜,注意随时翻动,否则会造成僵子,降低质量。过去为了色白并防止加工中生霉,粘有贝壳粉的湿浙贝母再用硫黄熏蒸 2～3 天,现在多不熏蒸。

浙贝片为浙贝母采挖后,除去地上部分,大小分开,洗净,除去芯芽,趁鲜切成厚片,干燥。

【市场概况】 浙贝母为道地药材"浙八味"之一,为种植药材,用量较大。宁波鄞州产区是传统老产区,但近几年受土地开发、种子退化等原因影响产量逐年降低。目前商品主要分布于浙江省磐安县的新渥、冷水、仁川三镇,占全国总产量 70% 左右;磐安周边东阳、缙云、永康三县市也有少量种植。20 世纪 90 年代价格一直较为低廉,从 20 世纪 90 年代后期开始,主产区普遍减种,市场价格上升。本世纪初一度高达 70 元/kg,由于价格较好,农民留苗,商品量难以上升。2003 年 5 月价格高达 240 元/kg 以上。随后价格震荡回落。浙贝母每年销量 100 吨左右。近年来随着新药的开发,用量逐年增大,目前年用量已经上升到 3 500 吨以上。

【质量要求】

1. 性状特征

大贝 鳞茎外层的单瓣鳞叶,略呈新月形,高 1～2cm,直径 2～3.5cm。外表面类白色至淡黄色,内表面白色或淡棕色,被有白色粉末。质硬而脆,易折断,断面白色至黄白色,富粉性。气微,味微苦。

珠贝 完整的鳞茎,呈扁圆形,高 1～1.5cm,直径 1～2.5cm。表面类白色,质地坚实,断面粉白色。味微苦。外层鳞叶 2 瓣,肥厚,略似肾形,互相抱合,内有小鳞叶 2～3 枚和干缩的残茎。

浙贝片 鳞茎外层的单瓣鳞叶切成的片。椭圆形或类圆形,直径 1～2cm,边缘表面淡黄色,切面平坦,粉白色。质脆,易折断,断面粉白色,富粉性。

以身干、个大、体重、鳞叶肥厚,质坚实、粉性足、断面色白、无僵子者为佳。

2. 理化指标

水分 不得过 18.0%。

总灰分 不得过 6.0%。

浸出物 醇溶性浸出物(热浸法,用稀乙醇作溶剂)不得少于 8.0%。

含量测定 照高效液相色谱法测定,按干燥品计算,含贝母素甲($C_{27}H_{45}NO_3$)和贝母素乙($C_{27}H_{43}NO_3$)的总量不得少于 0.080%。

【商品规格等级】 商品按加工分为大贝、珠贝和浙贝片,均为统货。

大贝　　干货。无僵子、杂质、虫蛀、霉变。

珠贝　　干货。大小不分,间有松块、僵子、次贝。无杂质、虫蛀、霉变。

浙贝片　　干货。无杂质、虫蛀、霉变。

出口浙贝母按每千克粒数分为以下四个等级。

一等　　每千克120～140粒。

二等　　每千克160～180粒。

三等　　每千克200～230粒。

四等　　每千克250～300粒。

【贮藏】　多用竹篓装,外加麻袋用绳捆紧,每件75～100kg。干燥通风处保存,防虫蛀。

【功能主治】　清热化痰止咳,解毒散结消痈。用于风热咳嗽,痰火咳嗽,肺痈,乳痈,瘰疬,疮毒。

【用法用量】　5～10g。

【附注】　反乌头,不宜与川乌、制川乌、草乌、制草乌、附子同用。

麦冬

Maidong

OPHIOPOGONIS RADIX

【基源】　本品为百合科植物麦冬 *Ophiopogon japonicus*(L.f)Ker-Gawl. 的干燥块根。

【历史沿革】　始载于《神农本草经》。《名医别录》谓:"生函谷川谷及堤坂肥土石间久废处。""函谷"即河南西部。《本草拾遗》云:"麦门冬,出江宁者小润,出新安者大白。""江宁"即江苏南京,"新安"即浙江淳安。《本草纲目》曰"麦门冬,古人惟用野生者。后世所用多是种莳而成……浙中来者甚良"。可以看出,明以前药用麦冬应是取之于野生之品。本草中所述来自浙中,叶如韭者,与麦冬相近,现今仍以此种为主,并广为种植。《增订伪药条辨》曰"麦门冬,出杭州笕桥者,色白有神,体软性糯,细长皮光洁",《新编中药志》称麦冬主产于浙江杭州、余姚等地,称杭麦冬。四川绵阳等地产称川麦冬。

【产地与采制】　主产于浙江慈溪、杭州、余姚、萧山,四川绵阳等地。此外,贵州、广西、福建等省区也产。浙江、四川、广西产量大。浙江产的称为杭麦冬,四川产的称为川麦冬。

杭麦冬于栽培后第三年立夏时采挖,川麦冬于栽培第二年清明后采挖,野麦冬多在清明后采挖。采挖后先洗净块根,然后晒至干燥,也可用微火(40～50℃)烘干,撞去须根。

【市场概况】　全国年均生产约3 500吨,纯购约3 400吨,供应出口90～120吨,其中浙江年均纯购150～200吨,四川约50吨,湖北约1 500吨,湖南约300吨,广东约250吨,其他地区700～800吨。麦冬生长周期短,脱销与积压交替出现,价格波动较大,目前,市场价格大概在40～75元/kg。

【质量要求】

1. 性状特征

杭麦冬　　呈纺锤形,表面黄白色,半透明。质柔软,断面中柱细小,嚼之发黏。

川麦冬　不同于上种的是外形粗短,大小不一。表面乳白色,微有光泽。

均以表面淡黄白色、身干、个肥大、质软、半透明、有香气、嚼之发黏者为佳。瘦子、色棕黄、嚼之黏性小者为次。

2．理化指标

水分　不得过18.0%。

总灰分　不得过5.0%。

浸出物　水溶性浸出物(冷浸法)不得少于60.0%。

含量测定　照紫外-可见分光光度法测定,按干燥品计算,含麦冬总皂苷以鲁斯可皂苷元计($C_{27}H_{42}O_4$)不得少于0.12%。

【商品规格等级】　商品分为杭麦冬、川麦冬两个规格。商品按每50g粒数分为三个等级。

1．杭麦冬　纺锤形,半透明,表面黄白色。质柔韧,断面牙白色,有木质心。味微甜,嚼之有黏性。

一等　每50g 150粒以内,无须根、油粒、烂头、枯子、杂质、霉变。

二等　每50g 280粒以内,其余同一等。

三等　每50g 280粒以上,最小不低于麦粒大。油粒、烂头不超过10%。无须根、杂质、霉变。

2．川麦冬　纺锤形,半透明。表面淡白色。断面牙白色,木质心细软,味微甜,嚼之少黏性。

一等　每50g 190粒以内,无须根、乌花、油粒、杂质、霉变。

二等　每50g 300粒以内,余同一等。

三等　每50g 300粒以上,最小不低于麦粒大。乌花、油粒不超过10%,无须根、杂质、霉变。

出口麦冬等级,另作规定。

【贮藏】　置阴凉干燥处,防潮。

【功能主治】　养阴生津,润肺清心。用于肺燥干咳,阴虚劳嗽,喉痹咽痛,津伤口渴,内热消渴,心烦失眠,肠燥便秘。

【用法用量】　6～12g。

【附注】　除上种外,有些地方将山麦冬 *Liriope spicata* Lour. 及阔叶山麦冬 *Liriope platyphylla* Wang et Tang 的块根混充麦冬中使用,实际应作山麦冬入药,又称作大麦冬或湖北麦冬。主要区别点:山麦冬呈纺锤形,略弯曲,两端狭尖,具粗糙的纵皱纹,质柔韧,易折断。阔叶山麦冬较其他麦冬大,呈圆柱形,两端钝圆,有中柱露出,表面暗黄色,不透明。

山药

Shanyao

DIOSCOREAE RHIZOMA

【基源】　本品为薯蓣科植物薯蓣 *Dioscorea opposita* Thunb. 的干燥根茎。

【历史沿革】　原名薯蓣,始载于《神农本草经》,列为上品。《本草图经》记载:"春生苗,蔓延篱援,茎紫,叶青有三尖角,似牵牛,更厚而光泽,夏开细白花,大类枣花,秋生实于叶间,状如铃,二月、八月采根。"宋代及以前山药产地在山西、河南、山东、浙江、江苏、安徽、江西、四川等地,从明代早期的《救荒本草》基本考证出怀孟间产者入药最

山药

佳。20 世纪 30 年代《药物出产辨》更是明确山药"产河南怀庆府、沁阳、武陟、温孟 4 县"。

【产地与采制】 主产于河南。湖南、江西、广东、广西等地亦有栽培。冬季茎叶枯萎后采挖,切去根头,洗净,除去外皮和须根,干燥,习称"毛山药";或除去外皮,趁鲜切厚片,干燥,称为"山药片";也有选择肥大顺直的干燥山药,置清水中,浸至无干心,闷透,用木板搓成圆柱状,切齐两端,晒干,打光,习称"光山药"。

【市场概况】 山药为著名"四大怀药"之一,为年销量近 10 万吨的大宗传统中药材品种。2016 年河南东部产区、湖北北部产区种植面积有所增加,山东老产区略有减少,河北大部产区与 2015 年基本持平,总体上山药种植面积减少。目前我国山药需求量达到 9 万~9.5 万吨左右(折干品),山药作为蔬菜鲜品食用量占总量的 70%~80%,只有 20%~30% 加工成干品光条或毛条,其中光条山药主要通过广州口岸出口到港澳台及东南亚地区,而毛条山药主要为国内各中成药厂家生产所需。山药为价格波动较大的品种之一,2008 年以前,山药一直在低价位运行。但从 2009 年开始,山药价格步步高升,到 2010 年价格达到最高点,毛条统货达到 34 元,这对与农户来说吸引力巨大,因此 2010 年后,山药种植面积迅速扩大。2011 年,山药种植面积已达历史最高水平。2012 年后,怀山药价格稳中有降,2018 年亳州药材市场山药片统货价格为 11.4 元/kg。

【质量要求】

1. 性状特征

毛山药 略呈圆柱形,弯曲而稍扁,长 15~30cm,直径 1.5~6cm。表面黄白色或淡黄色,有纵沟、纵皱纹及须根痕,偶有浅棕色外皮残留。体重,质坚实,不易折断,断面白色,粉性。气微,味淡、微酸,嚼之发黏。

山药片 为不规则的厚片,皱缩不平,切面白色或黄白色,质坚脆,粉性。气微,味淡、微酸。

光山药 呈圆柱形,两端平齐,长 9~18cm,直径 1.5~3cm。表面光滑,白色或黄白色。

以条粗、质坚实、粉性足、色洁白者为佳。

2. 理化指标

水分 毛山药和光山药水分不得过 16.0%,山药片不得过 12.0%。

总灰分 毛山药和光山药不得过 4.0%,山药片不得过 5.0%。

浸出物 水溶性浸出物(冷浸法),毛山药和光山药不得少于 7.0%,山药片不得少于 10.0%。

3. 有害物质限量指标

二氧化硫残留量 毛山药和光山药不得过 400mg/kg,山药片不得过 10mg/kg。

【商品规格等级】 目前,药材市场上主要商品规格分为光山药和山药片,光山药常分为 4 个等级。

光山药 干货。呈圆柱形,条均挺直,光滑圆润,两头平齐。内外均匀为白色。质坚实,粉性足。味淡。无杂质、虫蛀、霉变。

一等 内外均匀为白色。长 15cm 以上,直径 2.5cm 以上。无裂痕、空心、炸头。

二等 内外均匀为白色。长 13cm 以上,直径 1.8cm 以上。无裂痕、空心、炸头。

三等 内外均匀为白色。长 10cm 以上,直径 1.2cm 以上。无裂痕、空心、炸头。

四等 内外均匀为白色。长短不分,直径 1.0cm 以上。间有碎块。

【贮藏】 置阴凉干燥处，防蛀。

【功能主治】 补脾养胃，生津益肺，补肾涩精。用于脾虚食少，久泻不止，肺虚喘咳，肾虚遗精，带下，尿频，虚热消渴。麸炒山药补脾健胃。用于脾虚食少，泄泻便溏，白带过多。

【用法用量】 15～30g。

天麻

Tianma

GASTRODIAE RHIZOMA

【基源】 本品为兰科植物天麻 *Gastrodia elata* Bl. 的干燥块茎。

天麻

【历史沿革】 天麻药用历史悠久，以赤箭之名始载于《神农本草经》，列为上品。《吴普本草》载"茎如箭赤无叶，根如芋子"。天麻之名始见于《开宝本草》："叶如芍药而小，当中抽一茎直上如箭杆，茎端结实，状若续随子，至叶枯时子黄熟，其根连一二十枚，犹如天门冬之类，形如黄瓜，亦如芦菔，大小不定。"《图经本草》载："春生苗……独抽一茎直上，高三四尺，如箭杆状，青赤色，故名赤箭脂。"宋•寇宗奭谓："赤箭，天麻苗也，与天麻治疗不同。"《本草纲目》中将赤箭与天麻并为一条。历代本草记载，与今用天麻植物来源一致。

【产地与采制】 天麻产地主要有以昭通为代表的云南产区，以汉中为代表的陕西产区，以大别山金寨为代表的安徽产区，以宜昌、房县为代表的湖北产区。此外，贵州、甘肃、四川、湖南、河南等地亦有种植。大别山产区的天麻产量最大，云南昭通彝良县小草坝镇最早开始天麻的人工种植，所产天麻品质较优。天麻于立冬后至次年清明前采挖，习称"冬麻"；春季或夏初采收者，习称"春麻"。采挖后立即洗净，蒸透，敞开低温干燥。

【市场概况】 20世纪70年代前，天麻来源均为野生，产量少，是市场上的名贵紧缺药材；20世纪70年代初，天麻人工栽培成功，国家商业部于1977年11月在陕西汉中召开了全国天麻生产现场会，推广天麻的人工种植技术，从此天麻货源可以满足市场需求。目前，天麻年产量可达5 000吨，需求量3 500～4 000吨，包括食用所需天麻500～600吨，处于供大于求的状况，但天麻是药食两用中药材，随着保健品、药膳及食用市场的开发，天麻需求量亦会不断增加。

天麻价格在市场供求关系的影响下经历了4次大的涨跌。近3年来，天麻的价格波动不大，以家种一等货为例，价格在150元/kg左右。

【质量要求】

1. 性状特征 呈椭圆形或长条形，略扁，皱缩而稍弯曲，长3～15cm，宽1.5～6cm，厚0.5～2cm。表面黄白色至黄棕色，有纵皱纹及由潜伏芽排列而成的横环纹多轮，有时可见棕褐色菌索。顶端有红棕色至深棕色鹦嘴状的芽或残留茎基；另端有圆脐形瘢痕。质坚硬，不易折断，断面较平坦，黄白色至淡棕色，角质样。气微，味甘。

以个大、色黄白、质坚实沉重、断面半透明、有光泽、无空心者为佳。

2. 理化指标

水分 不得过15.0%。

总灰分 不得过4.5%。

浸出物　醇溶性浸出物（热浸法）测定，用稀乙醇作溶剂，不得少于15.0%。

天麻素和对羟基苯甲醇　照高效液相色谱法测定，按干燥品计算，含天麻素（$C_{13}H_{18}O_7$）和对羟基苯甲醇（$C_7H_8O_2$）的总量不得少于0.25%。

3．有害物质限量指标

二氧化硫残留量　照二氧化硫残留量测定法测定，不得过400mg/kg。

【商品规格等级】

一等　干货。呈长椭圆形。扁缩弯曲，去净粗栓皮，表面黄白色，有横环纹，顶端有残留茎基或红黄色的枯芽。末端有圆盘状的凹脐形瘢痕。质坚实、半透明。断面角质，牙白色。味甘微辛。每千克26支以内。无空心、枯炕、杂质、虫蛀、霉变。

二等　干货。性状特征同上。每千克46支以内。无空心、枯炕、杂质、虫蛀、霉变。

三等　干货。断面角质，牙白色或棕黄色，稍有空心。其余性状特征同上。每千克90支以内，大小均匀。无枯炕、杂质、虫蛀、霉变。

四等　干货。每千克90支以上。凡不合一、二、三等的碎块、空心及未去皮者均属此等。无芦茎、杂质、虫蛀、霉变。

家种或野生天麻，均按此分等。

【贮藏】　置通风干燥处，防蛀。

【功能主治】　息风止痉，平抑肝阳，祛风通络。用于小儿惊风，癫痫抽搐，头痛眩晕，手足不遂，肢体麻木，风湿痹痛，破伤风。

【用法用量】　3～10g。

【附注】　不宜与藜芦同用。

第三节　茎木类药材商品

茎类药材指木本植物的茎，包括藤茎、茎枝、茎刺、茎髓、茎的带翅状附属物等。木类药材指木本植物茎形成层以内的部分，通称木材，又分心材和边材，入药多用心材。

茎木类药材的商品规格多为统货，少数划分等级。

茎类药材通常切成横向或斜向的厚片、薄片或段。木类药材饮片常为刨片、薄片、碎块或粉末。

茎木类药材一般用袋装或箱装。本类药材含淀粉及糖类成分较少，不易虫蛀；但含有挥发油、树脂等成分的药材，易变色或散失香气，应注意密封，防止高热。

大血藤

Daxueteng

SARGENTODOXAE CAULIS

【基源】　本品为木通科植物大血藤 *Sargentodoxa cuneata*（Oliv.）Rehd. et Wils. 的干燥藤茎。

【历史沿革】《本草图经》云："血藤生信州，叶如蓁荷叶，根如大拇指，其色黄，

大血藤

五月采。"并附"信州血藤"图。大血藤之名始见于《简易本草》。《植物名实图考》云:"蔓生,紫茎,一枝三叶,宛如一叶擘分,或半边圆,或有角而方,无定形,光滑厚韧。根长数尺,外紫内白,有菊花心。"亦附图。

【产地与采制】 主产于湖北、四川、江西、河南。江苏、安徽、浙江、贵州等省亦产。秋、冬二季采收,除去侧枝,截段,干燥。

【市场概况】 大血藤,市场可供货源充沛,行情少有变化,走销平稳,2013—2018年五年内四大药材市场的价格在4~8元/kg有微小浮动,总体行情无明显波动。目前四大市场大血藤价格均在7元/kg。

【质量要求】

1. 性状特征 呈圆柱形,略弯曲,长30~60cm,直径1~3cm。表面灰棕色,粗糙,外皮常呈鳞片状剥落,剥落处显暗红棕色,有的可见膨大的节和略凹陷的枝痕或叶痕。质硬,断面皮部红棕色,有数处向内嵌入木部,木部黄白色,有多数细孔状导管,射线呈放射状排列。气微,味微涩。

2. 理化指标

水分 不得过12.0%。

总灰分 不得过4.0%。

浸出物 醇溶性浸出物(热浸法)不得少于8.0%。

总酚 本品按干燥品计算,含总酚以没食子酸($C_7H_8O_6$)计不得少于6.8%。

【商品规格等级】 商品无等级,均为统货。

【贮藏】 置通风干燥处。

【功能主治】 清热解毒,活血,祛风止痛。用于肠痈腹痛,热毒疮疡,经闭,痛经,跌扑肿痛,风湿痹痛。

【用法用量】 9~15g。

【附注】 孕妇慎服。

鸡血藤

Jixueteng

SPATHOLOBI CAULIS

【基源】 本品为豆科植物密花豆 *Spatholobus suberectus* Dunn 的干燥藤茎。

【历史沿革】 鸡血藤名始见于《本草备要》:"鸡血藤,活血舒筋,治男女干血劳,一切虚损劳伤,吐血咯血,咳血嗽血,诸病要药。"《顺宁府志》记载:"鸡血藤……盘屈地上或缠附树间,伐其枝,津液滴出,入水煮之色微红……滇南惟顺宁有之。"《本草纲目拾遗》记载:"鸡血藤,产猛缅……土人取其汁,如割漆然,滤之殷红,似鸡血,作胶最良。其藤长亘蔓地上或山崖,一茎长数十里,土人得之以刀砍断,则汁出如血,每得一茎可得汁数升……干者极似山羊血,取药少许,投入滚汤中,有一线如鸡血走散者真。"

鸡血藤

【产地与采制】 主产于广东、广西、云南等地。秋、冬二季采收,除去枝叶,切片,晒干。

【市场概况】 鸡血藤广泛用于临床配方和中成药原料,属于可以满足市场需求的品种。国内制药企业用量稳固,销量顺畅,年用量约 2 万吨。2018 年鸡血藤货源供应平稳,价格在 5.5～7.5 元 /kg。

【质量要求】

1. 性状特征　椭圆形、长矩圆形或不规则的斜切片,厚 0.3～1cm。栓皮灰棕色,有的可见灰白色斑,栓皮脱落处显红棕色。质坚硬。切面木部红棕色或棕色,导管孔多数;韧皮部有树脂状分泌物呈红棕色至黑棕色,与木部相间排列呈数个同心性椭圆形环或偏心性半圆形环;髓部偏向一侧。气微,味涩。

以树脂状分泌物多者为佳。

2. 理化指标

水分　不得过 13.0%。

总灰分　不得过 4.0%。

浸出物　照醇溶性浸出物测定法项下的热浸法测定,用乙醇作溶剂,不得少于 8.0%。

【商品规格等级】　统货。

【贮藏】　置通风干燥处,防霉,防蛀。

【功能主治】　活血补血,调经止痛,舒筋活络。用于月经不调,痛经,经闭,风湿痹痛,麻木瘫痪,血虚萎黄。

【用法用量】　9～15g。

沉香

Chenxiang

AQUILARIAE LIGNUM RESINATUM

【基源】　本品为瑞香科植物白木香 *Aquilaria sinensis*(Lour.)Gilg 含有树脂的木材,习称"国产沉香"。

【历史沿革】　沉香始载于《名医别录》,列为上品。晋《南方草木状》曰:"蜜香、沉香、鸡骨香、黄熟香、栈香、青桂香、马蹄香,鸡舌香,案此八物同出于一树也。交趾有蜜香树,干似柜柳,其花白而繁,其叶如橘。欲取香,伐之经年,其根干枝节各有别色也,木心与节坚黑沉水者为沉香,与水面平者为鸡骨香,其根为黄熟香,其干为栈香,细枝紧实未烂者为青桂香,其根节轻而大者为马蹄香。"《新修本草》云:"木似榉柳,树皮青色。叶似橘叶,经冬不凋。夏生花,白而圆。秋结实似槟榔,大如桑椹,紫而味辛。"

白木香始载于唐《本草拾遗》:"蜜香生交州,大树节如沉香。"《本草纲目拾遗》"产琼者名土伽南,状如油速,剖之香特酷烈",所述乃此种。

【产地与采制】　国产沉香主产于海南、广东、广西等地,台湾亦有栽培。沉香全年均可采收,割取含树脂的木材,除去不含树脂的部分,阴干。

【市场概况】　过去国内沉香历来供不应求,现在广东、海南等地有较大面积白木香种植,但是白木香树脂结脂量较低,有一定产量,货源充足,但等级较低。据报道,目前全国沉香年需求量为 1 000 吨以上,国内产量约占 500 吨(约 50%),另一半来自进口。目前药材市场畅销的为国产货和进口自印度尼西亚、马来西亚货源。沉香,根据生长情况分天然沉香与人工种植沉香两类,因产地、含油量、味道等因素不同,价格差异较大,市场整体价格有所下跌。以2018年亳州市场为例,按照《中国药典》2015年版全项检测合格的沉香,进口沉香统货价格约1 000元/kg,广东统货约500元/kg。

【质量要求】

1. 性状特征　呈不规则块、片状或盔帽状,有的为小碎块。表面凹凸不平,有刀痕,偶有孔洞,可见黑褐色树脂与黄白色木部相间的斑纹、孔洞及凹窝,表面多呈朽木状。质较坚实,断面刺状,入水大多不沉。气芳香,味苦。火烧之有油渗出,冒浓烟,香气浓烈。

以色黑、质坚硬、油性足、香气浓而持久、能沉水者为佳。

2. 理化指标

浸出物　醇溶性浸出物(热浸法)不得少于10.0%。

沉香四醇　照高效液相色谱法测定,按干燥品计算,含沉香四醇($C_{17}H_{18}O_6$)不得少于0.10%。

【商品规格等级】　按质地及表面树脂部分(俗称油格)所占比例分四个等级。

一等　干货。不规则块状,挖净轻浮枯木,油色黑润,身重结实,黑色油格占整块80%以上,燃之有油渗出,香气浓烈,无杂质,无霉变。

二等　干货。油色黑润或棕黑色,油格占整块60%以上,燃之有油渗出,香气浓烈,无杂质,无霉变。

三等　干货。油格占整块40%以上,燃之有油渗出,香气浓烈,无杂质,无霉变。

四等　干货。质疏松轻浮,油格占整块25%以上,燃之有油渗出,香气浓烈,无杂质,无霉变。

根据取材的质量及形状又分为多种规格,如大节、中节、小节皆为3～20cm之长段;大盔、中盔、小盔形似武士盔帽;修制时裁下的角称"沉香角";其边缘的杂质木称"毛香";外部黑褐色,内心质松而色黄,香味较淡者称"速香"或"泡速香"。

【贮藏】　密闭,置阴凉干燥处。

【功能主治】　行气止痛,温中止呕,纳气平喘。用于胸腹胀闷疼痛,胃寒呕吐呃逆,肾虚气逆喘急。

【用法用量】　1～5g,后下。

【附注】　瑞香科植物沉香 *Aquilaria agallocha* Roxb. 含有树脂的木材习称"进口沉香"。主产于印度尼西亚、马来西亚、柬埔寨、越南及印度等地。

进口沉香呈长块状,两端锯齐,间有圆柱状或不规则片状。表面黄棕色或黄褐色,木纹粗糙,纵纹顺直树脂线多条,断面可见多数棕黑色树脂线点。质坚硬而重,能沉水或半沉水,气芳香,燃烧时香气更浓,味微苦。

进口沉香分绿油伽南香、紫油伽南香、黑油伽南香、青丝伽南香等品种。一般根据醇溶性浸出物含量分为四个等级。

一等　醇溶性浸出物含量25%～30%。

二等　醇溶性浸出物含量20%～25%。

三等　醇溶性浸出物含量17%～20%。

四等　醇溶性浸出物含量15%～17%。

钩藤

Gouteng

UNCARIAE RAMULUS CUM UNCIS

钩藤

【基源】　本品为茜草科植物钩藤 *Uncaria rhynchophylla*(Miq.)Miq. ex Havil、大叶钩藤 *U. macrophylla* Wall.、毛钩藤 *U. hirsuta* Havil.、华钩藤 *U. sinensis*(Oliv)Havil. 或无柄果钩藤 *U. sessilifructus* Roxb. 的干燥带钩茎枝。

【历史沿革】　原名钓藤,载于《名医别录》。苏恭谓:"钓藤出梁州,叶细长,其茎间有刺,若钓钩。"李时珍谓:"其刺曲如钓钩,故名。"又谓:"状如葡萄藤而有钩,紫色,古方多用皮,后世多用钩,取其力锐尔。"

【产地与采制】　主产于广西、广东、贵州、江西、湖南、四川、云南等地。秋、冬二季采收,去叶,切段,晒干。

【市场概况】　广西是我国钩藤属植物资源分布最集中、种类最多、资源最丰富的省份,广西钩藤属植物至少有 10 个品种来源,其中钩藤、大叶钩藤、无柄果钩藤、毛钩藤等为优势品种,其分布广,数量大,广西年产 7 000 余吨;四川地区钩藤大部分是野生品种供应市场,随着野生资源逐渐匮乏,其产量逐渐减少;近年来,贵州剑河县因得天独厚的地理环境及政府的大力支持发展种植,已成为钩藤的主要产区之一。2018 年钩藤价格比较平稳,含钩率在 20% 左右的价格约 22 元 /kg,含钩率在 50% 左右的价格约 50 元 /kg,含钩率在 70% 左右的价格约 70 元 /kg,含钩率在 95% 左右的价格约 95 元 /kg。

【质量要求】

1. 性状特征　茎枝呈圆柱形或类方柱形,长 2～3cm,直径 0.2～0.5cm。表面红棕色至紫红色者具细纵纹,光滑无毛;黄绿色至灰褐色者有的可见白色点状皮孔,被黄褐色柔毛。多数枝节上对生两个向下弯曲的钩(不育花序梗),或仅一侧有钩,另一侧为突起的瘢痕;钩略扁或稍圆,先端细尖,基部较阔;钩基部的枝上可见叶柄脱落后的窝点状痕迹和环状的托叶痕。质坚韧,断面黄棕色,皮部纤维性,髓部黄白色或中空。气微,味淡。

以双钩茎细、钩结实、光滑、色紫红,无枯枝钩者为佳。

2. 理化指标

水分　不得过 10.0%。

总灰分　不得过 3.0%。

浸出物　照醇溶性浸出物测定法项下的热浸法测定,用乙醇作溶剂,不得少于 6.0%。

【商品规格等级】　钩藤在商品上分为双钩藤、单钩藤、混钩藤和钩藤枝等规格。

双钩藤　干货,净钩,无光梗及单钩梗,无枯枝钩。

单钩藤　干货,净钩,无光梗及双钩梗,无枯枝钩。

混钩藤　干货,为双钩藤和单钩藤的混合品,无光梗,无枯枝钩。

一等　单钩不超过 1/3。

二等　单钩不超过 1/2。

钩藤枝　干货,为无钩茎枝,无杂质,无虫蛀,无霉变。

【贮藏】　置干燥处。

【功能主治】 息风定惊,清热平肝。用于肝风内动,惊痫抽搐,高热惊厥,感冒夹惊,小儿惊啼,妊娠子痫,头痛眩晕。

【用法用量】 3~12g,后下。

第四节　皮类药材商品

皮类药材通常是指来源于被子植物(主要是双子叶植物)和裸子植物的茎干、枝和根的形成层以外部分的药材。其中大多为茎干的皮,少数为枝皮或根皮。

皮类药材常按其长度、宽度、厚度或中部直径等划分规格等级。根皮类药材一般为统货。

皮类药材一般采用袋、箱密闭包装,置阴凉、通风、干燥处保存,防蛀。

牡丹皮

Mudanpi

MOUTAN CORTEX

【基源】 本品为毛茛科植物牡丹 *Paeonia suffruticosa* Andr. 的干燥根皮。

【历史沿革】 牡丹始载于《神农本草经》,列为中品。《唐本草》谓:"牡丹生汉中,剑南所出者,苗似羊桃,夏生白花,秋实圆绿,冬实赤色,凌冬不凋,根似芍药,肉白皮丹。"《本草纲目》谓:"牡丹以色丹者为上,虽结子而根上生苗,故谓之牡丹。"综上所述,古今所用之牡丹皮来源一致。

牡丹皮

【产地与采制】 产于安徽铜陵、南陵、青阳、泾县、亳州,重庆垫江,四川都江堰、康定、泸定,甘肃榆中、舟曲、临夏,陕西山阳、眉县、宝鸡,湖北利川、兴山、襄阳各地区,湖南邵阳、祁东、常宁、桂阳,河南洛阳,山东菏泽,贵州湄潭等地。以安徽、四川为主产区,产量最大。秋季采挖根部,除去细根和泥沙,剥取根皮,晒干或刮去粗皮,除去木心,晒干。前者习称"连丹皮",后者习称"刮丹皮"。其中,以安徽铜陵、南陵等县产牡丹皮产量最大、品质最佳,历史上有"凤丹皮"之称,具有单独的商品规格。

【市场概况】 牡丹皮为道地药材"十大皖药"之一,以皖南铜陵、南陵地区产的凤丹质量最佳、最地道,皖北亳州及周边地区也有种植习惯,湖南、四川、陕西、山西亦有大面积种植,目前市场销售均为家种。2019年几大药市牡丹皮价格多在15~17.5元/kg,成都荷花池药材市场牡丹皮价格略高,在23元/kg上下浮动。连丹皮因质量不等售价在13~17元/kg。

【质量要求】

1. 性状特征

连丹皮　呈筒状或半筒状,有纵剖开的裂缝,略向内卷曲或张开,长5~20cm,直径0.5~1.2cm,厚0.1~0.4cm,外表面灰褐色或黄褐色,有多数横长皮孔样突起和细根痕,栓皮脱落处粉红色;内表面淡灰黄色或浅棕色,有明显的细纵纹,常见发亮的结晶。质硬而脆,易折断,断面较平坦,淡粉红色,粉性。气芳香,味微苦而涩。

刮丹皮　外表面有刮刀削痕,外表面红棕色或淡灰黄色,有时可见灰褐色斑点状残存外皮。

凤丹皮　呈圆筒状，条均匀微弯，两端剪平，纵向隙口紧闭，皮细肉厚。表面褐色，与其他产地丹皮相比，纵向隙口紧闭是其重要特征。质硬而脆，较坚实，断面粉白色，粉质足，常有亮银星。香气浓，味微苦涩。

2．理化指标

水分　不得过13.0%。

总灰分　不得过5.0%。

浸出物　醇溶性浸出物（热浸法）不得少于15.0%。

丹皮酚　照高效液相色谱法测定，按干燥品计算，含丹皮酚（$C_9H_{10}O_3$）不得少于1.2%。

【商品规格等级】

1．凤丹皮

一等　干货。呈圆筒状，条均匀微弯，两端剪平，纵形隙口紧闭，皮细肉厚。表面褐色，质硬而脆。断面粉白色，粉质足，有亮银星。香气浓，味微苦涩。长6cm以上，中部围粗2.5cm以上。无木心、青丹、杂质、霉变。

二等　干货。呈圆筒状，条均匀微弯，两端剪平，纵形隙口紧闭，皮细肉厚。表面褐色，质硬而脆。断面粉白色，粉质足，有亮银星。香气浓，味微苦涩。长5cm以上，中部围粗1.8cm以上。无木心、青丹、杂质、霉变。

三等　干货。呈圆筒状，条均匀微弯，两端剪平，纵形隙口紧闭，皮细肉厚。表面褐色，质硬而脆。断面粉白色，粉质足，有亮银星。香气浓，味微苦涩。长4cm以上，中部围粗1cm以上。无木心、杂质、霉变。

四等　干货。凡不合一、二、三等的细条及断支碎片，均属此等。但是小围粗不低于0.6cm。无木心、碎末、杂质、霉变。

2．连丹皮

一等　干货。呈圆筒状，条均匀，稍弯曲。表面灰褐色或棕褐色，栓皮脱落处呈粉棕色。质硬而脆，断面粉白或淡褐色，有粉性。有香气，味微苦涩。长6cm以上，中部围粗2.5cm以上。碎节不超过5%。去净木心。无杂质、霉变。

二等　干货。呈圆筒状，条均匀，稍弯曲。表面灰褐或淡褐色，栓皮脱落处呈粉棕色。质硬而脆，断面粉白或淡褐色，有粉性。有香气，味微苦涩。长5cm以上，中部围粗1.8cm以上。碎节不超过5%。无青丹、木心、杂质、霉变。

三等　干货。呈圆筒状，条均匀，稍弯曲。表面灰褐或棕褐色，栓皮脱落处呈粉棕色。质硬而脆，断面粉白或淡褐色，有粉性。有香气，味微苦涩。长4cm以上，中部围粗1cm以上。碎节不超过5%。无青丹、木心、杂质、碎末、霉变。

四等　干货。凡不合一、二、三等的细条，及断支碎片均属此等。但最小围粗不低于0.6cm。无木心、碎末、杂质、霉变。

3．刮丹皮

一等　干货。呈圆筒状，条均匀，刮去外皮。表面粉红色，在节疤、皮孔、根痕处偶有未去净的栓皮，形成棕褐色的花斑。质坚硬，断面粉白色，有粉性。香气浓，味微苦涩。长6cm以上，中部围粗2.4cm以上。碎节不超5%。无木心、杂质、霉变。

二等　干货。呈圆筒状,条均匀,刮去外皮。表面粉红色,在节疤、皮孔、根痕处偶有未去净的栓皮,形成棕褐色的花斑。质坚硬,断面粉白色,有粉性。香气浓,味微苦涩。长 5cm 以上,中部围粗 1.7cm 以上。碎节不超过 5%。无木心、杂质、霉变。

三等　干货。呈圆筒状,条均匀,刮去外皮。表面粉红色,在节疤、皮孔、根痕处偶有未去净的栓皮,形成棕褐色的花斑。质坚硬,断面粉白色,有粉性。香气浓,味微苦涩。长 4cm 以上,中部围粗 0.9cm 以上。碎节不超过 5%。无木心、杂质、霉变。

四等　干货。凡不合一、二、三等长度的断支碎片均匀属此等。无木心、碎末、杂质、霉变。

备注:枯死、病株、霉变、含木心者以及土层上的根状茎部分一律不收。刮丹皮未刮净符合连丹皮标准者,按连丹皮收购。

【贮藏】　置阴凉干燥处。

【功能主治】　清热凉血,活血化瘀。用于热入营血,温毒发斑,吐血衄血,夜热早凉,无汗骨蒸,经闭痛经,跌扑伤痛,痈肿疮毒。

【用法用量】　6～12g。

【附注】　孕妇慎用。

厚朴

Houpo

MAGNOLIAE OFFICINALIS CORTEX

【基源】　本品为木兰科植物厚朴 *Magnolia officinalis* Rehd. et Wils. 或凹叶厚朴 *M. officinalis* Rehd. et Wils. var. *biloba* Rehd. et Wils. 的干燥干皮、根皮及枝皮。

厚朴

【历史沿革】　厚朴药用历史悠久,始载于《神农本草经》,列为中品。《本草经集注》中指出,厚朴"今出建平(今四川东部)、宜都(今湖北西部)。极厚,肉紫色为好,壳薄而白者不如"。《植物名实图考》载有厚朴图,与木兰科厚朴一致。《药材资料汇编》将厚朴分为川朴、温朴两大类,并称川朴品质较温朴为优;温朴主产于浙南龙泉、庆元、景宁、云和等地;闽北蒲城、松溪等亦有产;川朴产区广泛,主产于川陕鄂三省交界的大巴山脉、武陵山脉,尤其是湖北恩施地区,品质特优,称"紫油厚朴";安徽(产品称潜厚朴或潜山朴)、湖南等地亦产。

【产地与采制】　主产于四川、湖北、浙江、贵州、湖南、福建、江西、安徽等地。4～6月剥取,根皮和枝皮直接阴干;干皮置沸水中微煮后,堆置阴湿处,"发汗"至内表面变紫褐色或棕褐色时,蒸软,取出,卷成筒状,干燥。

【市场概况】　厚朴为常用中药材,生产周期长,从幼树到剥皮,一般需要 15 年以上,品质好的要 30～50 年。川朴以四川、湖北为主产区;温朴以浙江、福建为主产区。年产销量 2 000～3 000 吨。近五年来,供需基本平衡或供略大于需,价格较平稳,干皮(筒朴)统货 8～15 元/kg,枝皮(枝朴)统货 5～8 元/kg,根皮(根朴)统货 20～30 元/kg。

【质量要求】

1. 性状特征

干皮(筒朴)　呈卷筒状或双卷筒状,长 30～35cm,厚 0.2～0.7cm,习称"筒朴";近根部的干皮一端展开如喇叭口,长 13～25cm,厚 0.3～0.8cm,习称"靴筒朴"。外表面灰棕色或灰褐色,粗糙,有时呈鳞片状,较易剥落,有明显椭圆形皮孔和纵皱纹,刮去粗皮者显黄棕色。内表面紫棕色或深紫褐色,较平滑,具细密纵纹,划之显油痕。质坚硬,不易折断,断面颗粒性,外层灰棕色,内层紫褐色或棕色,有油性,有的可见多数小亮星。气香,味辛辣、微苦。

根皮(根朴)　呈单筒状或不规则块片;有的弯曲似鸡肠,习称"鸡肠朴"。质硬,较易折断,断面纤维性。

枝皮(枝朴)　呈单筒状,长10~20cm,厚0.1~0.2cm。质脆,易折断,断面纤维性。

以皮糙肉细、油性大、气味浓厚、断面有亮银星、咀嚼时残渣少者为佳。

2. 理化指标

水分　不得过15.0%。

总灰分　不得过7.0%。

酸不溶性灰分　不得过3.0%。

厚朴酚与和厚朴酚　照高效液相色谱法测定,按干燥品计算,含厚朴酚($C_{18}H_{18}O_2$)与和厚朴酚($C_{18}H_{18}O_2$)的总量不得少于2.0%。

【商品规格等级】　目前药材市场上,厚朴药材多为统货,部分商品遵照原国家医药管理局和原卫生部制定的《七十六种药材商品规格标准》,按植物来源、产地的不同分为温朴、川朴两个品别,以及筒朴、蔸朴、耳朴、根朴等几种规格;其中温朴主要是筒朴;川朴主要是筒朴、蔸朴;耳朴、根朴为共同标准,不分温朴、川朴。温朴主要为福建、浙江等地所产的厚朴;川朴主产于四川、贵州、湖北、湖南、江西、安徽等省。

1. 温朴　筒朴四个等级。

一等　干货。卷成单筒或双筒,两端平齐。表面灰棕色或灰褐色,有纵皱纹,内面深紫色或紫棕色,平滑。质坚硬,断面外侧灰棕色,内侧紫棕色。颗粒状。气香,味苦辛。筒长40cm,重800g以上。无青苔、杂质、霉变。

二等　干货。筒长40cm,重500g以上。余同一等。

三等　干货。筒长40cm,重200g以上。余同一等。

四等　干货。凡不合以上规格者以及碎片、枝朴,不分长短大小,均属此等。无青苔、杂质、霉变。

2. 川朴　筒朴四个等级,蔸朴三个等级。

(1)筒朴

一等　干货。卷成单筒或双筒,两端平齐。表面黄棕色,有细密纵皱纹,内面紫棕色,平滑,划之显油痕。断面外侧黄棕色,内侧紫棕色,显油润,纤维少。气香,味苦辛。筒长40cm,不超过43cm,重500g以上。无青苔、杂质、霉变。

二等　干货。筒长40cm,不超过43cm,重200g以上。余同一等。

三等　干货。筒长40cm,重不小于100g。余同一等。

四等　干货。凡不符合以上规格者,以及碎片、枝朴,不分长短大小,均属此等。无青苔、杂质、霉变。

(2)蔸朴

一等　干货。为靠近根部的干皮和根皮,似靴形,上端呈筒形。表面粗糙,灰棕色或灰褐色,内面深紫色。下端呈喇叭口状,显油润。断面紫棕色颗粒状,纤维性不明显。气香,味苦辛。块长70cm以上,重2 000g以上。无青苔、杂质、霉变。

二等　干货。块长70cm以上,重2 000g以下。余同一等。

三等　干货。块长70cm以下,不低于500g。余同一等。

3. 耳朴　统货。

干货。为靠近根部的干皮,呈块片状或半卷形,多似耳状。表面灰棕色或灰褐色,内面淡紫色。断面紫棕色,显油润,纤维性少。气香,味苦辛。大小不一。无青苔、泥土、杂质。

4. 根朴　两个等级。

一等　干货。呈卷筒状长条。表面土黄色或灰褐色,内面深紫色。质韧,断面油润。气香,味苦辛。条长70cm,重400g以上。无木心、须根、杂质、霉变。

二等　干货。呈卷筒状或长条状,形弯曲似盘肠。长短不分,每枝400g以上。余同一等。

【贮藏】　置通风干燥处。

【功能主治】　燥湿消痰,下气除满。用于湿滞伤中,脘痞吐泻,食积气滞,腹胀便秘,痰饮喘咳。

【用量】　3～10g。

【附注】　过去,厚朴规格等级较繁杂,川朴、温朴各地划分不一。温朴有脑朴、朴根、尺二朴、耳朴、双卷、单卷、朴片、坪朴(平片状)、尺二筒、五寸筒,五寸建卷等;朴根又有面、王、顶、上、中、筋六等;尺二朴有刮皮、连皮两种。川朴亦有多种划分。

肉桂

Rougui

CINNAMOMI CORTEX

【基源】　本品为樟科植物肉桂 *Cinnamomum cassia* Presl 的干燥树皮。

【历史沿革】　原名菌桂、牡桂,始载于《神农本草经》,列为上品。肉桂一名始见于《唐本草》。"菌桂,叶似柿叶,中有纵纹三道,表里无毛而光泽。"与现用肉桂相符。而《本草纲目》载:"牡桂叶长如枇杷叶,坚硬有毛及锯齿……桂即牡桂之厚而辛烈者,牡桂即桂之薄而味淡者。"并附有图,其叶为羽状叶脉,与现今使用之肉桂不相符。

肉桂

【产地与采制】　主产于广西防城港、钦州、玉林,广东茂名、肇庆,云南,福建等地,其中以广西产量最大。多为栽培。

每年分两期采收,第一期于4～5月间剥皮称春桂,容易剥取,但质量稍次。第二期于9～10月间称秋桂,不易剥皮,但加工的产品质量较好。以第二期产量大,香气浓,质量佳。采收时选取栽培5～10年的肉桂树,按一定的长、宽度剥下树皮和枝皮,放于阴凉处,按不同规格修整,或置于木制的"桂夹"内压制成形,阴干或先放置阴凉处2～3天后,置弱光下晒干。由于采收加工方法不同,形成不同的加工品:

桂通　为不经压制,剥取5～6年生的树皮和老树枝皮,自然卷曲成筒状。长约30cm,直径2～3cm,阴干,又称广条桂。

企边桂　为剥取5～6年生的树皮,将两端削成斜面,突出桂心,夹在木制的凹凸板中间,压成两侧向内卷曲的浅槽状。长约 40cm,宽 6～10cm,晒干。

板桂　在老树离地面 30cm 处环状剥皮,用木制的桂夹夹住,晒至九成干,经纵横堆迭,加压,约 1 个月完成干燥,为扁平板状。

桂碎　在桂皮加工过程中的碎块。

桂心　为刮去外皮者。

【市场概况】　肉桂是一种传统中药,已有 2 000 多年的药用历史。广西为肉桂的道地产区,其独特的自然环境条件,悠久的栽培历史,传统的加工工艺,使广西肉桂具有皮厚、色泽光润、含油率高、味辛香偏辣、药用和调香料用兼优等特点。目前,广西种植肉桂年产桂皮约 3 万吨、桂油约 800 吨,面积、产量和出口量均占全国的 65% 以上。2018 年,肉桂的价格比较平稳,桂通价格 11.5～13.5 元 /kg、企边桂价格 13.5～15 元 /kg、板桂价格 22～25 元 /kg、桂碎价格 9.5～11 元 /kg。

【质量要求】

1. 性状特征　呈槽状或卷筒状,长 30～40cm,宽或直径 3～10cm,厚 0.2～0.8cm,外表面灰棕色,稍粗糙,有不规则的细皱纹和横向突起的皮孔,有的可见灰白色的斑纹;内表面红棕色,略平坦,有细纵纹,划之显油痕。质硬而脆,易折断,断面不平坦,外层棕色而较粗糙,内层红棕色而油润,两层间有 1 条黄棕色的线纹。气香浓烈,味甜、辣。

以体重、肉厚、外皮细、断面色紫、油性大、香气浓厚、味甜辣、嚼之渣者为佳。

2. 理化指标

水分　不得过 15.0%。

总灰分　不得过 5.0%。

挥发油　照挥发油测定法项下的热浸法测定,本品含挥发油不得少于 1.2%(ml/g)。

本品按干燥品计算,含桂皮醛(C_9H_8O)不得少于 1.5%。

【商品规格等级】　由主产区广西制定的肉桂地方标准,将肉桂分为甲、乙、丙、丁四级。

甲级　皮细有彩纹,无破裂,每片重 175g 以上,长约 43cm。

乙级　皮略粗,破裂不超过 3cm,每片重 160g 以上。

丙级　皮略粗,破裂不超过 4.5cm,每片重 150g 以上。

丁级　皮粗细不均,多破裂,每片重 150g 以下。

【贮藏】　置阴凉干燥处。

【功能主治】　补火助阳,引火归原,散寒止痛,温通经脉,用于阳痿宫冷,腰膝冷痛,肾虚作喘,虚阳上浮,眩晕目赤,心腹冷痛,虚寒吐泻,寒疝腹痛,痛经经闭。

【用法用量】　1～5g。

【附注】　有出血倾向者及孕妇慎用;不宜与赤石脂同用。

杜仲

Duzhong

EUCOMMIAE CORTEX

【基源】　本品为杜仲科植物杜仲 *Eucommia ulmoides* Oliv. 的干燥树皮。

【历史沿革】　杜仲药用历史悠久,始载于《神农本草经》,列为上品。《本草经集

杜仲

注》中指出："今用出建平（今四川东部）、宜都（今湖北西部）者，状如厚朴，折之多白丝为佳。"《本草纲目》载："昔有杜仲服此得道，因以名之。""生深山大谷，所在有之。"《药材资料汇编》："我国西南诸省山岳地带，多有野生，以四川大巴山脉及贵州娄山山脉为主产地，大巴山区、四川巴中、广元、达县等处所产品质最优，细皮厚肉。"

【产地与采制】 主产于四川、贵州、陕西、湖北、河南、湖南、广西等地。4～6月剥取，刮去粗皮，堆置"发汗"至内皮呈紫褐色，晒干。

【市场概况】 杜仲为大宗常用中药材，生产周期较长，从幼树到剥皮，一般需要10年以上。杜仲原植物分布广泛，四川、陕西、湖北、河南、重庆、贵州、湖南、江西、安徽、甘肃等地均有大面积栽培。年产销量约1万吨。近五年来，供需基本平衡，价格较平稳，板皮（干皮）统货11～15元/kg，枝皮统货8～10元/kg。

【质量要求】

1. 性状特征　本品呈板片状或两边稍向内卷，大小不一，厚3～7mm。外表面淡棕色或灰褐色，有明显的皱纹或纵裂槽纹，有的树皮较薄，未去粗皮，可见明显的皮孔。内表面暗紫色至黑褐色，光滑。质脆，易折断，断面有细密、银白色、富弹性的橡胶丝相连。气微，味稍苦。

以皮厚、去净粗皮、完整、断面丝多、内表面黑褐色者为佳。

2. 理化指标

浸出物　醇溶性浸出物（热浸法）用75%乙醇作溶剂，不得少于11.0%。

松脂醇二葡萄糖苷　照高效液相色谱法测定，含松脂醇二葡萄糖苷（$C_{32}H_{42}O_{16}$）不得少于0.10%。

【商品规格等级】 目前药材市场上，杜仲药材多为统货，部分商品遵照原国家医药管理局和原卫生部制定的《七十六种药材商品规格标准》，分为4个等级。

特等　干货。呈平板状，两端切齐，去净粗皮。表面呈灰褐色，里面黑褐色、质脆。断处有胶丝相连。味微苦。整张长70～80cm，宽50cm以上，厚0.7cm以上。碎块不超过10%。无卷形、杂质、霉变。

一等　干货。整张长40cm以上，宽40cm以上，厚0.5cm以上。碎块不超过10%。余同一等。

二等　干货。呈板片状或卷曲状。整张长40cm以上，宽30cm以上，厚0.3cm以上。碎块不超过10%。余同一等。

三等　干货。凡不合特一、二等标准，厚度最薄不得小于0.2cm，包括枝皮、根皮、碎块，均属此等。无杂质、霉变。

【贮藏】 置通风干燥处。本品一般无虫蛀。

【功能主治】 补肝肾，强筋骨，安胎。用于肝肾不足，腰膝酸痛，筋骨无力，头晕目眩，妊娠漏血，胎动不安。

【用量】 6～10g。

【附注】 杜仲除供应国内以外，还有出口销售，商品可按厚薄分为两种规格；厚杜仲分为一、二、三等；薄杜仲分为一、二等；均须"修口"。

一等厚杜仲　肉皮厚，刮去粗皮呈黄褐色，无霉点及碎简，最小块15cm²以上，两端切成斜口，厚1.0cm以上。

二等厚杜仲　厚0.5～1.0cm。余同一等厚杜仲。

三等厚杜仲　厚 0.3 ~ 0.5cm。余同一等厚杜仲。

一等薄杜仲　厚 0.2 ~ 0.3cm。余同一等厚杜仲。

二等薄杜仲　厚 0.2cm 以下。余同一等厚杜仲。

黄柏

Huangbo

PHELLODENDRI CHINENSIS CORTEX

【基源】 本品为芸香科植物黄皮树 *Phellodendron chinensis* Schneid. 的干燥树皮,习称"川黄柏"。

【历史沿革】 原名檗木,始载于汉代的《神农本草经》,列为中品。《名医别录》释名黄檗。宋代《嘉祐本草》载:"按《蜀本草》图经云:黄檗树高数丈。叶似吴茱萸,亦如紫椿,经冬不凋。皮外白,里深黄色……皮紧,厚二三分,鲜黄者上。二月、五月采皮,日干。"苏颂谓:"处处有之,以蜀中出者肉厚色深为佳。"从上述本草记述的产地、植物形态及《证类本草》所附黄檗和商州黄檗图看,均是黄皮树。

【产地与采制】 主产于四川、重庆、贵州、陕西、湖北、云南等地。以四川、贵州的产量大。3 ~ 6 月间,选择 10 年以上的树采用环剥技术剥取树皮,晒至半干,压平,刮净粗皮至显黄色而不损及内皮,刷净,晒干。

【市场概况】 黄柏为四川道地药材,现四川产区年产量仅 200 吨左右,全国年均产量约 1 000 余吨。黄柏和关黄柏作为全国大宗中药材品种,据统计,市场年需求量达 1 万吨以上,国内黄柏药材供不应求。2018 年黄柏的价格比较平稳,统货价格 25 ~ 30 元/kg。

【质量要求】

1. 性状特征　呈板片状或浅槽状,长宽不一,厚 1 ~ 6mm。外表面黄褐色或黄棕色,平坦或具纵沟纹,有的可见皮孔痕及残存的灰褐色粗皮;内表面暗黄色或淡棕色,具细密的纵棱纹。体轻,质硬,断面纤维性,呈裂片状分层,深黄色。气微,味极苦,嚼之有黏性。

以皮厚、断面色鲜黄、去净粗皮者为佳。

2. 理化指标

水分　不得过 12.0%。

总灰分　不得过 8.0%。

浸出物　稀乙醇浸出物(冷浸法)不得少于 14.0%。

小檗碱和黄柏碱　照高效液相色谱法测定,按干燥品计算,含小檗碱以盐酸小檗碱($C_{20}H_{17}NO_4 \cdot$ HCl)计不得少于 3.0%,含黄柏碱以盐酸黄柏碱($C_{20}H_{23}NO_4 \cdot$HCl)计不得少于 0.34%。

【商品规格等级】 目前,药材市场上,大部分黄柏药材为统货,少部分分为 2 个等级。

一等　干货。呈板片状,去净粗栓皮。外表面黄褐色或黄棕色;内表面暗黄或淡棕色。体轻,质较坚硬,断面鲜黄色。味极苦。长 40cm 以上,宽 15cm 以上。无枝皮、粗栓皮、杂质、虫蛀、霉变。

二等　干货。呈板片状或卷筒状。外表面黄褐色或黄棕色;内表面暗黄色或黄棕色。体轻,质较坚硬,断面鲜黄色。味极苦。长宽大小不分,厚度不得小于 0.2cm。间有枝皮,无粗栓皮、杂质、虫蛀、霉变。

【贮藏】　置通风干燥处,防潮。

【功能主治】　清热燥湿,泻火除蒸,解毒疗疮。用于湿热泻痢,黄疸尿赤,带下阴痒,热淋涩痛,脚气痿躄,骨蒸劳热,盗汗,遗精,疮疡肿毒,湿疹湿疮。盐黄柏滋阴降火。用于阴虚火旺,盗汗骨蒸。

【用法用量】　3～12g,外用适量。

关黄柏

Guanhuangbo

PHELLODENDRI AMURENSIS CORTEX

【基源】　本品为芸香科植物黄檗 *Phellodendron amurense* Rupr. 的干燥树皮,习称"关黄柏"。

【历史沿革】　关黄柏在历代本草中无记载。1957 年《辽宁药材》收载了关黄柏;《中国药典》自 1963 年版开始收载黄柏药材的原植物为黄皮树和黄檗,而自 2005 年版开始将黄皮树与黄檗分开,分别称作黄柏和关黄柏。

【产地与采制】　主产于辽宁、吉林、黑龙江,内蒙古、河北等地亦产。采制同黄柏。

【市场概况】　由于滥采乱剥,2000—2013 年关黄柏产量由 8 000 吨降至 400 吨。关黄柏国内和国际市场需求量约在 2 000 吨以上,需依靠进口,而进口关黄柏 2013 年也降至 300 吨,近些年关黄柏供不应求。在我国传统的四大中药材市场中,国内产关黄柏主要在安徽亳州和河北安国药材市场流通,朝鲜产关黄柏主要在广西玉林和成都荷花池药材市场流通。2018 年,关黄柏的价格比较平稳,国产统货价格 17～25 元/kg,朝鲜产统货价格约 15 元/kg。

【质量要求】

1. 性状特征　呈板片状或浅槽状,长宽不一,厚 2～4mm。外表面黄绿色或淡棕黄色,较平坦,有不规则的纵裂纹,皮孔痕小而少见,偶有灰白色的粗皮残留;内表面黄色或黄棕色。体轻,质较硬,断面纤维性,有的呈裂片状分层,鲜黄色或黄绿色。气微,味极苦,嚼之有黏性。

以皮厚、断面色鲜黄、去净粗皮者为佳。

2. 理化指标

水分　不得过 11.0%。

总灰分　不得过 9.0%。

浸出物　60% 乙醇浸出物(热浸法)不得少 17.0%。

盐酸小檗碱和盐酸巴马汀　照高效液相色谱法测定,按干燥品计算,含盐酸小檗碱($C_{20}H_{17}NO_4 \cdot HCl$)不得少于 0.60%,含盐酸巴马汀($C_{21}H_{21}NO_4 \cdot HCl$)不得少于 0.30%。

【商品规格等级】　目前,药材市场上,关黄柏药材为统货,不分等级。

【贮藏】　置通风干燥处,防潮。

【功能主治】　清热燥湿,泻火除蒸,解毒疗疮。用于湿热泻痢,黄疸尿赤,带下阴痒,热淋涩痛,脚气痿躄,骨蒸劳热,盗汗,遗精,疮疡肿毒,湿疹湿疮。盐黄柏滋阴降火。用于阴虚火旺,盗汗骨蒸。

【用法用量】　3～12g,外用适量。

第五节 叶类药材商品

叶类药材一般采用完整的干燥叶、嫩叶,包括单叶、复叶的小叶,或带有部分嫩枝等,以单叶为主。

叶类药材多为统货,不分等级。

叶类药材通常用袋装,置阴凉干燥处,防止变色、霉变。

大青叶

Daqingye

ISATIDIS FOLIUM

【基源】 本品为十字花科植物菘蓝 *Isatis indigotica* Fort. 的干燥叶。

【历史沿革】 "大青"之名出自《名医别录》,陶弘景曰:"大青……今出东境及近道,紫茎长尺许,除湿热毒,为良。"《本草纲目》谓:"大青,其茎叶皆深青,故名。"

【产地与采制】 主产于江苏、安徽、河北及四川等地。大多为栽培品。以河北安国产者为佳。一般夏、秋两季分2~3次采收,除去杂质,晒干即可。

【市场概况】 大青叶为清热解毒类品种,中医临床广泛应用。目前国内多地均有栽培,近年来产量一直较大,市场货源充足,行情平稳运行。大青叶除临床使用外,还可以作为青黛生产原料。近期大青叶市场走货量平稳,价格在3元/kg左右波动。

【质量要求】

1. 性状特征 多皱缩卷曲,有的破碎。完整叶片展开后呈长椭圆形至长圆状倒披针形,长5~20cm,宽2~6cm;上表面暗灰绿色,有的可见色较深稍突起的小点;先端钝圆,基部渐狭下延至叶柄成翼状,全缘或微波状;叶脉于背面较明显;叶柄长4~10cm,淡棕黄色。质脆易碎。气微,味微酸、苦、涩。

以干燥、叶完整、青黑色、无黄叶、烂叶者为佳。

2. 理化指标

水分 不得过13.0%。

浸出物 醇溶性浸出物(热浸法)不得少于16.0%。

靛玉红 照高效液相色谱法测定,按干燥品计算,含靛玉红($C_{16}H_{10}N_2O_2$)不得少于0.020%。

【商品规格等级】 商品均为统货,不分等级。

【贮藏】 置通风干燥处,防霉。

【功能主治】 清热解毒,凉血消斑。用于温病高热,神昏,发斑发疹,痄腮,喉痹,丹毒及痈肿等。

【用法用量】 9~15g。

番泻叶

Fanxieye

SENNAE FOLIUM

【基源】 本品为豆科植物狭叶番泻 *Cassia angustifolia* Vahl 或尖叶番泻 *C. acutifolia* Delile 的干燥小叶。

【历史沿革】 本品原产热带国家,清代以后引入我国。

【产地与采制】 主产于印度、埃及、苏丹等国。现我国广东、湖南、云南西双版纳等地亦产。狭叶番泻叶在开花前摘下叶片,阴干后用水压机打包。尖叶番泻叶在 9 月间果实将成熟时,剪下枝条,摘取叶片晒干,按完整叶和破碎叶分别打包。

【市场概况】 全国年均进口 20～50 吨,历史上供求基本平衡,近年来市场价总体呈下降趋势。目前,在安徽亳州和河北安国药材市场上的进口番泻叶与国产番泻叶为 6.5～8 元/kg。

【质量要求】

1. 性状特征

狭叶番泻叶 呈长卵形或卵状披针形,叶基稍不对称,具稀少毛茸。叶革质,带绿色,有或无压痕条纹。气微弱而特异,味微苦,稍有黏性,用开水浸泡为茶色。

尖叶番泻叶 叶基部不对称,叶片两面均有细短毛茸。叶质地薄脆,微呈革质状,无叶脉压叠线纹。

以干燥、叶片大而完整、色绿、梗少,无黄叶、碎叶、杂质者为佳。

2. 理化指标

杂质 不得过 6%。

水分 不得过 10.0%。

【商品规格等级】 商品番泻叶规格较多,一般我国进口的有一级、二级和大路货三种。

一级 叶大而尖,色绿、无黄叶,无叶轴、小枝、破碎叶片,杂质(花、果实、小枝、叶轴等)不得过 5.0%。

二级 叶尖,色绿,其中含有碎叶,而黄叶、杂质不得过 8.0%。

大路货 黄叶不得过 20.0%,梗、碎叶及杂质不得过 12.0%。

【贮藏】 避光,置通风干燥处。

【功能主治】 泻热行滞,通便,利水。用于热结积滞,便秘腹痛,水肿胀满。

【用法用量】 2～6g,后下,或开水泡服。

【附注】 孕妇慎用。

淫羊藿

Yinyanghuo

EPIMEDII FOLIUM

【基源】 本品为小檗科植物淫羊藿 *Epimedium brevicoru* Maxim.、箭叶淫羊藿 *E. sagittatum*(Sieb. et Zucc.)Maxim.、柔毛淫羊藿 *E. pubescens* Maxim. 或朝鲜淫羊藿 *E. koreanum* Nakai 的干燥叶。

【历史沿革】 淫羊藿首载于《神农本草经》，列为中品。《名医别录》载"生上郡阳山（今陕西西北部及内蒙古马审旗）山谷"和"川西北部"。《本草图经》附有"永康军（今四川都江堰市）淫羊藿"图并载："今江东（今苏、浙、赣地区）、陕西（今陕、宁、晋、豫、甘）、泰山（今山东泰安）、汉中（今陕西汉中）、湖湘（今湖南）间皆有之。叶青似杏叶，上有刺。茎如粟秆。根紫色，有须。四月开花，白色，亦有紫色碎小独头子。五月采叶晒干。"由此断定当时的淫羊藿系指小檗科淫羊藿属的多种植物。唐《新修本草》曰："此草叶形似小豆而圆薄。"又谓"所在皆有"，可断定古本草最早收载品种为淫羊藿 *Epimedium brevicornu* Maxim.。《质问本草》谓"四月开白花，亦有紫花者，高一二尺，一茎三桠，一桠三叶"。附图中矩较内轮萼片长，综合所述断定为朝鲜淫羊藿 *Epimedium koreanum* Nakai。

【产地与采制】 主产于陕西秦岭山区商县、山阳、镇安、石泉、佛坪、太白区，山西沁源、阳帛，湖南常德、黔阳，河南嵩县、栾川、卢氏、洛宁等地。夏秋两季采收。呈鲜绿色时，割取茎叶，除去杂质，晒干或阴干。

【市场概况】 淫羊藿近年货源少，行情不断上涨，目前市场价格上升至 60～75 元/kg 之多。由于生态环境的限制，以主产于甘肃陇南、甘南、临夏、定西等地的小叶淫羊藿含量最高，其他产地虽多有分布，但含量不高，正规药厂很少采用，即使是产在甘肃的淫羊藿，也有大小叶之分，含量参差不齐。据有关资料显示，现在淫羊藿的年用量已达 2 500 吨左右。

【质量要求】

1. 性状特征

淫羊藿　三出复叶；小叶片卵圆形，长 3～8cm，宽 2～6cm；先端微尖，顶生小叶基部心形，两侧小叶较小，偏心形，外侧较大，呈耳状，边缘具黄色刺毛状细锯齿；上表面黄绿色，下表面灰绿色，主脉 7～9 条，基部有稀疏细长毛，细脉两面突起，网脉明显；小叶柄长 1～5cm。叶片近革质。气微，味微苦。

箭叶淫羊藿　三出复叶；小叶片长卵形至卵状披针形，长 4～12cm，宽 2.5～5cm；先端渐尖，两侧小叶基部明显偏斜，外侧呈箭形。下表面疏被粗短伏毛或近无毛。叶片革质。柔毛淫羊藿叶下表面及叶柄密被绒毛状柔毛。

朝鲜淫羊藿　小叶较大，长 4～10cm，宽 3.5～7cm，先端长尖。叶片较薄。

2. 理化指标

杂质　不得过 3.0%。

水分　不得过 12.0%。

总灰分　不得过 8.0%。

浸出物　醇溶性浸出物（冷浸法），用稀乙醇作溶剂，不得少于 15.0%。

【商品规格等级】 商品因其来源分为大叶淫羊藿、小叶淫羊藿、箭叶淫羊藿等规格。不分等级。

【贮藏】 置通风干燥处。

【功能主治】 补肾阳，强筋骨，祛风湿。用于肾阳虚衰，阳痿遗精，筋骨痿软，风湿痹痛，麻木拘挛。

【用法用量】 6～10g。

第六节　花类药材商品

花类药材是指植物的花为药用部位的药材，通常包括完整的花、花序或花的某一部分。

花类药材常依据采收时间、产地、颜色、质地、大小、开放花的比例等划分规格等级，部分开放的花通常为统货。

花类药材通常用布袋、塑料袋或硬纸箱等包装，西红花等贵重药材可用金属盒贮存。贮存中应防潮、防压、避光。

金银花

Jinyinhua

LONICERAE JAPONICAE FLOS

金银花

【基源】 本品为忍冬科植物忍冬 *Lonicera japonica* Thunb. 的干燥花蕾或带初开的花。

【历史沿革】 金银花药用历史悠久，"忍冬"一词最早源于晋代医学家葛洪的《肘后备急方》，后见于《名医别录》中："忍冬，味甘温，无毒，列为上品，主治寒热身肿。""金银花"一词首见于宋代苏城、沈括的《苏沈内翰良方》："初开白色，数日则变黄，每黄白相间，故名金银花。"《本草纲目》对"金银花"之名进行了进一步详细的注解："花初开者，蕊瓣俱色白，经二三日，则色变黄，新旧相参，黄白相映，故呼金银花。"

【产地与采制】 主产于河南密县、登封、巩县，山东平邑、费县、苍山、沂水等地，多为栽培品。产于河南密县、巩县等地的称为"密银花"，产于山东平邑、苍山等地的称为"东银花"。5～6月，选择晴天早晨露水刚干时，摘取青色未开放的花蕾。再根据质量的优劣分别薄摊放在席上晾晒，一般不翻动，即使需翻动也不宜用手翻动，应用竹棍轻翻即可，否则易变黑。待晾晒九成干时，拣净茎叶杂质等，再晾干即可。也可用烘房烘干，烘干金银花颜色青白鲜艳，香气浓，绿原酸含量高。忌在烈日下暴晒或用强火烘烤，以免影响其质量。

【市场概况】 金银花为常用清热解毒药。全国近年产量乓均约5 000余吨，纯购约4 000余吨，纯销约3 500余吨，供应出口200余吨。金银花为常用中药，大路商品，历史上由于生产销售情况的变化，常出现脱销、紧俏和积压现象。1980年全国紧缺，价格成倍上升，1986年生产过剩，各地积压，价格为历史最低水平，1987年市场销路松动，价格回升，出口量也增大。主产区山东平邑县已处在盛花期的为半野生半栽培金银花，目前年产量约4 000吨；河南封丘人工栽培的金银花目前年产量约1 300吨；河北省巨鹿县，均为人工栽培，产量与河南相近。2003年"非典"期间市场价格暴涨，近五年价格趋于平稳，亳州市场河南产烘货价格在95～140元/kg波动。

【质量要求】

1. 性状特征　呈长棒状，上粗下细，略弯曲，长2～3cm，上部直径约3mm，下部直径约1.5mm。表面黄白色或绿白色（久贮色渐深），密被短柔毛。偶见叶状苞片。花萼绿色，先端5裂，裂片有毛,长约 2mm,开放者花冠筒状,先端二唇形;雄蕊 5,附于筒壁,黄色;雌蕊 1,子房无毛。气清香,味淡、苦。

以花蕾多、肥壮、色青绿微白、气清香者为佳。

2.理化指标

水分　不得过 12.0%。

总灰分　不得过 10.0%。

酸不溶性灰分　不得过 3.0%。

酚酸类　照高效液相色谱法测定,按干燥品计算,含绿原酸($C_{16}H_{18}O_9$)不得少于 1.5%。含酚酸类以绿原酸($C_{16}H_{18}O_9$)、3,5-二-O-咖啡酰奎宁酸($C_{25}H_{24}O_{12}$)和 4,5-二-O-咖啡酰奎宁酸($C_{25}H_{24}O_{12}$)的总量计,不得少于 3.8%。

木犀草苷　照高效液相色谱法测定,按干燥品计算,含木犀草苷($C_{21}H_{20}O_{11}$)不得少于 0.050%。

3.有害物质限量指标

重金属及有害元素　铅不得过 5mg/kg,镉不得过 1mg/kg,砷不得过 2mg/kg,汞不得过 0.2mg/kg,铜不得过 20mg/kg。

【商品规格等级】　目前,药材市场上按照干燥方法不同分为晒货和烘货两种规格,每种规格又分为 3 个等级。

1.晒货

一等　花蕾肥壮饱满、均整。黄白色,开放花率不超过 3%,枝叶率不超过 2%,黑头黑条率不超过 2%。无虫蛀、霉变。

二等　花蕾饱满、较均整。浅黄色,开放花率 3%～10%,枝叶率 2%～5%,黑头黑条率 2%～5%。无虫蛀、霉变。

三等　花蕾肥欠均整。开放花率 10%～20%,枝叶率 5%～10%,黑头黑条率 5%～10%。无虫蛀、霉变。

2.烘货

一等　花蕾肥壮饱满、均整。青绿色,开放花率不超过 3%,枝叶率不超过 2%,黑头黑条率不超过 2%。无虫蛀、霉变。

二等　花蕾饱满、较均整。绿白色,开放花率 3%～10%,枝叶率 2%～5%,黑头黑条率 2%～5%。无虫蛀、霉变。

三等　花蕾肥欠均整。开放花率 10%～20%,枝叶率 5%～10%,黑头黑条率 5%～10%。无虫蛀、霉变。

【贮藏】　木箱、纸箱或袋装,置阴凉干燥处;防潮,防蛀。

【功能主治】　清热解毒,疏散风热。用于痈肿疔疮,喉痹,丹毒,热毒血痢,风热感冒,温病发热。

【用法用量】　6～15g。

山银花

Shanyinhua

LONICERAE FLOS

【基源】 本品为忍冬科植物灰毡毛忍冬 *Lonicera macranthoides* Hand.-Mazz.、红腺忍冬 *L. hypoglauca* Miq.、华南忍冬 *L. confusa* DC. 或黄褐毛忍冬 *L. fulvotomentosa* Hsu et S. C. Cheng 的干燥花蕾或带初开的花。

山银花

【产地与采制】 主产于广西、湖南、重庆、贵州、四川、广东等地。夏初花开放前采收,干燥。

【市场概况】 广西、湖南、重庆、贵州是山银花的主产区,占全国产量的一半以上。广西忻城、湖南隆回的山银花被原国家质量监督检验检疫总局认定为"中国地理标志保护产品"。2018 年山银花市场供应平稳,价格 45 ~ 70 元 /kg。

【质量要求】

1. 性状特征

灰毡毛忍冬 呈棒状而稍弯曲,长 3 ~ 4.5cm,上部直径约 2mm,下部直径约 1mm。表面黄色或黄绿色。总花梗集结成簇,开放者花冠裂片不及全长之半。质稍硬,手捏之稍有弹性。气清香,味微苦、甘。

红腺忍冬 长 2.5 ~ 4.5cm,直径 0.8 ~ 2mm。表面黄白至黄棕色,无毛或疏被毛,萼筒无毛,先端 5 裂,裂片长三角形,被毛,开放者花冠下唇反转,花柱无毛。

华南忍冬 长 1.6 ~ 3.5cm,直径 0.5 ~ 2mm。萼筒和花冠密被灰白色毛。

黄褐毛忍冬 长 1 ~ 3.4cm,直径 1.5 ~ 2mm。花冠表面淡黄棕色或黄棕色,密被黄色茸毛。

以花蕾长、饱满不开放、色黄白鲜艳、气清香、无枝叶者为佳。

2. 理化指标

水分 不得过 15.0%。

总灰分 不得过 10.0%。

酸不溶性灰分 不得过 3.0%。

本品按干燥品计算,含绿原酸($C_{16}H_{18}O_9$)不得少于 2.0%,含灰毡毛忍冬皂苷乙($C_{65}H_{106}O_{32}$)和川续断皂苷乙($C_{53}H_{86}O_{22}$)的总量不得少于 5.0%。

【商品规格等级】 山银花主要依据是否开花分为两个等级:

一等 干货。花蕾呈棒状,上粗下细,略弯曲,花蕾长瘦。表面黄白色或青白色。气清香,味淡微苦。开放花朵不超过 20%。无梗叶。

二等 干货。花蕾或开放的花朵兼有。色泽不分。枝叶不超过 10%。

【贮藏】 置阴凉干燥处,防潮,防蛀。

【功能主治】 清热解毒,疏散风热。用于痈肿疔疮,喉痹,丹毒,热毒血痢,风热感冒,温病发热。

【用法用量】 6 ~ 15g。

菊花

Juhua

CHRYSANTHEMI FLOS

【基源】 本品为菊科植物菊 Chrysanthemum morifolium Ramat. 的干燥头状花序。

【历史沿革】《神农本草经》将其列为上品。梁代《本草经集注》云："菊有两种，一种茎紫，气香而味甘，叶可作羹食者，为真菊；一种青茎而大，作蒿艾气，味苦不堪食者，名苦薏，非真菊也。又有白菊，茎叶都相似，惟花白，五月取。"《本草衍义》："近世有二十余种，惟单叶花小而黄绿，叶色深小而薄，应候而开者是也。又邓州白菊，单叶者亦入药。"《本草纲目》："菊之品凡百种，宿根自生，茎叶花色种种不同。"

菊花

【产地与采制】 现以河南、安徽、浙江、四川所产者为道地药材。菊花为"四大怀药"之一，自古以来以"怀菊"为优。沿至当代，以安徽所产亳菊、滁菊最负盛名。9~10月花盛开时分批采收，阴干或焙干，或熏、蒸后晒干。药材按产地和加工方法不同，分为"亳菊""滁菊""贡菊""杭菊""怀菊"。

【市场概况】 四大药材市场上菊花的商品规格有很多，不同商品等级价格差异较大，目前以亳州药材市场种类最多，2019年虽比2018年价格略有升高，但整体价格基本趋于稳定，具体价格情况如下：杭菊饼价格 25~38 元/kg，杭菊散统货 33~48 元/kg，杭菊杀青统货 50~53 元/kg，杭菊胎菊 43~75 元/kg；贡菊七月统货 70~75 元/kg，太阳菊（太阳花）65 元/kg，贡菊雨水统货 48 元/kg，贡菊朵菊 100 元/kg；祁菊 30~33 元/kg；亳菊 25~30 元/kg。

【质量要求】

1. 性状特征

亳菊　呈倒圆锥形或圆筒形，有时稍压扁呈扇形，直径 1.5~3cm，离散。总苞碟状；总苞片 3~4 层，卵形或椭圆形，草质，黄绿色或褐绿色，外面被柔毛，边缘膜质。花托半球形，无托片或托毛。舌状花数层，雌性，位于外围，类白色，劲直，上举，纵向折缩，散生金黄色腺点；管状花多数，两性，位于中央，为舌状花所隐藏，黄色，顶端 5 齿裂。瘦果不发育，无冠毛。体轻，质柔润，干时松脆。气清香，味甘、微苦。

滁菊　呈不规则球形或扁球形，直径 1.5~2.5cm。舌状花类白色，不规则扭曲，内卷，边缘皱缩，有时可见淡褐色腺点；管状花大多隐藏。

贡菊　呈扁球形或不规则球形，直径 1.5~2.5cm。舌状花白色或类白色，斜升，上部反折，边缘稍内卷而皱缩，通常无腺点；管状花少，外露。

杭菊　呈碟形或扁球形，直径 2.5~4cm，常数个相连成片。舌状花类白色或黄色，平展或微折叠，彼此粘连，通常无腺点；管状花多数，外露。

怀菊　呈不规则球形或扁球形，直径 1.5~2.5cm。多数为舌状花，舌状花类白色或黄色，不规则扭曲，内卷，边缘皱缩，有时可见腺点；管状花大多隐藏。

2. 理化指标

水分　不得过 15.0%。

绿原酸、木犀草苷和 3，5-O- 二咖啡酰基奎宁酸　照高效液相色谱法测定，按干燥品计算，含绿原酸（$C_{16}H_{18}O_9$）不得少于 0.20%，含木犀草苷（$C_{21}H_{20}O_{11}$）不得少于 0.080%，含 3，5-O- 二咖啡酰基奎宁酸($C_{25}H_{24}O_{12}$)不得少于 0.70%。

【商品规格等级】 商品按性状不同分为白菊花、滁菊花、贡菊花、杭菊花四种。按产地不同分怀菊、亳菊、川菊、祁菊、贡菊、杭菊、滁菊、黄菊、济菊、平江菊、杂菊等。按加工方法不同分为烘菊、蒸菊、晒菊等。分 1~3 等或 1~2 等。其规格等级标准如下。

1. 亳菊花

一等　干货。呈圆盘或扁扇形。花朵大、瓣密,苞厚、不露心,花瓣长且宽、白色,近基部微带红色。体轻,质柔软。气清香,味甘微苦。无散朵、枝叶、杂质、虫蛀、霉变。

二等　干货。呈圆盘或扁扇形。花朵中个、色微黄,近基部微带红色。气芳香,味甘微苦。无散朵、枝叶、杂质、虫蛀、霉变。

三等　干货。呈圆盘或扁扇形。花朵小,色黄或暗。间有散朵,叶枝不超过 5%。无杂质、虫蛀、霉变。

2. 滁菊花

一等　干货。呈圆盘或扁扇形、绒球状或圆形(多为头花),朵大色粉白,花心较大、黄色。质柔。气芳香,味甘微苦。不散瓣,无枝叶、杂质、虫蛀、霉变。

二等　干货。呈绒球状或圆形(即二水花)。色粉白。朵均匀,不散瓣,无枝叶、杂质、虫蛀、霉变。

三等　干货。呈绒球状,朵小、色次(即尾花)。间有散瓣、并条,无杂质、虫蛀、霉变。

3. 贡菊花

一等　干货。花头较小,圆形,花瓣密、白色。花蒂绿色,花心小、淡黄色、均匀不散朵,体轻,质柔软。气芳香,味甘微苦。无枝叶、杂质、虫蛀、霉变。

二等　干货。花头较小,圆形色白,花心淡黄色,朵欠均匀。气芳香,味甘微苦。间有散瓣。无枝叶、杂质、虫蛀、霉变。

三等　干货。花头小,圆形白色,花心淡黄色,朵不均匀。气芳香,味甘微苦。间有散瓣。无枝叶、杂质、虫蛀、霉变。

4. 药菊(怀菊、川菊)

一等　干货。呈圆盘或扁扇形。朵大、瓣长,肥厚。花黄白色,间有淡红或棕红色。质松而柔。气芳香,味微苦。无散朵、枝叶、杂质、虫蛀、霉变。

二等　干货。呈圆盘或扁扇形。朵较瘦小,色泽较暗。味微苦。间有散朵。无杂质、虫蛀、霉变。

5. 杭白菊

一等　干货。蒸花呈压缩状。朵大肥厚,玉白色。花心较大、黄色。气清香,味甘微苦。无霜打花、浦汤花、生花、枝叶、杂质、虫蛀、霉变。

二等　干货。蒸花呈压缩状。花朵小、玉白色、心黄色。气清香,味甘微苦。间有不严重的霜打花和浦汤花。无枝叶、杂质、虫蛀、霉变。

6. 杭黄菊

一等　干货。蒸花呈压缩状。朵大肥厚,色黄亮。气清香,味甘微苦。无严重的霜打花、生花、枝条、杂质、虫蛀、霉变。

二等　干货。蒸花呈压缩状。花朵小、较瘦薄、黄色。气清香,味甘微苦。间有霜打花和浦汤花。无黑花、枝叶、杂质、虫蛀、霉变。

【贮藏】　置阴凉干燥处,密闭保存,防霉,防蛀。

【功能主治】　散风清热,平肝明目,清热解毒。用于风热感冒,头痛眩晕,目赤肿痛,眼目昏花,疮痈肿毒。

【用法用量】　5～10g。

红花

Honghua

CARTHAMI FLOS

【基源】　本品为菊科植物红花 *Carthamus tinctorius* L. 的干燥花。

【历史沿革】　原名红蓝花,始载于《开宝本草》。马志谓:"红蓝花即红花也,生梁汉及西域。"苏颂谓:"其花红色,叶颇似蓝,故有蓝名。"又谓:"今处处有之。人家场圃所种,冬月布子于熟地,至春生苗,夏乃有花。花下作梂猬多刺,花出梂上。圃人乘露采之,采已复出,至尽而罢。梂中结实,白颗如小豆大。其花暴干,以染真红,又作胭脂。"李时珍谓:"其叶如小蓟叶。至五月开花,如大蓟花而红色。"以上所述,与本种相符。

【产地与采制】　主产于河南、浙江、四川及新疆等地。以四川、河南产量大。夏季花由黄色变红色时采摘,采收后将花放在阴凉通风处摊开阴干或弱阳光晒干。如在烈日下暴晒,必须上盖纸、布防其褪色。翻动时要用工具轻翻,不可直接用手,以免变色。如遇雨天,可用微火烘干,急火易变黑色。

【市场概况】　红花国内大部分地区均有栽培,近几年产量明显增加,出口量也随之加大。红花不仅广泛应用于中医临床,而且在染料、食品色素等方面也有利用市场,因此有很大的发展潜力和前景。目前,国内红花有一定的库存量,货源整体走销不快,行情保持坚挺运行。目前红花统货售价在90元/kg左右。

【质量要求】

1. 性状特征　为不带子房的管状花,长 1～2cm。表面红黄色或红色。花管筒细长,先端 5 裂,裂片呈狭条形,长 5～8mm;雄蕊 5,花药聚合成筒状,黄白色;柱头长圆柱形,顶端微分叉。质柔软。气微香,味微苦。

以花瓣长、色红黄、鲜艳、气香、质柔软者为佳。

2. 理化指标

杂质　不得过 2%。

水分　不得过 13.0%。

总灰分　不得过 15.0%。

酸不溶性灰分　不得过 5.0%。

红色素吸光度　照紫外 - 可见分光光度法,本品在 518nm 波长处测定吸光度,不得低于 0.20。

浸出物　水溶性浸出物(冷浸法)不得少于 30.0%。

羟基红花黄色素和山柰素　照高效液相色谱法测定,按干燥品计算,含羟基红花黄色素

（$C_{27}H_{32}O_{16}$）和山柰素（$C_{15}H_{10}O_6$）分别不得少于1.0%和0.050%。

【商品规格等级】

一等　管状花皱缩弯曲，成团或散在。表面深红、鲜红色，微带黄色，质较软。有香气，味微苦。无枝叶、杂质、虫蛀及霉变。

二等　管状花皱缩弯曲，成团或散在。表面浅红、暗红或淡黄色，质较软。有香气，味微苦。无枝叶、杂质、虫蛀及霉变。

【贮藏】　置阴凉干燥处，防潮、防蛀。

【功能主治】　活血通经，散瘀止痛。用于经闭，痛经，恶露不行，癥瘕痞块，胸痹心痛，瘀滞腹痛，胸胁刺痛，跌扑损伤，疮疡肿痛等。

【用法用量】　3～10g。

【附注】　孕妇慎用。

西红花

Xihonghua

CROCI STIGMA

【基源】　本品为鸢尾科植物番红花 Crocus sativus L. 的干燥柱头。

西红花

【历史沿革】　西红花原产地为伊朗及地中海一带，明朝时途径我国西藏传入，又名藏红花。始见于《本草品汇精要》，但公元前5世纪克什米尔古文献中就有记载。《本草纲目》将番红花释名泊夫蓝，又名撒法郎（系音译）。李时珍谓"番红花出西番回回地面及天方国，即彼地红蓝花也。元时以入食馔用"。其附图为菊科红花。《植物名实图考》也误将西红花认为菊科的红花。80～100朵鲜花才能收集1g药材，故西红花历来被认为珍贵药材，直至20世纪80年代我国才引种成功，之前所用的西红花均为进口，现在仍需大量地进口。

【产地与采制】　进口品主产于西班牙、伊朗、欧洲等地。国产品主产于西藏、新疆、上海等地。每年11月初西红花于室内开花，昼开夜闭。晨起采花，及时"剥丝"即采集柱头，然后立即干燥。西红花的采制几乎全部为手工操作，且时间上要求较高，否则影响西红花的外观和品质。

【市场概况】　西红花原为进口名贵中药，世界上70%的西红花来自伊朗，年产量约200吨。随着技术的不断发展，现我国上海崇明、浙江、安徽、西藏、新疆、北京等地有栽培。上海崇明、浙江的西红花产量占据国产西红花产量的80%～90%。西红花作为名贵中药品种，据统计，市场年需求量100吨左右。国产西红花远远不能满足国内市场的需求，各地在不断加强栽培技术的同时，扩大种植面积，提高产量。西红花目前的国内市场价格略有下调，价格为9 500～12 000元/kg。

【质量要求】

1. 性状特征　呈线形，三分枝，长约3cm。暗红色，上部较宽而略扁平，顶端边缘显不整齐的齿状，内侧有一短裂缝，下端有时残留一小段黄色花柱。体轻，质松软，无油润光泽，干燥后质脆易断。气特异，微有刺激性，味微苦。本品入水后，可见橙黄色呈直线下沉，并逐渐扩散，水被染成黄色，无沉淀，柱头呈喇叭状。

2．理化指标

干燥失重　取本品 2g，精密称定，在 105℃干燥 6 小时，减失重量不得过 12.0%。

总灰分　不得过 7.5%。

吸光度　取本品照紫外 - 可见分光光度法，在 432nm 的波长处测定吸光度，不得低于 0.50。

浸出物　30% 乙醇浸出物（热浸法）不得少于 55.0%。

西红花苷 - Ⅰ 和西红花苷 - Ⅱ　照高效液相色谱法测定，本品按干燥品计算，含西红花苷 - Ⅰ（$C_{44}H_{64}O_{24}$）和西红花苷 - Ⅱ（$C_{38}H_{54}O_{19}$）的总量不得少于 10.0%，含苦番红花素（$C_{16}H_{26}O_7$）不得少于 5.0%。

【商品规格等级】　国内市场西红花基本均为统货，少部分根据西红花的完整程度和部位分顶级和一级。

顶级　暗红色，完整，上部较宽而略扁平，顶端边缘显不整齐的齿状，内侧有一短裂缝，下部无残留黄色花柱。体轻，质松软，无油润光泽。气清香。

一级　下部有少量残留黄色花柱，或少有折断。其余同顶级。

【贮藏】　置通风阴凉干燥处，避光，密闭。

【功能主治】　活血化瘀，凉血解毒，解郁安神。用于经闭癥瘕，产后瘀阻，温毒发斑，忧郁痞闷，惊悸发狂。

【用法用量】　1 ~ 3g，煎服或沸水泡服。

【附注】　孕妇慎用。

第七节　果实与种子类药材商品

果实和种子是植物体中既有联系但又不同的两个器官，在中药材商品中一般不加以严格区分。果实类药材指以完整果实或果实的一部分为药用部位的药材。种子类药材指以种子为药用部位的药材，多数是成熟的种子，少数为种子的一部分。

果实与种子类药材多为统货，少数按照大小、色泽、成熟程度和产地等划分等级。

果实与种子类药材一般使用袋、箱或缸贮存。多含有丰富的糖类、淀粉、油脂等营养物质，易于虫蛀和泛油，应置于阴凉、通风干燥处保存。

五味子

Wuweizi

SCHISANDRAE CHINENSIS FRUCTUS

【基源】　本品为木兰科植物五味子 *Schisandra chinensis*（Turcz）Baill. 的干燥成熟果实。习称"北五味子"。

五味子

五味子

【历史沿革】　始载于汉代的《神农本草经》，列为上品。唐代苏恭谓："五味，皮肉甘、酸，核中辛、苦，都有咸味。此则五味具也。"宋代苏颂谓："春初生苗，引赤蔓于高木，其长六七尺。叶尖圆似杏叶。三四月开黄白花，类莲花状。七月成实，丛生茎端，如豌豆许大,生青熟红紫。"明代《本草纲目》记载:"五味今有南北之分,南产者色红,北产者色黑,入滋补药必用北产者乃良。"经本草考证,五味子古今用药基本一致。

【产地与采制】 主产于辽宁、吉林、黑龙江,河北、内蒙古、山西等地亦产。秋季果实完全成熟定浆时采收,晒干或烘干后,拣出果枝等杂质,筛去灰屑。

【市场概况】 五味子主产于东北,东北三省的产量占全国总量的 90% 以上。由于过度采收,野生五味子产量迅速减少,由 2000 年的 2 500 吨降至 2013 年 700 吨,近些年仍在减少。栽培五味子的产量则迅速增长,由 2000 年的 300 吨增至 2013 年的 2 万吨以上,近些年来栽培产量有所缩减。五味子的市场年需求量 7 000～8 000 吨。在 2008 年至 2013 年五味子的产量高于市场需求量,造成五味子价格持续低迷,20～30 元/kg;从 2013 年开始价格缓慢上涨,至 2016 年升至 140 元/kg;2018 年五味子的价格基本平稳,统货价格 125～165 元/kg。广西玉林市场价格略高,最高达 170 元/kg。

【质量要求】

1.性状特征 不规则的圆球形或扁球形,直径 5～8mm。表面红色、紫红色或暗红色,皱缩,显油性,久贮表面呈黑红色或出现"白霜"。果肉柔软,种子 1～2 粒,肾形,表面棕黄色,有光泽,种皮薄而脆。果肉气微,味酸;种子破碎后,有香气,味辛、微苦。

以粒大、果皮紫红、肉厚、柔润、气味浓者为佳。

2.理化指标

水分 不得过 16.0%。

总灰分 不得过 7.0%。

杂质 不得过 1%。

五味子醇甲 照高效液相色谱法测定,按干燥品计算,含五味子醇甲($C_{24}H_{32}O_7$)不得少于 0.40%。

【商品规格等级】 目前,药材市场上多为统货,也有按果实表面色度 B 值和干瘪粒的多少分为两个等级。

一等 干货。呈不规则球形、扁球形或椭圆形。表面红色、暗红色或紫红色,色度 B 值在 −118.9～−3.12(D65 光源),皱缩,质油润。内有肾形种子 1～2 粒。果肉味酸,种子有香气,味辛、微苦。干瘪粒不超过 2%,不走油,无虫蛀、霉变。

二等 干货。呈不规则球形、扁球形或椭圆形。表面黑红或出现"白霜",色度 B 值在 1.63～157.72(D65 光源),皱缩。内有肾形种子 1～2 粒。果肉味酸,种子有香气,味辛、微苦。干瘪粒不超过 20%,不走油,无虫蛀、霉变。

【贮藏】 置通风干燥处,防霉。

【功能主治】 收敛固涩,益气生津,补肾宁心。用于久嗽虚喘,梦遗滑精,遗尿尿频,久泻不止,自汗盗汗,津伤口渴,内热消渴,心悸失眠。

【用法用量】 2～6g。

【附注】 南五味子(SCHISANDRAE SPHENANTHERAE FRUCTUS)为华中五味子 *Schisandra sphenanthera* Rehd. et Wils. 的干燥成熟果实。主产于湖北、河南、陕西、山西、甘肃等地。于 9 月果实成熟时采收。药材呈球形或扁球形,较北五味子略小。表面棕红色至暗棕色,干瘪,皱缩,果肉常紧贴于种子上。种子 1～2 粒，肾形，表面棕黄色，有光泽，种皮薄而脆。果肉气微，味微酸。

药材杂质不得过 1%，水分不得过 12.0%，总灰分不得过 6.0%；五味子酯甲不得少于 0.2%。商品为统货，干瘪粒不超过 10%，无梗枝、虫蛀、霉变。

决明子

Juemingzi

CASSIAE SEMEN

【基源】 本品为豆科植物钝叶决明 *Cassia obtusifolia* L. 或决明(小决明)*C. tora* L. 的干燥成熟种子。

决明子

【历史沿革】 始载于《神农本草经》，列为上品。历代本草均有记载。决明之名，乃以其明目之功而名。因其形似马蹄，在商品中又有"马蹄决明"之称。

【产地与采制】 决明主产于安徽、江苏、四川、浙江等地。小决明主产于台湾、广东、广西、云南等地。二者野生或栽培均有。秋季采收成熟果实，晒干后，打下种子，除去杂质即得。

【市场概况】 决明子为我国常用中药材，国内现年需求量近万吨，另有部分出口。由于决明子不仅供药用，也广泛用于食品、保健及饮料生产原料中，尤其是作为美容行业减肥降脂使用，故市场需求量逐年攀升。目前，决明子市场可供货源充足，近期货源走销一般，处于平稳状态，现市场销售价格在 5 元/kg 左右。

【质量要求】

1. 性状特征

决明 略呈菱状方形或短圆柱形，两端平行倾斜，形似马蹄，长 3～7mm，宽 2～4mm。表面绿棕色或暗棕色，平滑有光泽。一端较平坦，另端斜尖，背腹面各有一条突起的棱线，棱线两侧各有 1 条斜向对称而色较浅的线形凹纹。质坚硬，不易破碎。种皮薄，子叶 2，黄色，呈 S 形折曲并重叠。气微，味微苦。

小决明 呈短圆柱形，较小，长 3～5mm，宽 2～3mm。表面棱线两侧各有 1 片宽广的浅黄棕色带。

二者均以身干、颗粒饱满、光滑、色黄褐者为佳。

2. 理化指标

水分 不得过 15.0%。

总灰分 不得过 5.0%。

大黄酚和橙黄决明素 照高效液相色谱法测定，按干燥品计算，含大黄酚($C_{15}H_{10}O_4$)不得少于 0.20%；含橙黄决明素($C_{17}H_{14}O_7$)不得少于 0.080%。

3. 有害物质限量指标

黄曲霉毒素 照真菌毒素测定法测定。本品每千克含黄曲霉毒素 B_1 不得过 5μg，黄曲霉毒素 G_2、黄曲霉毒素 G_1、黄曲霉毒素 B_2 和黄曲霉毒素 B_1 总量不得过 10μg。

【商品规格等级】 商品按品种分决明子和小决明子两种规格，二者均为统货。目前市场上以决明子为商品主流。

【贮藏】 置干燥处，防霉，防蛀。

【功能主治】 清热明目,润肠通便。用于目赤涩痛,羞明多泪,头痛眩晕,目暗不明,大便秘结。

【用法用量】 9～15g。

枳壳

Zhiqiao

AURANTII FRUCTUS

【基源】 本品为芸香科植物酸橙 *Citrus aurantium* L. 及其栽培变种的干燥未成熟果实。

【历史沿革】 以"橘柚"之名始载于《神农本草经》,列为上品。梁代《本草经集注》云:"枳实生河内川泽。九月、十月采,阴干。"宋代《本草图经》曰:"今洛西、江湖州郡皆有之,以商州者为佳……七月、八月采者为实,九月、十月采者为壳……皆以翻肚如盆口状、陈久者为胜。"明代《本草纲目》中释名曰:"只,谐声也。实乃其子,故曰枳实。后人因小者性速,又呼老者则壳薄而虚,正如青橘皮、陈橘皮之义。"

【产地与采制】 主产于江西、湖南、四川等地。7月果皮尚绿时采收,自中部横切为两半,晒干或低温干燥。

【市场概况】 枳壳产地较多,以湖南和江西的产品为佳。江西省为我国枳壳的重要产区,主产地为新干、樟树(原清江)、新余、丰城、吉安、弋阳、都昌,产量占全国总产量的1/3以上;其中新干县的枳壳又名商洲枳壳、三湖枳壳,具有"果肉厚,外翻如覆盆,瓤瓣数较多"的特点,其药用的有效成分优于其他品种,被列为中国国家地理标志保护产品。2012年价格20元/kg左右,之后逐年升高,2017年达到最高(湖南统货32元/kg左右,江西统货40元/kg左右,浙江统货22元/kg左右),2018年市场枳壳价格略有下调(湖南统货30元/kg左右,江西统货35元/kg左右,浙江统货20元/kg左右)。2019年继续下滑,10月江西统货25元/kg左右,浙江统货15元/kg左右。

【质量要求】

1. 性状特征 本品呈半球形,直径3～5cm。外果皮棕褐色至褐色,有颗粒状突起,突起的顶端有凹点状油室;有明显的花柱残迹或果梗痕。切面中果皮黄白色,光滑而稍隆起,厚0.4～1.3cm,边缘散有1～2列油室,瓤囊7～12瓣,少数至15瓣,汁囊干缩呈棕色至棕褐色,内藏种子。质坚硬,不易折断。气清香,味苦、微酸。

以个大、果皮青绿、果肉厚且色白、气清香者为佳。

2. 理化指标

水分 不得过12.0%。

总灰分 不得过7.0%。

柚皮苷和新橙皮苷 照高效液相色谱法测定,按干燥品计算,含柚皮苷($C_{27}H_{32}O_{14}$)不得少于4.0%,新橙皮苷($C_{28}H_{34}O_{15}$)不得少于3.0%。

【商品规格等级】 目前,药材市场上,分为川枳壳、江枳壳、湘枳壳等规格。均分为二等或统货。

一等 干货。横切对开,呈扁圆形,表面绿褐色或棕褐色,有颗粒状突起。切面黄白色或淡黄色、肉厚、瓤小,质坚硬。气清香、味苦、微酸。直径 3.5cm 以上,肉厚 0.35cm 以上。无虫蛀、霉变。

二等　干货。横切对开,呈扁圆形,表面绿褐色或棕褐色,有颗粒状突起。切面黄白色或淡黄色,肉薄,质坚硬。气清香、味苦、微酸。直径 2.5cm 以上,肉厚 0.35cm 以上。无虫蛀、霉变。

【贮藏】　置阴凉干燥处,防蛀。

【功能主治】　理气宽中,行滞消胀。用于胸胁气滞,胀满疼痛,食积不化,痰饮内停,脏器下垂。

【用法用量】　3～10g。

【附注】　孕妇慎用。

陈皮

Chenpi

CITRI RETICULATAE PERICARPIUM

【基源】　本品为芸香科植物橘 *Citrus reticulata* Blanco 及其栽培变种的干燥成熟果皮。药材分为"陈皮"和"广陈皮"。

陈皮

【历史沿革】　陈皮,原名橘皮,始载于《神农本草经》上品"橘柚"项下,谓:"橘柚,味辛温……一名橘皮。"梁代《本草经集注》云:"此是说其皮功尔……并以陈者为良。"宋代《本草衍义》在乳柑子条云:"今人多作橘皮售于人,不可不择也。"明代《本草纲目》中亦曰"柑,橘皮今人多混用,不可不辨也","橘皮性温,柑、柚皮性冷,不可不知"。目前陈皮药材有陈皮和广陈皮两种,其中广陈皮即柑皮,主要为茶枝柑(新会柑)*Citrus chachiensis* Hort. 和四会柑 *C. suhoiensis* Tanaka 的成熟果皮。

【产地与采制】　广陈皮以广东新会、四会、广州近郊等地为道地产区,品质最佳。陈皮主产于福建、四川、重庆、浙江、江西、湖南等地,以四川、重庆等地产量大;福建、浙江、江西、湖南等地所产亦较著名。采摘成熟果实,剥取果皮,晒干或低温干燥,广陈皮多剖成 3～4 瓣。

【市场概况】　陈皮乃常用大宗中药材,除药用外,调料、兽药、食品、出口均有较大量需求,市场供求基本平衡。广陈皮为道地药材,产量较小,多供出口及保健用。近年来,陈皮价格整体呈上升趋势,至 2018 年 3 月在传统四大中药材市场中,统货(个)价格 8～10 元 /kg,统货(丝)价格 10～11 元 /kg。

【质量要求】

1. 性状特征

陈皮　常剥成数瓣,基部相连,有的呈不规则的片状,厚 1～4mm。外表面橙红色或红棕色,有细皱纹和凹下的点状油室;内表面浅黄白色,粗糙,附黄白色或黄棕色筋络状维管束。质稍硬而脆。气香,味辛、苦。

广陈皮　常 3 瓣相连,形状整齐,厚度均匀,约 1mm。外表面橙黄色至棕褐色,点状油室较大,对光照视,透明清晰。质较柔软。

以色深红、内面白、外表面油润、手握之有弹性者为佳。

2. 理化指标

水分　不得过 13.0%。

橙皮苷 照高效液相色谱法测定,按干燥品计算,陈皮含橙皮苷($C_{28}H_{34}O_{15}$)不得少于 3.5%;广陈皮含橙皮苷($C_{28}H_{34}O_{15}$)不得少于 2.0%;含川陈皮素($C_{21}H_{22}O_8$)和橘皮素($C_{20}H_{20}O_7$)的总量,不得少于 0.42%。

3．有害物质限量指标

黄曲霉毒素 照真菌毒素测定法测定,每千克含黄曲霉毒素 B_1 不得过 5μg,含黄曲霉毒素 G_2、黄曲霉毒素 G_1、黄曲霉毒素 B_2 和黄曲霉毒素 B_1 的总量不得过 10μg。

【商品规格等级】 商品分为陈皮和广陈皮两类,其规格等级分别如下:

1．陈皮 分两个等级。

一等 干货。呈不规则片状,片张较大。表面橙红色或红黄色,有无数凹入的油点,对光照视清晰,内表面白黄色。质稍硬而脆,易折断。气香,味辛苦。无杂质、虫蛀、霉变、病斑。

二等 干货。呈不规则片状,片张较小,间有破块。表面黄色或黄红色、暗绿色,内表面类白色或灰黄色,较松泡,余与一等同。

2．广陈皮 分三个等级。

一等 干货。剖成 3～4 瓣。裂片多向外反卷。表面橙红色或棕红色,显皱缩,有无数大而凹入的油室。内面白色,略呈海绵状。质柔,片张较厚,断面不齐。气清香浓郁,味微辛,不甚苦。无杂质、虫蛀、霉变、病斑。

二等 干货。剖成 3～4 瓣和不规则的片张。裂片多向外反卷。表面橙红色或红棕色,有无数大而凹入的油室。内面白色,较光洁。质较韧,片张较薄,余与一等同。

三等 干货。剖成 3～4 瓣。裂片多向外反卷。表面红色或带有青色,有无数凹入的油室。内面类白色。质坚而脆,皮薄而片小,余与一等同。

出口规格要求:基本与一等果皮标准同。

【贮藏】 置阴凉干燥处,防霉,防蛀。

【功能主治】 理气健脾,燥湿化痰。用于脘腹胀满,食少吐泻,咳嗽痰多。

【用法用量】 3～10g。

【附注】 陈皮以陈旧为好,品质以广陈皮为优,广陈皮贮藏时间越长价格越高。

山茱萸

Shanzhuyu

CORNI FRUCTUS

【基源】 本品为山茱萸科植物山茱萸 *Cornus officinalis* Sieb. et Zucc. 的干燥成熟果肉。

山茱萸

【历史沿革】 始载于《神农本草经》,列为中品。《名医别录》载:"生汉中山谷及琅琊冤句、东海承县。九月、十月采实,阴干。"苏颂谓:"叶如梅,有刺毛。二月开花如杏。四月实如酸枣,赤色。五月采实。"明代《救荒本草》记载:"今钧州、密县山谷中亦有之。"清代《本草崇原》记载:"山茱萸,今海州、兖州,江浙近道诸山中皆有。"

【产地与采制】 主产于浙江临安、淳安、昌化,河南南阳、嵩县、济原、巩县等地。产于浙江者习称"杭萸肉""淳萸肉",产量大,品质佳。秋末冬初果皮变红时采收果实,用文火烘或置沸水中略烫后,及时除去果核,干燥。

【市场概况】 山茱萸市场概况:全国每年生产 450～1 000 吨,纯购约 800 吨,纯销 700～800 余吨,供应出口 20 吨左右。山茱萸产地较少,生长周期长,产量受天气影响明显,又是多种成药的原料药。长期以来市场上价格波动较大。自从山茱萸经历 1999—2001 年高价后,尤其是在 2000 年 8 月河南货市场均价 340 元/kg 左右,达到历史顶点,全国大面积种植已铺开,山茱萸产量除满足当年市场需求外,还有大量的货源转化库存,产区虽时有弃种转种消息,但种植规模扩大的基本局面并没有变。2016 年山茱萸总产量约 4 000 吨,加上多年积压的库存,山茱萸供过于求是当前现状。近五年,亳州市场一等新货价格在 23～50 元/kg 间波动。

【质量要求】

1. 性状特征 本品呈不规则的片状或囊状,长 1～1.5cm,宽 0.5～1cm。表面紫红色至紫黑色,皱缩,有光泽。顶端有的有圆形宿萼痕,基部有果梗痕。质柔软。气微,味酸、涩、微苦。

以肉肥厚、色紫红、油润柔软者为佳。

2. 理化指标

杂质(果核、果梗) 不得过 3%。

水分 不得过 16.0%。

总灰分 不得过 6.0%。

浸出物 水溶性浸出物(冷浸法),不得少于 50.0%。

莫诺苷和马钱苷 照高效液相色谱法测定,按干燥品计算,含莫诺苷($C_{17}H_{26}O_{11}$)和马钱苷($C_{17}H_{26}O_{10}$)的总量不得少于 1.2%。

3. 有害物质限量指标

砷盐 照铅、镉、砷、汞、铜测定法测定,含砷不得过 2mg/kg。

重金属 照铅、镉、砷、汞、铜测定法测定,含铅不得过 5mg/kg,含镉不得过 1mg/kg,含汞不得过 0.2mg/kg,含铜不得过 20mg/kg。

【商品规格等级】 目前,药材市场上,常分为 4 个等级。

一等 有光泽。表面鲜红色,暗红色在 10% 以内,杂质在 1% 以内。

二等 有光泽。表面暗红色,暗红色在 15% 以内,杂质在 3% 以内。

三等 有光泽。表面红褐色,暗红色在 15% 以内,杂质在 3% 以内。

四等 有光泽。表面黑色,杂质在 3% 以内。

【贮藏】 置干燥处,防蛀。

【功能主治】 补益肝肾,收涩固脱。用于眩晕耳鸣,腰膝酸痛,阳痿遗精,遗尿尿频,崩漏带下,大汗虚脱,内热消渴。

【用法用量】 6～12g。

连翘

Lianqiao

FORSYTHIAE FRUCUTS

【基源】 本品为木犀科植物连翘 *Forsythia suspensa*(Thunb.)Vahl 的干燥果实。

【历史沿革】 始载于《神农本草经》，列为下品。寇宗奭谓："太山山谷间甚多。今止用其子，折之，其间片片相比如翘，应以此得名尔。"苏恭："此物有两种，大翘，小翘。大翘生下湿地，叶狭长如水苏，花黄可爱，着子似椿实之未开者，作房翘出众草。其小翘生冈原之上，叶花实皆似大翘而小细。"考证古代本草所述之连翘非一种，寇宗奭所言为木犀科之连翘。

【产地与采制】 主产于山西、河南、陕西、山东等地。以陕西、河南产量最大。秋季果实初熟尚带绿色时采收，除去杂质，蒸熟，晒干，习称"青翘"。果实熟透时采收，晒干除去杂质，习称"老翘"。

【市场概况】 全国丰年一般年均产 12 000 余吨，欠年产 7 400 余吨，出口近年在 10 吨以下。目前，市场上根据规格的不同价格有所波动，规格有青生晒、青水煮、黄翘等，在河北安国市场中价格在 40～45 元/kg。

【质量评价】

1. 性状特征 呈长卵形至卵形，稍扁，长 1.5～2.5cm，直径 0.5～1.3cm。表面有不规则纵皱纹及多数突起的小斑点，两面各有 1 条明显的纵沟。顶端锐尖，基部有小果梗或已脱落。青翘多不开裂，表面绿褐色，突起的灰白色小斑点较少；质硬；种子多数，黄绿色，细长，一侧有翅。老翘自顶端开裂或裂成两瓣，表面黄棕色或红棕色，内表面多浅黄棕色，平滑，具一纵隔；质脆；种子棕色，多已脱落。气微香，味苦。

"青翘"以色较绿，不开裂者为佳；"老翘"以色较黄，瓣大，壳厚者为佳。

2. 理化指标

杂质 青翘不得过 3%；老翘不得过 9%。

水分 不得过 10.0%。

总灰分 不得过 4.0%。

浸出物 醇溶性浸出物（冷浸法，用 65% 乙醇作溶剂），青翘不得少于 30.0%，老翘不得少于 16.0%。

连翘苷和连翘酯苷 A 照高效液相色谱法测定，本品按干燥品计算，含连翘苷（$C_{29}H_{34}O_{11}$）不得少于 0.15%，青翘含连翘酯苷 A（$C_{29}H_{36}O_{15}$）不得少于 3.5%，老翘含连翘酯苷 A（$C_{29}H_{36}O_{15}$）不得少于 0.25%。

【商品规格等级】 商品分"青翘"和"老翘"，其种子为"连翘心"，一般为统货。

青翘 呈长卵形至卵形，长 1.5～2.5cm，直径 0.5～1.3cm；表面有多凸起的小斑点，两面各有 1 条明显的纵沟；顶端锐尖，多不开裂，表面绿褐色，种子多数。气微香，味苦。杂质不得过 3%。

老翘 自顶端开裂成两瓣，表面黄棕色或红棕色，种子多已脱落，余同上。杂质不得过 9%。

【贮藏】 置干燥处。

【功能与主治】 清热解毒，消肿散结，疏散风热。用于痈疽，瘰疬，乳痈，丹毒，风热感冒，温病初起，温热入营，高热烦渴，神昏发斑，热淋涩痛。

【用法用量】 6～15g。

枸杞子

Gouqizi

LYCII FRUCTUS

【基源】 本品为茄科植物宁夏枸杞 *Lycium barbarum* L. 的干燥成熟果实。

【历史沿革】 枸杞,始载于《神农本草经》,列为上品。苏颂谓:"今处处有之,春生苗,叶如石榴叶而软薄堪食,俗称呼为甜菜,其茎干高三五尺,作丛。六月、七月生小红紫花,随便结红实,形微长如枣核。其根名地骨。"李时珍谓:"后世惟取陕西者良,而又以甘州者为绝品。今陕之兰州、灵州、九原以西,枸杞并是大树,其叶厚根粗。河西及甘州者,其子圆如樱桃,暴干紧小少核,干亦红润甘美,味如葡萄,可作果食,异于他处者。"本草所述包括枸杞与宁夏枸杞两种。

枸杞子

【产地采制】 主产于宁夏中宁、中卫等地。近年来内蒙古、甘肃、新疆等地亦大量栽培。以宁夏产者质量最佳,为道地药材。夏、秋二季果实呈红色时采收,热风烘干,除去果梗,或晾至皮皱后,晒干,除去果梗。

【市场概况】 枸杞子为大宗商品,也是许多中成药、营养饮料不可缺少的原料。此外,枸杞子以食用为主,药用为辅,是原卫生部第一批公布的药食两用中药材。商品几乎涵盖了饮品、保健品、食品等多个领域,需求量逐年增加。近几年枸杞子需求量已经达到 8 万~9 万吨,但这跟枸杞子的产量比起来,却仍是供大于求。现在的枸杞子主要分布在宁夏、新疆、内蒙古、青海四大产区,其中以宁夏地区枸杞产量最大,当地年产量在 5 万~6 万吨,新疆、内蒙等地的产量也超过万吨,青海地区更是大面积发展。目前市场上,现在统装中宁货价格为 54 元/kg,宁夏产好货 75 元/kg,与青海货价格差不多。

1. 性状特征 呈类纺锤形或椭圆形,长 6~20mm,直径 3~10mm。表面红色或暗红色,顶端有小突起状的花柱痕,基部有白色的果梗痕。果皮柔韧,皱缩,果肉肉质,柔润。种子 20~50 粒,类肾形,扁而翘,长 1.5~1.9mm,宽 1~1.7mm,表面浅黄色或棕黄色。气微,味甜。

以粒大,色红,肉厚,质柔润,籽少,味甜者为佳。

2. 理化指标

水分 不得过 13.0%。

总灰分 不得过 5.0%。

浸出物 水溶性浸出物(热浸法)不得少于 55.0%。

枸杞多糖和甜菜碱 照紫外-可见分光光度法测定,本品按干燥品计算,含枸杞多糖以葡萄糖($C_6H_{12}C_6$)计,不得少于 1.8%。照高效液相色谱法测定,本品按干燥品计算,含甜菜碱($C_5H_{11}NO_2$)不得少于 0.50%。

3. 有害物质限量指标

砷盐 照铅、镉、砷、汞、铜测定法测定,含砷不得过 2mg/kg。

重金属 照铅、镉、砷、汞、铜测定法测定,含铅不得过 5mg/kg,含镉不得过 1mg/kg,含汞不得过 0.2mg/kg,含铜不得过 20mg/kg。

【商品规格等级】 商品常分宁夏枸杞、新疆枸杞等规格。宁夏枸杞一般分为 5 个等级。

一等 每 50g 370 粒以内。果实椭圆或长卵形,色泽鲜红或红色、暗红色,质柔软,多糖质,滋润,味甜。大小均匀,无油粒、破粒、杂质、虫蛀、霉变。

二等 每50g 580粒以内。果实椭圆或长卵形,色泽鲜红或红色、暗红色,质柔软,多糖质,滋润,味甜。大小均匀,无油粒、破粒、杂质、虫蛀、霉变。

三等 每50g 900粒以内。果实暗红或橙红色,糖质较少。大小均匀,无油粒、破粒、杂质、虫蛀、霉变。

四等 每50g 1 100粒以内。果实暗红或橙红色,糖质少。大小均匀,无油粒、破粒、杂质、虫蛀、霉变。

五等 色泽深浅不一,每50g 1 100粒以上。破粒、油粒不超过30%。大小均匀,无杂质、虫蛀、霉变。

出口 分特级(贡果面)、甲级(贡果王)、乙级(贡果)、丙级(超王杞)等4个等级。

【贮藏】 置阴凉干燥处,防闷热,防潮,防蛀。

【功能主治】 滋补肝肾,益精明目。用于虚劳精亏,腰膝酸痛,眩晕耳鸣,阳痿遗精,内热消渴,血虚萎黄,目昏不明。

【用法用量】 6~12g。

砂仁

Sharen

AMOMI FRUCTUS

【基源】 本品为姜科植物阳春砂 *Amomum villosum* Lour.、绿壳砂 *A. villosum* Lour. var. *xanthioides* T. L. Wu et Senjen 或海南砂 *A. longiligulare* T. L. Wu 的干燥成熟果实。

砂仁

【历史沿革】 砂仁以缩沙蜜之名始载于唐代甄权《药性论》,曰:"缩沙蜜出波斯国……"《海药本草》中云:"生西海及西戎诸国……多从安东道来。"《图经本草》曰:"缩沙蜜生南地,今惟岭南山泽间有之……"并附有新州(今广东新兴县)缩沙蜜图一幅。"砂仁"一名最早见于《本草蒙筌》,书中缩砂蜜图旁注"新州缩砂蜜即砂仁"。清•《南越笔记》中记载了阳春砂:"阳春砂仁,一名缩砂蜜,新兴亦产之,而生阳江南河者大而有力……"综上所述,古代砂仁最初为进口,到宋代开始有国产砂仁的记载,广东阳春是砂仁的道地产区。

【产地与采制】 阳春砂主产于广东、云南、广西,以广东阳春、阳江等地为道地,现云南省西双版纳、红河州、文山州等地有大面积栽培;绿壳砂主产于云南;海南砂主产于海南。夏、秋二季果实成熟时采收。加工方法主要有,①晒干法:日晒,晚上收回室内堆放,反复多天,直至晒干;②焙干法:将装有鲜果的焙筛盖上湿麻袋,置炉上,炉上加湿柴、湿谷壳等发烟烘熏杀青,待果皮已收缩发软,装入麻袋,稍加压实,闷一夜发汗回潮,再次放在炉上用炭火慢火烤干;③烘干法:先在90℃下将鲜果烘至六七成干,再在70℃下烘干。

【市场概况】 广东阳春所产砂仁为道地药材,质优、价高,但产量小,流通市场少见。云南产区自20世纪60年代引种阳春砂获得成功后,由于生态环境优越,自然授粉概率大,坐果率较高,产量已占国产砂仁年产量的60%以上,成为砂仁的主产区。由于阳春砂较绿壳砂、海南砂品质更优,各地引种种植面积广,故市场上以阳春砂为主流商品,绿壳砂、海南砂商品较少。

砂仁种植产量较低,年产量约为500吨,而市场需求量较大,除了中医临床调剂、中成药原料之外,在香料、保健酒等领域也有很大需求,商品供需矛盾较为突出。东南亚老挝、缅甸、越南等国亦产砂仁,每年通过广西口岸进口的砂仁超过1000吨。砂仁的价格,以壳砂统货为例,在2008年前基本处于低位徘徊,之后则一路上扬,特别是2012—2014年,短短3年价格就由100元/kg升至400元/kg,高价位一直保持到2017年,之后回落到300元/kg左右。进口砂仁价格远不及国产砂仁,基本在200元/kg以下。

【质量要求】

1. 性状特征

阳春砂、绿壳砂　呈椭圆形或卵圆形,具不明显的三棱,长1.5~2cm,直径1~1.5cm。表面棕褐色,密生刺状突起。顶端有花被残基,基部常有果梗。果皮薄而软。种子集结成团,具三钝棱,中有白色隔膜,将种子团分成3瓣,每瓣有种子5~26粒。种子呈不规则多面体,直径2~3mm,表面棕红色或暗褐色,有细皱纹,外被淡棕色膜质假种皮;质硬,胚乳灰白色。气芳香而浓烈,味辛凉,微苦。

海南砂　呈长椭圆形或卵圆形,有明显的三棱,长1.5~2cm,直径0.8~1.2cm。表面被片状、分枝状的软刺。基部具果柄痕。果皮厚而硬。种子团较小,每瓣有种子3~24粒,种子直径1.5~2mm。气味稍淡。

以个大、坚实、饱满、种仁红棕色、气味浓者为佳。

2. 理化指标

水分　不得过15.0%。

挥发油　照挥发油测定法测定,阳春砂、绿壳砂种子团挥发油不得少于3.0%(ml/g);海南砂种子团挥发油不得少于1.0%(ml/g)。

乙酸龙脑酯　照气相色谱法测定,按干燥品计算,含乙酸龙脑酯($C_{12}H_{20}O_2$)不得少于0.90%。

【商品规格等级】　商品分阳春砂、绿壳砂、海南砂三种,均为统货。另有净砂、砂壳等规格。

1. 净砂

一等　干货。为除去果皮的种子团,呈钝三棱状的椭圆形或卵圆形,分成三瓣,每瓣约有种子十数粒,子粒饱满。表面灰褐色,破开后,内部灰白色。味辛凉微辣。种子团完整。每50g 150粒以内。无糖子、果壳、杂质、霉变。

二等　形状气味与一等相同,唯种子团较小而瘦瘦。每50g 150粒以上,间有糖子。无果壳、杂质、霉变。

2. 砂壳　统货。干货。为砂仁剥下的果皮。呈瓢形或压缩成片状。表面红棕色、棕褐色或绿褐色,有许多短柔刺;内表面光洁,色泽较淡。气微,味淡。无杂质、霉变。

【贮藏】　置阴凉干燥处。

【功能主治】　化湿开胃,温脾止泻,理气安胎。用于湿浊中阻,脘痞不饥,脾胃虚寒,呕吐泄泻,妊娠恶阻,胎动不安。

【用法用量】　3~6g,后下。

酸枣仁

Suanzaoren

ZIZIPHI SPINOSAE SEMEN

【基源】 本品为鼠李科植物酸枣 *Ziziphus jujuba* Mill. var. *spinosa*（Bunge）Hu ex H. F. Chou 的干燥成熟种子。

【历史沿革】 酸枣仁药用历史悠久,始载于《神农本草经》,列为上品。《名医别录》载酸枣"生河东川泽"。陶弘景曰:"酸枣,今出东山间,云即是山枣树,子似武昌枣,而味极酸。"唐代《新修本草》曰:"《本经》惟用实,疗不得眠,不言用仁,今方用其仁补中益气。自补中益肝已下,为酸枣仁之功能。"《本草拾遗》中记载:"其枣圆小而味酸,其核微圆,其仁稍长,色赤如丹。"宋代《开宝本草》记载:"此(酸枣)乃棘实,更非他物。若谓是大枣味酸者,全非也。酸枣小而圆,其核中仁微扁;大枣仁大而长,不类也。"《本草图经》曰:"酸枣,生河东川泽,今近京及西北州郡皆有之,野生,多在坡坂及城垒间。似枣木而皮细,其木心赤色,茎、叶俱青,花似枣花。八月结实,紫红色,似枣而圆小味酸。当月采实,取核中仁,阴干,四十日成。"

【产地与采制】 主产于河北邢台、邯郸,山东阴平、平邑及河南,陕西,辽宁等地。以河北邢台产量大,质量最优,称"邢枣仁",山东所产称"东枣仁"。秋末冬初采收成熟果实,除去果肉和核壳,收集种子,晒干。

【市场概况】 酸枣仁为我国传统常用中药材,广泛分布于我国长江以北的山区和丘陵地带。目前,酸枣仁商品主要依靠野生药材资源供应,家种很少,属于可以基本满足需求的品种。河北省石家庄市赞皇县、邢台市内丘县及山东省济宁市汶上县是酸枣仁的主要产地及加工集散地,酸枣仁年产销量在 5 000～6 000kg。其中河北省是我国最大的酸枣仁加工集散地,产出量占全国酸枣仁产量的 70%～80%;山东省的酸枣仁产出量占全国产量的 20% 左右;其他地区酸枣仁产出量仅占全国产量的 2% 左右。酸枣仁是常用的治疗失眠的药物,市场需求量和价格也连年上行。近年来,酸枣仁价格波动较大,2013 年前后突破 200 元/kg,甚至将近 255 元/kg,2014 年以后市场价格逐渐稳定。2018 年,酸枣仁的价格呈上涨趋势,机选统货价格从 180 元/kg 左右(上半年)涨至 250 元/kg 左右(下半年)。

【质量要求】

1. 性状特征 呈扁圆形或扁椭圆形,长 5～9mm,宽 5～7mm,厚约 3mm。表面紫红色或紫褐色,平滑有光泽,有的有裂纹。有的两面均呈圆隆状突起;有的一面较平坦,中间有 1 条隆起的纵线纹;另一面稍突起。一端凹陷,可见线形种脐;另端有细小突起的合点。种皮较脆,胚乳白色,子叶 2,浅黄色,富油性。气微,味淡。

以粒大、饱满、完整、有光泽、外皮紫红色、无核壳者为佳。

2. 理化指标

杂质(核壳等) 不得过 5%。

水分 不得过 9.0%。

总灰分 不得过 7.0%。

酸枣仁皂苷 A 照高效液相色谱法(通则 0512)测定,按干燥品计算,含酸枣仁皂苷 A（$C_{58}H_{94}O_{26}$）不得少于 0.030%。

斯皮诺素　照高效液相色谱法（通则 0512）测定，按干燥品计算，含斯皮诺素（$C_{28}H_{32}O_{15}$）不得少于 0.080%。

3．有害物质限量指标

砷盐　照铅、镉、砷、汞、铜测定法测定，含砷不得过 2mg/kg。

重金属　照铅、镉、砷、汞、铜测定法测定，含铅不得过 5mg/kg，含镉不得过 1mg/kg，含汞不得过 0.2mg/kg，含铜不得过 20mg/kg。

黄曲霉毒素　照真菌毒素测定法测定，每千克含黄曲霉毒素 B_1 不得过 5μg，含黄曲霉毒素 G_2、黄曲霉毒素 G_1、黄曲霉毒素 B_2 和黄曲霉毒素 B_1 的总量不得过 10μg。

【商品规格等级】　目前，药材市场上，酸枣仁药材分为 2 个等级。

一等　干货。呈扁圆形或扁椭圆形，饱满。表面深红色或紫褐色，有光泽。断面内仁浅黄色，有油性。味甘淡。核壳不超过 2%，碎仁不超过 5%。无黑仁、杂质、虫蛀、霉变。

二等　干货。呈扁圆形或扁椭圆形，较瘪瘦。表面深红色或棕黄色。断面内仁浅黄色，有油性。味甘淡。核壳不超过 5%，碎仁不超过 10%。无杂质、虫蛀、霉变。

【贮藏】　置阴凉干燥处，防蛀。

【功能主治】　养心补肝，宁心安神，敛汗，生津。用于虚烦不眠，惊悸多梦，体虚多汗，津伤口渴。

【用法用量】　10～15g。

第八节　全草类药材商品

全草类药材指以草本植物的全体或一部分为药用部位的药材，又称草类药材。大多数为植物地上部分，亦有带有根及根茎的全株（全草），或小灌木草质茎。

全草类药材多为统货，少数依据来源、产地划分规格，或按大小分等。

全草类药材通常用袋装，较长、大的可打包。本类药材较易变色和散失气味，贮藏时应注意密封，置于阴凉、干燥、通风处保存。

薄荷

Bohe

MENTHAE HAPLOCALYCIS HERBA

【基源】　本品为唇形科植物薄荷 *Mentha haplocalyx* Briq. 的干燥地上部分。

【历史沿革】　薄荷最早出现在华佗《丹方大全》一书的鼻病方中，并收载于《新修本草》（又称《唐本草》）和《本草纲目》。苏颂曰："薄荷处处有之。茎叶似荏而尖长，经冬根不死，夏秋采茎叶曝干。"李时珍谓："薄荷，人多栽莳。二月宿根生苗，清明前后分之。方茎赤色，其叶对生，初时形长而头圆，及长而尖……苏州所莳者，茎小而气芳，江西者，稍粗，川蜀者更粗，入药以苏产为佳。"可知古代苏、赣、蜀已栽培薄荷，至今这三省仍为我国主要的薄荷产地，说明古今薄荷品种一致。

薄荷

【产地与采制】 主产于江苏的太仓及浙江、湖南、安徽等省。江苏省为薄荷的主产区。

薄荷每年可采收两次,7～8月,茎叶茂盛时割取地上部分(称"头刀"),供提取挥发油用;10～11月,花开至三轮时割取(称"二刀")供药用。选晴天,分次采割,晒干或阴干。

【市场概况】 薄荷为药食同源品种,用途极为广泛。不仅在医疗方面是常用的中药,而且薄荷中的挥发油是国际上重要的香精和食品添加剂原料,例如口香糖、牙膏、冰淇淋、酒、饮料等。薄荷为我国特产药材之一,在国际上享有盛名,产量居世界第一位。2019年薄荷(全草)统货价格4～4.5元/kg,薄荷叶统货价格11～13元/kg,薄荷脑价格在210～280元/kg。行情处于相对平稳期。

【质量要求】

1. 性状特征 茎呈方柱形,有对生分枝,长15～40cm,直径0.2～0.4cm;表面紫棕色或淡绿色,棱角处具茸毛,有节和棱,节间长2～5cm。质地脆,易折断。断面白色,髓部中空。叶对生,有短柄;叶片皱缩卷曲,完整者展平后呈宽披针形、长椭圆形或卵形,长2～7cm,宽1～3cm;上表面深绿色,下表面灰绿色,稀被茸毛,有凹点状腺鳞。轮伞花序腋生,花萼钟状,先端5齿裂,花冠淡紫色。揉之有特殊的清凉芳香气,味辛凉。

2. 理化指标

水分 不得过15.0%。

总灰分 不得过11.0%。

酸不溶性灰分 不得过3.0%。

挥发油 照挥发油测定法测定,本品含挥发油不得少于0.80%(ml/g)。

薄荷脑 照气相色谱法测定,按干燥品计算,含薄荷脑($C_{10}H_{20}O$)不得少于0.20%。

【商品规格等级】

1. 规格

全草 干货。除去根、老茎和杂质,茎多呈方柱型,有对生分枝,棱角处具茸毛。质脆、断面白色,髓部中空。叶对生,有短柄,叶片皱缩卷曲,展平后呈宽披针形,长椭圆形或卵形。轮伞花序腋生。味辛凉。无杂质、虫蛀、霉变。含叶量30%～40%。

全叶 干货。叶对生,有短柄,叶片皱缩卷曲,展平后呈宽披针形,长椭圆形或卵形,微具茸毛。上表面深绿色,下表面灰绿色。揉搓后有浓郁的特殊清凉香气,味辛凉。无杂质、无虫蛀、霉变。

2. 等级 薄荷全草分为一等品、二等品和统货;薄荷叶不分等。

一等 干货。茎呈紫棕色或绿色,叶上表面深绿色,下表面灰绿色。揉搓后有浓郁的特殊清凉香气。叶不得少于50%。

二等 干货。茎呈淡绿色,叶上表面淡绿色,下表面黄绿色。揉搓后清凉香气淡。叶在40%～50%。

统货 干货。除去根、老茎和杂质。茎多呈方柱形,呈棕色或褐色;棱角处具茸毛;质脆、断面白色,髓部中空。叶呈黄棕色。揉搓后有清凉香气。

当前药材市场薄荷规格按照部位进行划分,有叶和茎,其中叶所含成分高,因此市场根据叶所含的比例进行等级的划分,即含叶率越高等级越高。

【贮藏】 置阴凉干燥处。

【功能主治】 疏散风热,清利头目,利咽,透疹,疏肝行气。用于风热感冒,风温初起,头痛,目赤,喉痹,口疮,风疹,麻疹,胸胁胀闷。

【用法用量】 3~6g,宜后下。

【附注】 我国曾经是全球薄荷产业的第一大国,截至 20 世纪 90 年代末,薄荷及薄荷产品占据全球 80% 以上份额。随着国际对薄荷原料的逐年递增需求,印度利用自然条件、人工成本和印度国内对薄荷脑庞大的需求等诸多优势,取代了我国成为了最大的薄荷脑生产国,占全球 90% 以上份额。薄荷素油和薄荷脑均可作为芳香药、调味剂及驱风药使用。又据报道,薄荷和辣梓薄荷 *Mentha piperita* L. 为我国薄荷的主流药材。此外,兴安薄荷 *M. dahurica* Fisch. ex Benth. 以及栽培的龙脑薄荷 *M. arvensisl* L. var. *malinvandi*(Lévl.)C. Y. Wu et H. W. Li 亦同供用药。近年来还引种了水薄荷 *M. aquatica* L. 和伏地薄荷 *M. Pulegium* L., 据测定其不含薄荷脑和薄荷酮,但胡薄荷酮含量很高,为其主要成分。

近年来有个别地区将留兰香混入薄荷中使用,因其不含薄荷脑,不能混入,应注意鉴别。

穿心莲

Chuanxinlian

ANDROGRAPHIS HERBA

【基源】 本品为爵床科植物穿心莲 *Andrographis paniculata*(Burm. f.)Nees 的干燥地上部分。

穿心莲

【历史沿革】 民间药,始载于 1932 年萧步丹编著的《岭南采药录》,名为"春莲秋柳"。别名:一见喜(《泉州本草》)、榄核莲、苦胆草、斩蛇剑、圆锥须药草(广州部队《常用中草药手册》)、日行千里、四方莲、金香草、金耳钩、印度草(《广东中草药》)、苦草(《福建中草药》)。

【产地与采制】 主产区是广西贵港市桥圩镇,次产区是广西南宁横县和广东湛江;零星产区如福建、安徽,广东高州、化州、英德、肇庆,广西玉林、桂林、来宾等。长江以南温暖地区多栽培。热带、亚热带部分地区有野生。秋初茎叶茂盛时采割,晒干。

【市场概况】 市场关注度不高,货源走动一般,行情平稳运行。2018 年亳州市场穿心莲全草湖北统货价格 4.5 元 /kg,穿心莲叶统货价格 9 元上下;较 2017 年略有下降。据药品监督管理部门统计,穿心莲品种生产中成药厂家全国至少有 400 多家;穿心莲的国内用量大概在 8 000 吨左右。2019 年因产地种植面积缩减,产量减少,致使价格上涨,全草湖北统货价格 12~14 元 /kg,穿心莲细叶价格在 22~24 元 /kg。

【质量要求】

1. 性状特征 本品茎呈方柱形,多分枝,长 50~70cm,节稍膨大;质脆,易折断。单叶对生,叶柄短或近无柄;叶片皱缩、易碎,完整者展平后呈披针形或卵状披针形,长 3~12cm,宽 2~5cm,先端渐尖,基部楔形下延,全缘或波状;上表面绿色,下表面灰绿色,两面光滑。气微,味极苦。

2. 理化指标

浸出物 照醇溶性浸出物测定法项下的热浸法测定,用乙醇作溶剂,不得少于 8.0%。

穿心莲内酯等　照高效液相色谱法测定,按干燥品计算,含穿心莲内酯($C_{20}H_{30}O_5$)、新穿心莲内酯($C_{26}H_{40}O_8$)、14- 去氧穿心莲内酯($C_{20}H_{30}O_4$)和脱水穿心莲内酯($C_{20}H_{28}O_4$)的总量不得少于 1.5%。

【商品规格等级】　目前,药材市场上,均为统货。

【贮藏】　置干燥处。

【功能主治】　清热解毒,凉血,消肿。用于感冒发热,咽喉肿痛,口舌生疮,顿咳劳嗽,泄泻痢疾,热淋涩痛,痈肿疮疡,蛇虫咬伤。

【用法用量】　6～9g。外用适量。

茵陈

Yinchen

ARTEMISIAE SCOPARIAE HERBA

【基源】　本品为菊科植物滨蒿 *Artemisia scoparia* Waldst. et Kit. 或茵陈蒿 *A. capillaris* Thunb. 的干燥地上部分。

茵陈

【历史沿革】　始载于《神农本草经》,列为上品。陶弘景谓:"似蓬蒿而叶紧细。秋后茎枯,经冬不死,至春又生。"苏颂谓:"春初生苗,高三五寸,似蓬蒿而叶紧细,无花实,五月、七月采茎叶阴干,今谓之茵陈。"李时珍谓"今山茵陈二月生苗,其茎如艾。其叶如淡色青蒿而背白,叶歧紧细而扁整。九月开细花黄色,结实大如艾子",以上所述的特征,与现今应用的茵陈蒿和滨蒿相似。可谓古今用药的品种一致。

【产地与采制】　滨蒿,主产于东北、河北、山东等地。茵陈蒿,主产于陕西、河北、山西、安徽等地,商品上以陕西产者(称为"西茵陈")质量最佳,以安徽、湖北、江苏产量最大。春季幼苗高 6～10cm 时采收或秋季花蕾长成至花初开时采割,除去杂质和老茎,晒干。春季采收的习称"绵茵陈",秋季采割的称"花茵陈"。

【市场概况】　茵陈商品主要集散于陇西市场,年产销量在 2 000 吨左右,市场供需平衡。

【质量评价】

1. 性状特征

绵茵陈　多卷曲成团状,灰白色或灰绿色,全体密被白色茸毛,绵软如绒。茎细小,长 1.5～2.5cm,直径 0.1～0.2cm,除去表面白色茸毛后可见明显纵纹;质脆,易折断。叶具柄展平后叶片呈一至三回羽状分裂,叶片长 1～3cm,宽约 1cm;小裂片卵形或稍呈倒披针形、条形,先端锐尖。气清香,味微苦。

花茵陈　茎呈圆柱形,多分枝,长 30～100cm,直径 2～8mm;表面淡紫色或紫色,有纵条纹,被短柔毛;体轻,质脆,断面类白色。叶密集,或多脱落;下部叶二至三回羽状深裂,裂片条形或细条形,两面密被白色柔毛;茎生叶一至二回羽状全裂,基部抱茎,裂片细丝状。头状花序卵形,多数集成圆锥状,长 1.2～1.5mm,直径 1～1.2mm,有短梗;总苞片 3～4 层,卵形,苞片 3 裂;外层雌花 6～10 个,可多达 15 个,内层两性花 2～10 个。瘦果长圆形,黄棕色。气芳香,味微苦。

绵茵陈药材以质嫩、绵软、色灰白、香气浓者为佳;花茵陈药材以头状花序及叶多,气、味浓者为佳。

2．理化指标

水分　不得过12.0%。

浸出物　绵茵陈：水溶性浸出物（热浸法）不得少于25.0%。

绿原酸和滨蒿内酯　照高效液相色谱法测定，绵茵陈按干燥品计算，含绿原酸（$C_{16}H_{18}O_9$）不得少于0.50%；花茵陈按干燥品计算，含滨蒿内酯（$C_{11}H_{10}O_4$）不得少于0.20%。

【商品规格等级】　商品按采收季节分为绵茵陈和花茵陈两种规格，均为统货。

【贮藏】　置阴凉干燥处，防潮。

【功能主治】　清利湿热，利胆退黄。用于黄疸尿少，湿温暑湿，湿疮瘙痒。

【用法用量】　6～15g。外用适量，煎汤熏洗。

青蒿

Qinghao

ARTEMISIAE ANNUAE HERBA

【基源】　本品为菊科植物黄花蒿 *Artemisia annua* L. 的干燥地上部分。

【历史沿革】　始载于《神农本草经》，名草蒿，列为下品。沈括《梦溪笔谈》谓"青蒿一类，自有二种：一种黄色，一种青色"。李时珍谓："（青蒿）二月生苗，茎粗如指而肥软，茎叶色并深青。其叶嫩似茵陈，而面背俱青。其根白硬。七八月开细黄花颇香。结实大如麻子，中有细子。"《本草纲目》另载黄花蒿，谓："此蒿与青蒿相似，但此蒿色绿带淡黄，气辛臭。"当前全国药用的青蒿为黄花蒿。青蒿素为从黄花蒿中的提取的倍半萜内酯药物，是抗疟特效药。中国中医科学院屠呦呦研究员及其团队由于发现治疗疟疾的药物——青蒿素，于2015年10月获得了诺贝尔生理学或医学奖，这是迄今为止中国医学界获得的最高奖项，也是中医药成果获得的最高奖项。

青蒿

【产地与采制】　主产于湖北、浙江、江苏、安徽等地，重庆酉阳是世界上最主要的青蒿（作为工业提取原料）生产基地。秋季花盛开时采割，除去老茎，阴干。

【市场概况】　青蒿商品来源于家种品。全球青蒿素使用量120～150吨，其生产的原料有近一半来自重庆酉阳。目前，青蒿其实已经大量过剩，国内并不缺。我国重庆武陵山区的气候条件非常适合黄花蒿的生长，其分布面积和含量居全国之首，年蕴藏量可达2 000吨，而且此地青蒿资源的品质非常好，青蒿素平均含量为6%，最高为9%，最低为4%。2003年，华立控股在重庆酉阳土家族苗族自治县已按照国际标准建立了黄花蒿种植基地，预计3年内可收获青蒿药材6万吨。此外，现市场青蒿统货价格在2～2.5元。

【质量评价】

1．性状特征　茎呈圆柱形，上部多分枝，长30～80cm，直径0.2～0.6cm；表面黄绿色或棕黄色，具纵棱线；质略硬，易折断，断面中部有髓。叶互生，暗绿色或棕绿色，卷缩易碎，完整者展平后为三回羽状深裂，裂片和小裂片矩圆形或长椭圆形，两面被短毛。气香特异，味微苦。

以身干、未开花、色青绿、香气浓郁者为佳。

2．理化指标

水分　不得过14.0%。

总灰分　不得过 8.0%。

浸出物　醇溶性浸出物(冷浸法, 用无水乙醇作溶剂)不得少于 1.9%。

【商品规格等级】　统货。

【贮藏】　置阴凉干燥处。

【功能主治】　清虚热, 除骨蒸, 解暑热, 截疟, 退黄。用于温邪伤阴, 夜热早凉, 阴虚发热, 骨蒸劳热, 暑邪发热, 疟疾寒热, 湿热黄疸。

【用法用量】　6～12g, 后下。

石斛

Shihu

DENDROBII CAULIS

【基源】　本品为兰科植物金钗石斛 *Dendrobium nobile* Lindl.、霍山石斛 *D. huo-shanense* C. Z. Tang et S. J. Cheng、鼓槌石斛 *D. chrysotoxum* Lindl. 或流苏石斛 *D. fimbriatum* Hook. 的栽培品及其同属植物近似种的新鲜或干燥茎。

石斛

【历史沿革】　石斛为传统名贵中药材, 药用历史悠久, 始载于汉代的《神农本草经》, 列为上品, 但未描述其形态特征。宋代《本草图经》首次描述其形态, 曰:“多在山谷, 五月生苗, 茎似竹节, 节节间出碎叶。七月开花, 十月结实, 其根细长, 黄色。”历代本草中记载石斛均为石生者, 品种较多。但明代《本草纲目》首次详细记载金钗石斛曰:“其茎状如金钗之股, 故古有金钗石斛之称。今蜀人栽之, 呼为金钗花……开红花。”根据《本草纲目》的描述可知, 所用金钗石斛茎黄而扁平, 形如金钗, 花红色, 古今应用的为同一品种。《本草纲目》以后的历代本草均有记载, 并在很长一段时间内, 认为金钗石斛为石斛中的佳品。

【产地与采制】　主产于四川、广西、安徽、云南、湖北等地, 江南诸省均有分布, 销全国各地。习惯认为金钗石斛主产于广西靖西者为最佳。全年均可采收, 鲜用者除去根和泥沙; 干用者采收后, 除去杂质, 用开水略烫或烘软, 再边搓边烘晒, 至叶鞘搓净, 干燥。

【市场概况】　石斛是多种中成药、保健品的原料, 近十年我国市场需求量每年均在 1 万吨以上, 而且逐年呈上升趋势。2015 年, 全国石斛行业总产量为 5.16 万吨。目前, 开发的石斛保健品较多, 需求量较大, 受石斛品种、产地和供求关系等影响, 石斛的价格差距波动比较大。2018 年, 石斛药材(黄草统条)价格 35～45 元/kg。

【质量要求】

1. 性状特征

鲜石斛　呈圆柱形或扁圆柱形, 长约 30cm, 直径 0.4～1.2cm。表面黄绿色, 光滑或有纵纹, 节明显, 色较深, 节上有膜质叶鞘。肉质多汁, 易折断。气微, 味微苦而回甜, 嚼之有黏性。

金钗石斛　呈扁圆柱形, 长 20～40cm, 直径 0.4～0.6cm, 节间长 2.5～3cm。表面金黄色或黄中带绿色, 有深纵沟。质硬而脆, 断面较平坦而疏松。气微, 味苦。

霍山石斛　干条呈直条状或不规则弯曲形, 长 2～8cm, 直径 1～4mm。表面淡黄绿色至黄绿色, 偶有黄褐色斑块, 有细纵纹, 节明显, 节上有的可见残留的灰白色膜质叶鞘; 一端可见茎基部残留的短须根或须根痕, 另一端为茎尖, 较细。质硬而脆, 易折断, 断面平坦, 灰黄色至灰绿色,略角质状。气微,味淡,嚼之有黏性。鲜品稍肥大。肉质,易折断,断面淡黄绿色至深绿色。气微,味淡,嚼之有黏性且少有渣。枫斗呈螺旋形或弹簧状,通常为 2 ～ 5 个旋纹,茎拉直后性状同干条。

鼓槌石斛　呈粗纺锤形,中部直径 1 ～ 3cm,具 3 ～ 7 节。表面光滑,金黄色,有明显凸起的棱。质轻而松脆,断面海绵状。气微,味淡,嚼之有黏性。

流苏石斛等　呈长圆柱形,长 20 ～ 150cm,直径 0.4 ～ 1.2cm,节明显,节间长 2 ～ 6cm。表面黄色至暗黄色,有深纵槽。质疏松,断面平坦或呈纤维性。味淡或微苦,嚼之有黏性。

2.理化指标

水分　干石斛不得过 12.0%。

总灰分　干石斛不得过 5.0%;霍山石斛不得过 7.0%。

石斛碱　照气相色谱法测定,按干燥品计算,金钗石斛含石斛碱($C_{16}H_{25}NO_2$)不得少于 0.40%。

毛兰素　照高效液相色谱法测定,按干燥品计算,鼓槌石斛含毛兰素($C_{18}H_{22}O_5$)不得少于 0.030%。

【商品规格等级】　商品有鲜石斛和石斛两类。石斛因品种及加工方法的不同,规格较为复杂,按其来源分为环草石斛、黄草石斛、马鞭石斛、金钗石斛、耳环石斛等。环草石斛按其色泽及软硬程度分 3 个等级;马鞭石斛按其粗细分为小马鞭石斛统货、大马鞭石斛统货;黄草石斛按其长短粗细分为黄草节统货、小黄草统货、大黄草统货;金钗石斛统货;鲜石斛统货。

1.环草石斛

一等　干货。色金黄,身细坚实,柔软,横直纹如蟋蟀翅脉,无白色,无芦头、须根、杂质。

二等　干货。与一等基本相同,但部分质地较硬。

三等　干货。色黄,条较粗,身较硬,无芦头、须根,无杂质。

2.马鞭石斛

小马鞭石斛　统货。条粗 3mm 以内。色黄结实,无枯死草,无芦头、须根,无霉变。

大马鞭石斛　统货。条粗超过 3mm。色黄结实,无枯死草,无芦头、须根,无霉变。

3.黄草石斛

黄草节　统货。足干,色黄结实,切面灰白色,条长 15cm 左右,直径 5mm 以内。不捶破,无枯死草,无芦头、须根,无霉变。

小黄草　统货。足干,色黄结实,切面灰白色,条长 30cm 左右,条粗 3mm 以内。不捶破,无枯死草,无芦头、须根,无霉变。

大黄草　统货。足干,色黄结实,切面灰白色,条长 30cm 以上。不捶破,无枯死草,无芦头、须根,无霉变。

4.金钗石斛　统货。足干,色黄,无须根,无枯死草,不捶破,无霉变。

5.鲜石斛　统货。全株色鲜艳,无枯死草,无腐烂茎叶,无泥沙及杂质。

【贮藏】　干品置通风干燥处,防潮;鲜品置阴凉潮湿处,防冻。

【功能主治】　益胃生津,滋阴清热。用于热病津伤,口干烦渴,胃阴不足,食少干呕,病后虚热不退,阴虚火旺,骨蒸劳热,目暗不明,筋骨痿软。

【用法用量】　6 ～ 12g,鲜品 15 ～ 30g。

铁皮石斛

Tiepishihu

DENDROBII OFFICINALIS CAULIS

【基源】 本品为兰科植物铁皮石斛 *Dendrobium officinale* Kimura et Migo 的干燥茎。

【历史沿革】 铁皮石斛自 2010 年版《中国药典》起从石斛品种中单列为独立品种,药用历史悠久,为石斛类药材中最为名贵者,铁皮石斛被称"中华九大仙草"之一。历代本草中记载石斛品种较多。但"铁皮"首见于《本草正义》:"必以皮色深绿,质地坚实,生嚼之脂膏粘舌,味厚微甘者为上品,名铁皮鲜斛,价亦较贵。"通过作者对铁皮鲜斛的性状描述可知,记载的品种与今石斛属植物铁皮石斛性状一致。

【产地与采制】 主产于广西、贵州、云南、湖南、四川。主要供出口,国内销浙江、上海。江南诸省均有分布。11 月至翌年 3 月采收,除去杂质,剪去部分须根,边加热边扭成螺旋形或弹簧状,烘干;或切成段,干燥或低温烘干。前者习称"铁皮枫斗"(耳环石斛);后者习称"铁皮石斛"。销全国各地。耳环石斛产于湖北老河口者为最佳。

【市场概况】 铁皮石斛为"九大仙草"之首,作为石斛类药材中名贵品种,铁皮石斛一直深受消费者欢迎。由于铁皮石斛野生品属于《国家重点保护野生药材物种名录》保护品种,近年来,栽培的铁皮石斛产业得到大力发展,2015 年,铁皮石斛产量为 1.6 万吨,而且逐年呈上升趋势。2016 年,铁皮石斛行情开始下跌,2018 年,铁皮石斛(统条)售价为 400~500 元/kg。2019 年略有上升,铁皮石斛(统条)售价为 550~650 元/kg。

【质量要求】

1. 性状特征

铁皮枫斗 呈螺旋形或弹簧状,通常为 2~6 个旋纹,茎拉直后长 3.5~8cm,直径 0.2~0.4cm。表面黄绿色或略带金黄色,有细纵皱纹,节明显,节上有时可见残留的灰白色叶鞘;一端可见茎基部留下的短须根。质坚实,易折断,断面平坦,灰白色至灰绿色,略角质状。气微,味淡,嚼之有黏性。

铁皮石斛 呈圆柱形的段,长短不等。

2. 理化指标

甘露糖与葡萄糖峰面积比 应为 2.4~8.0。

水分 不得过 12.0%。

总灰分 不得过 6.0%。

浸出物 乙醇浸出物(热浸法)不得少于 6.5%。

多糖 用硫酸苯酚法测定,按干燥品计算,含铁皮石斛多糖以无水葡萄糖($C_6H_{12}O_6$)计,不得少于 25.0%。

甘露糖 照高效液相色谱法测定,按干燥品计算,含甘露糖($C_6H_{12}O_6$)应为 13.0%~38.0%。

【商品规格等级】 分"铁皮枫斗"(耳环石斛)和"铁皮石斛"两种规格,其中铁皮枫斗分 3 个等级。

一等 干货。足干,螺旋形紧贴,2~4 个旋纹,身细结实。全部具"龙头凤尾",黄绿色或金黄色,无杂质,无霉变。

二等　干货。足干,螺旋形稍松不紧贴,2~4个旋纹,身稍粗较结实,其余同一等。

三等　干货。螺旋形较松散不紧贴,身粗不甚结实,不具"龙头凤尾",其余同一等。

【贮藏】　置通风干燥处,防潮。

【功能主治】　益胃生津,滋阴清热。用于热病津伤,口干烦渴,胃阴不足,食少干呕,病后虚热不退,阴虚火旺,骨蒸劳热,目暗不明,筋骨痿软。

【用法用量】　6~12g。

肉苁蓉

Roucongrong

CISTANCHES HERBA

【基源】　本品为列当科植物肉苁蓉 *Cistanche deserticola* Y. C. Ma 或管花肉苁蓉 *C. tubulosa*（Schenk）Wight 的干燥带鳞叶的肉质茎。

【历史沿革】　始载于《神农本草经》,列为上品。《名医别录》谓:"生河西及代郡雁门,五月五日采,阴干。"河西泛指如今的甘肃、陕西及内蒙古西部,代郡在现今的河北省,雁门在现今的山西省。从前采集地下部分入药,一般在花期。陶弘景在《本草经集注》中记载:"今第一出陇西,形扁广,柔润,多花而味甘。"与现今的肉苁蓉相符;同时,书中记载有"次出北国者,形短而少花。"此为盐生肉苁蓉 *Cistanche salsa*（C. A. Mey.）G. Beck。李时珍曰:"此物补而不峻,故有从容之号,和缓之貌。"道出了肉苁蓉的功效。

【产地与采制】　主产于内蒙古的阿拉善旗、额济纳旗、阿拉善右旗、乌拉特后旗;新疆的福海、富蕴、哈巴河、吉木萨尔、奇台、阜康、木垒等地;甘肃的金塔、酒泉、高台等;宁夏的石嘴山、盐池等地。青海、陕西也有少量分布。以内蒙古、甘肃品质优,新疆产量大。多于春季苗未出土或刚出土时采挖,除去花序,切段,晒干,通常将鲜品置沙土中半埋半露,较全部暴晒干得快,干后即为甜大芸（淡大芸）,质佳。秋季采收者因水分大,不易干燥,故将肥大者投入盐湖中腌1~3年（盐大芸）,质量较次,药用时须洗去盐分。

【市场概况】　肉苁蓉为西北地区特有的草本寄生药材,又被称为"沙漠人参"。随着野生肉苁蓉被大量采挖,其资源越来越少,肉苁蓉现已被国家列为三级保护品种。从品质上来分,肉苁蓉是软苁蓉商品的来源,管花肉苁蓉是硬苁蓉商品的来源。软苁蓉和硬苁蓉都有家种资源,且硬苁蓉家种资源量比软苁蓉家种量大。目前肉苁蓉年需求量为 3 500~4 000 吨。肉苁蓉生长周期较长,价格波动较平缓,2019 年肉苁蓉的价格基本稳定,软个为 95~145 元/kg,硬个为 27~31 元/kg。

【质量要求】

1. 性状特征

肉苁蓉　呈扁圆柱形,稍弯曲,长 3~15cm,直径 2~8cm。表面棕褐色或灰棕色,密被覆瓦状排列的肉质鳞叶,通常鳞叶先端已断。体重,质硬,微有柔性,不易折断,断面棕褐色,有淡棕色点状维管束,排列成波状环纹。气微,味甜,微苦。

管花肉苁蓉　呈类纺锤形、扁纺锤形或扁柱形,稍弯曲,长 5~25cm,直径 2.5~9cm。表面棕褐色至黑褐色。断面颗粒状,灰棕色至灰褐色,散生点状维管束。

甜苁蓉以条粗壮、密被鳞片、色棕褐、不空心、质柔润者为佳。盐苁蓉以条粗大、鳞片细、色黑、质软、断面光泽、可见点状维管束者为佳。

2．理化指标

水分　不得过 10.0%。

总灰分　不得过 8.0%。

浸出物　醇溶性浸出物（冷浸法），稀乙醇浸出物肉苁蓉不得少于 35.0%，管花肉苁蓉不得少于 25.0%，

松果菊苷和毛蕊花糖苷　照高效液相色谱法测定，按干燥品计算，肉苁蓉含松果菊苷（$C_{35}H_{46}O_{20}$）和毛蕊花糖苷（$C_{29}H_{36}O_{15}$）的总量不得少于 0.30%；管花肉苁蓉不得少于 1.5%。

【商品规格等级】　商品上分甜苁蓉和盐苁蓉两种规格，均不分等级。

甜苁蓉　统货。呈圆柱形略扁，微弯曲。表面赤褐或暗褐色。有多数鳞片覆瓦状排列。体重，质坚硬或柔韧。断面棕褐色，有淡棕色斑点组成的波状环纹。气微，味微甜。枯心不超过 10%。去净芦头，无干梢、杂质、虫蛀、霉变。

盐苁蓉　统货。呈圆柱形或扁长条形，表面黑褐色。有多数鳞片呈覆瓦状排列，附有盐霜。质柔软。断面黑色或黑绿色，有光泽。味咸。枯心不超过 10%。无干梢、杂质、虫蛀、霉变。

【贮藏】　贮藏于通风干燥处，防蛀。

【功能主治】　补肾阳，益精血，润肠通便。用于肾阳不足，精血亏虚，阳痿不孕，腰膝酸软，筋骨无力，肠燥便秘。

【用法用量】　6～10g。

第九节　藻、菌及地衣类药材商品

藻、菌及地衣类药材是指来源于藻类、菌类和地衣类三大类低等植物的药材，以真菌类的药材资源最为丰富。药用部位包括干燥的藻体、子实体、菌丝体、菌核和地衣体。

藻、菌及地衣类药材多为统货，有的常根据产地、来源、加工方法划分规格，并以大小分等。

藻、菌及地衣类药材通常采用袋装或箱装，贵重药材可密封保存。藻类药材由于附有一定的盐分，极易吸潮变软。本类药材一般应置于干燥、阴凉、通风处保存，防虫蛀。

冬虫夏草

Dongchongxiacao

CORDYCEPS

【基源】　本品为麦角菌科真菌冬虫夏草菌 *Cordyceps sinensis*（Berk.）Sacc. 寄生在蝙蝠蛾科昆虫幼虫上的子座和幼虫尸体的干燥复合体。

冬虫夏草

【历史沿革】　清代开始作中药用，始载于《本草从新》，列为卷一"山草类"，记载："甘平保肺，益肾止血，化痰已劳嗽。四川嘉定府所产者最佳，云南贵州所出者次之。冬在土中，身活如老蚕，有毛能动。至夏则毛出土上，连身俱化为草，若不取，至冬则复化为虫。"

【产地与采制】　主产于青海、西藏、四川等地。夏初子座出土、孢子未发散时挖取，晒至六七

成干,除去似纤维状的附着物及杂质,晒干或低温干燥。

【市场概况】 产区主要分布在三江起源的三省交界处,即青海玉树、果洛、同德、同仁、华隆;西藏那曲市、昌都市以及林芝市;四川松潘县、理县、得荣县、甘孜县等地区。目前家养冬虫夏草还处于研究阶段,因此货源基本以野生为主,其中以青海和西藏草为佳,四川为次。常年产量接近200吨,青海产商品药材约占70%,2 000条/kg价格分别在2013年、2017年上半年最高达到过22万元/kg。2018年价格略有下降,西藏产2 000条/kg的18万元/kg左右、2 200条/kg的16万元/kg左右、3 500条/kg的11万元/kg左右、4 000条/kg的9万元/kg左右;青海产2 000条/kg的18万元/kg左右、3 500条/kg的10.5万元/kg左右、4 000条/kg的8.5万元/kg左右。成都市场价格略高,3 000条/kg的川货115 000元/kg左右,西宁货125 000元/kg左右,那曲货135 000元/kg左右。2018年底至2019年初,因销售旺季、库存紧张,价格略涨,亳州市场西藏冬虫夏草价格2 000条/kg售价19万元上下,2 200条/kg的货17万元左右,3 500条/kg 12万元上下,4 000条/kg售价10万元上下;青海货2 000条/kg的18万元,3 500条/kg的11万元左右,4 000条/kg的9万元左右。2019年3月后,行情平稳运行,亳州市场的价格与2018年基本持平。

【质量要求】

1. 性状特征 本品由虫体与从虫头部长出的真菌子座相连而成。虫体似蚕,长3~5cm,直径0.3~0.8cm;表面深黄色至黄棕色,有环纹20~30个,近头部的环纹较细;头部红棕色;足8对,中部4对较明显;质脆,易折断,断面略平坦,淡黄白色。子座细长圆柱形,长4~7cm,直径约0.3cm;表面深棕色至棕褐色,有细纵皱纹,上部稍膨大;质柔韧,断面类白色。气微腥,味微苦。

以虫体肥大、色黄、断面实心且色白者为佳。

2. 理化指标

腺苷 照高效液相色谱法测定,按干燥品计算,含腺苷($C_{10}H_{13}N_5O_4$)不得少于0.010%。

【商品规格等级】 目前,药材市场上,按产地分为四川虫草、青海虫草和西藏虫草三种规格。

四川虫草 虫体较细,大小不均匀,表面色泽较暗,呈黄色带褐。子座较长。又有炉草(四川巴塘、里塘)、灌草(四川松潘)。

青海虫草 虫体较粗,表面色泽金黄,子座较短。

西藏虫草 虫体较粗,表面色泽金黄,子座较短。

根据加工分为散虫草和封装虫草两种规格。散虫草分为2 000条/kg、2 200条/kg、3 500条/kg、4 000条/kg 4个等级。

【贮藏】 置阴凉干燥处,防蛀。

【功能主治】 补肾益肺,止血化痰。用于肾虚精亏,阳痿遗精,腰膝酸痛,久咳虚喘,劳嗽咯血。

【用法用量】 3~9g。

茯苓

Fuling

PORIA

【基源】 本品为多孔菌科真菌茯苓 *Poria cocos*(Schw.)Wolf 的干燥菌核。

茯苓

【历史沿革】 茯苓早在《诗经》中即有记载。《神农本草经》中列为上品,谓其"利小便,久服安魂养神"。《名医别录》中记载:"茯苓、茯神生太山山谷大松下。二月、八月采,阴干。"《本草图经》曰:"茯苓生泰山山谷,今泰华、嵩山皆有之。出大松下,附根而生……在土底,大者至数斤。似人形、龟形者佳,皮黑,肉有赤白两种。"李时珍谓:"茯苓,《史记·龟策传》作茯灵,盖松之神灵之气伏结而成,故谓之茯灵、茯神也。"古代所用之茯苓与现今所用基本一致。

【产地与采制】 野生茯苓主产于云南丽江,习称"云苓",质量较优。家种茯苓产区主要有以罗田、英山为代表的湖北产区,以大别山金寨为代表的安徽产区,以怀化靖州为代表的湖南产区,以丽江、大理为代表的云南产区。此外,河南、贵州、广西、广东、四川、福建等地亦有种植。安徽栽培产量较大,有"安苓"之称。茯苓多于7月至次年3月采挖,挖出后堆置"发汗",反复数次至出现皱纹、内部干燥后,阴干,称为"茯苓个";或将鲜茯苓按不同部位切制,阴干,分别称为"茯苓块""茯苓片"等。

【市场概况】 茯苓分布较广,野生资源零散蕴藏于深山松林中,产量较少,目前市场上主要以家种茯苓为主。

茯苓为大宗中药材,是六味地黄丸、藿香正气水等中成药的原料,同时又为药食两用中药材,年需求量达3万吨。2000年以来,茯苓价格一直处于震荡上行趋势,2016年全国雨水较多,造成茯苓产区产量减产,但有库存余量的支撑,价格并未有大的波动。目前,价格最好的是0.8~1.0cm的中丁,价格在22~24元/kg,茯苓统块一般在20元/kg左右。

【质量要求】

1. 性状特征

茯苓个 呈类球形、椭圆形、扁圆形或不规则团块,大小不一。外皮薄而粗糙,棕褐色至黑褐色,有明显的皱缩纹理。体重,质坚实,断面颗粒性,有的具裂隙,外层淡棕色,内部白色,少数淡红色,有的中间抱有松根。气微,味淡,嚼之黏牙。

茯苓块 为去皮后切制的茯苓,呈立方块状或方块状厚片,大小不一。白色、淡红色或淡棕色。

茯苓片 为去皮后切制的茯苓,呈不规则厚片,厚薄不一。白色、淡红色或淡棕色。

茯苓以体重质坚、断面白色细腻、黏牙力强者为佳。

2. 理化指标

水分 不得过18.0%。

总灰分 不得过2.0%。

浸出物 醇溶性浸出物(热浸法)测定,用稀乙醇作溶剂,不得少于2.5%。

【商品规格等级】 茯苓的商品规格分为个苓、白苓片、白苓块、赤苓块、茯神块、骰方、白碎苓、赤碎苓、茯神木等。其中个苓、白苓片又分一、二等级,其余均为统货。

1. 个苓

一等 干货。呈不规则圆球形或块状,表面黑褐色或棕褐色。体坚实,皮细。断面白色,味淡。大小圆扁不分。无杂质、霉变。

二等 干货。呈不规则圆球形或块状,表面黑褐色或棕色。体轻泡,皮粗,质松。断面白色至黄赤色,味淡。间有皮沙、水锈、破伤。无杂质、霉变。

2. 白苓片

一等　干货。为茯苓去净外皮,切成薄片,白色或灰白色,质细,毛边(不修边)。厚度 7 片 /cm,片面长宽不得小于 3cm。无杂质、霉变。

二等　干货。厚度 5 片 /cm,片面长宽不得小于 3cm。无杂质、霉变。其余性状同一等。

3. 白苓块　统货。干货。为茯苓去净外皮,切成扁平方块。白色或灰白色,厚度 4 ~ 6mm,长度 4 ~ 5cm。边缘苓块可不成方形,间有 1.5cm 以上的碎片。无杂质、霉变。

4. 赤苓块　统货。干货。为茯苓去净外皮,切成扁平方块。赤黄色。无杂质、霉变。其余性状同白苓块。

5. 茯神块　统货。干货。为茯苓去净外皮,切成扁平方块。色泽不分,每块含有松木心。厚 4 ~ 6mm,长度 4 ~ 5cm,木心直径不超过 1.5cm,边缘苓块可不成方形,间有 1.5cm 以上的碎块。无杂质、霉变。

6. 骰方　统货。干货。为茯苓去净外皮,切成立方形块。白色。质坚实,长、宽、厚在 1cm 以内。均匀整齐,间有不规则碎块,但不超过 10%。无粉末、杂质、霉变。

7. 白碎苓　统货。干货。为加工茯苓时的白色或灰白色的大小碎块或碎屑,均属此等。无粉末、杂质、虫蛀、霉变。

8. 赤碎苓　统货。干货。为加工茯苓时的赤黄色的大小碎块或碎屑,均属此等。无粉末、杂质、虫蛀、霉变。

9. 茯神木　统货。干货。为茯苓中间生长的松木,多为弯曲不直的松根,似朽木状。色泽不分,毛松体轻。每根周围必须带有 2/3 的茯苓肉。木杆直径最大不超过 2.5cm。无杂质、霉变。

【贮藏】　置干燥处,防潮。

【功能主治】　利水渗湿,健脾,宁心。用于水肿尿少,痰饮眩悸,脾虚食少,便溏泄泻,心神不安,惊悸失眠。

【用法用量】　10 ~ 15g。

【附注】

茯苓皮　为加工"茯苓片""茯苓块"时削下的外皮。

呈长条形或不规则块片,大小不一。外表面棕褐色至黑褐色,有疣状突起,内面淡棕色并常带有白色或淡红色的皮下部分。质较松软,略具弹性。气微、味淡,嚼之黏牙。

第十节　树脂类及其他类药材商品

一、树脂类药材商品

树脂类药材是指来源于植物组织的一类正常代谢产物或分泌物的药材。树脂类药材一般为固体或半固体、无定形,少数为液体。通常不溶于水或吸水膨胀,易溶于有机溶剂,加热则软化而后熔融,燃烧时常有浓烟,并有特殊的香气或臭气。

树脂类药材多为统货,少数依据来源、形状、加工方法等划分规格。

树脂类药材通常袋包后入木箱、木盒、金属盒、瓶等容器包装。一般具有特殊的气味,同时含有丰富的树脂酸、树脂醇和树脂酯等,容易散失气味和氧化,应密封,置于阴凉干燥处贮存。

血竭

Xuejie

DRACONIS SANGUIS

【基源】 本品为棕榈科植物麒麟竭 *Daemonorops draco* Bl. 果实渗出的树脂经加工制成。

血竭

【历史沿革】 原名麒麟竭,始载于《唐本草》。苏颂曰:"今南番诸国及广州皆出之。木高数丈,婆娑可爱。叶似樱桃而有三角。其脂液从木中流出,滴下如胶饴状,久而坚凝,乃成竭,赤作血色。采无时。"李时珍曰:"此物如干血,故谓之血竭。"又曰:"采法亦于树下掘坎,斧伐其树,脂流于坎,旬日取之。"

【产地与采制】 主产于印度尼西亚、马来西亚、伊朗等国,我国的广东、台湾等地也有种植。采收成熟果实,充分晒干,与贝壳一起放入笼中振荡,直至松脆的红色树脂脱落,筛除果实鳞片等杂质,用布包裹,于热水中软化成团,取出放冷即可。

【市场概况】 血竭原植物的木质部在受外力损伤或遭真菌侵入后分泌的红色树脂,才能用于制备中药"血竭",血竭的生产受到其原植物供应的影响。目前,我国还未能形成血竭原植物的大规模种植,故血竭的市场供应属于紧缺状态。2018 年,进口血竭(手牌)价格 2 850~2 900 元/kg,进口血竭(皇冠)价格 1 500~1 550 元/kg,国产血竭价格 170~200 元/kg。

【质量要求】

1. 性状特征 略呈类圆四方形或方砖形,表面暗红,有光泽,附有因摩擦而成的红粉。质硬而脆,破碎面红色,研粉为砖红色。气微,味淡。在水中不溶,在热水中软化。

2. 理化指标

总灰分 不得过 6.0%。

松香 取本品粉末 0.2g,加乙醇 25ml,超声处理 15 分钟,滤过,滤液作为供试品溶液。另取松香酸对照品,加乙醇制成每 1ml 含 1mg 的溶液,作为对照品溶液。照薄层色谱法试验,吸取上述供试品溶液 2μl、对照品溶液 5μl,分别点于同一硅胶 GF_{254} 薄层板上,以石油醚(60~90℃)- 乙酸乙酯 - 冰醋酸(9:1:0.1)为展开剂,展开,取出,晾干,置紫外光灯(254nm)下检视。供试品色谱中,在与对照品色谱相应的位置上,不得显相同颜色的斑点;再喷以 10% 硫酸乙醇溶液,在 105℃加热至斑点显色清晰,置紫外光灯(365nm)下检视,不得显相同的蓝白色荧光斑点。

醇不溶物 取本品粉末约 2g,精密称定,置于已知重量的滤纸筒中,置索氏提取器内,加乙醇 200~400ml,回流提取至提取液无色,取出滤纸筒,挥去乙醇,于 105℃干燥 4 小时,精密称定,计算,不得过 25.0%。

本品含血竭素($C_{17}H_{14}O_3$)不得少于 1.0%。

【商品规格等级】 统货。

【贮藏】 置阴凉干燥处。

【功能主治】 活血定痛,化瘀止血,生肌敛疮。用于跌打损伤,心腹瘀痛,外伤出血,疮疡不敛。

【用法用量】 研末,1～2g,或入丸剂。外用研末撒或入膏药用。

二、其他类药材商品

其他类药材是指本教材中上述范围内未能收载的药材,均直接或间接来源于植物。包括加工品、叶汁液的干燥物、蕨类植物的孢子、虫瘿等。

其他类药材常依据来源、形状等划分规格,多为统货。少数以颜色划分等级。

其他类药材由于来源较为复杂,包装常依药材的性质而定,加工品常采用塑料袋、纸袋、玻璃瓶、金属盒、塑料盒等密封,一般药材可采用袋或箱装。置于阴凉干燥处贮存。

冰片

Bingpian

BORNEOLUM SYNTHETICUM

【基源】 本品为樟脑、松节油等经化学方法合成的结晶。又称"合成龙脑""机制冰片"。

冰片

【历史沿革】 原名"龙脑""龙脑香",即现代所称的"龙脑片""梅片",历代本草中未见"机制冰片"的记载。"龙脑"始记录于《名医别录》,后以"龙脑香"为名收载于《唐本草》。冰片之名最早见于明代的《本草蒙筌》:"龙脑香即冰片,味辛、苦,气温、微寒。无毒……来自海舶,出自波斯。木直长类杉,皮有甲错;枝旁生发叶,背白正圆。香即木脂结成,状若梅花细瓣。片片洁净,气甚熏人。"《本草纲目》记载:"龙脑者……因其状加贵重之称也。以白莹如冰,及作梅花片者为良,故俗呼为冰片脑或云梅花脑。"

【产地】 主要在广州、上海、南京、天津、湖南等地生产制造。

【市场概况】 冰片年产量约2 000吨,主要用于医药和日化行业,市场年需求量约为1 400吨。2018年冰片的价格有升高趋势,广西玉林药材市场统货价格220～260元/kg。目前,我国天然冰片市场供不应求,价格较高。1980年我国的药用天然冰片年需求量就达到80吨。我国现在天然冰片的需求量约为500吨,国际市场需求为1万吨。由于资源短缺,进口价格昂贵,我国实际仅有不足5吨的进口量。目前,仅天津天士力集团、天津中兴药业集团、广西制药厂、湖南制药厂对天然冰片的需求量就超过100吨。

【质量要求】

1. 性状特征　为无色透明或白色半透明的片状松脆结晶;气清香,味辛、凉;具挥发性,点燃发生浓烟,并有带光的火焰。在乙醇、三氯甲烷或乙醚中易溶,在水中几乎不溶。熔点应为205～210℃。

以片大而薄、色洁白、质松脆、清香气浓者为佳。

2. 理化指标

水分　取本品1g,加入石油醚10ml,振摇使溶解,溶液应澄清。

pH　取本品2.5g,研细,加水25ml,振摇,滤过,分取滤液两份,每份10ml,一份加甲基红指示液2滴,另一份加酚酞指示液2滴,均不得显红色。

不挥发物　取本品 10g，置称定重量的蒸发皿中，置水浴上加热挥发后，在 105℃干燥至恒重，遗留残渣不得过 3.5mg（0.035%）。

樟脑　照气相色谱法测定，含樟脑（$C_{10}H_{16}O$）不得过 0.50%。

龙脑　照气相色谱法测定，含龙脑（$C_{10}H_{18}O$）不得少于 55.0%。

3. 有害物质限量指标

砷盐　按《中国药典》方法测定，含砷不得过 2mg/kg。

重金属　按《中国药典》方法测定，含重金属不得过 5mg/kg。

【商品规格等级】　目前，药材市场上，机制冰片多为统货，不分等级。

【贮藏】　密封，置凉处。

【功能主治】　开窍醒神，清热止痛。用于热病神昏、惊厥，中风痰厥，气郁暴厥，中恶昏迷，胸痹心痛，目赤，口疮，咽喉肿痛，耳道流脓。

【用法用量】　0.15～0.3g，入丸散用。外用研粉点敷患处。

【附注】　孕妇慎用。

【附】　市场上中药冰片仍有天然冰片、艾片和龙脑冰片，前两者在 2020 年版《中国药典》中亦有收载。

天然冰片　为樟科植物樟 *Cinnamomum camphora*（L.）Presl 的新鲜枝、叶经提取加工而成的结晶，习称"右旋龙脑"。主产于南方各省份。为白色结晶性粉末或片状结晶。气清香，味辛、凉。具挥发性，点燃时有浓烟，火焰呈黄色。熔点应为 204～209℃，比旋度应为 +34°～+38°。照薄层色谱法鉴别，不应检出异龙脑。照气相色谱法测定，含樟脑不得过 3.0%，含右旋龙脑不得少于 96.0%。

艾片　为菊科植物艾纳香 *Blumea balsamifera*（L.）DC. 的新鲜叶经提取加工制成的结晶，习称"左旋龙脑"。主产于广东、广西、云南等地。为白色半透明片状、块状或颗粒状结晶，质稍硬而脆，手捻不易碎。具清香气，味辛、凉，具挥发性，点燃时有黑烟，火焰呈黄色，无残迹遗留。熔点应为 201～205℃，比旋度应为 −36.5°～−38.5°。照气相色谱法测定，含异龙脑不得过 5.0%，含樟脑不得过 10.0%，含左旋龙脑以龙脑计不得少于 85.0%。

龙脑冰片　为龙脑香科植物龙脑树 *Dryobalanops aromatica* Gaertn. f. 树干经水蒸气蒸馏所得的结晶，习称"龙脑片"或"梅片"。主产于印度尼西亚。为类白色至淡灰棕色半透明块状或颗粒状结晶，直径 1～7mm，厚约 1mm。质松脆，手捻易碎并挥散。气清香，味清凉，嚼之慢慢溶化。燃烧时几无黑烟。主成分为右旋龙脑。

以上三种商品均为统货。

第十二章　动物类药材商品

第一节　动物类药材商品概述

动物类药材是指以动物的全体或某一部分为药用部位的药材,包括动物的全体,如蜈蚣、土鳖虫等;除去内脏的干燥全体,如蛤蚧、地龙等;动物体的某一部分,包括角、茸、骨骼、贝壳、皮甲、内脏器官,如鹿茸、羚羊角、鳖甲、石决明等;动物的生理产物,如麝香、蟾酥等;动物的病理产物,如牛黄等;动物的排泄物,如五灵脂等;动物某部位的加工品,如阿胶、鹿角胶等。

第十二章概述

历代本草记载的动物类药材有 600 多种,第三次全国中药资源普查结果表明,我国动物类药材 1 581 种。

动物类药材常依据来源、加工方法等划分规格,依据形状、大小、色泽、重量等划分等级,也有很多药材为统货。

动物类药材鉴别时应注意形态、大小、色泽、表面特征、质地、断面、气味、水试和火试的结果等。其中,蛇类药材应注意鳞片的特征;生理产物类、病理产物类以及排泄物类药材应注意气味、颜色等;贝壳类药材应注意形状、大小、外表面的纹理颜色。动物类药材一般还应进行水分、灰分测定和杂质检查,部分中药材可进行还原糖的含量测定和膨胀度的测定等。

动物类药材由于富含蛋白质和脂肪,极易虫蛀和霉变,通常采用木箱或硬纸箱包装,内衬防潮油纸,密封。有时需用金属盒包装;易虫蛀的动物类药材可置石灰缸内,30℃以下保存;贝壳类药材常用袋装;贵重药材如牛黄应置玻璃瓶内密封;珍珠用软纸包好,放玻璃瓶或瓷瓶内。动物类药材一般应置阴凉干燥处,防蛀,防霉,防变色;数量少时,可与花椒等辛辣的药材共贮藏。

第二节　常见动物类药材商品

珍珠

Zhenzhu

MARGARITA

珍珠

【基源】　本品为珍珠贝科动物马氏珍珠贝 *Pteria martensii*(Dunker)、蚌科动物

三角帆蚌 *Hyriopsis cumingii*(Lea)或褶纹冠蚌 *Cristaria plicata*(Leach)等双贝壳类动物受刺激形成的珍珠。前一种习称"海水珍珠",后两种习称"淡水珍珠"。

【历史沿革】 珍珠药用历史悠久,历代本草均有记载,为名贵中药。《开宝本草》记载有真珠,别名珍珠。李珣谓:"真珠出南海,石决明产也。蜀中西路女瓜出者是蚌蛤产,光白甚好。不及舶上彩耀。""凡用,以新、完未经钻缀者研如粉,方堪服食,不细则伤人脏腑。"记载了珍珠的性状、产地和用法。苏颂谓:"今出廉州,北海亦有之。生于珠牡(亦曰珠母),蚌类也。"李时珍谓:"今南珠色红,西洋珠色白,北海珠色微青,各随方色也。"记载了海水珍珠的颜色各异。

同时《本草纲目》中记载了珍珠的功效:"珍珠味咸寒无毒。镇心点目。涂面,令人润泽好颜色。除小儿惊热,安魂魄。"对珍珠的功效和现代药理作用具有指导意义。

【产地与采制】 马氏珍珠贝所产的珍珠称海水珍珠,天然和人工养殖均有;主产于广东廉江,广西合浦、北海,海南及台湾。传统以合浦所产珍珠量大质佳,以"南珠"之称名扬海内外,为"道地药材";三角帆蚌和褶纹冠蚌所产的珍珠称淡水珍珠,多为人工养殖,主产于安徽的芜湖、宣城、南陵,江苏,黑龙江等地,国外多产于印度、日本、斯里兰卡、墨西哥等地。

天然珍珠全年可采,通常以12月份较多;淡水养殖珍珠,根据珍珠形成的原理,通常将外套膜做成小切片,插入贝体外套膜内外表皮之间的结缔组织中,然后将贝体放入水域中养殖,促使形成珍珠,以养殖2～3年为佳,秋末采收。自动物体内剖取珍珠,洗净,干燥;有的产地直接打粉。

【市场概况】 马氏珍珠贝为应用历史较早的海水育珠的贝类,销全国各地。2018年,珍珠统货价格180～210元/kg;2019年,珍珠统货价格180～225元/kg。

【质量要求】

1. 性状特征 呈类球形、长圆形、卵圆形或棒形,直径1.5～8mm。表面类白色、浅粉红色、浅黄绿色或浅蓝色,半透明,平滑或微有凹凸,具特有的彩色光泽。质地坚硬,破碎面显层纹。气微,味淡。

2. 理化指标

酸不溶性灰分 照酸不溶性灰分测定法测定,不得过4.0%。

3. 有害物质限量指标

重金属及有害元素 照铅、镉、砷、汞、铜测定法测定,铅不得过5mg/kg;镉不得过0.3mg/kg;砷不得过2mg/kg;汞不得过0.2mg/kg;铜不得过20mg/kg。

【商品规格等级】 商品根据来源分为天然珍珠和淡水珍珠。药用以淡水珍珠为主,通常分为5等。

一等 圆球形或近圆球形,重量在0.05g以上,表面自然玉白色(或彩色),全身细腻光滑,显闪耀珠光。

二等 圆球形、近圆球形、半圆形,大小不分,色较次于一等,表面自然玉白色(或彩色),全身细腻光滑,显闪耀珠光。

三等 圆球形、近圆球形、半圆形、馒头形、长圆形、腰箍形(腰鼓形),大小不分,表面玉白色、浅粉红色、浅黄色、浅橙色、浅紫色,全身光滑,有皱纹,显珠光。

四等 半圆形、长形、腰箍形、馒头形,大小不分,全身基本光滑,显有珠光,表面颜色不分,有细皱纹或微沟纹。

五等　不规则形,大小不分,珠身有明显皱纹或沟纹,全身有珠光。

生珠、污珠、附壳珠、僵珠、嫩珠不收购。

【贮藏】　密闭。

【功能主治】　安神定惊,明目消翳,解毒生肌,润肤祛斑。用于惊悸失眠,惊风癫痫,目赤翳障,疮疡不敛,皮肤色斑。

【用法用量】　0.1～0.3g,多入丸散用。外用适量。

全蝎

Quanxie

SCORPIO

【基源】　本品为钳蝎科动物东亚钳蝎 *Buthus martensii* Karsch 的干燥体。

全蝎

【历史沿革】　原名"虿",药用始载于五代《蜀本草》。宋代《开宝本草》记载:"蝎出青州,形紧小者良。"《本草图经》曰:"蝎今人捕得,皆火逼干死收之。"明代《本草纲目》记载:"虿形如水黾,八足而长尾,有节色青,今捕者多以盐泥食之……其毒在尾,今入药有全用者,谓之全蝎,有用尾者,谓之蝎梢,其力尤紧。"

【产地与采制】　主产于河南南阳、鹿邑、禹州,山东青州、蒙阴、沂源。河北、辽宁、安徽、湖北、山西、陕西等地亦产。春末至秋初捕捉,除去泥沙,置沸水或沸盐水中,煮至全身僵硬,捞出,置通风处,阴干。

【市场概况】　全蝎为常用中药材,应用历史悠久,其具有较好的临床疗效,在中药材和中成药中使用广泛,且其保健和食用价值也日益受到人们的认可和推崇。商品主要来源于野生资源,供应比较紧缺,属于不能满足市场需求的品种。河南南阳地区和湖北老河口产品质佳,山东产量最大,为传统的道地产区。销全国并出口。据统计,每年全国全蝎药用需求量约在 600 吨,食用需求 200～250 吨。随着季节和供应变化,2018 年价格略有起伏,清水货售价 2 000～2 300 元 /kg,盐水货 1 200～1 300 元 /kg,整体安徽亳州市场价格略低。

【质量要求】

1. 性状特征　头胸部与前腹部呈扁平长椭圆形,后腹部呈尾状,皱缩弯曲,完整者体长约6cm。头胸部呈绿褐色,前面有 1 对短小的螯肢和 1 对较大的钳状脚须,形似蟹螯,背面覆有梯形背甲,腹面有足 4 对,均为 7 节,末端各具 2 爪钩;前腹部由 7 节组成,第 7 节色深,背甲上有 5 条隆脊线。背面绿褐色,后腹部棕黄色,6 节,节上均有纵沟,末节有锐钩状毒刺,毒刺下方无距。气微腥,味咸。

以身干、色鲜、完整、绿褐色、腹中无杂质者为佳。

2. 理化指标

浸出物　醇溶性浸出物(热浸法)不得少于 18.0%。

3. 有害物质限量指标

黄曲霉毒素　照真菌毒素测定法测定,每千克含黄曲霉毒素 B_1 不得过 5μg,含黄曲霉毒素 G_2、黄曲霉毒素 G_1、黄曲霉毒素 B_2 和黄曲霉毒素 B_1 的总量不得过 10μg。

【商品规格等级】　按加工方法不同分为淡全蝎、盐全蝎 2 种。一般均为统货。

【贮藏】 置干燥处,防蛀。

【功能主治】 息风镇痉,通络止痛,攻毒散结。用于肝风内动,痉挛抽搐,小儿惊风,中风口
咽,半身不遂,破伤风,风湿顽痹,偏正头痛,疮疡,瘰疬。

【用法用量】 3～6g。

【附注】 孕妇禁用。

蜂蜜

Fengmi

MEL

【基源】 本品为蜜蜂科昆虫中华蜜蜂 *Apis cerana* Fabricius 或意大利蜂 *A. mellifera*
Linnaeus 所酿的蜜。

【历史沿革】 蜂蜜药用历史悠久,原名"石蜜",始载于汉代的《神农本草经》,列
为上品。梁代《名医别录》云:"石蜜生诸山石中,色白如膏者良。则是蜜取山石者为
胜矣。"唐代《新修本草》云:"今以水牛乳煎沙糖作者,亦名石蜜。此蜜既蜂作,宜去石字。"宋代
《本草图经》曰:"食蜜亦有两种,一在山林木上作房,一在人家作窠,槛收养之,蜜皆浓浓味美……
近世宣州有黄连蜜,色黄,味小苦,主目热。雍、洛间有梨花蜜,白如凝脂。亳州太清宫有桧花蜜,
色小赤。柘城县有何首乌蜜,色更赤。并蜂采其花作之,各随花性之温凉也。"明代《本草纲目》中
记载:"蜜以密成,故谓之蜜。《本经》原作石蜜,盖以生岩石者为良耳,而诸家反致疑辩。今直题
曰蜂蜜,正名也……凡试蜜以烧红火箸插入,提出起气是真,起烟是伪。"

【产地与采制】 全国各地均有出产。春至秋季采收,滤过。

【市场概况】 我国养蜂已有 2 000 多年历史,是世界养蜂大国,同时也是蜂蜜生产大国和蜂
蜜消费大国以及蜂蜜出口大国。2013 年,全国蜂蜜产量约 45 万吨,产量占世界蜂蜜总产量 1/4 以
上,蜂蜜出口约 12.5 万吨,国内蜂蜜消费量约 33.8 万吨。2018 年大货售价在 40 元/kg 上下,而其
中品质较高的蜂蜜商家用于零售。槐花蜜和油花蜜的零售价在 50 元/kg。

【质量要求】

1. 性状特征 本品为半透明、带光泽、浓稠的液体,白色至淡黄色或橘黄色至黄褐色,放久
或遇冷渐有白色颗粒状结晶析出。气芳香,味极甜。

以色浅亮、气香浓、味甜润、透明度好、黏度大、浓度高者为佳。

2. 理化指标

水分 不得过 24.0%。

酸度 取本品 10g,加新沸过的冷水 50ml,混匀,加酚酞指示液 2 滴与氢氧化钠滴定液
(0.1mol/L)4ml,应显粉红色,10 秒钟内不消失。

淀粉和糊精 取本品 2g,加水 10ml,加热煮沸,放冷,加碘试液 1 滴,不得显蓝色、绿色或红
褐色。

5-羟甲基糠醛 照《中国药典》方法测定,含 5-羟甲基糠醛不得过 0.004%。

蔗糖和麦芽糖 照《中国药典》方法测定,含蔗糖和麦芽糖分别不得过 5.0%。

果糖和葡萄糖 照《中国药典》方法测定,含果糖($C_6H_{12}O_6$)和葡萄糖($C_6H_{12}O_6$)的总量不得

少于60.0%,果糖与葡萄糖含量比值不得小于1.0。

【商品规格等级】 目前,市场上按蜜源植物分为单一花蜜和混合花蜜或百花蜜。

1.单一花蜜 紫云英蜜、油菜蜜、洋槐蜜、苕子蜜、棉花蜜、乌桕蜜、荆条蜜、椴树蜜、枣花蜜、葵花蜜等。

根据蜂蜜色、香、味及浓度将蜂蜜分成三级。

一级 荔枝蜜、柑橘蜜、椴树蜜、刺槐蜜、紫云英蜜、白荆条蜜,波美度42度以上,含水19%以下。

二级 油菜花蜜、枣花蜜、葵花蜜、棉花蜜,波美度41度,含水21%以下。

2.等外蜜 荞麦蜜,桉树蜜,波美度39度,含水25%以下。

【贮藏】 置阴凉处。

【功能主治】 补中,润燥,止痛,解毒;外用生肌敛疮。用于脘腹虚痛,肺燥干咳,肠燥便秘,解乌头类药毒;外治疮疡不敛,水火烫伤。

【用法用量】 15～30g。

【附注】 主要蜜源分布情况如下:

油菜蜜 油菜蜜源植物在我国种植面积最大、分布最广、花期最长、产量最多。分布于四川、广东、广西、云南、贵州、湖南、湖北、江西、江苏、浙江、安徽、甘肃、宁夏、青海、新疆、内蒙古等25个省、自治区、直辖市。

洋槐蜜 是夏季的主要蜜源之一。集中生长区为山东、河北、河南、陕西、辽宁、北京等6省份;其次为江苏、安徽、甘肃、天津等省份及湖北西北部。始花期在长江流域为3月下旬,黄河流域为5月上旬,西北地区约5月中旬。

枣花蜜 枣花蜜源植物除东北和青藏高原之外,大部分省份均有栽培,以河南、河北、山西、山东等省最为集中。主产区的枣树始花为5月下旬或6月上旬。

荆花蜜 荆花蜜源植物在华北、东北南部、西南及长江以南各省份,集中在河北、北京、山西、山东、河南及辽宁西部。多数地区的荆条花期从6月上、中旬到7月中下旬。

椴树蜜 椴树蜜源植物主要分布在东北地区的长白山区、小兴安岭和完达山区,是我国东北地区最具特色的蜂蜜品种。花期最早6月下旬,最晚7月上旬,花期一般在20天左右。

紫云英蜜 紫云英蜜源植物集中分布于长江中下游流域,江西、湖南、湖北、安徽、浙江、河南等地为最多。紫云英花期按照所属地点不同从3月上中旬到5月上旬。

荔枝蜜 荔枝蜜源植物主要分布在广东、福建、广西、海南等地。早熟品种的花期在2月上旬至3月中旬,中熟品种3月上旬至4月上旬,晚熟品种3月下旬至4月中旬。

另外,南方地区的枇杷、龙眼、柑橘、野桂花,西北地区的枸杞、党参,新疆地区的葵花、棉花和内蒙古地区的荞麦、老瓜头等都是具有一定产量、很有特色的蜂蜜蜜源植物。

鹿茸

Lurong

CERVI CORNU PANTOTRICHUM

鹿茸

【基源】 本品为鹿科动物梅花鹿 *Cervus nippon* Temminck 或马鹿 *C. elaphus* Linnaeus 雄鹿未骨化密生茸毛的幼角。前者习称"花鹿茸",后者习称"马鹿茸"。

【历史沿革】 始载于汉代的《神农本草经》,列为中品。《名医别录》载:"四月、五月解角时取,阴干,使时燥。"唐代苏恭曰:"鹿茸,夏收之,阴干,百不收一,且易臭,惟破之火干大好。"宋代的《本草衍义》记载:"茸,最难得不破及不出却血者。盖其力尽在血中,猎时多有损伤故也。此以如紫茄者为上,名茄子茸,取其难得耳;然此太嫩,血气未具,其实少力。坚者又太老,惟长四五寸,形如分歧马鞍,茸端如玛瑙红玉,破之肌如朽木者最善。"明代《本草纲目》记载:"鹿,处处山林中有之。马身羊尾,头侧而长,高脚而行速。牧者有角,夏至则解。大如小马,黄质白斑,俗称马鹿。"根据描述和附图,《本草纲目》所述马鹿更似当今梅花鹿。

【产地与采制】 花鹿茸主产于吉林、辽宁,黑龙江、河北、北京、天津等地亦产。马鹿茸主产于黑龙江、内蒙古、吉林等地者,习称"东马鹿茸";主产于新疆、青海、甘肃、四川等地者,习称"西马鹿茸"。

分锯茸和砍茸两种采收方法,以锯茸为主。锯茸一般从三岁的鹿开始锯取,多于夏秋两季采收。其中二杠茸每年可采收两次,第一次多在清明前后,称为"头茬茸",采后50～60天锯第二次,称为"二茬茸";三岔茸每年只收一次,在6月下旬至7月下旬。锯取的鹿茸用钉将锯口的茸皮扎紧,可加工成排血茸和带血茸,排血茸需经过洗茸、排血、煮烫和干燥等加工工序,干燥方法有阴干、烘干、风干和冷冻真空干燥等;带血茸则不需要经过排血,在洗茸之前需采用面粉或鹿血与面粉调成的面糊涂在锯口上,用烧红的烙铁烫封锯口,使茸血不流出,再进行洗茸、煮烫和烘干等加工工序。砍茸一般用于老鹿、病鹿、伤残鹿,将鹿茸砍下,刮净残肉,绷紧脑皮,进行排血、煮烫、干燥等加工。

【市场概况】 鹿的人工养殖历史已有60余年,在此期间鹿茸年产量经历了由低到高又逐渐下降趋于平稳的过程。近些年来鹿茸年产量为200～300吨,国内市场年销售量约600余吨,据分析其中有部分国外廉价马鹿和驯鹿进入市场冒充鹿茸销售。2018年鹿茸的价格比较平稳,一等花二杠的价格8 000～8 800元/kg,二等花二杠的价格6 500～7 000元/kg,三等花二杠的价格4 500～5 000元/kg,四等花二杠的价格2 500～4 200元/kg;一等马鹿茸2 600～3 500元/kg,二等马鹿茸约1 900元/kg,三等、四等马鹿茸在800～1 600元/kg。

【质量要求】

性状特征

花鹿茸 呈圆柱状分枝,具一个分枝者习称"二杠",主枝习称"大挺",长17～20cm,锯口直径4～5cm,离锯口约1cm处分出侧枝,习称"门庄",长9～15cm,直径较大挺略细。外皮红棕色或棕色,多光润,表面密生红黄色或棕黄色细茸毛,上端较密,下端较疏;分岔间具1条灰黑色筋脉,皮茸紧贴。锯口黄白色,外围无骨质,中部密布细孔。具两个分枝者,习称"三岔",大挺长23～33cm,直径较二杠细,略呈弓形,微扁,枝端略尖,下部多有纵棱筋及突起疙瘩;皮红黄色,茸毛较稀而粗。体轻。气微腥,味微咸。

二茬茸与头茬茸相似,但挺长而不圆或下粗上细,下部有纵棱筋。皮灰黄色,茸毛较粗糙,锯口外围多已骨化。体较重。无腥气。

马鹿茸 较花鹿茸粗大,分枝较多,侧枝一个者习称"单门",二个者习称"莲花",三个者习称"三岔",四个者习称"四岔"或更多。按产地分为"东马鹿茸"和"西马鹿茸"。

东马鹿茸 "单门"大挺长25～27cm,直径约3cm。外皮灰黑色,茸毛灰褐色或灰黄色,锯口面外皮较厚,灰黑色,中部密布细孔,质嫩;"莲花"大挺长可达33cm,下部有棱筋,锯口面蜂窝状小孔稍大;"三岔"皮色深,质较老;"四岔"茸毛粗而稀,大挺下部具棱筋及疙瘩,分枝顶端多无毛,习称"捻头"。

西马鹿茸 大挺多不圆,顶端圆扁不一,长30～100cm。表面有棱,多抽缩干瘪,分枝较长且弯曲,茸毛粗长,灰色或黑灰色。锯口色较深,常见骨质。气腥臭,味咸。

均以茸形粗壮、饱满、皮毛完整、质嫩、油润、无骨棱、无钉者为佳。

【商品规格等级】 目前,药材市场上分为花鹿茸和马鹿茸两大类,花鹿茸以二杠锯茸和三岔锯茸两种规格为主,马鹿茸以锯茸和锯血茸两种规格为主。各规格的等级标准如下。

1. 花鹿茸

（1）二杠锯茸

一等 干货。体呈圆柱形,具有八字分岔一个,大挺、门庄相称,短粗嫩壮,顶头钝圆。皮毛红棕或棕黄色。锯口黄白色,有蜂窝状细孔,无骨化圈。不拧嘴,不抽沟,不破皮,不悬皮,不乌皮,不存折,不臭,无虫蛀。每支重85g以上。

二等 干货。体呈圆柱形,具有八字分岔一个,大挺、门庄相称,短粗嫩壮,顶头钝圆。皮毛红棕或棕黄色。锯口黄白色,有蜂窝状细孔,无骨化圈。不拧嘴,不抽沟,不破皮,不悬皮,不乌皮,存折不超过一处,虎口以下稍显棱纹。不臭,无虫蛀。每支重65g以上。

三等 干货。体呈圆柱形,具有八字分岔一个,大挺、门庄相称,枝杆较瘦。皮毛红棕或棕黄色。锯口黄白色,有蜂窝状细孔,无骨化圈。不拧嘴,不抽沟,兼有悬皮、乌皮、破皮不露茸,存折不超过二处,虎口以下有棱纹。不臭,无虫蛀。每支重45g以上。

四等 干货。体呈圆柱形,具八字分岔一个。不拧嘴,不臭,无虫蛀。兼有独挺、怪角。不符合一、二、三等者,均属此等。

（2）三岔锯茸

一等 干货。体呈圆柱形,具分岔二个。挺圆茸质松嫩,嘴头饱满。皮毛红棕色或棕黄色。不乌皮(黑皮茸除外),不抽沟,不拧嘴,不破皮,不悬皮,不存折,不怪角。下部稍有纵棱筋,骨豆不超过茸长的30%。不臭,无虫蛀。每支重250g以上。

二等 干货。体呈圆柱形,具分岔二个。挺圆茸质松嫩,嘴头饱满。皮毛红棕或棕黄色。不乌皮(黑皮茸除外),不抽沟,不拧嘴,不破皮、不悬皮,存折不超过一处,不怪角。突起纵棱筋长不超过2cm,骨豆不超过茸长的40%。不臭,无虫蛀。每支重200g以上。

三等 干货。体呈圆柱形,具分岔二个。条杆稍瘦,茸质嫩。不拧嘴,稍有破皮不露茸,不悬皮,存折不超过一处,不怪角。纵棱筋、骨豆较多。不臭,无虫蛀。每支重150g以上。

四等 干货。体畸形或怪角,顶端不窜尖,皮毛色乌暗。不臭,无虫蛀。凡不符合一、二、三等者,均属此等。

2. 马鹿茸

（1）锯茸

一等 干货。体呈枝岔,类圆柱形。皮毛灰黑色或灰黄色。枝干粗壮,嘴头饱满。质嫩的莲花、三岔茸、人字茸等均可列为此等。无骨豆,不拧嘴,不偏头,不破皮,不发头,不骨折。不臭,无虫蛀。每支重275～450g。

二等　干货。体呈枝岔，类圆柱形。皮毛灰黑色或灰黄色。质嫩的四岔茸、不足275g重的三岔茸、人字茸均可列为此等。四岔茸嘴头不超过13cm，骨豆不超过主干长度的50%，破皮长度不超过3.3cm。不拧嘴，不发头。不臭，无虫蛀。

三等　干货。体呈枝岔，类圆柱形。皮毛灰黑色或灰黄色。嫩五岔和三岔老茸均可列为此等。骨豆不超过主干长度的60%，破皮长度不超过4cm，不窜尖。不臭，无虫蛀。

四等　干货。体呈枝岔，圆柱形或畸形。皮毛灰黑色或灰黄色。老五岔、老毛杠和嫩再生茸均可列为此等。破皮长度不超过4cm。不臭，无虫蛀。

五等　干货。体呈枝岔，圆柱形或畸形。皮毛灰黑或灰黄色。茸皮不全的老五岔、老毛杠、老再生茸均可列为此等。不臭，无虫蛀。

（2）锯血茸

一等　干货。不臭，无虫蛀。不骨化，茸内充分含血，分布均匀。肥嫩上冲的莲花、三岔茸均可列为此等。不偏头，不抽沟，不破皮，不畸形。主枝及嘴头无折伤，茸头饱满，不空、不瘪。每支重不低于0.5kg。

二等　干货。不臭，无虫蛀。不骨化，茸内充分含血，分布均匀。不足一等的莲花、三岔茸及肥嫩的四岔茸、人字茸均可列为此等。不破皮、不畸形。茸头不空、不瘪。每支重0.3kg以上。

三等　干货。不臭，无虫蛀。无骨化，不折断，茸内充分含血。不足一、二等的莲花、三岔茸、四岔茸及肥嫩的畸形茸均可列为此等。每支重不低于0.25kg。

【贮藏】　置阴凉干燥处，密闭，防蛀。

【功能主治】　壮肾阳，益精血，强筋骨，调冲任，托疮毒。用于肾阳不足，精血亏虚，阳痿滑精，宫冷不孕，羸瘦，神疲，畏寒，眩晕，耳鸣，耳聋，腰脊冷痛，筋骨痿软，崩漏带下，阴疽不敛。

【用法用量】　1～2g，研末冲服。

【附注】　鹿茸商品规格等级标准中主要鉴别术语的解释。

拧嘴：指鹿茸大挺的顶端，初分岔时，顶端嘴头扭曲不正者。

抽沟：鹿茸大挺不饱满，抽缩成沟形者。

悬皮：虎口处皮茸分离，用手敲击有空洞感。

乌皮：花鹿茸因受加工影响，部分皮变成乌黑色。

存折：鹿茸内部已折断，而表皮未开裂，但有痕迹。

独挺：即未分岔的独角鹿茸，多为二年幼鹿的"初生茸"。

怪角：是指一切违背本种鹿茸的固有形态，呈现不规则形态的鹿茸。

窜尖：鹿茸渐老时，大挺顶端破皮窜出瘦小的角。

哈蟆油

Hamayou

RANAE OVIDUCTUS

【基源】　本品为蛙科动物中国林蛙 *Rana temporaria chensinensis* David 雌蛙的干燥输卵管。

【历史沿革】　明确记载哈蟆油的史书，应首推清代杨同桂著的《辽海丛书·沈故

哈蟆油

篇》，其卷三中有"哈士蟆形似田鸡，腹有油如粉条，有子如鲜蟹黄，取以作羹，极肥美，然惟兴京一带有之，满洲人用祀祖，取其洁也"的描述，在满族的食谱中哈蟆油代表了最圣洁的食品，只有在大祀或大宴等重要活动时，才有可能出庖供盘。福格《听雨丛谈》卷六中记载："宗庙祭品之必需，届期驰驿而进……今成盛京产一介类，形似虾蟆稍大，满语曰'哈什码'，每岁亦为任土之贡。"

在《桦甸县志》卷六中，"食货""物产""动物"下有"田鸡，状与蛙一致，惟背明黑，腹或黄或红，后足比蛤蟆加长为异，冬季蛰伏入水，春暖产卵于水后，卵生有白黏质物即其腹内之脂肪，人所珍视，呼为田鸡油……土人秋间捉之入市，得值颇丰，清时岁取入贡，名哈什蚂"的描述。很明显，《桦甸县志》中所说的"田鸡"实际上就是中国林蛙的俗称哈士蟆，"田鸡油"就是哈蟆油。而且从以上史书的记载也可以看出，哈蟆油起初是在东北民间作为美味食品应用的。后来在使用过程中人们发现其具有明显的滋补强壮功效，达到"人所珍视"的程度，以致成为名贵中药材与保健补品。

哈蟆油供药用始见于1959年版的《药材资料汇编》。《中国药典》自1985年版起均有收载。

【产地与采制】 主产于吉林省的桦甸、舒兰、蛟河、靖宇、白山、敦化、抚松等地；黑龙江省的尚志、五常等地；辽宁省的桓仁、新宾、清源等地。9～10月，以霜降期捕捉最好，选肥大雌蛙，用绳从双目穿过，悬挂风干。剥取前首先把蛙干放入温水(50～70℃)中浸泡10分钟左右，不要把口腔部浸入水中，将浸泡好的蛙取出后，装入盆里和其他容器里，用润湿、干净的厚布覆盖在容器上，闷润12小时左右。然后用刀剖开腹部，轻轻取出输卵管，去尽卵子及其他内脏，通风处阴干。

【市场概况】 我国东北产哈蟆油主要销往南方沿海各省份，以及东南亚一带，而北方销售和使用者很少。哈蟆油(含40%水的)的市场价格为3 000～4 500元/kg，价格会随着含水量的多少有所变化。

【质量要求】

1. 性状特征 药材呈不规则块状，弯曲而重叠，长1.5～2cm，厚1.5～5mm。表面黄白色，呈脂肪样光泽，偶有带灰白色薄膜状干皮。摸之有滑腻感，在温水中浸泡体积可膨胀。气腥，味微甘，嚼之有黏滑感。

一般以块大、肥厚、质干、色白、有光泽、无皮膜者为佳。

2. 理化指标

膨胀度 不得低于55。

【商品规格等级】 商品一般分为4等。

一等 干货。油呈金黄色或黄白色，块大而整齐，有光泽、透明，干净无血筋、卵、肌肉等其他杂物，干而不潮者。

二等 干货。油呈淡黄色，干而纯净，肌膜、皮、卵籽及碎块等杂物不超过1%，无碎末，干而不潮者。

三等 干货。油色不纯白，不变质，油块较小，碎块和卵、皮、肉等杂物不超过5%，干而不潮者。

四等 干货。油色较杂，带有红色、黑色等颜色，有少量皮、卵、肉及其他杂物，但不超过10%，干而不潮者。

【贮藏】 置通风干燥处，防潮，防蛀。

【功能主治】 补肾益精,养阴润肺。用于病后体弱,神疲乏力,心悸失眠,盗汗,劳嗽咳血。

【用法用量】 5~15g,用水浸泡,炖服,或作丸剂服。

牛黄

Niuhuang

BOVISC ALCULUS

【基源】 本品为牛科动物牛 *Bos taurus domesticus* Gmelin 的干燥胆结石。习称"天然牛黄"。

牛黄

【历史沿革】 牛黄药用历史悠久,始载于汉代的《神农本草经》,列为上品。《名医别录》中记载:"生晋地平泽,于牛得之。即阴干百日,使时燥,无令见日月光。"梁代《本草经集注》云:"今人多皆就胆中得之。多出梁(陕西汉中)、益(成都)。一子如鸡子黄大,相重迭。药中之贵,莫复过此。一子及三二分,好者值五六千至一万也。"唐代《新修本草》中记载:"牛黄,今出莱州、密州、淄州、青州、褐州、戎州。"宋代《图经本草》中记载:"牛黄,出晋地(山西)平泽,今出登(今山东蓬莱)、莱州(山东),它处或有,不甚佳。一子如鸡子黄大,其重迭可揭折,轻虚而氛香者佳。然此物多伪,今人试之,皆揩摩手甲上,以透甲黄者为真。"《雷公炮炙论》中记载:"凡用,须先单捣,细研如尘。"李时珍曰:"牛之黄,牛之病也。其病在心及肝胆间,凝结成黄。"从历代本草记载来看,古代所言牛黄,主要是指黄牛之肝管及胆管、胆囊中的结石。

【产地与采制】 国外主产于巴西、阿根廷、澳大利亚、印度等地;国内主产于北京、河北、天津、青海等地。宰牛时,如发现有牛黄,即滤去胆汁,将牛黄取出,除去外部薄膜,阴干。

【市场概况】 牛黄为贵重药材之一,自古货少,价格超过黄金。因国产量少,主要以进口为主,主产自巴西、阿根廷、加拿大、澳大利亚、印度。其中巴西产量较大。全世界年产牛黄约2吨左右。据统计,市场年需求量3吨左右。以国内著名大企业生产安宫牛黄丸、六神丸、片仔癀等名贵中成药为主。2016年每千克16~21万元,2017年每千克21~27万元,2018年每千克32~35万元,2019年每千克35~43万元,因货源较少,使用量增大,价格稳步上涨。

【质量要求】

1. 性状特征 多呈卵形、类球形、三角形或四方形,大小不一,直径0.6~3(4.5)cm,少数呈管状或碎片。表面黄红色至棕黄色,有的表面挂有一层黑色光亮的薄膜,习称"乌金衣",有的粗糙,具疣状突起,有的具龟裂纹。体轻,质酥脆,易分层剥落,断面金黄色,可见细密的同心层纹,有的夹有白心。气清香,味苦而后甘,有清凉感,嚼之易碎,不黏牙。

以个大完整、色棕黄鲜艳、表面细腻、体轻、质酥脆、断面层纹薄而清晰,气清香,味苦而后甘,有清凉感为佳。

鉴别 取本品少量,加清水调和,涂于指甲上,能将指甲染成黄色,习称"挂甲"。

2. 理化指标

水分 不得过9.0%。

总灰分 不得过10.0%。

游离胆红素 照高效液相色谱法测定,供试品色谱中,在与对照品色谱峰保留时间相对应的位置上出现的色谱峰面积应小于对照品色谱峰面积或不出现色谱峰。

胆酸　照薄层色谱法试验,按干燥品计算,含胆酸($C_{24}H_{40}O_5$)不得少于4.0%。

胆红素　照高效液相色谱法测定,按干燥品计算,含胆红素($C_{33}H_{36}N_4O_6$)不得少于25.0%。

【商品规格等级】　目前,药材市场上,大部分牛黄药材为统货,少部分分为2个等级。

一等　干货。牛的胆结石呈卵形,类球形或三角形。表面金黄色或黄褐色,有光泽。质松脆。断面棕黄色或金黄色,有自然形成层。气清香,味微苦后甜。大小块不分,间有碎块。无管黄、杂质、霉变。

二等　干货。牛的胆结石呈管状(管黄)或胆汁渗入的各种块黄。表面黄褐色或棕褐色。断面棕褐色,有自然形成层。气清香,味微苦。无杂质、霉变。

【贮藏】　遮光,密闭,置阴凉干燥处,防潮,防压。

【功能主治】　清心,豁痰,开窍,凉肝,息风,解毒。用于热病神昏,中风痰迷,惊痫抽搐,癫痫发狂,咽喉肿痛,口舌生疮,痈肿疔疮。

【用法用量】　0.15～0.35g,多入丸散用。外用适量,研末敷患处。

【附注】　孕妇慎用。

羚羊角

Lingyangjiao

SAIGAE TATARICAE CORNU

【基源】　牛科动物赛加羚羊 *Saiga tatarica* Linnaeus 的角。

【历史沿革】　《神农本草经》载有麢羊,列为中品,俗称羚羊。雷敩谓:"凡用,有神羊角甚长,有二十四节,内有天生木胎。"苏颂谓:"今秦、陇、龙、蜀、金、商州山中皆有之,戎人多捕得来货。其形似羊,青色而大。其角长一二尺,有节如人手指握痕,又最坚劲。"可见古之羚羊角原动物与今之羚羊角相似,但苏颂所述分布区与今有别,品种可能不止一种。

【产地与采制】　主产于俄罗斯,我国新疆北部伊犁、博乐等地。一年四季均可捕获,猎取羚羊后,将其角从基部割下即可。

【市场概况】　赛加羚羊为一级动物保护品种,国家已经明令规定禁止捕猎。目前,个别药材公司销售的羚羊角是过去库存,市场上的羚羊角有些是从国外进口的,价格节节攀升,高达1万元/kg左右,药源始终处于十分紧缺状态。

【质量要求】

性状特征　呈长圆锥形,略呈弓形弯曲,长15～33cm;类白色或黄白色,基部稍呈青灰色。嫩枝对光透视有"血丝"或紫黑色斑纹,光润如玉,无裂纹。老枝则有细纵裂纹,除尖端部分外,有10～16个隆起环脊,间距约2cm,用手握之,四指正好嵌入凹处,习称"握把"。角的基部横截面圆形,直径3～4cm,内有坚硬质重的角柱,习称"骨塞"或"羚羊塞";骨塞长约占全角的1/2或1/3,表面有突起的纵棱与其外面角鞘内的凹沟紧密嵌合,从横切面观,其结合部呈锯齿状。除去"骨塞"后,角的下半段成空洞;全角呈半透明,对光透视,上半段中央有一条隐约可辨的细孔道直通角尖,习称"通天眼"。质坚硬。气微,味淡。

以质嫩、色白、光润、内含红色斑纹、无裂纹者为佳。

【商品规格等级】 根据羚羊角形状大小及加工方法,将商品羚羊角分大枝羚羊角、小枝羚羊角、老角(老劈柴或例山货)等规格。

大枝羚羊角 角长 15～25cm,最大者约 30cm,每支重 200～250g,底部直径 3cm,角肉丰满,表面类白色,有光泽,常有 8～18 个环脊,质嫩无裂纹,近尖端有血丝,中下段角内有骨塞。此品为羚羊角之佳品。

小枝羚羊角 角较短小而状满,长 10～15cm,每支重 30～180g,环脊约 10 个左右。

老角 为大枝羚羊角年久枯萎或死后遗留于山中的死角。也有大、小枝之分,呈死灰色或黄褐色,多骨塞,质次。

【贮藏】 以纸包好,贮于木箱或纸箱内,置阴凉干燥处,密闭保存。

【功能与主治】 平肝息风,清肝明目,散血解毒。用于肝风内动;惊痫抽搐;妊娠子痫;高热惊厥;癫痫发狂;头痛眩晕;目赤翳障;温毒发斑;痈肿疮毒。

【用法用量】 1～3g,宜另煎 2 小时以上;磨汁或研粉服,每次 0.3～0.6g。

第十三章　矿物类药材商品

矿物类药材是指可供药用的天然矿物(如雄黄、滑石、炉甘石等)、矿物加工品(如芒硝、轻粉、红粉等)和古生物化石(如龙骨、琥珀等)。

第一节　矿物类药材商品概述

矿物类药材同植物类、动物类药材一样,在我国的使用历史悠久。据粗略统计,我国古代使用的矿物类药材有近 200 种,现代常用的矿物类药材约 80 种。

一、矿物类药材商品的分类

矿物的分类方法很多。从成分来看,矿物可分成单质和化合物两类。单质是由一种元素组成的矿物,如硫黄的成分是硫。化合物则是由阴阳离子组成的,可根据阳离子成分不同分为若干类,如汞化合物类、铁化合物类、铅化合物类、铜化合物类等;也可根据阴离子分类,如硫化物类、氢氧化物类、氧化物类、硅酸盐、碳酸盐、硫酸盐等。矿物类药材通常是根据阴离子成分进行分类的。如硫化物类的雄黄、朱砂、自然铜等,氧化物类的磁石、赭石、信石等,硅酸盐类的滑石等,碳酸盐类的炉甘石等。《中国药典》采用阴离子分类,以阴离子为"类";以化学组成类似、晶体结构类型相同为"族";族以下分"种";"种"是矿物分类的基本单元。

二、矿物类药材商品的鉴别

矿物类药材商品的鉴别方法,一般有性状鉴别、显微鉴别和理化鉴别。

(一)性状鉴别

矿物是纯物质或化合物,有一定的化学成分、结晶结构与物理性质。矿物类药材具有矿物的属性。性状鉴别主要是根据矿物的颜色、光泽、条痕、透明度、硬度、解理、断口、磁性、气味等物理性质进行鉴别。

1.形态(形状)　矿物形态各异,大小悬殊。矿物单体的形态大体上可分为三向等长(如粒状)、二向延展(如板状、片状)和一向伸长(如柱状、针状、纤维状)等三种类型。矿物集合体的形态,取决于矿物单体的形状及其排列的方式,有的与生成环境相关,常见的有结核状、豆状、树枝状、土状等。

2.颜色 矿物的颜色多种多样。呈色的原因大体有两类,一类是白色光通过矿物时,由于内部色素离子的存在,发生电子跃迁过程而引起对不同色光的选择性吸收所致;另一类则是物理光学过程所致。矿物学中一般将颜色分为三类:本色(自色)是矿物固有的颜色;外色(他色)是指由混入物形成的颜色,与矿物本身的成分和构造无关;假色则是由于某种物理光学过程所致,如因矿物表面的氧化膜引起的变彩现象等。矿物在白色无釉的瓷板上划擦时所留下的粉末痕迹,称为条痕。条痕的颜色即条痕色,可消除假色,减弱他色,呈现矿物的本色(自色)。有些矿物的外观颜色与其条痕色有所不同,如赭石、自然铜等。因此,条痕色可用于矿物类药材的鉴定。

3.光泽 指矿物表面反射可见光的能力。根据平滑表面反光的强弱,可以分为金属光泽、半金属光泽、金刚光泽和玻璃光泽等。具有金属和半金属光泽的矿物,其条痕色一般较深;金刚或玻璃光泽的矿物,条痕色一般较浅或显白色。此外,若矿物的表面不平滑或呈集合体时,还可出现油脂光泽、树脂光泽、蜡状光泽、土状光泽、丝绢光泽、珍珠光泽等。

4.透明度 指矿物透过可见光的程度。影响矿物透明度的因素很多。通常是在厚度为 0.03mm 的薄片条件下,根据矿物的透明程度,将矿物分为:透明矿物、半透明矿物和不透明矿物。具金属或半金属光泽的一般为不透明矿物,具金刚光泽的一般为透明或半透明矿物,具玻璃光泽的矿物一般为透明矿物。

5.断口与解理 矿物在外力作用下,沿任意方向产生的各种断面称为断口。根据断口的形状可分为贝壳状、锯齿状、参差状、平坦状等。在外力作用下,矿物晶体沿着一定的结晶平面破裂的固有特性称为解理。根据解理的难易和解理面的完整程度可将解理分为极完全解理(如云母)、完全解理(如方解石)、中等解理(如普通辉石)、不完全解理(如磷灰石)和极不完全解理(如石英)。

6.硬度 指矿物抵抗外力作用的机械强度。外力包括刻划、挤压、研磨等。矿物学中最常用的是摩氏硬度,它是通过与具有标准硬度的矿物相互刻划而比较得出的。摩氏硬度计可由 10 种标准硬度的矿物组成,从 1 度到 10 度依次为滑石、石膏、方解石、萤石、磷灰石、正长石、石英、黄玉、刚玉、金刚石。日常工作中也可以用指甲(相当于摩氏硬度的 2~2.5)、小钢刀或钢锉(6~7)来粗略判断矿物的硬度。矿物类药材的硬度一般不超过 7。

7.比重 指在 4℃时矿物与同体积水的重量之比。矿物的比重取决于其化学成分和内部结构以及形成条件等,主要与组成元素的原子量、原子和离子半径及堆积方式有关。一般自然金属元素矿物的比重较大,盐类矿物的比重较小。化学成分的变化、类质同象混入物的代换、机械混入物及包裹体的存在、洞穴与裂隙中空气的吸附等,均会影响矿物比重。所以,测定比重时须选择纯净、未风化的矿物样品。

8.弹性、挠性、脆性、延性、展性 矿物受外力作用弯曲变形,外力消除可恢复原状,即显示弹性;外力消除后不再恢复原状,则显示挠性;矿物受外力作用容易破碎,即显示脆性;少数化学结构具金属键的矿物,拉之成丝,即具延性;矿物可捶之成片,则具展性。

9.磁性 指矿物可以被磁铁或电磁铁吸引,或其本身能够吸引物体的性质。极少数矿物具显著的磁性,如磁石。

10.发光性 一些矿物受外来能量激发能发出可见光。激发停止,发光即停止的称为荧光;

激发停止发光仍可持续一段时间的称为磷光。

11. 气味　有的矿物具特殊的气味，尤其是在受到锤击、加热或湿润时较为明显。如雄黄灼烧有砷的蒜臭，石盐具咸味，胆矾具涩味等。

12. 其他　少数有吸水的能力，可以黏舌，如龙骨、龙齿、软滑石。有的有滑腻感，如滑石。

（二）显微鉴别

对于外形特征不明显，或呈细小颗粒状、粉末状的矿物类药材，除注意观察颜色、气味等外观特征以外，可利用光学显微镜或者电子显微镜进行鉴定。可将矿物类药材研成细粉或者制作矿物磨片（厚度 0.03mm），用显微镜观察其形状、颜色、透明度等。对于透明矿物、不透明矿物和胶态矿物，可分别使用偏光显微镜、反射偏光显微镜和电子显微镜进行观测。

（三）理化鉴别

用一般的物理、化学分析方法，可对矿物类药材的成分进行定性和定量分析。这对外形无明显特征、粉末状的或剧毒药材等尤为重要。针对各种具体盐类如钙盐、钠盐、钾盐、铁盐、汞盐、砷盐、硫酸盐、磷酸盐等的鉴别和检查方法在《中国药典》四部中均有记载，可参照使用。

此外，X 射线衍射法，远红外光谱法，原子吸收光谱法，热分析法等，也是常用的矿物类药材鉴别方法。

三、矿物类药材商品的规格等级

矿物类药材商品可根据来源、产地、加工、形状、颜色、品质等方面的差异划分为不同的品别、规格、等级。如龙齿有青龙齿和白龙齿两个品别；朱砂有朱宝砂、镜面砂和豆瓣砂三种规格，其中朱宝砂根据色泽明亮程度可分为两至三个等级。多数矿物类药材为统货，无等级区分。

四、矿物类药材商品的贮藏

矿物类药材商品容易风化、吸湿、潮解、变色，有的易燃，一般用木箱、铝皮箱、陶缸、瓷罐等包装，置于阴凉干燥处，注意防尘、防潮、防火。少数矿物类药材遇光逐渐分解，颜色变暗，毒性剧增，故须避光、密闭保存，如轻粉。毒性矿物类药材应专柜、专人管理，如信石、雄黄等。

第二节　常见矿物类药材商品

朱砂

Zhusha

CINNABARIS

【基源】　本品为硫化物类矿物辰砂族辰砂，主含硫化汞（HgS）。

朱砂

【历史沿革】　朱砂很早开始应用于临床，《黄帝内经》的记载说明了当时已经认识到朱砂有安定心神、辟秽浊的作用。汉代的《神农本草经》，将其列为上品，曰："久服，通神明不老。能化为汞，生山谷。"梁代《名医别录》曰："作末，名真朱，光色如云母，可折者良，生符陵山谷，采无时。"宋代《本草图经》曰："生符陵山谷，今出辰州、宜州、阶州，而辰州者最胜，谓之辰砂。"明代《本草纲目》中记载"丹砂以辰、锦者为最。麻阳即古锦州地。佳者为箭镞砂，结不实者为肺砂，细者为末砂。色紫不染纸者，为旧坑砂，为上品；色鲜染纸者，为新坑砂，次之。苏颂、陈承所谓阶州、金、商州砂者，乃陶弘景所谓武都雄黄，非丹砂也"，并释其名"丹乃石名，其字从井中一点，象丹在井中之形，义出许慎《说文》。后人以丹为朱色之名，故呼朱砂"。

【产地与采制】　主产于贵州、湖南等地。采挖后，选取纯净者，用磁铁吸净含铁的杂质，再用水淘去杂石和泥沙。

【市场概况】　朱砂为湖南道地药材之一，以沅陵（古辰州）产最佳，亦名"辰砂"。贵州的铜仁县也是主要产区，贵州全省已探明的朱砂石产地达50处之多，蕴藏量在20万吨以上。市场多是专营商经营，货源走动平稳，小批量货源时有成交，行情长期较稳，2018年，市场朱砂价格统货500～520元/kg，较2017年价格300～380元/kg有所上涨。药材市场年需求量有限，地方政府近年来致力于发展朱砂工艺品产业。

【质量要求】

1．性状特征　本品为粒状或块状集合体，呈颗粒状或块片状。鲜红色或暗红色，条痕红色至褐红色，具光泽。体重，质脆，片状者易破碎，粉末状者有闪烁的光泽。气微，味淡。

以色鲜红、有光泽、体重质脆者为佳。

2．理化指标　照《中国药典》（含量测定）项下的方法测定，本品含硫化汞（HgS）不得少于96.0%。

【商品规格等级】　商品有朱宝砂、镜面砂、豆瓣砂等规格。

朱宝砂　呈细小颗粒或碎渣状，色红明亮，触之不染手。

镜面砂　呈不规则板片状、斜方形或长条形，大小厚薄不等，光亮如镜面，半透明，质松脆，易破碎。

豆瓣砂　块较大，呈方面形，多棱角，颜色发暗；体重而坚，不易破碎。

【贮藏】　置干燥处。

【功能主治】　清心镇惊，安神，明目，解毒。用于心悸易惊，失眠多梦，癫痫发狂，小儿惊风，视物昏花，口疮，喉痹，疮疡肿毒。

【用法用量】　0.1～0.5g，多入丸散服，不宜入煎剂。外用适量。

【附注】　本品有毒，不宜大量服用，也不宜少量久服；孕妇及肝肾功能不全者禁用。

石膏

Shigao

GYPSUM FIBROSUM

【基源】　本品为硫酸盐类矿物石膏族石膏，主含含水硫酸钙（$CaSO_4 \cdot 2H_2O$）。

【历史沿革】　药用历史悠久，始载于汉代的《神农本草经》，列为中品。梁代《名医别录》云："石膏，生齐山山谷及齐卢山、鲁蒙山。采无时。细理白泽者，良；黄者，

石膏

令人淋。"宋代《本草图经》曰："石膏今汾、孟、虢、耀州、兴元府亦有之。"明代《本草纲目》中记载："石膏有软、硬二种。软石膏，大块生于石中，作层如压扁米糕形……硬石膏，作块而生，直理起棱，如马齿坚白，击之则段段横解，光亮如云母、白石英。"并释其名"其纹理细密，故名细理石。其性大寒如水，故名寒水石，与凝水石同名异物"。

【产地与采制】 主产于湖北、安徽等地。采挖后，除去杂石及泥沙。

【市场概况】 湖北应城、安徽凤阳是主要产区，该品为小冷品种市场需求量不大，货源不丰，行情坚挺运行；2018年市场湖北石膏价格在1.8～2.5元/kg，较之2016年的1.5元/kg略有上涨。

【质量要求】

1. 性状特征 本品为纤维状的集合体，呈长块状、板块状或不规则块状。白色、灰白色或淡黄色，有的半透明。体重，质软，纵断面具绢丝样光泽。气微，味淡。

以无杂质、色白、块大、半透明，纵断面如丝者为佳。

2. 理化指标 照《中国药典》方法测定，本品含含水硫酸钙（$CaSO_4 \cdot 2H_2O$）不得少于95.0%。

3. 有害物质限量指标

砷盐 含砷量不得过2mg/kg。

重金属 含重金属不得过10mg/kg。

【商品规格等级】 目前，药材市场上均为统货。

【贮藏】 置干燥处。

【功能主治】 清热泻火，除烦止渴。用于外感热病，高热烦渴，肺热喘咳，胃火亢盛，头痛，牙痛。

【用法用量】 15～60g，先煎。

【附注】 不宜与藜芦同用。

附录 《药用植物及制剂进出口绿色行业标准》

前　言

《药用植物及制剂进出口绿色行业标准》是中华人民共和国对外经济贸易活动中,药用植物及其制剂进出口的重要质量标准之一。适用于药用植物原料及制剂的进出口品质检验。

本标准第四章为强制性内容,其余部分为推荐性内容。

本标准自 2001 年 07 月 01 日实施。

本标准由中华人民共和国对外贸易经济合作部发布并归口管理。

本标准由中国医药保健品进出口商会负责解释。

本标准由中国医药保健品进出口商会、中国医学科学院药用植物研究所、北京大学公共卫生学院、中国药品生物制品检定所、天津达仁堂制药厂负责起草。

本标准主要起草人:关立忠、陈建民、张宝旭、高天兵、徐晓阳。

1. 范围

本标准规定了药用植物及制剂的绿色品质标准,包括药用植物原料、饮片、提取物,及其制剂等的质量标准及检验方法。

本标准适用于药用植物原料及制剂的进出口品质检验。

2. 术语

2.1. 绿色药用植物及制剂

系指经检测符合特定标准的药用植物及其制剂。经专门机构认定,许可使用绿色标志。

2.2. 植物药

系指用于医疗、保健目的的植物原料和植物提取物。

2.3. 植物药制剂

系指经初步加工,以及提取纯化植物原料而成的制剂。

3. 引用标准

下列标准包含的条文,通过本标准中引用而构成本标准的条文。本标准出版时,所示版本均为有效。所有标准都会被修订,使用本标准的各方应探讨使用下列最新版本的可能性。

3.1. 《中国药典》2000 版一部:附录Ⅸ E 重金属检测方法

3.2. GB/T 5009.12—1996　食品中铅的测定方法(原子吸收光谱法)

3.3. GB/T 5009.15—1996　食品中镉的测定方法(原子吸收光谱法)

3.4. GB/T 5009.17—1996　食品中总汞的测定方法(冷原子吸收光谱法)(测汞仪法)

3.5. GB/T 5009.13—1996　食品中铜的测定方法(原子吸收光谱法)

3.6. GB/T 5009.11—1996　食品中总砷的测定方法

3.7. SN 0339—95　出口茶叶中黄曲霉毒素 B₁ 的检验方法

3.8.《中国药典》2000 版一部：附录ⅨQ 有机氯农药残留量测定法（附录 60）

3.9.《中国药典》2000 版一部：附录ⅩⅢC 微生物限度检查法

4．限量指标

4.1．重金属及砷盐

4.1.1．重金属总量≤20.0mg/kg

4.1.2．铅（Pb）≤5.0mg/kg

4.1.3．镉（Cd）≤0.3mg/kg

4.1.4．汞（Hg）≤0.2mg/kg

4.1.5．铜（Cu）≤20.0mg/kg

4.1.6．砷（As）≤2.0mg/kg

4.2．黄曲霉毒素含量

4.2.1．黄曲霉毒素 B₁（aflatoxin）≤5μg/kg（暂定）

4.3．农药残留量

4.3.1．六六六（BHC）≤0.1mg/kg

4.3.2．DDT≤0.1mg/kg

4.3.3．五氯硝基苯（PCNB）≤0.1mg/kg

4.3.4．艾氏剂（aldrin）≤0.02mg/kg

4.4．微生物限度：个 /g，个 /ml

参照《中国药典》（2000 年版）规定执行。（注射剂除外）

4.5．除以上标准外，其他质量应符合《中国药典》（2000 年版）规定。（如要求）

5．检测方法

5.1．指标检验

5.1.1．重金属总量：《中国药典》2000 版一部：附录Ⅸ E 重金属检测方法

5.1.2．铅：GB/T 5009.12—1996　食品中铅的测定方法（原子吸收光谱法）

5.1.3．镉：GB/T 5009.15—1996　食品中镉的测定方法（原子吸收光谱法）

5.1.4．总汞：GB/T 5009.17—1996　食品中总汞的测定方法（冷原子吸收光谱法）（测汞仪法）

5.1.5．铜：GB/T 5009.13—1996　食品中铜的测定方法（原子吸收光谱法）

5.1.6．总砷：GB/T 5009.11—1996　食品中总砷的测定方法

5.1.7．黄曲霉毒素 B₁（暂定）：SN 0339—95　出口茶叶中黄曲霉毒素 B₁ 检验方法

5.1.8．《中国药典》2000 版一部：附录ⅨQ 有机氯农药残留量测定法（附录 60）

5.1.9．《中国药典》2000 版一部：附录ⅩⅢC 微生物限度检查法

5.2．其他理化检验：

5.2.1．按《中国药典》（2000 年版）规定执行。

6．检测规则

6.1．进出口产品需按本标准经指定检验机构检验合格后，方可申请使用药用植物及制剂进出

口绿色标志。

6.2. 交收检验

6.2.1. 交收检验取样方法及取样量参照《中国药典》（2000年版）有关规定执行。

6.2.2. 交收检验项目，除上述标准指标外，还要检验理化指标（如要求）。

6.3. 型式检验

6.3.1. 对企业常年进出口的品牌产品和地产植物药材经指定检验机构化验，在规定的时间内药品质量稳定又有规范的药品质量保证体系，型式检验每半（一）年进行一次，有下列情况之一，应进行复检。

A. 更改原料产地。

B. 配方及工艺有较大变化时。

C. 产品长期停产或停止出口后，恢复生产或出口时。

6.3.2. 型式检验项目及取样同交收检验

6.4. 判定原则

检验结果全部符合本标准者，为绿色标准产品。否则，在该批次中抽取两份样品复验一次。若复验结果仍有一项不符合本标准规定，则判定该批产品为不符合绿色标准产品。

6.5. 检验仲裁

对检验结果发生争议，由中国进出口商品检验技术研究所或中国药品生物制品检定所进行检验仲裁。

7. 包装、标志、运输和贮存

7.1. 包装容器应该用干燥、清洁、无异味以及不影响品质的材料制成。包装要牢固、密封、防潮，能保护品质。包装材料应易回收、易降解。

7.2. 标志

产品标签使用中国药用植物及制剂进出口绿色标志，具体执行应遵照中国医药保健品进出口商会有关规定。

7.3. 运输

运输工具必须清洁、干燥、无异味、无污染，运输中应防雨、防潮、防暴晒、防污染，严禁与可能污染其品质的货物混装运输。

7.4. 贮存

产品应贮存在清洁、干燥、阴凉、通风、无异味的专用仓库中。

注：当前，该标准中有关检测项按《中国药典》2020年版规定执行。

主要参考文献

[1] 国家药典委员会. 中华人民共和国药典：一部. 2020 年版. 北京：中国医药科技出版社，2020.

[2] 杨继祥，田义新. 药用植物栽培学. 2 版. 北京：中国农业出版社，2005.

[3] 郭巧生. 药用植物栽培学. 北京：高等教育出版社，2009.

[4] 严宝飞，朱邵晴，李会伟，等. 多指标综合评价优选玄参药材干燥工艺. 中国中药杂志，2016，41（16）：3002-3008.

[5] 陶弘景. 本草经集注. 辑校本. 尚志钧，尚元胜，辑校. 北京：人民卫生出版社，1994.

[6] 吴其浚. 植物名实图考. 上海：中华书局，1963.

[7] 中国药学会上海分会，上海市药材公司. 药材资料汇编：上集. 上海：科技卫生出版社，1959.

[8] 官翠玲，李胜. 医药市场营销学. 北京：中国中医药出版社，2015.

[9] 阿姆斯特朗，科特勒. 市场营销学：第 12 版. 赵占波，王紫薇，译. 北京：机械工业出版社，2017.

[10] 史密斯，科拉萨，珀金斯，等，著. 医药营销新规则：环境、实践与新趋势. 思齐俱乐部，译. 北京：电子工业出版社，2017.

[11] 梁毅. 药品经营质量管理（GSP）. 北京：中国医药科技出版社，2003.

[12] 王荣祥，钱海，王永强. 中药商品学. 沈阳：辽宁科学技术出版社，2003.

[13] 都晓伟，杨书彬，孙慧峰. 中药商品学. 哈尔滨：黑龙江科学技术出版社，2006.

[14] 李时珍. 本草纲目：第三册. 校点本. 北京：人民卫生出版社，1979.

[15] 周小江，窦建卫. 医药商品学. 北京：中国中医药出版社，2009.

[16] 吴启南，闫永红. 中药材商品学. 北京：中国中医药出版社，2013.

[17] 李峰，蒋桂华. 中药商品学. 北京：中国医药科技出版社，2014.

[18] 张贵君. 中药商品学. 北京：人民卫生出版社，2008.

[19] 徐晶. 医药商品学. 北京：中国中医药出版社，2016.

[20] 陈玉文. 医药市场营销学. 北京：人民卫生出版社，2016.

[21] 曹旭平. 市场营销学. 北京：人民邮电出版社，2017.

[22] 金文姬，秦勇. 市场营销学. 北京：人民邮电出版社，2017.